教师教研共同体式成长路径探索

北京市第十八中学青年班研修成果集

管　杰　李亮芝　刘晓鸥　主编

团结出版社

图书在版编目（CIP）数据

教师教研共同体式成长路径探索:北京市第十八中学青年班研修成果集/管杰,李亮芝,刘晓鸥主编 — 北京:团结出版社,2024.7

ISBN 978-7-5234-1118-6

I.G635.12-53

中国国家版本馆CIP数据核字第2024S97Z44号

责任编辑：张 茜

封面设计：心智杰教育

出　　版：团结出版社

（北京市东城区东皇城根南街84号 邮编：100006）

电　　话：（010）65228880 65244790

网　　址：http://www.tjpress.com

电子邮箱：zb65244790@163.com

经　　销：全国新华书店

印　　装：三河市宏顺兴印刷有限公司

开　　本：185mm×260mm　16开

印　　张：29　　字　　数：515 千字

版　　次：2024年7月　第1版　　印　　次：2024年7月　第1次印刷

书　　号：978-7-5234-1118-6

定　价：58.00元

主　编

管　杰　李亮芝　刘晓鸥

副主编

赵长河　甄兆敏

编委会

董胜楠　管　杰　李亮芝　刘小荣　刘晓鸥

曲淑华　徐红梅　薛钢键　赵长河　甄兆敏

（编委会以姓氏拼音排序）

序　言

PREFACE

聚学问辩 居宽行仁

——《教师教研共同体式成长路径探索》代序言

北京十八中集团总校长、北京十八中党委书记　管　杰

北京市第十八中学建校六十五年来，虽经几度分合，但坚持涵养独特文化，不断释放优质资源，为优化丰台东部地区教育贡献自己力量。在这个过程中，学校始终与时俱进，积极探索发展的新思路；始终不忘初心，薪火相传，在创新中做强学校品牌；始终安详恭敬，遵循教育规律，全面育人；始终安心立命，潜心研究教育教学，聚精会神做学问；始终自强不息，不断追求完美，勇攀改革发展新高峰。这个过程奠定了学校自主、创新、合作发展的文化基因，成为了学校发展的不竭的文化源泉。

“聚·宽教育”理念的提出

《易经》乾卦云：“君子学以聚之，问以辩之，宽以居之，仁以行之。”这是作为君子必须具备的条件与修养，即学、问、宽、仁四项君德，意思是君子要通过学习积累知识，通过质疑询问明辨是非，用宽厚的胸襟待人，用仁义的态度做事。这段话是在教导人们如何做学问和做人做事，非常符合培养中小学生的教育旨归和十八中当前发展的形势。

《学记》指出，“独学而无友，则孤陋而寡闻”“安其学而亲其师，乐其友而信其道”“敬业乐群”“论学取友”，强调大家要怀着敬业之心聚在一起学习，互相包容，团结友爱，在互助中不断增进自己的学识。《学记》还指出：“善待问者如撞钟：叩之以小者则小鸣，叩之以大者则大鸣，待其从容，然后尽其声，不善答问者反此。此皆进学之道也。”“善问者如攻坚木；先其易者而后其节目；及其久也，相说以解。”“离经辨志”，强调学习要善于提出问题，解决问题，要认真研读文章，明辨志向。《学记》在这里强调的合作学习、探究学习，与新课程改革的理念是一致的，也符合当前学校教学的追求。

明人陈继儒在《小窗幽记》中言：“轻财足以聚人，量宽足以得人。”意思为不看重钱财，便可以将众人聚集在自己身边；气量宏大便可得到他人的帮助。“轻财”是对金钱、利益的态度，要求人淡薄名利，不要被眼前利益所蒙蔽；“量宽”是指一个人的心胸和德行，只有宽广胸怀才能得到真正的朋友。这非常契合学校作为教育集团、教育集群“龙头”的价值取向和发展诉求，即要有长远目光，摒弃眼前利益；要有宽博胸怀，注重包容和吸纳集团、集群内各种资源，带动集团、集群整体发展。

我们继承我国优秀传统文化精神，表达修身治学的宽厚之德，传承学校历史发展，立足学校在教育集团、教育集群中的角色地位，彰显凝聚、共享、开拓之道，与新课程改革深化阶段的主要任务相结合，提出了“聚学问辩，居宽行仁”的校训，即“大家聚在一起，怀着包容、宽厚之心，分享各自有利资源求学问道。”结合校训，我们提出了“聚·宽教育”的办学思想，其核心内涵是“要以资源丰富的平台、宽广的锻炼舞台、贯通的学习台阶，聚焦核心素养，为每个学生在18岁之前打下健康身体的底子、健全人格的底子、宽厚文化的底子、强大精神的底子，使北京市第十八中学毕业的学生走出校门后如飞龙出渊，利己达人，创造幸福。”

“聚·宽教育”理念引领下的教育行动

在“聚·宽教育”办学理念指导下，我们进行了积极的教育实践探索。

1.辩证统一的教育集团和教育集群文化

“聚·宽教育”具有丰富的哲学内涵，“聚”和“宽”是对立统一的辩证关系，不仅反映事物的分布状态和过程状态，而且其本身又是在运动中不断趋向平衡的过程，既能使事物产生超越自我的活力，又能使世界产生多样性。

作为北京市第十八中学教育集团和方庄教育集群的“龙头”，我们尊重教育集团和教育集群成员既有的文化特色，不进行强行同化，体现出了文化“宽”的存在形式。我们的“聚”是在保留各自文化特色的基础上的统一，强调的是差异的统一、辩证的统一。学校文化与教育集团、教育集群文化的关系是“聚”和“宽”的辩证统一关系。学校文化、教育集团文化、教育集群文化在发展中不断打破平衡，又不断趋向平衡，在这个过程中不断产生超越自我的活力和不竭的发展动力，不断走向更高的发展阶段。

2.凝聚力量，宽带发展

“凝聚力量”是学校、教育集团、教育集群发展的手段和途径，因为学校是教育集团和教育集群的“龙头”，无论在发展模式上还是在角色定位上，都要积极带领、汇聚各方教育资源，为学校、集团、集群所用，共谋发展。“宽带发展”是学校、集团、集群发展的目标愿景，也就是代表着学校、集团、集群的发展会有飞快的速度和广阔的未来，就像是在网络信号传输的宽带一样，踏上快车道，迎接美好未来。学校不但要有长远目光，要团结带领集团、集群成员共同发展，还要具备宽厚博大、海纳百川之心，注重包容、吸纳，充分、有效地利用各种优势资源，带动集团、集群整体发展。

所以，“聚·宽教育”的办学目标定位是：学校层面，高质量有特色的首都名校；区域层面，“集群领袖，聚贤学府”，即学校在集群和集团办学中必须明确自身的“龙头”领导角色定位，带领集团、集群成员共同发展，推动区域教育的优质、均衡发展；社会层面，将北京市第十八中学发展成一个汇聚、培养贤达人才的学习之所。

3.“聚·宽教育”学生文化和教师文化建设

“聚·宽教育”包含着健康、温暖、智慧、勇敢四个基本要素，分别指向培养人的体、德、才、行四个方面，即要培养学生拥有强健的体魄、宽厚温暖的良好品德、明白聪慧的才智、大胆表达的自信和主动探索未知世界的勇气。所以，我们将学校的培养目标定为：培养具有“健康的体、温暖的心、智慧的脑、勇敢的行”的优秀青少年。

我们认为，基础教育不应是为谋生而做准备的职业教育，而是一种人格的教育，是要引导青少年人格之放射线到各方面去。学校在长期的发展中形成了“三化三育”的办学特色，即国际化、数字化、集群（集团）化，科技特色、艺术特色、体育特色。这就必然要求我们的学生今后不论从事何种职业，都要体现出在母校养成的国际视野、数字头脑、合作精神、科技素养、艺术涵养、体育特长等人格活力，要把这种人格活力带到他们将要从事的职业中去，推动他们事业的成功、人生的幸福。

“聚·宽教育”要求学校要拥有一支“明慧·博雅”的教师队伍，具有崇高教育信仰，高超教育、教学水平，端庄典雅的气质，严谨的治学态度和宽阔博大的胸襟；不但要做一个坚定的人性理想主义者，同时还要具备教育、教学研究的能力和方法，能及时发现教育、教学中的问题并提出解决方法；做到习总书记要求的“做学生锤炼品格的引路人，做学生学习知识的引路人，做学生创新思维的引路人，做学生奉献祖国的引路人”。

4.宽口径培养学生的核心素养

在“聚·宽教育”引领下，我们聚焦学生核心素养，围绕学校的培养目标，以教育集团和教育集群为依托，坚持以人为本，立足于学生的生命价值，服务于学生身心的全面健康发展，通过凝聚教育合力，将国家、地方和校本三级课程全面整合，形成了基础性、多样性、层次性、综合性的“聚·宽教育”课程体系，推动学生基础性学力、发展性学力、创造性学力的发展，最大程度地满足学生全面而又个性的发展需求。

在学生成长的空间方面，我们主张给予学生更广阔的自由的空间、民主的空间、理解的空间、信任的空间，使学生在“宽”的发展空间中能够尽情地展示自己，可以无拘无束地轻松呼吸，在童性释放中享受快乐、享受幸福。学生可以尽情地感受和探索世界的无穷奥妙，开阔视野，提高能力；更要经历风雨雷电，从中磨练出自立自强、坚韧顽强的品格，拥有更为坚强的生命力、更为强大的抗挫折力，像野花般美丽茁壮，争奇斗艳，幸福成长。

5.建设“民主—精细型”管理文化

“聚·宽教育”中“宽”一方面是对学校当前管理风格的一个概述，即民主管理，另一方面也是立足多校区的集团化和多成员校的集群化办学的特点，强调尊重多元，有鼓励民主的含义；“聚”意为“精细”，学校、集团、集群事务繁多，在民主的基础上必须精细化管理，注重细节，保证每个环节都不出错，稳定运行。

“聚·宽教育”还有更大的发展空间需要我们进一步去探索，还有很多的困难需要克服，还有很长的路要走。我们坚信，北京市第十八中学的“聚·宽教育”一定能够在聚力集团、集群各方教育资源基础上越走越宽，“聚·宽教育”育人文化的自觉意识、自信意识和自强能力一定会不断增强，“聚·宽教育”一定会取得更大的成功。

目 录
CONTENT

五、市区竞赛案例

六、项目式学习教学案例

七、日常课大单元教学优秀案例

一、专业阅读评论与感悟

评估引导教学设计

——《追求理解的教学设计》之理解六侧面初探

李丹阳（北京市第十八中学 高中历史教师）

学生在学习的过程中需要什么？我们现行的教学设计从何处来，要到何处去？我们又该如何通过单元主题教学与学习共同体建设来推进核心素养的落地？这一切都以学生的“理解”为底色，我们的教学设计也应以学生的“理解”的达成为原则——《追求理解的教学设计》这本书，使我对这些问题展开更深刻地思考。

在《追求理解的教学设计》中，格兰特·威金斯与杰伊·麦克泰格结合杜威的实验主义教育理论提出了教学设计的UbD（Understanding by Design）理论，认为教师在进行教学设计的过程中要从实现学生理解的目的出发，进行逆向教学设计，从而达成学生更为有效的学习。UbD 理论聚焦学生理解力的提升，以“理解”为基础建构教学设计，那么UbD理论的首要任务便是挖掘“理解”本身。作者进一步发展了杜威的认识论，通过阐明理解的定义、分类、特性等让我们理解“理解”，揭示了“理解”的迁移本质。那么如何证明学生达成了“理解”？达成的是何种“理解”？我们该如何评估？UbD理论剖析了“理解”的维度，将“理解”解构为六个侧面，解释、阐明、应用、洞察、神入与自知。

其中，“解释”是指能恰如其分地运用理论和图示，有见地、合理地说明事件、行为和观点，形成一个“普适性”的答案；能“阐明”是指学生通过演绎、解说和转述，最终达成对事物意义的理解，知识不是孤立的，而是有联系的，是紧紧围绕着学科概念展开的，在这个维度上，学生实现的并不是对标准答案的察觉，而是对学科本质意义的理解；在“应用”层面上，学生能在新的不同的现实情景中有效地使用知识。因此，要评估学生是否达成了应用，应注重情境的创设，使学生面对“尽可能接近学者、艺术家、工程师或其他专业人员将要面对的问题情境”，在现实情境中解决问题；“洞察”强调对事物进行批判性思考，如事物的优势劣势、材料的可信度等。

因此，教师应尝试创设情境、展示各类人物在同一事物上的不同观点，应该使学生有机会涉猎各种的相关理论，倾听不同于自己的看法；与前三者不同，“神入”与“自知”更强调学习者在相应情境中的学习体验：“神入”是指学生能够设身处地地去看待不同的观点，并思考其出发点。能够克服自身的惯性思维、不拘泥于当下的时空条件，跳出自我中心主义的藩篱，超越自身的偏见进行思考；而在“自知”的维度上，学生则需要不断地对自身的思维方式与学习过程进行自我评估——既要“认识自己”的风格、习惯，更要反思自己的学习体验，以寻求更好的发展。

因此，UbD理论对理解的阐释给予我们最大的启示是，学习的过程绝不是“知道”知识的过程，而是迁移知识的过程。教学过程中也不应将目光仅仅局限于知识本身、书本本身，而应重视学生的学习体验——理解六侧面对我们进行教学设计的指导性作用便不言而喻：从这六个维度出发，我们可以评估学生是否实现了知识的迁移，而迁移是理解的最终量规。因此，在我们在进行逆向教学设计时，应将理解的六个维度渗透到教学目标（预期学习结果）与评估表现性任务的设置当中。这样一来，从评估的表现性任务出发进行教学设计，才能将学生的理解置于发展之中，真正依据理解的多元特性，在实践中帮助学生实现“理解”。

在UbD理论中，教学目标的设计与评估本就是相辅相成的，正如作者所说，评价量规“不是奢侈品，而是必需品”。在高中历史教学中，理解六侧面对课程评估开展的指导性意义尤为重要：一方面，理解六侧面可以实现与课程标准、学业质量水平的完美对接，在教学设计的过程中，需要我们反复思考课程标准要求学生达成什么样的学业质量？这种质量要求涉及理解的哪几个维度？要达成这样的维度需要教学过程中开展什么样的学习活动？理解六侧面就为我们的教学设计提供了方法支撑；另一方面，理解六侧面反映了教学目标与表现性任务的一体化特征，有利于不断启发学生的主体认知，从而大大拓宽了课堂的延展性。

以《中外历史纲要上》第2单元第5课《三国两晋南北朝的政权更迭与民族交融》为例，本课时空脉络较为复杂，对学生把握这一时期的政权更迭线索与阶段特征造成了较大难度。在教学实践当中，笔者尝试将理解六侧面融入到课程标准与学业质量水平当中，采用UbD理论进行了逆向设计，制定了一系列的评估量规与表现性任务，从“评估”出发建构教学过程。

首先，课程标准要求“通过了解三国两晋南北朝政权更迭的历史脉络，认识这一时期的民族交融、区域开发”。

明确大概念：统一多民族封建国家的发展

基本问题：

1. 政权更迭的动力与原因。

2. 分裂中孕育的统一因素。

区域经济发展、民族融合、局部统一如何促进统一多民族封建国家的发展？

使得教学任务、学习活动与表现性任务更加明晰，也大大拓展了课堂的延展性。见下表。

<table>
<tr><th colspan="3">阶段一：明确预期学习结果</th></tr>
<tr><td rowspan="5">课程标准：</td><td colspan="2">学习迁移</td></tr>
<tr><td colspan="2">学生将能自主地将所学运用到：
1. 运用唯物史观分析生产力发展对生产关系变动（豪强士族的形成与壮大）与国家机器运转的影响。
2. 将少数民族内迁、士族门阀形成置于特定的时间、空间与历史条件之下认知。
3. 对不同的史实描述进行比较，并分析、评估其反映的阶段特征，学会自主梳理历史脉络。
4. 更加设身处地认识到分裂中孕育的统一因素与野蛮中孕育的文明创新。</td></tr>
<tr><td colspan="2">理解意义</td></tr>
<tr><td>深入持久理解</td><td>核心问题</td></tr>
<tr><td>学生将会理解
1. 北方民族矛盾与民族政策、统治者的统一欲望（统一是历史趋势）、以士族门阀为基础的统治阶层的腐朽没落与下层士族的崛起。
2. 东晋士族政治有其深刻历史原因和发展过程
（1）历史根源：东汉以来豪强地主势力的发展；
（2）经济原因：土地兼并严重，经营庄园，渐成割据；
（3）政治原因：魏晋政权依赖于士族阶层的支持，士族阶层是其统治基础；九品中正制是士族制度的政治保障。
3. 江南地区经济开发的原因、表现、影响。
（1）原因：
人口：北民南迁，带来先进的生产技术和劳动力。
社会：江南战争相对较少，社会秩序安定。
自然：江南雨量丰沛，气候较热，土地肥沃，自然条件优越。</td><td>1. 魏晋南北朝时期政权更迭的动力与原因是什么？（历史逻辑问题）
2. 士族政治的形成原因与表现。
3. 江南经济开发的原因、影响是什么？
4. 民族融合的趋势如何形成？有何特点？
5. 大分裂时代蕴含的统一因素有哪些？
6. 为什么说魏晋南北朝时期为统一多民族封建国家的发展奠基。</td></tr>
</table>

续表

<table>
<tr><td rowspan="3">课程标准：</td><td>政治：统治者制定有利于农业发展的政策。
（2）影响：南北方经济差异缩小，为统一提供条件。
4. 从魏晋时期战乱纷繁与徙民政策导致的西北少数民族内迁开始，各民族在战乱与杂居中既有尖锐矛盾又有文化交融，以少数民族的汉化为主，各民族互相学习。
5. 南北经济发展趋于平衡带来了经济沟通、交流、统一的内驱力；民族融合带来了制度与文化认同的内驱力；区域统一为大一统奠定了基础。
6. 分裂中孕育着统一因素，野蛮与文明交流中孕育着制度与文化的创新。</td><td></td></tr>
<tr><td colspan="2">掌握知能</td></tr>
<tr><td>学生该掌握的知识是：
1. 魏晋南北朝时期的政权更迭史实。
2. 基本的地理知识（各政权的疆域与民族迁徙、人口流动路线）。
3. 基本历史概念（士族门阀、民族融合）。
4. 东晋士族政治的表现。
5. 南方经济开发的相关史实。
6. 北魏孝文帝改革的史实</td><td>应形成的技能：
1. 能够绘制时间轴与政权更迭图标。
2. 探究、比较史料，形成对史实的真实性理解。
3. 能够根据史料描述魏晋南北朝时期社会生活与经济发展状况。
4. 能够绘制思维导图。</td></tr>
</table>

<table>
<tr><th colspan="3">阶段二：确定恰当评估办法</th></tr>
<tr><td>评估标准</td><td></td><td></td></tr>
<tr><td rowspan="2">1. 正确的史观
2. 时空观念清晰
3. 准确地理解、分析、比较史料
4. 对历史意义达成清晰、丰富、深刻的理解
5. 建立历史脉络与联系
6. 能够自我反思学习方法</td><td colspan="2">真实情境任务：
向同学、老师阐述《桃花源记》的写作背景，比较桃花源与南北方坞壁的生活情境，探究其原型。
形成设计方案，创设两晋南北朝时期社会生活的真实情境，尝试设计建造一个属于自己亲属宗族的“桃花源”。</td></tr>
<tr><td colspan="2">其他评估证据：
1. 绘制思维导图。
2. 绘制时间轴及魏晋南北朝政权更迭图表。
3. 完成练习题，根据习题完成情况，进行自我评估与反馈。
建立对理解的评估证据：
什么证据、哪些维度可以评估学生的理解？
1. 魏晋南北朝时期政权更迭
侧面一：能够解释魏晋南北朝时期政权更迭频繁的动力及原因。
侧面二：能阐明政权更迭形成局部统一、民族交融、人民迁移的意义。
侧面三：能绘制历史地图与时间轴。
2. 士族政治的形成原因与表现。
侧面一：能够解释士族政治形成的历史根源。
侧面二：能够根据史料阐明士族政治形成对统治带来的现实与深远影响。
侧面三：能够通过贵族说与官僚说，洞察士族政治的历史渊源与特点。
3. 江南经济开发的原因、影响是什么？
侧面一：能够根据史料，解释、概括江南经济开发的原因。
侧面二：能够阐明地区开发的意义，建立起与隋实现统一的知识联系。
侧面三：能够应用江南经济开发的表现，解释桃花源人们的生活状态。
4. 民族融合的趋势如何形成？有何特点？
侧面一：能够根据史料，解释民族交融的原因与特点。
侧面二：能够阐明民族融合与制度认同、文化认同和统一趋势之间的联系。
侧面三：能够应用民族政策的相关史实，探寻桃花源的原型所在与设计思路。
侧面四：能够神入恩格斯理论中文明与野蛮的关系，思考民族融合对中国制度创新发展的意义。
侧面五：能够自知先进与落后、战乱与和平的“好坏”这一传统思维与探寻历史意义之间存在差别。</td></tr>
</table>

<table>
<tr><th>阶段三：规划相关教学活动</th></tr>
<tr><td>核心学习与教学活动归纳</td></tr>
<tr><td>
活动一：导入“探寻桃花源”
结合初中语文课文《桃花源记》引导学生总结桃花源的特点——为何“往来种作，男女衣着悉如外人”？是否有原型？进而与十六国时期山西坞壁进行比较，探究当时的社会形态。
“土地平旷，屋舍俨然，有良田、美池、桑竹之属。阡陌交通，鸡犬相闻。其中往来种作，男女衣着，悉如外人。黄发垂髫，并怡然自乐。”
“先世避秦时乱”“不足为外人道也”
“往来种作，男女衣着悉如外人”
西晋末年戎狄盗贼并起，当时中原避难之人民……其不能远离本土迁至他乡者，则大抵纠合宗族乡党，屯聚堡坞，据险自守，以避戎狄寇盗之难。
两者之间有何关系？反映了什么样的社会生活？为何会形成这样的生活状态？

活动二：出示“东京学派”与“京都学派”对士族政治的“官僚说”与“贵族说”争端，探究士族政治的历史根源与特点。
京都学派：士族政治是早期国家贵族政治的延续
东京学派：中国封建专制制度具有很强的延续性，士族政治不是贵族政治的复兴，而是在君主专制制度与皇权影响之下形成发展的。
——《中古士族研究的理论分野》

活动三：通过史料比较，概括南方经济开发的原因及表现，思考其影响。
（江南）地广人稀，饭稻羹鱼。……无冻饿之人，亦无千金之家。
——《史记》

至于元嘉末……兵车勿用，民不外劳，役宽务简，氓庶繁息，至余粮亩……地广野丰，民勤本业，一岁或稔，则数郡忘饥。膏腴上地，亩直一金，鄠、杜之间，不能比也。荆城跨南楚之富，扬部有全吴之沃，鱼盐杞梓之利，充仞八方，丝绵布帛之饶，覆衣天下。
——《宋书》

活动四：出示恩格斯、阎步克对野蛮与文明、民族融合的说法，结合所学知识谈谈为什么会有这种说法？
恩格斯：德意志人究竟用了什么灵丹妙药，给垂死的欧洲注入了新的生命力呢？……只是他们的野蛮状态，他们的氏族制度而已。的确，只有野蛮人才能使一个在垂死的文明中挣扎的世界年轻起来。
隋唐中华民族的复兴动力，来自北朝的民族融合；隋唐专制官僚制的复兴动力，来自北朝的民族压迫。
提问：你如何认识野蛮与文明、落后与先进、战乱与稳定、分裂与统一的关系？
</td></tr>
</table>

UbD宏观设计：以评估角度分析如何通过课标展开教学设计

——读《追求理解的教学设计》

陈瑞

步入教师岗位后，我阅读的第一本教育学书籍是《追求理解的教学设计》，结合入职之后的一线工作实践、各种培训、工作坊、教研活动的学习，对于教学有了新的层面的认识。在《追求理解的教学设计》中，UbD（Understanding by Design）理论，旨在打破传统教学中以“活动”与“灌输”为主的孤立而无目的的教学组织模式，以逆向教学设计实现学生更为有效的学习。正值新修订的义务教育课程标准发布阶段，教育部提出，新的课程标准以习近平新时代中国特色社会主义思想为指导，落实立德树人根本任务，强调育人为本，依据“有理想、有本领、有担当”的时代新人培养要求，明确了义务教育阶段培养目标。本文对于课标的解读可以作为一个基础，为之后对于新课标的研读积累了基础和经验。

删繁就简，以评估角度分析如何通过课标展开教学设计。UbD理论应该在宏观设计上进行应用与实践，实现自上而下良好的宏观设计相配合，也即课程标准、评估标准与教学大纲相对接。

书中第十二章直指宏观设计中的目标、评估与设计之间的矛盾与不匹配性会造成的问题，当宏观设计的某一环节存在诸如此类的问题时，便造成了教育工作者产生类似的质疑。

“学生从这些教材开始学习，教材中的主题都是按照专家的要求进行组织的。”①

①格兰特·威金斯，杰伊·麦克泰格：《追求理解的教学设计》，闫寒冰 / 宋雪莲、赖平翻译，华东师范大学，2017年3月，第329页。

“在历史中从很早以前发生的事情开始学习，在科学中从基础的法则开始学习——除此之外，你还知道从哪里开始吗？还知道其他展开课程的方式吗？”①

“教材并没有被当做服务于与应用相关的明确目标的参考资源，而是变成了一个无用且封闭的教学大纲，编写者和使用者都没有正确看待教材的呈现形式和内容。”②“一个根本的原因是过度依赖那些围绕内容组织的教材或教学材料，为什么教学大纲还在坚持过度依赖教材？”③

“这个过程能持续这么长时间，可能最主要的原因是该过程本身具有逻辑性，很容易被应用。它简化和具体化了课程建设者、教师、教育行政人员的工作。最差的老师都能按页码安排教材内容，听学生复述相关事实。他通过给学生讲授几页内容，证明自己尽职完成了教学工作。这样还有可能为教学上的失败找到托词，比如抱怨学生没有学好。从教育行政管理者的角度看，很容易划分学校的工作，如明确告诉老师孩子们要学什么，并且具有操作起来非常流畅的系统组织方式。即使教育理论越来越严重地质疑过去三十年来的教学过程的基本假设，但这种方式仍是美国学校中决定教学内容的最主要方式。——(Caswell&Campbell,1935,p.142)

教材是否满足学生的学习需要，历史学习是否只能从很早以前发生的事情开始？教材设计的逻辑是不是最适合学生，是否教学大纲的设定需要紧密贴合教材？

教材的设计在很长一段时间内存在不合理性，课程建设者、教师、教育行政人员却依旧围绕教材展开活动，甚至将教材作为自己降低工作难度的工具。

如何面对并解决这些问题？当教学活动被课程标准和教材所决定的时候，宏观设计的合理性就十分重要，也即我们所强调的课程标准（2011版）。当前与1935年相距甚远，对于UbD理论的提出与实施又经过了一段时间，我国教育者做出了努力，课程标准的实施可以说是一次较为成功的宏观设计。

当前新课改下的历史教学，与中学阶段的历史课程标准原则一致，历史课程目标既是教材编写的依据、学校历史教学活动的出发点和归宿，又是历史教学评价的标准、依据。要保证历史教学工作取得预期的效果，首先必提出明确具体的历史课程目

①《追求理解的教学设计》，第329页。

②《追求理解的教学设计》，第327页。

③《追求理解的教学设计》，第333页。

标，并围绕目标选择课程内容、编写教材、开展教学活动。评价历史教学，就是看教学活动是否达到预定的历史课程目标。

2011版的初中历史课程标准的设计思路中重要的一点则是：“依照历史发展时序，在每个板块内容设计上，采用‘点-线’结合的呈现方式。‘点’是具体、生动的历史事实；‘线’是历史发展的基本线索。通过‘点’与‘点’之间的联系来理解‘线’，使学生在掌握历史事实的基础上理解历史发展的过程。”①

大概念下的课标内容与教材内容实现了对接。课标内容的表述以时间为线索，史实—史事—规律—评价逐渐递进，将零散无序的史实连成史事：教材是大时序下的小专题，教师需要建构教材内容的联系。

2011版课标中国近代史的课程内容部分指出“中国近代史始自1840年中英鸦片战争爆发，止于1949年中华人民共和国建立，历经晚清王朝晚期和中华民国时期。中国近代史是中国半殖民半封建社会逐渐形成到瓦解的历史，也是中华民族对外反抗帝国主义侵略，对内反对封建统治，为求得民族独立和人民解放，努力实现国家富强和人民富裕而奋斗的历史。”②

“通过学习，了解中国近代重要的历史人物、历史事件和历史现象，了解中国近代历史发展的基本线索；能够阅读和理解一些基本的历史材料；能够认识近代中国遭受过的沉重苦难是国内专制统治的腐朽黑暗和外国列强入侵造成的；认识捍卫国家主权和民族尊严是中华民族的优良传统；知道救亡图存和实现现代化是近代中国人民奋斗的基本目标；知道民族民主革命的艰巨性；知道没有中国共产党就没有新中国的道理，从而坚定为中华民族复兴而奋斗的信念。”③

教材内容则是中国近代史的八个单元，四个线索，形成屈辱史、抗争史、探索史、发展史的讲解脉络。每一单元课程的展开，则必须要有明确的单元主题，例如第一单元中国开始沦为半殖民地半封建社会和第二单元近代化的早期探索与民族危机的加剧，教师围绕特定的单元内容进行介绍与引导。教学内容围绕、服务且不能脱离这一单元主题。在教学过程中时刻明确单元教学的目标，关注单元教学的逻辑，清晰单元教学的途径。

---

①中华人民共和国教育部制定：《义务教育历史课程标准（2011年版）》，北京师范大学出版社，第3页。

②《义务教育历史课程标准（2011年版）》，第16页。

③《义务教育历史课程标准（2011年版）》，第16页。

宏观设计思路的引领下，三者之间并非互相限制，使用现行新课改历史课标开展教学并非是单纯按照教材顺序教学。

第一步设定明确的教学目标，课程标准与教材同步，制定大概念的目标

在现行教育模式中，单元主题教学是被广泛认可和推广的，历史教师其实已经形成一定的单元主题教学主线，只是有的时候我们缺乏对其精准的提炼。单元标题提纲挈领，教材内容与课标内容相一致。以七年级上学期第一单元为例，课程标准中未出现的中国境内早期人类与文明起源的内容恰好是具体主题的体现。教材中的具体课时内容的选取与单元主题和课标所描述的内容相一致，核心围绕着单元主题的“大概念”。无论我们如何安排调整“序列和范围”，我们为了理解而教，要理解的“大概念”必须是明确且具体的，逆向设计引领的教学设计无论如何扩大范围，改变方式，设计问题，都不能够脱离最初所确认的“大概念”。

史前时期时间跨度很大，内容相当丰富。初中阶段学习历史的学生如何去定义史前时期？什么是史前时期？应该掌握史前时期的什么内容？什么样的内容需要学生去掌握？掌握的内容又是否是最贴合主流大众的认识的？这种认识是否正确又是否会进一步限制学生的思维？在初中历史教学的实践中，显然教材单元主题设定相对而言是科学的。

新课改后，历史课程标准中的课程目标分为三个方面来陈述：知识与能力、过程与方法、情感态度与价值观。尽管我们需要改进在具体陈述目标时，往往三个方面交叉重复的情况，但是基本是较好的展开形式。

第二步是现行的评估是否有效

课程标准的设计围绕UbD的三个要素：目标、评估和设计展开。时间原因，在三者中选取教师、学生重点关注的评估，评估方式很多：标准化考试、真实性评估、真实性任务、小测验、开放式问题等等，我们以标准化考试为例。

目前课程标准也作为考试标准，二者是否实现了完美对接？在我们无条件地相信课程标准之前，我们需要确定评估标准与逆向设计的目标是否完全一致的，由此去证明，课程标准是专家为我们打造的一条实施UbD教学设计方案的捷径。

下面展示的是2018年北京中考历史试卷第一题，考察知识点是“北京人”。2011版初中历史课标中关于“北京人”这个知识点的展开有三层意思，第一，知道北京人的特征；第二，了解北京人发现的意义；第三，知道化石是研究人类起源的主要证据。由题干北京人、主要依据以及右面展示的北京人的复原像，我们可以知道考点显然是第三点，所以选择C。

现行评估对于知识点合理涉及，教师不能自以为是地直接摒弃看起来不重要的知识点。课堂上仅仅将更容易讲解的北京人的发现时间、遗址地点等内容作为教学的重点是不充分的。评估标准会促使教师在授课过程中明确地强调化石是研究人类起源的主要证据。正确认识评估标准之后，教师就会在之后的教学设计中加入关系密切的教学活动。

教师努力地去讲解北京人、元谋人、山顶洞人、授课过程中未曾脱离化石与考古发现，不过我们必须在授课过程中明确地强调我们是在用化石去证明结论。正视评估标准的时候，教师就会在之后的教学设计中加入有关“知道化石是研究人类起源的主要证据”的教学活动，而这恰恰是一直呈现给我们的课程标准。

而在我们正向使用课程标准的时候是否充分使用了课程标准呢?

史前时期的第二条课标内容，教师会让学生通过列表格对比的方式，挖掘河姆渡人和半坡人的知识点，涵盖两种居民生活的时间、地点、居住房屋样式，使用什么样的工具，会制造怎样的陶器等。这些是学生在课堂上花了大量时间去学习的重点内容，掌握了这些是不是就能够从容应对中考了呢?

下面是2019年北京历史中考第一题。考点是“半坡居民、河姆渡居民”，准确的说是半坡居民，可是没有考他们吃什么、住什么、用什么。题干直接给出了他们制造的、使用的工具，考的是这些工用具说明半坡居民能干什么?关于半坡居民和河姆渡居民，课标有三点：第一，了解半坡居民、河姆渡居民的生活，也就是刚刚那个表格整理的内容；第二，原始农业的产生，也就是半坡居民和河姆渡居民生活时期，我们中华先民已经在从事原始农业的生产活动了；第三，知道考古发现是了解史前社会历史的重要证据。我们如何得知半坡居民和河姆渡居民吃什么、住什么、用什么呢?当然是依据考古发现。现在再来回顾2019年的考题，题目考察的是今人通过考古发现判断半坡居民从事农业生产的内容。综合了课标的第二点和第三点内容。

通过上述两个题目，大家肯定已经发现了，按照我们以往简单的、平面的对知识点进行学习的方式，是不可能达到中考知识点全覆盖的要求的。那么该如何进行教学设计呢?

第三步紧密贴合课程标准和评估内容的教学设计

依旧是北京人这一课，课标要求了解北京人发现的意义，这一目标显然是本课教学的难点之一，在实际的历史课中，为了教学环节的更好进行，教材与教师授课过

程中补充的内容会使学生产生疑惑：本课涉及了三个中国境内早期人类，元谋人、北京人和山顶洞人，可是标题和绝大多数的篇幅却是在描述北京人。为什么北京人的发现特别重要呢？教材对北京人发现的意义描述是“迄今所知世界上内涵最丰富、材料最齐全的直立人遗址。可以研究早期猿人向现代人演进和变化的规律，对于古人类进化研究有重要意义。”这一描述的关键词是“直立人”。对比教材的“人类进化示意图”以及北京人的体貌特征，引导学生得出北京人属于直立人，正式从早期猿人（例如教材提到的元谋人）向现代人也称智人（如山顶洞人）进化中的关键一环。特别是在北京人遗址刚被发现的1921年，也就是100年前，全球直立人的遗址还非常有限，化石材料也少，北京人的发现就显得更有人类学的重要意义，也是进化论理论的确凿证据之一。并且在探究过程中，历史信息前后逻辑的严谨性更能够引发学生对于内容的关注与兴趣。

再看这道练习题，显然，出题者吃透了课标的要求和教材的内容，看似偏难怪的题目便迎刃而解了。

以上就是举例说明如何依据中学历史课程标准进行教学设计的探讨。

项目化学习设计：学习素养视角下的国际与本土实践

郭俊雅

跨学科项目化学习是融合了跨学科学习和项目化学习的合集。跨学科项目化学习的本质是呼应真实世界中的复杂问题，指向真实学习的泛在性、学科不可分割性，不是简单地拼凑不同学科的知识解决问题，而是基于两个或两个以上学科的核心概念与能力，或者基于一套超学科体系的共同作用来促进对世界的深度理解。在解决真实而复杂的问题中学习不同学科的知识，产生整合性的成果与理解。跨学科项目化学习不仅需要学科立场，更需要跨学科的整合立场。跨学科项目化学习的基本设计逻辑遵循提出跨学科的真实问题——选取用于问题解决的不同学科视野——综合探索解决问题——整合形成跨学科成果和新理解的过程。跨学科项目化学习有组合、递进、冲突三种基本的实践原型。

对于项目学习有六个维度的设计原则需要我们在设计课程的时候进行思考。

首先是核心知识，我们需要明确同时指向两个及两个以上学科的核心概念，才有可能是跨学科项目。在跨学科项目化学习中，概念的选择是最重要的，而且这也直接决定了项目化学习的性质。

第二，驱动性问题。跨学科项目学习中的本质问题是整合的，指向所有设计学科的概念或超学科概念。驱动性问题可以引导学生由浅入深的进行学习，所以一定要把这个问题趋向于解决真实情景，与学生生活实际相关联，这样他们可以更好的入手。

第三，高阶认知。高阶认知策略在项目学习中本身就具有通用性，带有共同的心理机制。

第四，学习实践。项目学习中的实践本身也具有通用性。其实，项目化学习的学习实践是可以应用于多种学科之上的。可以从学习中概括出一种学习模式或者是学习模型，从而套用在其他的领域中或者是学科中，或者再拿到新的情景时，可以做到知识的迁移。

第五，公开成果。跨学科项目学习成果反映了对整体问题情景探索的结果，在成果中包含对所有涉及的相关概念的理解程度的分析。

第六，全程评价。包含对学生所作出的成果和过程中的各类实践，如技术性实践、探究性实践、口头和书面报告等的评价。评价对于学习来说是非常重要的，特别是项目化学习。评价手段不仅是纸笔测试，还可以设置多种活动，比如技术性实践。通过学生做的项目产品来进行评价，也可以通过展示课上制作过程、小组合作等多角度进行评价，还可以针对学生在学习的过程中针对驱动性问题探究能力进行评价。在评价中可以完成反思，可以根据自己和别人的差距来进行比较，取长补短。在互评与自评中反思自己的问题所在，不断改进，学习的过程其实就是反思、精进的过程。

浅析学科项目化学习与学科学习、学科拓展活动的区别

——基于夏雪梅教授项目式学习系列书籍读书感受

北京市第十八中学 董晓云

在当今各国课程不断经历改革的背景下，探究式教学越来越多的出现在我们的中小学课堂中，我们希望能够改善学生的学习质量，培养学生的核心素养。然而尽管学生学习效果有所改善，当下学科课程仍然存在着一些问题：学生学习方式并没有产生实质性变化，拓展型或探究型课程项目化学习质量不高，学生在完成项目化学习后仍然陷入题目重复性训练和低质量活动消磨时间。

基于这样的学情，夏雪梅教授认为，我们可以利用学科项目化学习深化学生的学科能力与学科本质，即学科项目化学习的内涵：学科项目项目化学习基于学科关键概念出发，借助高阶认知包裹低阶认知，融入学科基础知识和基础技能的学习，最终实现培养学生问题解决、元认知、批判性思维、沟通与合作能力等学习素养。

在实施学科项目化学习前，首先我们要理解学科项目化学习与学科学习、学科拓展活动的区别，才能更好地把握学科项目化学习的定位。

学科学习在过程中更多涉及大量事实性知识，思维等级大多在低阶徘徊，课堂教学的完成更多是以教材为基础，采用单课落实的方式来完成；而学科项目化学习是从学科关键概念和关键能力出发，利用高阶思维带动低阶思维，在落实项目的过程中，整个学习过程可以视为一个阶段性或经验性的学习单元，整个单元是具有连续性的。

学科项目化学习有时也会被认为是学科拓展活动，二者都有实践活动的融入，但本质上还是有区别的。学科拓展活动是作为正式课程的辅助，其目的较多是提优或补差，或是激发学生学习兴趣，它的内容大多是一些较为琐碎零散性的学科事实性知识；而学科项目化学习本身就是经过系统化的教学设计和课程设计的正式课程，学科项目化学习是遵循双线并进的思路来进行设计与实施，由驱动性问题到项目产品的过程中，需要基于两类目标：一类是学科的关键能力或核心概念；一类是指向跨学科的学习与思维类的素养，如创造性、批判性思维、合作与沟通、问题解决等。在此过程中将大量事实性质进行了统合归纳，从而使学生真正拥有运用知识解决问题的能力。

在实现学科项目化学习的基础上，教师可以再向外引申涵盖范围更广的跨学科项目化学习与超学科项目化学习等，由微项目化学习到超学科项目化学习，代表着项目化学习的层级与复杂程度逐渐递升，对教师的项目化学习的设计与实施的能力要求也不断提升，但这并不意味着教师一定要通过最高层级的超项目化学习来培养学生最高阶的思维与实践能力，而是要做到：通过我们教师的努力，让学生做到经历真正的学习实践，能够提出问题，能够经历真正的思维碰撞，能够在产生项目产品的阅读与思考过程中有质疑、有延伸、有批判，不断修正自身的想法，呈现在最后的成果中，那就是一次好的项目式学习。

《聚焦学习目标：帮助学生看见每天学习的意义》读书心得

安静

美国的康妮•M.莫斯和苏珊•M.布鲁克哈特合著的《聚焦学习目标：帮助学生看见每天学习的意义》是“梦山书系”中的一本。本文主要从全书内容概要以及案例说明两个方面展开。

一、内容概要

从全书内容架构来看，主要有九章。作者首先阐述了学习目标行动理论，介绍了学习目标设计的流程，然后依次阐述了学习目标在提供有效反馈、培养具有自我评估能力的学生、展开差异化教学、促进高阶思维、指导总结性评估、构建证据文化等方面的作用。

本书的核心内容其实在书名就已经体现：聚焦学习目标，同时指出目标的作用和意义，就是帮助学生看见每天学习的意义。这也是本书想要解决的重要问题。聚焦学习目标可以让教师和学生具有共同的、清晰的目标，教师通过分享目标，即“帮助学生看见”和学生在教与学的过程中共同参与并积极发挥作用。而教学目标主要适用于教师，学生需要先揣测教师的意图，效果大打折扣。当考虑整个课程或整个单元所在的完整学习轨迹后，教师再定位并基于每一节课设计明确的学习目标，同学生协商必须采取的后续步骤，这样就能够实现课程标准和单元目标，也使得每一节课更具有意义。

我在之前的设计过程中对目标的认识比较模糊，没有关注学生应该理解什么。学习目标在设计和目的上都不同于教学目标。前者是从教师的角度来编写，目的是统一一系列相关课程或整个单元的结果，后者则是用来指导学习，即运用学生能够理解的语言，描述学生深入了解大量信息、技能和思维的过程。这个内容不难理解，我们国家自新课程改革以来，为了强化学生的主体地位，强调教师在撰写教学目标时要以学生为主体，重点描述学生在一节课上的学习过程及结果，实际上就要把教学目标转化为学习目标，只是在表述上还称为“教学目标”而已。在作者看来，教师为学生将要学习的课程单元设计合适的学习目标，并出于理解学习内容的目的，用该学习目标指引学生时，可取得最有效的教学质量和完成富有意义的学习过程。

当教师为今天的学习设计明确的学习目标并将其与学生一起用于描述和评估理解时，就能实现最有效的教学和最有意义的学生学习。由此可见，学习目标在一节课的教学中应该占据核心位置。有目标导向的教学，是提高课堂教学效率的有效方式。

那么该如何设计学习目标呢？本书贯通了理论与实践，提出了许多具体的可行的课程操作路径。

二、教学应用

我之前阅读的《追求理解的教学设计》一书也涉及聚焦目标相关内容，结合逆向设计的理念我曾经设计过相应的课程目标，在背景分析的基础上，明确单元教学的预期结果，即教学目标，包括大概念、围绕这一概念需要解决的基本问题，以及所要达成的总目标等，并根据这些目标进行逆向教学设计。

但是读了这本书之后，我发现之前的设计也许更倾向于基于课程标准的教学目标，后面我也做了很多修改，结合本书行动工具的指导，我对上学期的一节课的教学目标（见表1）重新进行了设计（见表2、表3）。

表 1　聚焦学习目标之前的教学目标

河流地貌的教学目标
1.通过观察图片等影音资料，说出河流地貌的概念和分类； 2.运用视频、图像等资料，识别河流侵蚀地貌和河流堆积地貌； 3.通过观察视频、图片等资料，概括并描述各种河流地貌的主要特点。

表 2　行动工具 C 应用

年级：高一 课程时间：45 分钟 科目：地理 主题：河流地貌 今天这节课是本学习单元的一部分：地貌的观察 本单元有多少节课？ 4 节课 这节课出现在单元的哪里？中间
1. 列出本单元的教学目标： 了解地貌基础知识和地貌观察的方法（地理实践力）， 理解常见地貌景观形成的过程和原理（综合思维）， 形成对国内常见地貌景观进行观察、识别、描述和欣赏的意识和能力（区域认知、地理实践力）， 培养科学探究地貌景观的精神和因地制宜的观念（人地协调观）。
2. 列出今天这节课的基本学习内容： （1）基本知识。我的学生必须学会 ...... 河流地貌的定义和典型分布区； 河流地貌的形态、物质组成和规模及景观颜色等。 （2）基本技能。我的学生必须能够 ...... 通过视频图像，借助软件或实地考察等手段，对比河流地貌所在自然环境及其景观特点； 观察并描述现实生活中的河流地貌景观。
3. 确定潜在的学习轨迹： （1）这一课出现在单元或一组课程的哪里？ （2）关于这个概念，学生已经在之前的课程中学到了什么？ 地貌的含义和主要类型划分 （3）学生即将面临什么？他们在之后的课中将解决什么问题？ 如何识别地貌类型？不同的地貌类型有什么不同的特点？不同地貌对人类生产生活会有怎样的影响？人类生产生活又会对地貌产生怎样的影响？如何在野外进行地貌观察？ （4）这节课“存在的理由”是什么？对学生而言，什么才是今天这节课至关重要的知识？ 通过观察视频和图片，概括并描述各种河流地貌的主要特点。
4. 基本的思维技能： （1）要求学生达到“识别”的初级知识了解水平及“描述”的知识理解水平，描述各种河流地貌的主要特点，具备地貌观察和归纳概括能力； （2）能够推测河流景观与地理环境的关系，具备一定区域认知能力； （3）分析河流地貌与人类活动的关系，具备综合思维。

续表

5. 理解表现：表现型任务（参照教学设计）
6. 学习目标说明 我可以； 要想做到这一点，我必须学习和理解； 我将通过下列方式展示我可以做到这一点。
7. 达到成功标准：评估目标 描述河流地貌景观的特征 （1）描述掌握学习目标 描述时能抓住地貌景观的关键特征，具有层次性，能有清晰的描述顺序，既注重宏观描述，也有微观细节的刻画。用词精准、科学、形象。 （2）描述熟练理解情况（这些学生接近于掌握） 描述基本能体现地貌景观的主要特征，用词比校多但缺少层次性和逻辑性。 （3）描述基本理解情况（这些学生有一般的理解） 描述时语言单一，只能用陡峭、平坦等少数词语，不能抓住地貌景观的关键特征，在景观描述时语言缺少层次，呈碎片化。 （4）描述最低层次理解情况（这些学生受到学习内容的挑战） 景观判别错误。

表 3　聚焦学习目标之后的教学目标

河流地貌
教学目标： 1. 通过展示河流地貌模拟实验，明确河流地貌的概念、成因类型，培养学生的综合思维和科学探究地貌景观的精神； 2. 通过展示黄河不同位置景观图片，引导学生推测景观与地理环境的关系，培养学生区域认知能力； 3. 通过展示河流地貌景观图片，学生可以描述各种河流地貌的主要特点，培养学生地貌观察和归纳概括能力； 4. 通过牛轭湖建港选址的案例，分析地貌与人类活动的关系，培养学生因地制宜的观念。
学习目标： 1. 通过观看河流地貌行成模拟实验等影音资料，我可以说出河流地貌的概念和成因，能够识别河流侵蚀地貌和河流堆积地貌； 2. 通过观察河流沿岸上中下游不同位置景观图片，我可以结合区域环境将其与拍摄位置匹配； 3. 根据峡谷、冲积平原、河曲和三角洲等河流地貌图片，我能够绘制景观图片的简单示意图并从沿岸地形、河谷形态以及物质组成等方面详细描述地貌特点； 4. 通过观察河流河曲动态变化图，我可以说出牛轭湖的形成过程，能够推测河流凹凸岸的港口和居民点分布。

根据本书的一些方法，借助书后的行动工具，教师可以进一步挖掘了学习目标，并且更重要的是，目标制定后如何与学生分享才能让他们更好的理解，而不是单纯的读给他们听。希望自己在之后的地理教学中能够不断实践和探索本书的相关教育理念。

高中政治项目化学习的设计与实践

北京市第十八中学　杨 郑

项目化学习引导学生在真实情境中发现问题、解决问题，又在解决问题过程中去发现新问题，呵护和点燃学生的学习热情，引导学生探究并体验包括学科知识在内的外部世界，激发对学科以及外部世界的内在兴趣，让素养在中国的课堂上真实的生长。

在读完夏雪梅博士的《项目化学习设计：学习素养视角下的国际与本土实践》之后，结合自己的教学实践经历，就此阐述项目式学习案例选题的来源、过程及最终确定。项目最初选题灵感来自一堂公开课，“人民代表大会：我国的国家权力机关”，讲解人大代表部分时，学生采访了我校人大代表，也就是我们的校长，学生也因此走近人大代表，人大代表在人民代表大会闭会期间，与人民群众保持密切联系，采取多种方式经常听取意见和要求，回答询问，推进政府工作，身为人民利益的代言人，人大代表履职尽责，依据法定程序，向人民代表大会提出议案。实际上，这次采访也是我第一次走近人大代表，感受人大代表为人民的理念。课后我也在思考利用何种方式，引导学生有序参与民主生活之中。

自学校项目式学习开启，我的想法有了实施的平台，借助项目式学习，我联想到我们十八中是有模拟政协社团的，我们也有丰富的活动经历，由此，我初步确定了依托学生模拟政协提案的项目研究方向：中学生民主实践探究——以北京市第十八中学学生“提案”为例。围绕项目主题，整理了资料，发现不足，第一是题目中的民主范围过大，学生不好把握，教材中国家性质、社会主义民主的特征，制度保障、人民当家作主均与民主知识相关联，范围过大反而给开展活动型课程增加了困难，民主实践并不仅仅体现于提案之中。第二是以咱们十八中学生提案为例，向政协会议提出提案是政协委员的职责所在，学生无此职能。由此，我们项目组更改项目主题为“北京十八中学生模拟政协提案——浅谈中学生民主参与”，将模拟政协提案与中学生的民主参与详细，细化了知识探究范围，但还是围绕民主这一主题，重点强调学生通过完

成模拟政协提案感受并理解民主参与的内涵和意义。

方向确定后，我们项目组开始研究课标和教材，从政协知识出发，政协的性质、主题、职能，而后又联系到中国共产党领导的多党合作和政治协商制度。因为本项目是跨年级探究，是跨初中和高中的项目，我们将教材和课标一起比对起来看，发现课标中对于本部分知识的要求并不一样，高中模块3即政治必修三《政治与法治》"2.2 阐明中国共产党领导的多党合作和政治协商制度是具有中国特色的基本政治制度"，课标对这部分的教学提示也不同，高中教学提示：以"协商民主有什么优势"为议题，探究我国政党制度的特色以及协商民主的意义和价值，在两个阶段课标的要求中，我们找到共同点，即都让学生知道中国共产党领导的多党合作和政治协商制度是我国的基本政治制度，但不同的是初中阶段要了解这一基本政治制度，而高中阶段则需要阐明这一制度是具有中国特色的基本政治制度，找到不同点，我们思考，如何突破高中课标要求的具有中国特色，再次翻看课标，发现两个阶段的课标要求中，教学提示都与协商民主有关，在高中政治必修三中有样一句话："协商民主是我国社会主义民主政治的特有形式和独特优势"。这便体现了课标中具有中国特色的基本政治制度，我国政党协商制度为何具有中国特色，因为我们有协商民主，这是社会主义民主的特色，我们国家不仅有西方国家普遍的选举制度，我们还有自己特色的协商制度。明确了这一点，我们将主题定位于协商民主。

参考文献

夏雪梅，《项目化学习设计：学习素养视角下的国际与本土实践》[M].教育科学出版社，2021.

逆向教学设计

——为"理解"而教

北京市第十八中学　杨郑

逆向设计是以目标为导向的，我们以具体的结果作为目标，然后根据这些结果相应地进行逆向设计。这要求我们必须明确目标，助力学生对知识的理解与把握。目标指的是正式的、长期的目标。通常，他们指的是各种学业目标的复杂混合体：事实的、概念的、程序的、倾向的和专业化表现的。而在政治学科中，我们可以将政治学科的核心素养，即政治认同、科学精神、法治意识、公共参与，视为政治学科的目标。接下来，就以课例“原始社会的解体和阶级社会的演进”谈谈对《追求理解的教学设计》这一本书的理解。

（一）确定预期结果

1. 确定预期的目标

学生将能够描述不同社会形态的本质特征；解释人类社会发展的一般过程，阐明社会发展的历史进程取决于社会基本矛盾运动；分析资本主义生产关系建立的条件和资本主义经济危机，理解社会主义必将胜利，资本主义必将灭亡。

2. 基本问题

（1）原始社会的生产力和生产关系状况。

（2）奴隶社会的生产力和生产关系状况，及其与原始社会的比较。

（3）封建社会的生产力和生产关系状况。

（4）资本主义社会的生产力和生产关系状况及其与封建社会的比较。

（5）为什么说“只有生产发展到一定程度，才能出现阶级；只有生产发展到一定阶段，就必然产生阶级”？

（6）如何看待阶级和国家的产生？

（7）影响社会更替的因素是什么？

（8）人类社会发展的一般过程是怎样的？

（9）不同社会中的主要矛盾是什么？

（10）资本主义生产关系的建立需要什么条件？

（11）什么是剩余价值？

（12）资本主义社会的痼疾是什么；什么是资本主义经济危机？

3. 预期的理解是什么

学生将会理解：

（1）判断一种形态代替另一种社会形态是历史的进步还是倒退的主要标准是看生产关系是否适应生产力发展的要求，是否符合人类社会发展的总趋势。

封建社会的生产关系适应了封建社会生产力的发展，奴隶社会代替原始社会是历史的进步。

（2）生产工具改进促进了生产力发展，促使个体劳动盛行，生产资料由公有转为私有，促进私有制的确立，导致贫富差距拉大，致使氏族成员地位不平等，从而导致了阶级和国家的产生。

（3）资本主义生产关系适应了资本主义生产力的发展，封建社会进入资本主义社会是人类文明的再跨越。

（4）资本主义经济危机的产生是因为资本主义社会生产社会化与生产资料私人所有的，这是资本主义社会的痼疾，这也导致了资本主义的必然灭亡。比较社会主义生产关系与生产力发展特点，可以得出“社会主义必将胜利，资本主义必然灭亡”的结论。

4. 学生会获得哪些知识和技能

学生将会知道：

（1）原始社会的生产力状况和生产关系特点，懂得原始社会知足管理方式的历史必然性。

（2）生产资料由公有转变为私有，标志原始社会末期私有制的产生。

（3）私有制的产生促进原始社会的解体。

（4）奴隶社会生产力和生产关系的发展，促使阶级和国家的产生。

（5）金属工具的广泛使用，城市的出现，文字的发明和应用，脑力劳动和体力劳动的分工等促进了生产力的发展，促使奴隶社会代替原始社会，这是历史的进步。

（6）知道奴隶社会和封建社会生产关系的特点，明确封建社会中地主阶级剥削农民阶级的方式。

（7）能够列举封建社会末期资本主义生产关系萌芽的表现，正确认识资本主义制度的建立对社会生产力发展的促进作用。

（8）能够阐明资本主义经济危机的表现和实质，理解资本主义经济危机是无法克服的痼疾，了解资本主义社会的基本矛盾。

（二）确定评估证据

1. 表现性任务

（1）制作思维导图——详细说明原始社会、奴隶社会、封建社会、资本主义社会生产力和生产关系状况及其更替原因。学生要能明确生产力和生产关系的含义，社会形态更替的决定性因素。

（2）演讲——从社会主义和资本主义生产力与生产关系状况的对比，分析“社会主义必将胜利，资本主义必然灭亡””学生要从生产力、生产关系原理中理解资本主义的痼疾。

（3）课堂辩论——资本主义是最好还是最坏的年代？从本质分析资本主义社会的基本矛盾，从而深入对比，得出社会主义的必然性和合理性。

2. 其他证据

（1）小测验——对资本主义必将灭亡，社会主义必将胜利的理解。

（2）简单题——美国人口普查局发布的报告显示，2010年美国贫困率为15.1%，贫困人口达到4620万人，为52年来最高。与此同时，社会财富高度向以华尔街为代表的少数富有的美国人集中。有数据显示，最富有的5%的美国人拥有全国72%的财富。贫富差距进一步拉大，必然导致社会矛盾深化。从该题中得出导致资本主义经济危机的直接原因和根本原因是什么，从而理解资本主义被社会注意替代是不可避免的。

（3）观看视频——观看2008年“美国次贷危机”纪录片，运用所学知识，思考：为什么美国会爆发经济危机？

学生进行自我评价与反馈

（1）自评思维导图的制作情况；

（2）自评资本主义必将灭亡，社会注意必然胜利是否真理解；

（3）自评在演讲、课堂辩论中的自我表现。

（三）设计学习活动

依据逆向设计单页模板阶段中WHERETO元素中字母为活动编码，本科的活动设计如下：

通过《疯狂原始人》视频结缘，思考原始社会的生产力和生产关系特点，吸引学生思考原始社会的解体。（H）

出示学习目标，明确重难点。了解本科的最终表现性任务（制作思维导图、演讲、课堂辩论）。（W）

自主学习第一部分内容，明确学习实践、学习内容、学习要求、学习重难点。最后通过比一比了解其学效果。（2E）

对比性学习。通过原始社会与奴隶社会、封建社会与资本主义社会的生产力与生产关系特点的对比，得出影响社会更替的决定性因素。

通过讨论感悟举措，理解资本主义的基本矛盾，明确资本主义必将灭亡的原因。内容有难度，但通过讨论，学生能够在相互分享观点过程中理解大部分知识，从而降低学习难度，以合作的方式唤起学生的学习动力。以支持演讲和课堂辩论的有效完成。（1E;O）

通过美国2008年次贷危机纪录片，使学生更加清晰美国次贷危机的特点及影响，看到经济危机带给社会和人民的危害，经济危机阻碍经济的发展，阻碍经济全球化，降低人民生活品质，最后由普通人民买单，甚至是由世界上很多国家买单，这对于美国甚至全球都是一次不小的打击。通过对于经济危机的直观感受，学生能够进一步掌握美国经济危机产生的原因，从而通过资本主义生产力与生产关系的特点，得出资本主义必将灭亡的结论。（1E;T）

用头脑风暴的形式完成，改革开放40年来，中国特色社会主义取得了哪些成就？为什么能够取得这些成就？与资本主义生产力和生产关系对比来看，增强学生对中国特色社会主义的信心，使学生体悟到，只有坚定中国特色社会主义道路才会取得最后的胜利。以支持简单题完成，难点突破。（W;H;1E;R）

本课结束时，全体师生共同研读《共产党宣言》中的经典句，再次体会主题“原始社会的解体和阶级社会的演进”，感悟资本主义必将灭亡，社会主义必将胜利，提升爱国情感与价值认同感，落实核心素养。（W;2E;R）

参考文献：

格兰特·威金斯，《追求理解的教学设计》[M],出版社:华东师范大学出版社. 出版时间:2017年03月.

《项目化学习设计：学习素养视角下的国际与本土实践》读书心得

宋文静

项目式学习中驱动性问题的设计，在之前的学习中我们已经了解了项目学习的框架，其中有一个环节就是驱动性问题，那么驱动性问题在项目学习中扮演着什么样的角色呢？其实项目式学习可以看成两个环：项目环和驱动性问题环。

作为项目式学习的外显环，项目环中的总项目可以拆分为数个子项目，数个子项目整合可以实现总项目学习目标；驱动性问题环是项目式学习的内核环，由驱动总项目的项目整体驱动性问题和数个驱动子项目的项目环节驱动性问题组成，承载着驱动整个项目式学习运转的功能。项目环节驱动性问题往往能够反映整体驱动性问题的某些关键方面，能够驱动整体项目中具体环节的深度探究与实践，组织各个环节的有效开展。

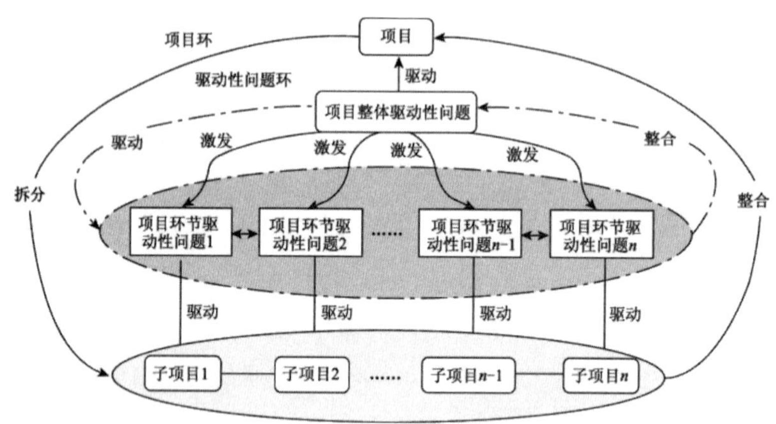

Fig 1　Project cycle and driving question cycle in PBL

图 1　项目式学习中的“项目环”和“驱动性问题环”

了解了驱动性问题的重要性，那么我们如何进行驱动性问题的设置呢？首先我们要遵循驱动性问题的设计原则，作为驱动和贯穿整个项目式学习的引擎和脉络，驱动性问题的质量直接决定着项目式学习的成败。项目式学习中驱动性问题的设计应考虑高质量驱动性问题的一般特征，这也是驱动性问题设计的基本原则。同时我们还要注意驱动性问题需要具备如下的特征：

（1）激趣与激疑功能

在进行项目式学习设计时，应思考驱动性问题是否能够营造良好的氛围，激发学生好奇心和求知欲，能够激发学生主动生成自己的问题。这种氛围需要真实问题情境，以学生感兴趣、欲探究的科学现象为支撑。

（2）可探究性

应思考是否具备回答驱动性问题的探究所需要的资源和条件，是否能够进行探究方案的设计与实施。

（3）包容性

在设计项目整体驱动性问题时，应思考该问题能否涵盖所有将要学习的学科核心概念，能否进一步拆分成具体的项目环节驱动性问题，从而指引学生的深度参与实践。学生开展项目式学习，在一定程度上也反映着科学家开展科学研究工作，因此，驱动性问题的设计也需要考虑到与真实科学研究的相似程度。

（4）情境真实性

驱动性问题的真实性与否将直接决定着学生是否真正愿意参与到项目式学习活动中。因此，驱动性问题应是真实世界所关注的相关问题，能够对真实世界产生影响，与学生的日常生活、现实与文化等息息相关。问题的真实情境性能够唤起学生已有的生活经验与认知冲突，从而引发学生进行深度思考与实践；而在对真实情境的问题进行解决的同时，能够对学生的日常生活带来影响和作用，这无疑将转变学生对科学的认识和理解。

（5）探究持续性

项目式学习不是“一锤子买卖”，而是学生对驱动性问题的解决需要经历比较持久、深度地实践参与。因此，驱动性问题不是封闭性的，应该具备一定的复杂性和综合性，能够进行有意义的延伸和拓展，从而为学生持续且深度参与提供机会。

（6）伦理性

驱动性问题所进行的实践活动中应避免有危及生命体或者环境的可能性。

在驱动性问题设计原则下，设计符合以上六个特征的驱动性问题时还需要用到驱动性问题的设计模型，首先阅读课程标准，在课程标准上找到对该主体内容的要求，接着对项目式学习单元所要达成的学习目标进行解构，基于此，思考可以促进学生深度学习的基本真实问题情境，从而为驱动性问题的生成提供情境支撑。真实问题情境的选择所遵循的基本原则与驱动性问题设计的基本原则相类似，同时还应思考情境对相关核心内容目标要求的包容性。

我们以高中化学鲁科版教材第二章第二节《电解质的电离》为例按照项目式学习中驱动性问题的设计模型进行驱动性问题的设计，首先，课程标准对该主题的内容要求是：认识酸、碱、盐等电解质在水溶液中或熔融状态下能发生电离。通过实验事实认识离子反应及其发生的条件，了解常见离子的检验方法。基于此，本文选择“氯化钠固体溶于水形成的溶液能导电”作为项目基本真实问题情境。基于该情境，根据驱动性问题的基本特征，确定项目整体驱动性问题——“如何调节导电装置中小灯泡亮度？”。之后，根据“电离与离子反应”的相关内容的具体拆分，以项目整体驱动性问题为核心，生成项目环节驱动性问题，并根据项目环节驱动性问题和项目基本问题情境思考并生成子项目情境。

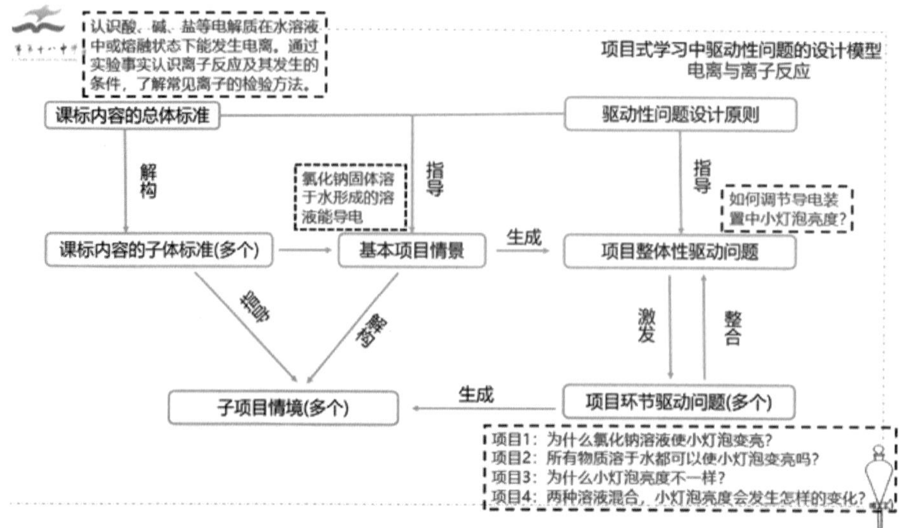

“电离与离子反应”项目式学习中的驱动性问题整体设计。该项目式学习单元围绕项目整体驱动性问题“如何调节导电装置中小灯泡亮度？”展开，对其进行分解得到四个具体项目环节驱动性问题，依次对“物质在溶液中或在熔融状态下的电离”“酸、碱、盐等电解质”“溶液导电性大小”以及“离子反应”等学科概念进行实践和探索，从而逐渐发展学生问题解决的关键能力以及化学学科所特有的思维方式和品质。

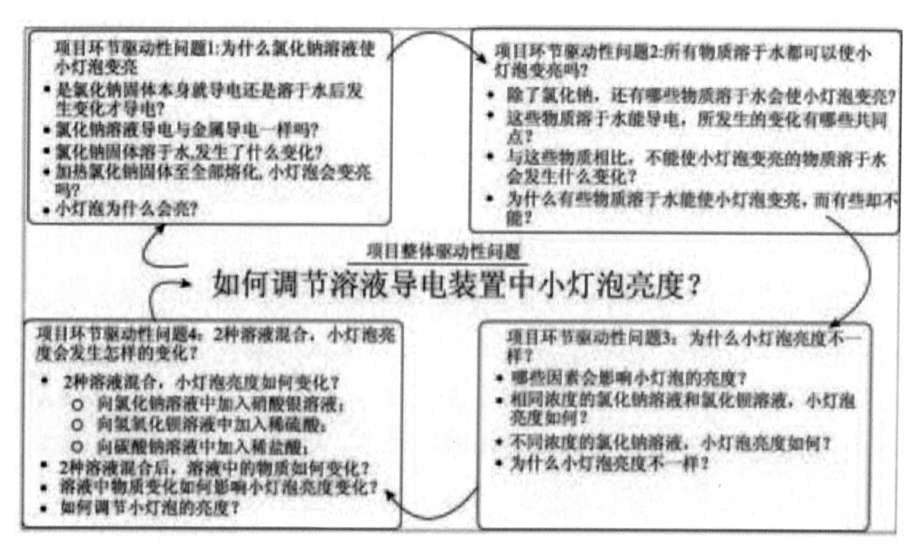

《正面管教》读书心得

齐智霞

假期读了美国教育学博士，杰出的心理学家、教育家简·尼尔森的《正面管教》一书，其英文名字为Positive Discipline，直译为积极的纪律。书中指出：“正面管教是一种既不惩罚也不娇纵的管教孩子的方法。孩子只有在一种和善而坚定的气氛中，才能培养出自律、责任感、合作以及自己解决问题的能力，才能学会他们受益终生的社会技能和生活技能，才能取得良好的学业成绩。”如何运用正面管教的方法使孩子获得这种技能，就是这本书的主要内容。

那么怎样做才算着有效管教或者说是正面管教呢？这就要回到书中有效管教的四个标准了。即：1.是否和善与坚定并行？（对孩子尊重和鼓励）2.是否有助于孩子感受到归属感和价值感？（心灵纽带）3.是否长期有效？（惩罚在短期有效，但有长期的负面效果）4.是否能交给孩子有价值的社会技能和生活技能，培养孩子的良好品格？（尊重他人、关心他人、善于解决问题、敢于承担责任、乐于奉献、愿意合作）。

正面管教以相互尊重和合作为基础。正面管教把和善与坚定融合为一体，并以此为基石，在孩子自我控制的基础上，培养孩子的各项生活技能。这就要求我们要抛弃过去那种错误的观念“想让孩子做得更好，就得先让他感觉更糟。”把尊重和理解放在首位。要正确解读孩子不良行为背后的信息，她是想寻求过度关注，还是寻求权利，亦或是为了报复，为了自暴自弃。因为一个行为不当的孩子，是一个丧失信心的孩子。当一个孩子行为不当时，要把这一错误行为看成一个密码，并且问你自己：“她真正想要告诉我的是什么呢？”要践行有效管教的四个标准，最终赢得孩子和我们的合作并让孩子学会专注于解决问题。

正面管教的方法不仅有助于构建和谐的亲子关系，培养孩子良好的行为品质，在班级管理和处理突发性课堂事件中，也是很有帮助的。现在想起来我上学期处理课堂上一突发情况时，歪打正着用了这种方法。当时，我正在上课，有一女生突然从后门进入，连招呼也没打一下。按照常规做法，我应该让她站在后面，也可以当时就批评她。可是，当时，我并没有这么做，而是问她为什么来迟到了？她高傲地昂着头，“某某同学流鼻血了，我去给她送纸了！”声音很大，一脸的挑衅！我想在她心里，帮助同学是值得肯定的行为，她不认为自己来迟到是不对的，更不会认为自己不打报告就进教室的行为是对老师的不尊重。要想让她意识到她的错误，必须先改变以往的做法。我真诚地看着她，当着全班同学的面平静地说，“你能帮助同学值得表扬，但是，老师希望下次你如果迟到的时候，能从前门进入，跟老师打个报告。这是应有的礼貌和尊重。”她没想到我没有当着全班同学的面吵她，还肯定了她的行为，低下了头，“老师，知道了。”她态度的改变也让我感到很惊喜，我想正是因为老师的态度的变化，给学生的心里感觉带来了不同的感受，才会导致她态度的转变吧！尊重是前提，师生间有了彼此对相互的尊重，才能谈得上平等的对话。有了平等的交流和沟通，我们才能“赢得”学生的心，也才能让教育从“心”开始，发挥它应有的作用。我想如果我能坚持“坚定与和善”并行，在以后的教学和课堂管理中也积极地应用正面管教的方法，一定能让师生关系更加和谐，学生心理更加健康！

感谢《正面管教》一书的作者，让我重新审视自己的管理方法和管理理念。让我在构建和谐的亲子关系和师生关系上迈出了第一步。相信我的坚持与改变，一定能让正面管教在以后教育孩子和管理学生中发挥更加积极的作用。

《项目化学习的实施·学习素养视角下的中国建构》读书心得

杨钰璇

在老师的带领与指导下，我阅读了《项目化学习的实施》这本书，收获颇丰。这本书是写在《项目化学习的设计·学习素养视角下的国际与本土实践》后的一本书，前一本书关注的是项目化学习的设计，这本书关注项目化学习的实施，教学设计与教学实施相辅相承，对应于理论和实践。这本书不仅包含教育理论，且能够在顶层设计

的角度思考好的教学设计模式，同时也能站在教师的角度思考教学实施的痛点。

全书共分为四大章节，第一章介绍国际上的先行国家、地区和学校是如何实施项目化学习的；第二章项目化学习实施的中国建构意味着什么；第三章项目化学习实施的中国建构：学校层级；第四章项目化学习实施的中国建构：教师层级。

我任教初中学段，对于书中讲到初中学段的内容我着重研读，书中讲到义务教育阶段进行项目化学习，要鼓励学生提出真实世界中的问题，将所学知识和真实世界建立起联系，提出更有深度的问题；这一时期的项目同样不应该片面强调学生的项目成果，应侧重引导儿童养成良好的思维习惯，对问题进行整体思考，学会反思项目历程，同时还要珍惜和重视学生在项目过程中的新想法，引导学生评估他人的想法。这一时期的学科项目、跨学科的比例有一定的提高。在项目选择上仍需要考虑其领域覆盖面的均衡，引导学生发现自己的潜能；提供项目的多元选择，即使在同一个项目中，也可以提供指向不同学习程度和类型的任务。此外，书中还有颇多项目化学习实施的具体案例，从教师层面到学校层面，从学科项目到跨学科项目，详细讲解了具体实施的步骤，对于初次接触项目化课题的我而言，这具有非常高的参考价值。

我认为，专家的顶层意见是思想的启明，而教学实施的落地则需要不断实践去检视理论的正确与否。在新的学期，我会继续研读有关书目，将书中的理论和方法落地，做好地理学科的项目化实施，不断提高自身的地理专业素养，激发学生对地理的学习兴趣，提高学生们的探究性实践能力、社会性实践能力以及技术性实践能力。

二、教学论说

依托集群优势建构小初高一体化科学课程体系的实践研究

李亮芝、涂春霞、李家茂、谷士清、张琳

一、问题的提出

（一）新时代要求，提质增效

习近平总书记强调，“创新决胜未来，改革关乎国运”，“硬实力、软实力，归根到底要靠人才实力”。“科技创新、科学普及是实现创新发展的两翼，要把科学普及放在与科技创新同等重要的位置。没有全民科学素质普遍提高，就难以建立起宏大的高素质创新大军，难以实现科技成果快速转化。”

《全民科学素质行动规划纲要（2021—2035年）》中提出了“激发青少年好奇心和想象力，增强科学兴趣、创新意识和创新能力，培育一大批具备科学家潜质的青少年群体，为加快建设科技强国夯实人才基础。”对青少年科学素质提升做出了明确的要求。

2021年7月24日，中共中央办公厅、国务院办公厅发布了《关于进一步减轻义务教育阶段学生作业负担和校外培训负担的意见》，从国家层面对“提质增效”工作进行指导和部署,旨在促进学生全面健康成长，系统治理教育生态。

（二）一体化课程，提升科学素养

近几年来，“一体化”成为国家对于课程建设的一致性要求。为了构建高质量可持续的区域教育体系，恢复良好的区域教育生态，方庄教育集群应运而生，它涵盖方庄地区39所高中、初中、小学、幼儿园、职业学校、民办教育机构，以“政府主导、学校协同、资源共享、特色衔接、共同发展”为运行机制，是一个通过创设区域丛林式教育生态系统，形成多元化的特色教育，满足学生个性化需要的区域教育共同体。集群发展不是资源的简单整合、平均，而是集群内各种元素组合方式的根本变革，是一种不断变化的结构调整和优化，纵深发展的资源合作、整合与共享，最终实现集群

内部个体之间、内部与外部之间的良性互动、循环和升级，不断创造出更高级的一体化课程教育资源。

“提质增效”的主阵地在学校，方庄教育集群利用自身优势，坚持“立足于师生的科技需求，构建服务于师生成长的，生态性的优质科技课程，推进方庄地区科技教育优质、均衡、内涵发展”的教育理念，整合课程资源、硬件设备、师资队伍、专家团队、高校资源、研究机构、实践基地等区域优势组块，以“马鞍”教师研修模式和“加乘”课程开发模式为实施途径，建构了方庄教育集群小初高一体化科学课程体系，解决了区域内外科学资源配置均衡化，科学课程设计体系化，教师队伍引领规范化等问题，切实做到提质增效，促进了区域学生科学素养的共同提升。

二、解决问题的过程与方法

科学技术的发展要求作为基础教育重要内容的科学课程反映科学技术的发展趋势，更新教学内容与教学方式，淡化学科间的人为界限，学段间的人为分隔，注重知识的整合，学段的衔接，注重引导学生从综合的角度去认识自然现象，提高解决问题的能力。方庄教育集群充分发挥区域教育的优势，致力于区域内科学课程的一体化。在此认识上，小初高科学课程一体化的实践研究明确了小学重在“体验”，初中重在“拓宽”的课程开发理念。

小学重在“体验”，即学生逐步地了解自然，慢慢地培育探索的兴趣。学生只有“乐”起来，才能“学”起来，“活”起来，“动”起来。进而初步形成自己的科学领域爱好，将知识与本土文化、生活实际联系起来，以科学普及来落实区域科学素质的提高。

初中重在“拓宽”，即学生拓宽探究领域，在小学的基础上有理性的判断或合理的解释。教师设计拓展性、项目式科技探究活动，为感兴趣的学生提供一个快速提升，获取更高阶知识的机会，打造一个深入探究科技的平台，培养他们的科技创新能力，为国家建立宏大的高素质创新大军奠定基础。

依托集群优势，建构小初高一体化科学课程体系，落实提质增效，提升学生科学素养的实践研究，经过不断创新实践，经历了三个阶段，探索了两个模式。

[illegible]						
序号	[illegible]	[illegible]	内容	[illegible]	[illegible]	起止时间
1		师资队伍	名师及高中市区骨干教师	课程开发，教师培训，学生指导	教师培训课程、小学体验课程、初中开放课程、小初衔接课程、初高衔接课程、高中探究课程	2016年至今
2	集团内	硬件设备	高端科学实验室、市区重点实验室	课程实践	教师培训课程、小学体验课程、初中开放课程、小初衔接课程、初高衔接课程、高中探究课程	2016年至今
3		实践基地	两所小学、两所初中、一所高中	小初高一体化科学课程实践	教师培训课程、小学体验课程、初中开放课程、小初衔接课程、初高衔接课程、高中探究课程	2016年至今
4		实践基地	一所职教中心、一所初中科技示范校、两所小学科技示范校	协同课程实践、课程开发、教师培训、学生指导	教师培训课程、小学体验课程、初中开放课程、小初衔接课程、初高衔接课程、高中探究课程	2016年至今
	集群内					
5		实践单位	18所小学、5所初中、2所完中	小初高一体化科学课程实践	教师培训课程、小学体验课程、初中开放课程、小初衔接课程、初高衔接课程、高中探究课程	2016年至今
6		高校资源	北航、北理工等10所生源基地校	教师培训、课程实训、课程开发指导、学生指导	教师培训课程、初高中衔接课程、高中探究课程、专家讲座	每年递增中
7	外部	研究机构	中科院各个院所、航天研究院、食品研究所、中医研究所、科技俱乐部	课程实训，科研实践，学生科研指导	教师培训课程、初高中衔接课程、高中探究课程、专家讲座	每年递增中
8		课程资源	高校实训课程、中科院科研课程	课程实训，科研实践，学生科研指导	高中探究课程、专家讲座	每年递增中

（一）建构小初高一体化科学课程体系的三个阶段

依托集群优势，建构小初高一体化科学课程体系的实践经历了三个发展阶段。

课程体系建构的三个阶段

1．“一个体验”：体验情境学习，提升兴趣与素养

集群开发了适合小学学生的体验课程，组织集群小学生走进北京市第十八中学实验室，参加情境式科学活动体验营。

由集群学科教师组成的课程实践团队，制作活动任务单，少而精地突出科学技术在生活中的应用，同时考虑到小学生的前拥知识及接受能力，在内容的难易度上适当调整。让学生们通过共同合作动手体验，静下心来观察，做好简要记录，进行适当概括，从而学有所获。

2017年5月，集群举办了第一期体验营，面向集群四年级学生，普惠学生800人次。活动后调研结果显示，学生对能够走进实验室，亲自制作一件小作品感到特别开心，主要原因是体验营的老师们亲切耐心、讲授生动、课程内容丰富，学生们充满新奇感，感觉时间过得太快！东铁营一小的科学课教师莫海燕说："非常高兴能有这样的体验活动，不仅孩子们有收获，带队老师们也受益颇多！感谢集群开放专业实验室，让集群更多孩子感受科学的魅力！"

应集群各小学要求，情境式科学活动体验营一直持续，在疫情期间改为线上指导与体验，学生们居家也可以学习。

体验课程目录如下图所示：

序号	课程名称	适合年级	序号	课程名称	适合年级
1	植物体分类	一年级	41	空气占据空间吗	三年级
2	谁轻谁重	一年级	42	压缩空气	三年级
3	起点和终点	一年级	43	空气有质量吗	三年级
4	做一个测量纸带	一年级	44	运动和位置	三年级
5	测试反应快慢	二年级	45	直线运动和曲线运动	三年级
6	磁极间的相互作用	二年级	46	测量降水量	三年级
7	神奇的纸	二年级	47	地球的形状	三年级
8	做一个指南针	二年级	48	影子的秘密	三年级
9	光的反射—潜望镜	二年级	49	月相变化的规律	三年级
10	磁铁—磁力小车	二年级	50	月球 地球的卫星	三年级
11	电路—小台灯	二年级	51	我们的"过山车	三年级
12	重心—怪笔	二年级	52	实验操作—溶解与过滤	三年级
13	能量转换—风力甩车	二年级	53	定滑轮—国旗升降机	三年级
14	偏心轮—扫地机器人	二年级	54	离心力—甩干机	三年级
15	浮力—浮沉子	二年级	55	天文—飞马座	三年级
16	生物—豆豆发芽	二年级	56	透镜—望远镜	三年级
17	风能—电风扇	二年级	57	导体绝缘体检测器	三年级
18	物体平衡—摇摇马	二年级	58	视觉暂留—孔雀开屏	三年级
19	密度—鸡尾酒	二年级	59	磁铁—悬浮笔筒	三年级
20	水的导热性—烧不破气球	二年级	60	串联—串联小台灯	三年级
21	作用力—单桨动力船	二年级	61	热空气—走马灯	三年级
22	天文—猎户座	二年级	62	能量转换—滚摆	三年级
23	镜像—魔术存钱罐	二年级	63	可变电阻—明暗灯	三年级
24	概率—幸运大转盘	二年级	64	化学变化—灭火实验	三年级
25	光的反射—无限长廊	二年级	65	惯性—惯性小球	三年级
26	磁铁—指南针	二年级	66	七色光—牛顿盘	三年级
27	电路—验钞器	二年级	67	重心—[illegible]	三年级
28	重心—竹蜻蜓	二年级	68	伯努利—吹球小海豚	三年级
29	蜗状齿轮—电动搅拌机	二年级	69	古代计时—蜡烛报时	三年级
30	杠杆—杆秤	二年级	70	电与磁—电磁铁	三年级
31	化学变化—火山爆发	二年级	71	天文—大熊座和小熊座	三年级
32	连通器—连通器与液压机	二年级	72	轮轴—辘轳	三年级
33	食盐导电性—下雨报警	二年级	73	车轮—单桨动力车	三年级
34	重心—锥体上坡	二年级	74	镜像—魔幻小屋	三年级
35	动物的繁殖	三年级	75	磁极间性质—磁力跷跷板	三年级
36	认识其他动物的脚	三年级	76	并联—并联小台灯	三年级
37	水结冰了	三年级	77	原电池—伏打电池	三年级
38	加快溶解	三年级	78	天文—四季星座	三年级
39	混合与分离	三年级	79	电热—电热切割机	三年级
40	各种各样的运动	三年级	80	酸碱度—酸碱度的测定	三年级

序号	课程名称	适应年级	序号	课程名称	适应年级
81	[illegible]	三年级	121	[illegible]	四年级
82	[illegible]	三年级	122	[illegible]	四年级
83	[illegible]	三年级	123	[illegible]	四年级
84	[illegible]	三年级	124	[illegible]	四年级
85	[illegible]	三年级	125	[illegible]	四年级
86	[illegible]	三年级	126	[illegible]	四年级
87	[illegible]	三年级	127	[illegible]	四年级
88	[illegible]	四年级	128	[illegible]	四年级
89	[illegible]	四年级	129	[illegible]	四年级
90	[illegible]	四年级	130	[illegible]	四年级
91	[illegible]	四年级	131	[illegible]	四年级
92	[illegible]	四年级	132	[illegible]	四年级
93	[illegible]	四年级	133	[illegible]	四年级
94	[illegible]	四年级	134	[illegible]	四年级
95	[illegible]	四年级	135	[illegible]	四年级
96	[illegible]	四年级	136	[illegible]	五年级
97	[illegible]	四年级	137	[illegible]	五年级
98	[illegible]	四年级	138	[illegible]	五年级
99	[illegible]	四年级	139	[illegible]	五年级
100	[illegible]	四年级	140	[illegible]	五年级
101	[illegible]	四年级	141	[illegible]	五年级
102	[illegible]	四年级	142	[illegible]	五年级
103	[illegible]	四年级	143	[illegible]	五年级
104	[illegible]	四年级	144	[illegible]	五年级
105	[illegible]	四年级	145	[illegible]	五年级
106	[illegible]	四年级	146	[illegible]	五年级
107	[illegible]	四年级	147	[illegible]DNA	五年级
108	[illegible]	四年级	148	[illegible]	五年级
109	[illegible]	四年级	149	[illegible]	五年级
110	[illegible]	四年级	150	[illegible]	五年级
111	[illegible]	四年级	151	[illegible]	五年级
112	[illegible]	四年级	152	[illegible]	五年级
113	[illegible]	四年级	153	[illegible]	五年级
114	[illegible]	四年级	154	[illegible]	五年级
115	[illegible]	四年级	155	[illegible]	五年级
116	[illegible]	四年级	156	[illegible]	五年级
117	[illegible]	四年级	157	[illegible]	五年级
118	[illegible]	四年级	158	[illegible]	五年级
119	[illegible]	四年级	159	[illegible]	五年级
120	[illegible]	四年级	160	[illegible]	五年级

序号	课程名称	适应年级	序号	课程名称	适应年级
161	趣味电路—智力闯关	五年级	185	打火机里的液体是什么?	六年级
162	碳的同素异形体—C60	五年级	186	甲烷的空间构型	六年级
163	桥梁—斜拉桥	五年级	187	有机物的空间构型	六年级
164	车模—水陆两栖车	五年级	188	有机物的同分异构现象	六年级
165	冠状齿轮—旋转木马	五年级	189	国家石化工业的标尺_乙烯	六年级
166	车模—皮带轮动力车	五年级	190	学会选择保鲜膜	六年级
167	视觉暂留—七彩光圈	五年级	191	暂时不能被替代的苯	六年级
168	单刀双掷—眨眼的熊猫	五年级	192	有机物间的转化	六年级
169	滑轮组—吊车	五年级	193	生活中的蛋白质	六年级
170	趣味电路—火树银花	五年级	194	酵母菌	六年级
171	带传动—电动水车	五年级	195	培养微生物	六年级
172	干簧管—水位报警器	五年级	196	糖类(1)	六年级
173	曲柄连杆—电动筛子	五年级	197	糖类(2)	六年级
174	车模—双桨动力车	五年级	198	脂质	六年级
175	趣味电路—地震报警仪	五年级	199	花的结构	六年级
176	帕斯卡—气压升降台	五年级	200	种子的结构和萌发	六年级
177	定滑轮—升降电梯	五年级	201	食物与营养	六年级
178	曲柄连杆—磕头机	五年级	202	防灾减灾	六年级
179	桥梁—升降桥	五年级	203	了解世界的大陆与大洋	六年级
180	作用力—单桨滑行飞机	五年级	204	地壳的运动	六年级
181	有趣的中和反应	六年级	205	大飞机轻量化的活动方案	六年级
182	魔法水晶	六年级	206	飞机的飞行活动方案	六年级
183	感受微观世界——原子	六年级	207	掌控智能生活活动方案	六年级
184	离子、物质检验	六年级			

2．“两个开放”：开放优质课程，拓宽领域与视野

(1)开放性科学实践活动，拓宽探究视野

集群课程实践团队通过承担北京市开放性科学实践活动，让更多集群的学生在家门口享受到了丰富优质的科学课程。

“科学实践活动”不仅强调聚焦“科学”领域，引导“动手”实践，更加关注的是“科学地去实践”。课程采用“主题课”的形式，在集群体验课程基础上进阶式开发。以项目式学习为引领，围绕自然与环境、健康与安全、结构与机械、电子与控制、数据与信息、能源与材料等多个领域，以“任务单”为载体，有效推进活动实施。这些课程让学生在充实愉快的科学体验中感受到了科学的奇妙，为他们搭建了广阔的实践舞台，培养了他们的探究能力，提升了科学素养。

开放性科学实践活动课程目录如下图所示：

序号	课题名称	序号	课题名称
1	彩妆豆腐	28	单摆和它的朋友们
2	红外遥感	29	彩妆豆腐
3	指纹识别	30	自制再生纸
4	三维痕迹	31	天然指示剂
5	北斗航天	32	指纹自动识别
6	顺风耳	33	显微镜下的微观世界
7	魔法变身术	34	双螺旋DNA
8	色彩空间	35	叶脉书签的制作
9	打飞机	36	树叶化石
10	飞行术	37	动物中的伪装者
11	无碳小车	38	犯罪现场三维痕迹检验
12	你的声音我做主	39	足迹的奥秘
13	智能掌控生活	40	晾衣架的秘密
14	揭秘交通信号灯	41	飞行器的秘密
15	揭秘遥控车	42	教室安静度调查
16	莱顿瓶的前世今生	43	防灾减灾与校园安全
17	揭秘红外遥控	44	火灾的预防与科学应对
18	揭秘数码循环灯	45	北斗航天梦
19	解秘烟花	46	飞机的飞行
20	贪吃蛇	47	海绵宝宝
21	调光台灯	48	魔法水晶
22	智能化生活的智能台灯	49	你的声音我做主
23	生活中的传动	50	掌控智能生活
24	解密电子计算器	51	顺风耳
25	揭秘趣味声音光效果器	52	我的色彩空间
26	天下无贼	53	制作太阳能汽车
27	电容器的应用		

(2)开放优质科学课程，辐射群内外师生

①创新人才培养课程

北京市第十八中学科技教师联手集群兄弟学校组建“十八中协作体”，进阶式开发创新人才培养课程。协作体有效地整合、协调各种高端优势资源，与中科院、清华大学、北京航空航天大学等众多高校及科研院所进行了良好、广泛的合作，开发了丰富的实践课程，为学生提供了丰富的学习平台，引领学生进行微科研活动，涉及食品安全与营养、智慧城市、航天科技等多个科研领域，形成了大量有科研价值的研究报告和论文，其中两篇被收录到《价值工程》和《中国创意设计年鉴》中，一名参与贯通培养的学生获得2020年第十二届中国青少年科技创新奖。

②航空航天课程

为了推动京津冀一体化教育发展，由集群和北京市教委资源合作处共同发起，牵手张家口经济开发区第二小学及雄安新区雄县第二小学。为两所小学科技教育提出建设性建议，帮助他们制定科技教育政策、规划、计划及方案，提供师资、赠送科技教材与材料，对教师进行培训，组织两校学生交流互访，协同开展科技节，提升了牵手学校科技教育水平。

2020年疫情期间，集群开播了“心系蓝天”、“我为祖国造飞机”网络课程。课程不仅受到方庄教育集群广大师生家长的喜爱，也吸引了全国各地小科技爱好者共同参与。北京、成都、郑州、张家口、承德等地学校的学生定期参与网课，其中云南省临沧市凤庆县习谦中心学校立果小学组织全校师生准时守在教室屏幕前，认真收看。共有约500人次参与直播课程并制作出自己的科技小作品。此外，集群还向云南立果小学师生赠送了航模书籍和航模套材，并邀请他们参与集群后续的网上科技课程。

③人工智能课程

2017年7月，国务院发布《新一代人工智能发展规划》，确立了新一代人工智能发展三步走战略目标，将人工智能上升到国家战略层面。从2015年开始，集群课程实践团队与清华大学合作开展人工智能课程营，将大学课程与集群人工智能课程有机结合。2016年至今，集群教师已经能够独立开发课程并进行课程输出。2021年4月应北京青少年科技俱乐部邀请，集群为来自全市六所学校的37名中小学生开展人工智能课程，得到参与师生一致好评，同时为青海玉树地区提供线上教学。2020年12月由集群教师撰写的《课程开发与科学传播》一书正式出版印刷。

2016-2021年集群科学素养提升活动、课程统计表

编号	活动名称	类别	项目、课程名称	课程类型	组别
1	方庄教育集群科技节	互动展示	“极冷实验室”	化学科学	小、初、高
2			智能机床制作	小制作	小、初
3			“氮气泡泡云”	化学科学	小、初、高
4			“火焰掌”	化学科学	小、初、高
5			“PH彩虹”	化学科学	小、初、高
6			“空气大炮”	物理科学	小、初、高
7			纸飞机	航空	小、初、高
8			模型飞机	航空	小、初、高
9			模型火箭	航天	小、初、高
10		表演类	“极冷实验室”	化学科学	小、初、高
11			智能机床制作	小制作	小学、初中
12			“氮气泡泡云”	化学科学	小、初、高
13			“火焰掌”	化学科学	小、初、高
14			“PH彩虹”	化学科学	小、初、高
15			“空气大炮”	物理科学	小、初、高
16			无人机飞行矩阵	航空	小、初、高
17			“蜂鹰航模队”无人机飞行表演	航空	小、初、高
18			放飞梦想	航空	小、初、高
19		竞赛类	小四轴	航空	小学、初中
20			伞降气动火箭	航天	小学、初中
21			带降气动火箭	航天	小学、初中
22			纸火箭打靶	航天	小学、初中
23			纸飞机留空	航空	小、初、高
24			纸飞机掷远	航空	小、初、高
25			回旋飞机	航空	小、初、高
26			四驱车竞速	车辆模型	小、初、高
27		评比类	飞机创意设计	STEAM	小、初、高
28			“航天航空、科学幻想、未来科技”科幻画	STEAM	小、初、高
29			“我的航天梦”三角翼模型飞机创意涂装	STEAM	小、初、高
30			“我和航天的故事”、“我的航天梦”、“我身边的科技故事”等征文	写作	小、初、高

2016-2021年集群科学素养提升活动、课程统计表

编号	活动名称	类别	项目、课程名称	课程类型	组别
31			纸飞机留空	航空	小、初、高
32			纸飞机掷远	航空	小、初、高
33	北京纸飞机竞赛	竞赛类	纸飞机标靶	航空	小、初、高
34			冲浪纸飞机	航空	小、初、高
35			风火轮	航空	小、初、高
36			伞降气动火箭	航天	小学、初中
37			带降气动火箭	航天	小学、初中
38			气动火箭打准	航天	小学、初中
39			水火箭留空	航天	小、初、高
40			水火箭打准	航天	小、初、高
41			小力士伞降模型火箭	航天	小、初、高
42			东风一号伞降模型火箭	航天	小、初、高
43			劈裂带降模型火箭	航天	小、初、高
44			神州六号模型火箭	航天	小、初、高
45	北京市中小学生航空航天模型赛	竞赛类	天鹰一号自旋翼模型火箭	航天	小、初、高
46			神鹰助推模型火箭滑翔机	航天	小、初、高
47			弹射模型飞机	航空	小、初、高
48			橡筋模型飞机	航空	小、初、高
49			遥控空战	航空	小、初、高
50			S4A/2火箭主推滑翔机	航天	小、初、高
51			P3k手掷遥控滑翔机	航空	小、初、高
52			P5B电动遥控滑翔机	航空	小、初、高
53			P3T弹射遥控滑翔机	航空	小、初、高
54			P3Z二对二遥控空战	航空	小、初、高
55			纸飞机留空	航空	小、初、高
56			纸飞机掷远	航空	小、初、高
57			纸飞机标靶	航空	小、初、高
58	全国纸飞机竞赛	竞赛类	冲浪纸飞机	航空	小、初、高
59			风火轮	航空	小、初、高
60			电动纸飞机	航空	小、初、高
61			橡筋纸飞机	航空	小、初、高
62			S3A/2伞降模型火箭	航天	小、初、高
63			S4A/2火箭主推滑翔机	航天	小、初、高
64			S6A/2带降模型火箭	航天	小、初、高
65			S8D火箭助推遥控滑翔机	航天	小、初、高
66	全国青少年航空航天模型锦标赛	竞赛类	S9A/2自旋翼模型火箭	航天	小、初、高
67			P3k手掷遥控滑翔机	航空	小、初、高
68			P5B电动遥控滑翔机	航空	小、初、高
69			P3T弹射遥控滑翔机	航空	小、初、高
70			P3Z二对二遥控空战	航空	小、初、高

3．“三个衔接”：打通学段约束，设计贯通与衔接

（1）小初科学衔接课程

小学阶段涉及的科学知识内容浅显，学习方法简单；进入中学阶段，学习内容拓宽，知识深化，方法复杂多样。而实际上，二者仍有很大的相关性和延续性。

课程实践团队针对六年级学生，开发了项目学习方案——《飞向月球》，融合物理、化学、生物、地理、信息技术等学科，每学科设计不低于两课时的项目学习任务。组织六年级学生进行为期一周的学习，以学习共同体的形式逐步适应方法多样、探究深入的更高阶学习方式。

（2）初高科研衔接课程

中学生科技视野更加宽广，探究方法更为丰富，不断展现出强劲的内需潜力。回应学生的发展需求，集群充分整合集群内外科技资源，使部分学有余力、具有创新潜

质的集群中学生得到个性化培养，增强他们的社会责任感、创新精神和实践能力。

南海海洋科考、西双版纳热带雨林土壤及生态地理科考、海南杂交水稻玉米研究、哈密的地质构造与恐龙研究、贵州“天眼”天文观测等科研项目，为集群学生提供了专业的科研体验，学生在问题探究过程中明确了学习目标，生成了学习能力。

近五年科研项目统计

序号	项目类型	项目名称	时间
1	生物	水培植物根茎叶微量元素吸收对比研究	2016
2	生物	富硒水培蔬菜的研究	2016
3	地理	耕地与自然生态林土地碳排放对比研究	2017
4	生物	热钓雨林与经济林土壤对比研究	2017
5	生物	热带植物种子生长特性研究	2017
6	地理	西双版纳地理特点对气候的影响研究	2017
7	地理	同纬度地区气候分布对比研究	2017
8	生物	南海海洋动物群落分析	2018
9	地理	南海海洋遥控检测	2018
10	地理	新疆哈密恐龙化石采集	2018
11	地理	新疆戈壁地貌分析及地层数据采集	2018
12	地理	沙漠绿洲形成条件研究	2018
13	地理	红山文化与地貌特点的关系研究	2018
14	天文	太阳黑子变化与地球降水的关系研究	2019
15	天文	太阳日耳与表面物质抛射对地球的影响	2019
16	天文	射电望眼镜“天眼”选址与国外射电望眼镜对比分析	2019
17	天文	双子星运动观测及力学分析	2019
18	技术	儿童雾化器为例的情感带入式的解决方案研究	2019
19	技术	管道机器人设计	2020
20	物理	集中供暖暖热舒适模型建构	2020
21	生物	猪肉保鲜方法研究	2020
22	化学	工业染料净化方法研究	2020
23	地理	沙丘埋压消亡带的荒漠植被恢复演替	2020
24	生化	环保消毒洗手液的研究	2020
25	生物	蘑菇多糖对蛋白质的影响	2020
26	物理	纳米线阵列电极的构建及其电化学析氧特性研究	2020

（3）高阶竞赛衔接课程

为助力方庄教育集群小初高一体化科学课程实践，推进课程实施校本化与检验评价，方庄教育集群每年举办学生科技节。科技节上与五大学科奥赛与国家级科技竞赛、展示相衔接的项目有40项次。科技节前，集群针对竞赛项目开设服务各校科技教师、参赛学生的系列课程。在课程上，除了专家讲授，更多的内容是集群内共同交流切磋，解决疑难，规范操作，形成共识，量化标准，引领集群师生科技水平不断进阶。

课程衔接的高阶竞赛分类		
课程类别	竞赛全称	竞赛分项
航空航天类课程	北京市中小学生航空航天模型赛	伞降气动火箭、带降气动火箭、气动火箭打准、水火箭留空、水火箭打准，小力士伞降模型火箭、东风一号伞降模型火箭、劈裂带降模型火箭、神州六号模型火箭、天鹰一号自旋翼模型火箭、神鹰助推模型火箭滑翔机、弹射模型飞机、橡筋模型飞机、遥控空战、S4A/2火箭主推滑翔机、P3k手掷遥控滑翔机、P5B电动遥控滑翔机、P3T弹射遥控滑翔机、P3Z二对二遥控空战等
	全国纸飞机竞赛	纸飞机留空、纸飞机掷远、纸飞机标靶、冲浪纸飞机、风火轮、电动纸飞机、橡筋纸飞机
	全国青少年航空航天模型锦标赛	S3A/2伞降模型火箭、S4A/2火箭主推滑翔机、S6A/2带降模型火箭、S8D火箭助推遥控滑翔机、S9A/2自旋翼模型火箭、P3k手掷遥控滑翔机、P5B电动遥控滑翔机、P3T弹射遥控滑翔机、P3Z二对二遥控空战等
人工智能课程	全国青少年信息学奥林匹克竞赛	
创新人才课程	全国数学、物理、化学、生物奥林匹克竞赛	

（二）实施小初高一体化科学课程体系的两个模式

在一体化科学课程的建构过程中，开创并实践了集群科学课程开发和集群科学教师研修的特有方式。

1．“加乘”模式——小初高一体化科学课程开发

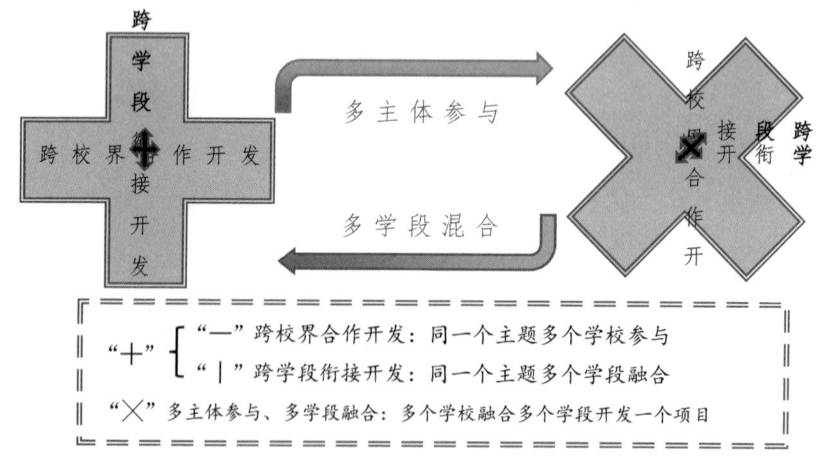

课程开发“加乘”模式

“加”有“一横”与“一纵”。“一横”是指突破了学校间的边界，在实现课程资源开放共享、优势互补的基础上多点发力。“一纵”是指集群对中、小、幼不同学段的课程进行了纵向衔接的升级开发。

"乘"即在"加"的基础上，厚积薄发，优势集成，课程更丰富更多元。在各个领域中遴选课程，扩大视野，多个学校融合，多个学段多元化开发一个项目，达到"乘"的效果，满足不同层次的学生个性特长发展的需要。

2．"马鞍（SADDLE）"模式——集群科学教师一体化研修

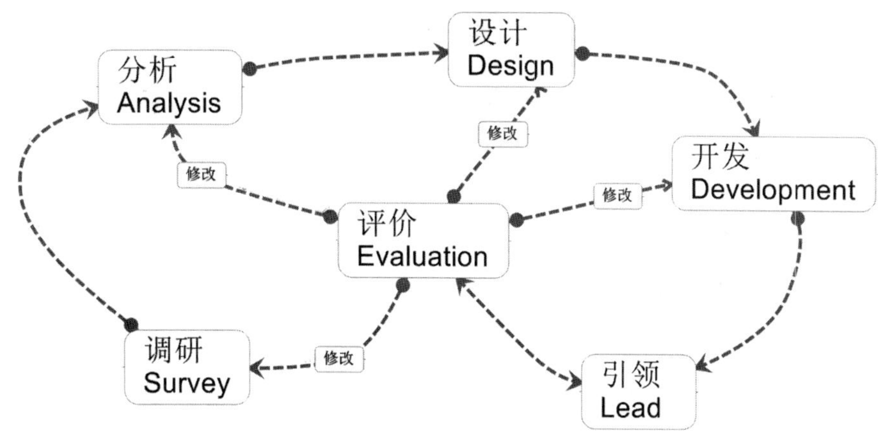

马鞍（SADDLE）模式

在体系建构的开发过程中，遵从"以学习者为中心"的理念，组织集群科学教师培训时应用"马鞍（SADDLE）"模式，其包含六个步骤：调研（Survey）、分析（Analysis）、设计（Design）、开发（Development）、引领（Lead）、评价（Evaluation）。

①调研：在组织科学教师研修前，通过问卷星充分了解目前科学教师的任教情况，涉及是否兼职、学历、所学专业、周课时等方面内容，从而为分析收集基础客观数据奠定基础。

②分析：通过调研发现集群内科学教师的第一学历为理科的比例为34.62%，且大部分都是身兼数职，周课时都在16节以上的达到42.31%。对于科学课程的课标培训及基础性的仪器操作指导或实操有非常高的期待（88.46%）。分析发现对于分层教学、教学设计、课堂效率等方面诉求较大。

③设计及开发：基于分析的结果，在研修时设计了课标解读讲座，课程开发伴随式指导，基础仪器的师徒式培训，展示课研磨等精准课程。

④引领：科学教师研修时高中学段的学科教师就是引领者，从课程开发到基础仪器的使用都是手把手教，全程都是陪伴式研修。

⑤评价：在研修活动中开发的优秀课程案例，推荐到北京市参加案例评比，优秀

的展示课共享到区级平台，颁发区级公开课证书等。

三、成果的主要内容

（一）体系创新：着眼提质增效，创建区域科学教育资源配置均衡化实施体系

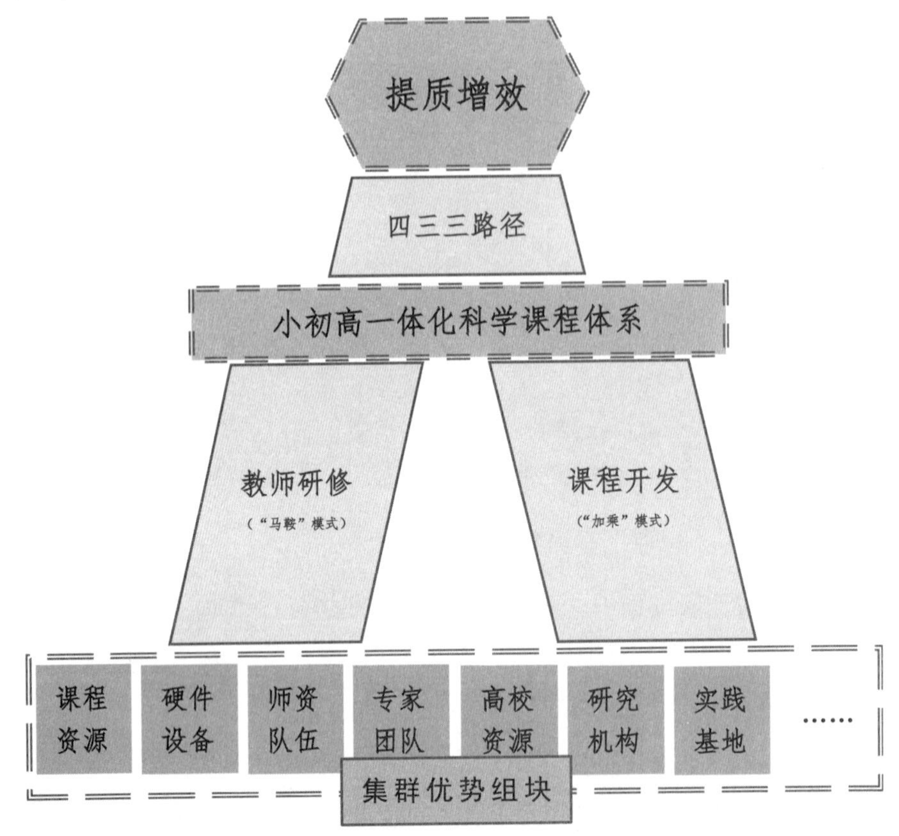

方庄教育集群利用自身优势，坚持“立足于师生的科技需求，构建服务于师生成长的，生态性的优质科技课程，推动方庄地区科技教育的优质、均衡、内涵发展”的教育理念，不断对课程资源、硬件设备、师资队伍、专家团队、高校资源、研究机构、实践基地等区域优势组块加以整合，以“马鞍”课程实践模式和“加乘”课程开发模式为实施途径，建构了方庄教育集群小初高一体化科学课程体系。并创新路径，打通区域小初高一体化科学课程实施与推广通道，惠及更多群内外学生，建立了开创学生素养提升的“四三三”路径。解决了区域内外科学资源配置均衡化，科学课程设计体系化，教师队伍引领规范化等问题，切实做到提质增效，促进了区域内外学生科学素养的共同提升。

（二）实践创新：提升科学素养，构建区域小初高一体化科学课程开发体系

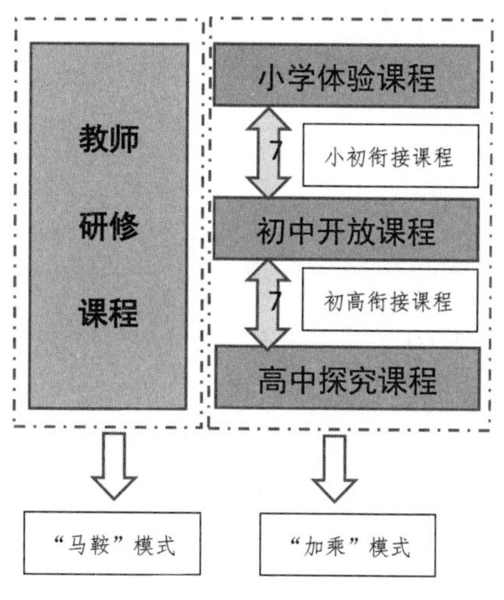

小初高一体化科学课程体系

根据受教者的前拥知识、接受能力，小初高科学课程一体化的实践研究课程实践团队明确了小学重在“体验”，初中重在“拓宽”，高中重在“灵活”的课程开发理念。考虑到学习内容逐渐拓宽，知识逐渐深化，方法逐渐复杂等实际情况，又设计了衔接课程，以提升学生的学习能力。辅以高阶竞赛衔接课程，推动师生在更广阔的平台上深入交流切磋，在实战应用中检验课程所学。在课程的开发过程中，课程实践团队遵从“以学习者为中心”的理念，组织集群科学教师进行培训，科学教师既是课程的学习主体，又是课程的组织与实施主体。研修的最终目标是促发学习者在施教过程中需要灵活主动地不断根据学习的真实发生而对教学内容、教学方式进行调整。这样既调动了教师教的积极性，又为课程注入了活力，助力打造区域小初高一体化科学课程实践模式。

（三）模式创新：促进规范引领，打造区域小初高一体化科学课程实践模式

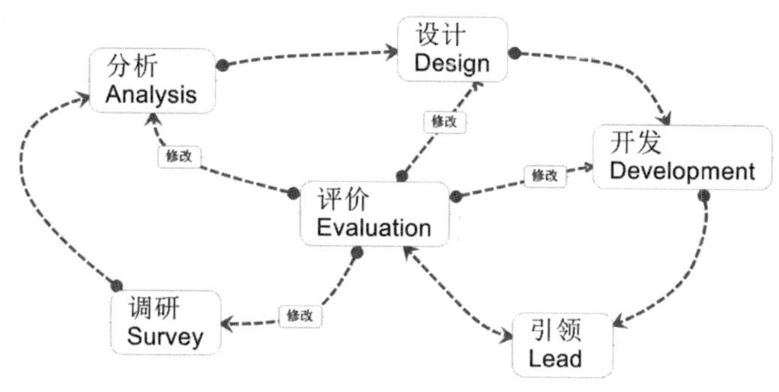

马鞍（SADDLE）模式

马鞍（SADDLE）模式可以应用于学生、教师等多角色、多场域的实践中，比如：教学设计、组织活动，探究课题等。它主要包含六个步骤：

1．调研（Survey）

调研是要得到尽可能详尽的学习者需求、学习者特征、学习者期待等信息。

2．分析（Analysis）

分析是在调研的基础上把收集的信息再做深度理解、概括的过程。设计是要在调研、分析的基础上，结合学校的近期发展规划、时代背景及相关部门的行政要求等，综合得到一个校本研修实施的设想。

3．设计（Design）

设计是把一种设想通过合理的规划、周密的计划，以各种方式表达出来的过程。设计是要在调研、分析的基础上，结合整体科学教师的现状及集群对于科学教师的期望、各学校对于科学课程的发展规划、以及时代背景及相关部门的行政要求等，综合得到一个实施的研修的设想。

4．开发（Development）

开发指开拓新领域、发现新机会、利用新资源的过程与行动。开发的活动要具有趣味性、新颖性、实效性。物质的准备要好用、易取、环保、安全。开发的评价工具要可量化、可操作、可串联。开发过程要注意突出学习者的主体地位，评价要多元主体。

5．引领（Lead）

引领侧重于带动，突出学习者主体地位和引领者的促进者、伙伴的身份特征。

6．评价（Evaluation）

评价贯穿前面五个环节之中，并对每个环节的完善都具有指导意义，是为了及时判断、分析，便于及时调整，同时也是给参与其中的学习者一个客观公正的效能反馈。

马鞍（SADDLE）模式的建立为小初高一体化科学课程创新路径，打通区域小初高一体化科学课程实施与推广通道奠定了基础。

（四）组织方式创新：创新路径，打通区域小初高一体化科学课程实施与推广通道

为了更好惠及更多学生，建立了开创了学生素养提升的“四三三”路径，即“四大方面三个维度三个延伸”。四个方面是实施的主阵地，指科学课堂、集群科技节、开放性科学实践课堂和科学教师培训课堂。三个维度是指实施的群体，主要有集团层

面、集群层面、集团集群以外。三个延伸指三类从主阵地抽取出来的延伸课程，即创新人才培养课程、航空航天课程和人工智能课程。

[illegible]						
[illegible]	[illegible]	2016	2017	2018	2019	2020
集团层面	科学课堂	27126	27128	27151	27155	27248
	集团科技节	976	1132	1350	1110	1345
	开放性科学实践	720	720	960	960	疫情
	科学教师培训	19	20	25	19	19
集群层面	科学课堂	121	170	201	180	418
	集群科技节	1955	2303	2299	2258	3664
	开放性科学实践	900	474	320	5190	疫情
	科学教师培训	120	117	165	142	187
集团集群以外	科学课堂	150	300	300	322	438
	集群科技节	2561	2783	2559	2600	2677
	开放性科学实践	300	246	160	160	疫情
	科学教师培训	135	135	135	150	150

近五年一体化课程实施惠及学生人数统计					
延伸课程	2016	2017	2018	2019	2020
创新人才课程	1176	1360	1560	1476	2560
航空航天课程	6132	7088	7185	12416	10546
人工智能课程	5148	5246	5865	6186	疫情

结合小学初中和高中的各学科素养要求，以大概念为线设计开发并实施了200多项小学体验课程，惠及集群小学生近13000人次，集群内外学生共计近140000人次，为小学生提供了丰富的体验式学习经历。开发了初中开放性科学实践课程50多个，惠及集群内外初中生近10000人次，为初中学生提供了丰富的场景式、沉浸式学习经历。引领高中学生进行科研课题研究26项，为资优生培养奠定了丰厚的基础，向清华大学和北京大学输送了7人。通过方庄教育集群科技节与五大学科奥赛与国家级科技竞赛相衔接，惠及集群内外超过30000人次，获得国家级科技类奖项超200人次，市区级金银铜奖章超400人次。

运用教师研修的“马鞍”模型，培养了集群优秀科学教师超1500人次，小学和初中科学课堂的施教情况持续改善，大量的各级各类优秀公开课涌现，形成了良好的教师专业成长氛围，集群内科学教师自主自发研讨，自组织方式探讨课程开发与实施，极大地提升了科学教师专业素养和施教能力。

紧跟时代要求，落实均衡发展、扶贫扶智和提质增效工作，不断发挥优秀的科学教师队伍和优秀的一体化科学课程的辐射作用。不仅在集群内取得了良好的实施效果，为集群内学校的“课后服务”提供优质的课程和优秀的师资，助力各校“双减”工作的有效落实，达到了提质增效的目标。通过创新人才类课程惠及学生超8000人次，航空航天类课程惠及学生超40000人次，人工智能类课程惠及学生超20000人次。在疫情期间更是通过网络直播方式解决了学生居家科技教育的需求。

辐射集群外省市学校，在京津冀协同发展的号召下指导张家口经开地区开展航空航天等科技项目，惠及学校3所，雄安新区学校1所，在国家精准“扶智”的号召下向云南、贵州、青海等省市输送优质的科技课程，惠及学校25所，得到了各界广泛的认可和好评。

四、效果与反思

“问渠哪得清如许？为有源头活水来。”一体化科学课程丰富多元的设计，应时代发展的要求，应孩子成长的需求，展现了新鲜奔涌的活力，让方庄人在家门口就能享受到优质的教育，这使得方庄人对本地区的教育更有信心。东铁营一小学生滕以申，几年来一直坚持参加集群的科学课程。他的爷爷说：“孩子的妈妈本来一直很焦虑，说我们这地区的教育质量不高。但这几年，咱们方庄地区的教育越来越好了，孩子参加了集群的科学活动体验营，年年参加集群的科技节，特别喜欢这些课程和咱们的老师，还获得了全国航空比赛一等奖，真希望孩子能一直在家门口上到高中。”

依托集群优势建构小初高一体化科学课程体系的实践研究项目自实施以来，为学生提供了丰富的体验式、场景式、沉浸式学习经历，为资优生的培养奠定了丰厚的基础，培养了集群一批批优秀科学教师，大大提升了科学教师专业素养和施教能力。优秀的一体化科学课程，不仅在集群内取得了良好的实施效果，助力各校“双减”工作的有效落实，达到了提质增效的目标，而且向集群外辐射，在京津冀协同发展的号召下指导张家口经开地区开展航空航天等科技项目，向云南、贵州、青海等区输送优质的科技课程，得到了各界广泛的认可和好评。

打造优质高效课堂，从细从新做起

北京市第十八中学　涂春霞

在参与方庄教育集群“以学习者为中心”校本研修“教学设计”论坛上，我听到了一位附小学生的可谓“振聋发聩”的心声：铃响必须下课！老师们觉得这知识很重要，可以下节课再讲，铃都响了，还在那说说说，我们根本听不进去。下课晚了，我们都没时间去上厕所，太讨厌了。

作为老师，必须正视这个心声，不要拖堂是一种老生常谈的问题，众多老师也在

注意这个问题，然而在课时紧张，课内内容繁多，考试要求灵活多变的今天，还是不能避免这种情况频繁发生，甚至会造成师生关系恶化的不良后果。由此带来的问题就是如何把控教学活动时间，如何整合分工不同的小组之间的学习成果，形成优质高效课堂？

一、打造优质高效课堂，从细做起

在原有教学任务没有完成的时候，较为容易出现拖堂，如何让一节课能高效率的达成既定目标，一定要从细微处入手，从细节去安排每个环节需要的时间，不浪费每一分钟。

1. 预设充分全面

以学生为主体，教师为主导的课堂，教师课前准备的时候，针对学生实际情况和教学要求，对可能出现的疑难点、迷惑点有充分全面的预设，有助于教师安排教学活动时，对学生有较为清晰准确的要求，在讲解知识点的时候时间安排有所侧重。在指导实际操作的时候，有精准的解决问题的方法。在面对突发状况的时候，可以沉着从容快速解决。

比如，教师可以采用安排课前测的办法，更好的调查学生情况。课前测可以是针对教学知识的诊断，诊断经过课前预习后学生的掌握程度，由此得知学生的疑难点和迷惑点；课前测也可以是开放式的问卷，了解学生最想学习和最需要指导的内容，便于在时间安排上处理得当；课前测还可以是解题能力的小测，通过运用知识解决问题的过程，可以反映出学生思维的断层或偏向情况。

2. 语言精练准确

在课堂教学语言上。教师要做好基本功训练，语言指导准确到位，通过语调而不是重复次数强调某个知识点很重要，通过思维形成而不是灌输记忆理解某个概念，通过活动而不是机械记笔记渗透学科素养，一言命中本意，可以少让学生绕弯子去理解这句话的意思，更可以节约课堂时间。

就像老师们的公开课一样，公开课之前一定会有精心的准备和不同程度的“磨课”，往往在这种一课多上的“磨课”过程中更容易暴露问题，语言的清晰准确可以缩减相当一部分时间，甚至有时候学生的反应不在预料中，也很有可能是语言方面表达不清晰，或问题设置无梯度，或过渡突然学生思维跟不上等等原因。对此，教师可以采用的办法是每节课前书写详案，把自己想说的话写下来，写的过程中会把口头语给删除；写完了之后再读一次，把非专业性的语言剔除；读完之后再看一次，把可能引起歧义的同音不同义的语言替换；最后再梳理前后文的逻辑关系，让语言更精炼准确。

3. 取舍讲与不讲

优质高效课堂，需要老师学会取舍。教师通过学情的调查，对学生已经掌握的知识、学生自己看教材并思考可以解决的问题、超越现价段学生认知水平的内容，完全可以不讲。教师把主要的、大部分的时间用来讲重难点、讲易错易混知识点。教师可以通过任务驱动的方式，以问题链的设计，将课堂大胆地还给学生，引发学生积极主动的思维活动，让学生自主充分独立思考，在讨论合作中解决问题，在实践活动自我展示中梳理思维，让师生之间、生生之间形成良好的质疑挑战。教师从细微处入手，从关爱每一个学生成长的角度入手，安排学生能接受的学习目标，不超越他们的认知和学习能力，让我们的课堂成为教师和学生成长的共同体。

二、打造优质高效课堂，从新做起

现有课堂多会安排学生活动，当课堂分工出现不同的时候，如何兼顾整体和局部，让某组的学习任务可以同时被其他组的同学学习和吸收。大多是让每组单个成员进行汇报，此时容易出现有学生因为不是自己的学习任务而不认真听，本组学生因为不需要汇报而不认真总结等无法顾及到整体的情况，如何整合分工不同的小组之间的学习成果，老师们不妨尝试重新安排。

1. 调整分组模式

分组模式目前有三种：同质分组（同等学力的学生成组，组间根据学力分配学习任务，最终班级汇总知识全貌。）、异质分组（不同学力的学生分层成组，组间承担难度大致相同的学习任务，最终班级汇总知识全貌。）、拼图分组（随机分组，组内每个学生分配不同主题，组间分工相同，所有相同主题的人再次成组学习，在掌握完成学习后，返回到原组，负责传授给本组的其他成员，组内完成构建知识全貌。）。

无论是哪种分组模式，大体上教师要注意每组人数控制不超过4人，性别互相补充，学习纪律、性格特长、组织能力、学习潜力都要考虑在内，对组长和组员的小组合作任务进行明确分工，汇报时一般让学力中下的组员承担基础性问题的汇报，其他组员参与准备过程，组长可以提出挑战性问题。在小组活动中，教师充分发挥让学生进行合作学习的优势，一个知识的掌握和规律的得出更加依赖于各个成员的团体合作，而在合作过程中，每个成员又可以通过观察和学习他人所掌握的技能，丰富自身的知识网络。

2. 调整评价反馈模式

教师可以通过制作课前学案的形式，将所有应学知识内容让学生预习自学，课堂上采取随机抽签的方式确定每组的活动任务进行合作交流，课后作业及时跟进予以监督。提高小组分工学习的系统化。可以采用积分制，课堂汇报交流时，重在解决问题时遇到的困难和解决办法的梳理，给优秀汇报组、优秀作业组积分奖励，对于能补充或者修正其他组的内容的个人，给予单独积分奖励，即同时对小组和个人进行评价反馈，积分奖励可以采用多种形式的兑换方法，比如：免作业、发奖状、发奖品、特长表演、新书推介、观影介绍等等。教师不仅仅在课堂上进行评价，针对课前预习和课后作业都可以兼顾。这样可以提高小组分工学习的参与度。

3. 利用信息技术有效辅助

信息技术在现今课堂的辅助作用越来越凸显其直观便捷及时的优势。课前，教师可以将重点、疑点、难点知识制作成微课，可以将一些重要实验过程录制成视频，学生根据自己的接受能力反复观看微课，将重要知识内化；课中，可以采用点阵笔技术，实时呈现学生书写的每个环节，教师及时发现学生学习的受阻点予以及时解决，可以采用ipad交互教学手段，记录小组学习过程，汇报小组成果；课后，可以利用网络作业形式，预设作业答案，学生完成作业提交可见答案，第一时间发现自己的错误并予以修正，教师不仅可以知晓每个学生的知识薄弱点，也可以知晓整个班级共有的知识薄弱点，便于后阶段教学安排。

与传统的小组学习相比，这些重新的安排更强调在完成整个学习任务的过程中，小组成员个人努力和贡献的不可或缺的作用。在增加教学过程中的趣味性，同时培养学生的耐心和逻辑推理能力。在教学过程中培养学生互相交流，共同协作的能力。改变学生在学习过程中的被动接受学习状态，变“要我学”为“我要学”，从而能够调动全体学生都参与到教学活动中去，提高教学效率。

优质高效课堂，需要老师们从细从新更多付出，通过合理把控教学活动时间，高效整合小组间学习成果，充分体现学生的主体地位，体现教师的主导地位，为学生的终身学习奠定基础。

"居家学习"在线教育教学案例研究

构建线上历史课堂的必要条件探究

——以初中历史线上课堂为例

作者：陈瑞

[摘要]作为非常态化下的必要教学手段的线上教学，亟需形成有效甚至高效模式。作为青年教师，应当积累线上教学经验，摸索科学方式，适应新时代教育教学需求。本文从端正线上学习心态、传统教学模式在线上的落地、线上教学方式的智慧、正视结果线上课堂的效果反馈这四方面进行分享，这四个方面环环相扣，缺一不可。

[关键词]历史线上教学　网络技术　线上教学目标

疫情肆虐的日子在社会各方的保障下消逝，线上学习暂告一段落，作为新入职的历史教师重新审视八周的线上教学：站在教师的立场上是不是时刻像一根紧绷着的琴弦？网络的两端究竟搭建起了何种桥梁？为了更好地积累利用信息技术线上教学的经验与吸取教训，本人将任教的七年级和八年级6个教学班的历史线上教学经验进行案例分享。

一、端正心态，明确线上学习目标

线上课堂带来了极大的情绪波动，线上教学中对学生进行心理辅导的重要性不言而喻。任课教师则应针对学生因线上课模式，所出现的情绪波动等问题，引导学生产生新的诉求，在教学过程中及时发现学生诉求，进行教学评估，改进教学策略。

双减背景下的一周两次的历史课，教学目标和学习目标分别是什么？历史教学在"素养落地，教育有人"的课程改革理念的引领下，坚持以学生为主体，重视学习过程，提倡学生主动参与，将传统教学设计中基于知识授受的教学过程，转变为基于学生核心素养发展的教学过程。掌握历史基础史实，进行知识迁移，探究学习活动方

式，史论结合，最终完成“唯物史观”、“时空观念”、“史料实证”、“历史解释”、“家国情怀”的核心素养水到渠成的呈现。具体的课时学习目标则围绕课标，以学生为主体进行制定。

疫情之下的线上教学，成为了维持学生学习状态的非常态化的必然手段，由此，除了学习目标，更需端正线上教学态度，将重点放到如何优化线上教学模式，摸索线上教学的宝贵经验，形成非常形势的应变之法。

二、三融合教学模式的落地

学生对于线上授课的方式并不排斥，然而却并不能高效地内化线上接受的知识。为了更好地提高学生的课堂参与，营造与线下课堂更贴合的氛围，学生上课期间打开摄像头，换上校服，教学过程中坚持推进“学习共同体、单元主题教学、信息技术2.0的融合”的“三融合”教学模式。历史线上教学以单元主题教学的形式促学，“辽宋夏金元时期：民族关系发展和社会变化”，“明清时期：统一多民族国家的建立与巩固”的单元主题既简练又抽象，注重引领学生的历史思维方式。

我的历史课堂用基础性问题串联挑战性问题，以第十一课《元朝的统治》为例，基础性问题是了解元朝的疆域，挑战性问题则是统治者如何对如此辽阔的疆域进行有效的统治。这一问题的答案贯穿元明清长时段历史学习。第18课《统一多民族国家的巩固和发展》则是对于第十一课学习方法的有效实践。此外，《宋代经济的发展》《宋元时期的都市与文化》《宋元时期的科技与中外交通》《明朝的科技、建筑与文学》《清朝前期的文学艺术》通过视频等方式拉近学生与具体文化符号的距离，另一方面则是思考历史背景对于科技、文化等的影响，关注到政治、经济、国家军事实力等因素对于科技文化所产生的影响。这一题目的论述思路在各种教学案例中都有涉及：首先是城市经济的发达，特别是商业的繁荣作为物质基础；与此同时社会产生变化，市民阶层不断壮大，提出了新的娱乐、文化需求作为内在动力，推动着城市经济的繁荣与发展。这一分析思路是这几课时在教学过程中渗透的重点。学生通过分析史料、了解史实的方式，逐一得出这些结论，在反复渗透当中，学生完成了对这一问题的认识，最后迁移到《红楼梦》成书的背景以及作者的写作意图时，能够得出恰当结论。初一处于初中阶段历史学习方法培养的重要阶段，形成知识迁移，帮助学生形成一定的积累学习历史方法的意识。

以上所涵盖的历史阐释能力不仅体现在历史学科当中，在现在信息爆炸的时代，对于信息进行有效处理是一项必备技能，直接影响到学生的个人发展。

以历史阐释中的评价为例进行探究：

问一个初一的孩子，秦朝和隋朝灭亡的根本原因，他下意识的回答一定是暴政。但同时也出现了禁锢学生思考方式的问题。以2018—2019年的七年级期末练习的材料题[1]为例，

材料二

尽道隋亡为此河，至今千里赖通波。若无水殿龙舟事，共禹论功不较多。——皮日休《汴河怀古》

千里长河一旦开，亡隋波浪九天来。锦帆未落干戈起，惆怅龙舟更不回。——胡曾《汴水》

材料二中两位作者谁的观点更符合史实?为什么?

此题的参考答案是：皮日休的评价更加符合现实。胡曾只看到了运河的开通导致了隋朝的灭亡。而皮日休不但指出了大运河在南北交通中的作用，肯定了隋炀帝开通大运河的功绩，同时也指出了巡游江都的腐化。看问题比较全面。

这道题考查学生的历史理解能力，既需要认识隋朝大运河的性质与特点、影响与意义，并且还要进一步进行历史阐释，学习如何比较不同的看法，形成自己的理解，从多个角度解释或评价历史事物。我们在教学过程中也不断进行有关以“隋炀帝开凿大运河的目的”“隋朝开通大运河的作用”等为题展开讨论。[2]学生对这道题目的理解存在偏差，无法判断知识点，谁的观点更符合史实的提问方式，隐含着对于隋朝大运河的评价，评价的方式应该辩证全面，但是学生的思维认为本题的知识点是在考查隋朝灭亡的原因，学生的阐述就集中在隋朝灭亡的原因是否是隋朝大运河。历史阐释能力是历史教学中的难点，涵养“唯物史观”“史料实证”的核心素养亦是历史教学的难点。迁移到现代社会，在信息爆炸的时代，对于学生而言，如何进行信息是非的判断，如何分析、提取、接受信息是至关重要的能力。我们认识与评价事物的方法恰好是人文学科所赋予的，而人文学科也一直在坚持引导正确的思政理念。

因此在教学中，认识历史事物的原因和结果是历史理解的关键能力，比如以下问题的探究：

1.社会主义艰辛探索时期取得巨大成就的原因。

2.根据相关材料，总结人们的生活方式发生变化的原因。

3.改革开放后，社会变迁的原因。

4.你作为新时代的青少年，分析改革开放以来，使中国发展的原因有哪些。

5.中国国防军队建设取得的伟大成就的原因。

6.说明“中国制造”向“中国智造”转变的原因。

学生们需要掌握分析具体问题的普适性方法，总结分析问题的角度：首先是要结合现在全球化的趋势，从国际的角度进行思考。之后的关键是结合本国历史，从时间发展的角度关注国内的因素，并且要自“上”而“下”地进行思考：党和国家（改革开放的正确决策、正确领导、实施科教兴国战略、鼓励……），领导干部，先锋模范，企业，人民群众。学生形成解决问题的基础性思维后，进一步关注促成结果的关键要素。这也是历史阐释能力的体现，能够在新的情境下从多个角度解释或评价历史事物，同时也在涵养“唯物史观”“历史解释”的核心素养，在分析现实社会问题，或者运用历史规律的时候，能够找到历史与现实的联系。

在八年级的教学中，学生进入了知识复习阶段，重要的帮助学生形成知识结构，构建知识的逻辑体系，以八下第五单元《国防建设与外交成就》为例，三课之间有必然的联系，教师在教学过程中渗透国防与外交的关系，国防与经济的关系，外交与经济的关系，在单元教学的结尾需要学生解决的问题则是，国防外交发展和经济建设之间有何关系？线上复习课的教学过程中，学生基于已掌握的基础知识，通过逻辑关系建立知识结构帮助学生加深记忆，知识将以完整结构的形式进行呈现。

三、急中生“智”，另辟蹊径

在恢复线下教学之前，面对即将返校产生焦虑的学生以及家长，教委负责人给出的回答是“我们深深地感觉到疫情下很多事都可以推迟，但是唯独同学们的成长和长大是推迟不了的。”校园为孩子们提供了教育当中所必需的“同伴交流、集体活动、动手实验”等等，而在线上教学当中，我们在孩子的成长和长大之中起到了何种作用呢？我想很多的老师和学生会在一定的时候质疑一个问题，就是为什么要进行线上教学呢？追根溯源，教学早已脱离了知识甚至是能力的“灌输”，我们需要在学生的成长过程中，培养出有政治远见、责任担当、诚实正直、有理想、有追求，能为社会主义现代化建设添砖加瓦的新时代青年，克服线上教学的弊端，提高自律性恰好是学生的必修课。

（一）学习共同体的小组协作，提升综合能力

学习共同体在学生的日常学习中凸显了重要作用，一个好的学习共同体小组对线上学习形成助推力。得益于初一年级的学习共同体小组的组建，学生之间的互相督促与小组合作能够激发学生对于学习的热情，提高学习效率。我在线上教学期间对学习

共同体进行了使用，讲授新知的时候，借助学习共同体小组共同进行设计；在进行习题练习的时候，小组讨论形成小组最佳答案。

在线上教学过程中，教师的信息技术水平受到极大的挑战，这同样也是学生提升信息技术水平的良好机会，学生进行PPT小组分享的时候，需要掌握PPT制作相关的基本知识，学生们在小组合作与不断摸索当中，能够很好地完成基础软件的使用，也会尝试选择有利于呈现讲述内容的视频资料作为支撑，使用相关的搜索引擎，初步进行信息筛选，在为同学和教师的讲述过程中，需要提前对于讲述内容进行准备，突出自己的亮点，锻炼学生的语言表达能力。

以七下第十六课《明朝的科技、建筑与文学》以及第二十一课《清朝前期的文学艺术》两课为例，明清时期的政治、经济、军事、社会是如何对明清时期的文化产生深远影响的？作为初一年级的收尾课程，以项目式学习的方式呈现学生初一历史古代史的学习成果。本人根据学习共同体以及线上教学特点，制定了较为详细的展示课方案。

课时	序号	内容			初一1班分组	初一2班分组	初一3班分组
明朝的科技、建筑与文学	1	科技名著	《本草纲目》		刘	孙	李
	2		《天工开物》		周	李	王
	3		《农政全书》		张	崔	徐
	4	建筑	明长城		边	李	程
	5		明北京城		刘	郭	李
	6	小说	长篇章回体小说	《三国志通俗演义》	王	文	金
				《水浒传》			
				《西游记》			
	教师讲	艺术	《董其昌》、汤显祖		陈	陈	陈
		地理和文学名著	《徐霞客游记》			李	
清朝前期的文学艺术	7	文学	《红楼梦》		徐	李	徐
	8	艺术	昆曲		张	刘	荆

班级小组分组表

展示课准备要求：各小组从1～9中选择自己组要讲的内容，各组负责的内容不重复。各小组分工合作，认真阅读课本，讲解重点；搜集相关资料：可以是视频、文字等；制作PPT。讲述时间5分钟左右。小组中四位同学分工：①阅读课本，找出重点；②搜集文字、视频资料等；③制作PPT；④课堂讲述。记一次平时成绩。

本次线上讲题为了缓解学生的压力，没有制定细致的评分细则，而是用问卷星的方式让学生选择出自己最喜欢的4个小组的表现：我最喜欢的历史展示投票https://

tp.wjx.top/vm/hbN6skS.aspx

学生对于这一形式的课堂表现出了浓厚的兴趣，同组教师反馈，学生下课和老师说再见都变得更加积极。可见，学生对于展示课进行了充分的准备，并且学生确实认为自己展示了自己的风采。

学习共同体的尝试令学生受益，同时使用学习共同体仍要注意避免对于组长造成的压力。

（二）移动终端带来的便捷：浅看智学网、问卷星、班级小管家（每日交作业）的有效使用

智学网是本校为线上课程特别提供的一项服务，对于学生的学习反馈便依托于智学网提供的服务，无论是模拟练习还是布置练习，都高效且便捷，实现教学评一体化。

央视纪录片等优质视频资料、问卷星是陪伴每节课的小助手，问卷星的免费功能已经能够满足教学中的需要，有效实现即讲即练。自五一假期的线上课程开始，我就在我的教学班坚持使用问卷星的方式进行基础知识的夯实，每节课前5分钟的选择题目既温故知新，又导入新知，先将学生吸引到课堂内容上，保证了学生的练习感觉，选取的题目紧密结合学情，随练随讲，不增添线上的学习负担，又切实提高了课堂学习效率。

初一线上课期间的课前知识巩固

5.5-5.7周练习：https://ks.wjx.top/vj/PynlK1r.aspx

5.11-5.15周练习1：https://ks.wjx.top/vj/hbkcyGH.aspx

5.11-5.15周练习2：https://ks.wjx.top/vj/hsHGkY1.aspx

5.16-5.20周练习1：https://ks.wjx.top/vj/w2Py00F.aspx

5.16-5.20周练习2：https://ks.wjx.top/vj/OjxfAYu.aspx

5.23-5.29周练习1：https://ks.wjx.top/vj/ex1khso.aspx

5.23-5.29周练习2：https://ks.wjx.top/vj/mXtrVHd.aspx

5.30-6.3周练习1：https://ks.wjx.top/vm/tUAG395.aspx

5.30-6.3周练习2：https://ks.wjx.top/vm/tUAG395.aspx

6.15-6.21周练习1：https://ks.wjx.top/vm/YjgsAOg.aspx

6.15-6.21周练习2：https://ks.wjx.top/vm/hYvGk15.aspx

班级作业小管家帮助我“看”到了学生们认真的课堂，切实看到同学们整理的井井

有条的笔记，利用点评功能依旧保持和学生们的一对一沟通，拉近了网线两段的距离。

线上教学使用的腾讯会议自带远程操控，学生能够参与到课堂当中，教师对于基础薄弱学生的担忧，恰好换取了教师在线上教学中对其额外的关注。教师在进行教学设计的时候，更贴合“双减”理念，减负提质，精选出最能反映课程标准的内容。

网络作为一把双刃剑，初中生也进行了资源开发，已经会自主选择使用相关的App辅助自己的学习与娱乐，例如微信朋友圈、微信视频号、微博、bilibili视频、抖音、小红书等，学生对于平板等电子产品的使用也更为灵活有效，在安排学生进行讲题的过程中，学生进行了创新，讲题的方式活泼生动，吸引听众，并且对于题目的解读方式符合学生的认知。

（三）为学生创造获得成就感的途径

针对这一话题，循序渐进是必要的教学策略：拆分学习任务，形成每日复习的重点；关注学生基础，立足于基础，基础知识是进行核心素养培养的关键，线上学习更需要关注基础薄弱同学的基础，以便让学生获得更好的习题课效果，八年级历史课堂则给了学生讲题的时间，为了不打击学生的积极性，并且能够有一定的课堂专注度，我对于讲题同学的名单提前进行了设计，根据题目难易程度的不同，将题目分配给各能力等级的学生，班级的每位同学分别分配到三个练习题目，分配方式见下表：

题目难度	学生 1	学生 2	学生 3
基础达标	D 等级	D 等级	B/C 等级
中等	B/C 等级	B/C 等级	D 等级
能力提升	A 等级	B/C 等级	B/C 等级
挑战性题目	A 等级	A 等级	B/C 等级

经过设计的任务分配对于提高课堂效率确实起到了积极影响。

四、正视结果，线上课堂的效果反馈

学生需要一个线上学习的反馈，教师同样需要。恢复线上课程之后，学校和师生之间为教师提供一份《教育教学诊断——我的成长报告》，关注线上教学当中教师的全人教育、个性化教育、课堂效果、受学生喜爱程度、作业情况。根据数据显示我的优势在于：在学生眼中，老师能够支持和促进我自主学习，提升我的自我管理能力；老师注重帮助我确立目标、制定规划，并指导我努力达成；老师风趣、幽默，跟他学习愉快而有收获。

学生评价反馈见下表。

班级	学生评价反馈（节选）
初一1班	善于激发活力 / 幽默 / 温柔，有趣 / 幽默，讲课认真，能让我们在课上很好的集中注意力 / 老师的课堂总能激发我的主动思考和参与 / 平易近人，讲课特别细心 / 课堂很有意思 / 讲课声情并茂，课堂气氛活跃，让我对于课堂有很大兴趣 / 讲课生动有趣，会一点一点指引着我们回答问题 / 认真负责，风趣幽默，知识能及时掌握 / 幽默 / 幽默诙谐，语言富有感染力 / 教学内容丰富，幽默有趣 / 知识点详细，善于沟通交流。
初一2班	为人友善，讲课清晰 / 关心学生 / 老师上课风格很有趣 / 都很好 / 给同学们探究题的机会 / 必须支持 / 亲和力强，和同学关系好 / 可爱负责的老师 / 十分关心学生 / 很喜欢 / 陈老师会关注到每一位同学，会对不同同学的学习情况做出指导 / 讲课幽默风趣 关注同学学习。
初一3班	很珍惜时间 / 负责 / 很有趣课堂不枯燥 / 性格和蔼，遇到学习不好的同学，会更加关注给予鼓励 / 调动学生学习积极性 / 老师十分幽默，让我们懂得了我们祖国的历史 / 脾气很好，和同学关系很好 / 幽默 风趣 认真负责 / 和同学相处融洽，可可爱爱，没有脑袋 / 很多地方 / 课堂有趣 / 老师上课时温柔而且也会认真批改作业 / 有耐心 / 幽默 / 很喜欢陈老师 上课很有趣

针对线上教学的评价，学生仍旧关注于课堂，为了吸引学生注意力的基本目的达到，之后要将学生对于课堂的兴趣转化为历史知识的兴趣，并且逐渐变为学生的历史学习能力，最终内化为学生核心素养。这一份评估报告肯定了我线上教学期间的部分努力，同时我也认真分析报告数据，继续关注薄弱方面。

参考文献：

[1]2018-2019年北京市丰台区七年级期末试卷

[2]北京教育科学研究院基础教育教学研究中心：《学科能力标准与教学指南：初中历史》，北京师范大学出版社第7页，第9页。

[3]《义务教育历史课程标准（2022年版）》，北京师范大学出版社。

跨学科项目式学习在初中生物课堂的应用

北京市第十八中学 董晓云

本文以“模拟设计拟南芥太空种植实验装置模型”一节内容的项目式学习为例，探究基于义务教育新课标理念的项目式学习中如何更有效地提升学生核心素养。

1. 项目背景

义务教育新课标强调要关注学生学习实践活动，选择恰当的真实情境，设计学习任务，让学生积极参与动手和动脑的活动，并借助跨学科实践活动，使学生认识生物学与社会的关系，解决现实问题，发展核心素养。2022年9月我国天宫课堂发起“天地共播一粒种”的植物科普活动，基于此，空间植物栽培技术走入大众视野，通过空间植物栽培除了为人类提供食物等生保物质，还可以研究空间特殊环境对植物生长发育的影响等，而实现空间植物栽培的第一步就是根据植物生长特性以及地外空间环境特性，设计出适合植物在太空中生长繁殖的种植装置。

2. 项目意义及学生学习价值

初二年级的学生已经系统学习过“被子植物的一生”一单元的相关概念，本项目以“如何设计一个体积适中、方便观察的拟南芥太空种植装置模型？”作为驱动性问题，以“拟南芥太空种植实验装置模型”作为项目产品，确定了项目主题“模拟设计拟南芥太空种植实验装置”，将绿色植物的生命周期、生命活动、所需环境等相关生物学概念进行复习、迁移、应用，体验科学问题的解决路径。在探究中培养其演绎、分析、综合、建模等科学思维及工程思维，提高解决实际生产生活问题的能力，激发青少年弘扬科学精神、热爱航天事业，增强青少年对民族的自豪感等。

3. 项目整体规划

在定义项目产品和核心任务后，以终为始，通过倒推将该项目拆解为三个子项目和入项课，在每个子项目下设置具体的任务与实践活动，利用实践活动达成相应的教学目标，并利用任务活动将三个子项目串联起来，形成一条明确的任务活动线。项目整体规划如下表所示：

表 1　项目活动整体规划

课型	驱动问题	核心知识	核心素养	计划课时
导引课	如何制作设计一个体积适中、便于观察的拟南芥太空种植实验装置?	明确问题解决的路径，对项目进行拆解，形成子项目	科学思维	0.25课时
探究课子项目1	拟南芥生长所需的环境条件有哪些?	绿色植物的生长周期包括种子萌发，植株生长、开花、结果等过程，这些生命过程伴随着光合作用、呼吸作用、蒸腾作用等生命活动，借助不同生命活动归纳绿色植物生长所需要的环境条件，因此明确拟南芥种植装置需要实现光照、空气（CO_2调节装置）、注水装置、温度调节装置、无机盐（营养液）补充装置等基本标准。	科学思维 探究实践	0.75课时

续表

课型	驱动问题	核心知识	核心素养	计划课时
探究课子项目2	拟南芥在太空种植需要考虑哪些特殊环境条件？	①通过比较问天舱与地面环境差别，明确微重力、水资源有限等制约因素并提出解决方案，对问天舱内生命生态实验柜内的通用生物培养模块进行资料分析，进一步分析限制与约束条件，给出可行的解决方案。 ②动手实践比较不同注水方案和补充无机盐方案的科学性与简易性，通过设计并实施实验，根据实验结果选择适宜的植物培养基质，分析植物生长过程散失水分的原因并借助物理学科中“毛细现象”的实验原理设计水分回收装置。	生命观念 科学思维 探究实践	1课时
课后实践活动子项目3	如何制作拟南芥太空种植实验装置设计图及装置模型	修正或完善实验方案，根据实验方案绘制装置设计图，并给出设计图中各结构的设计说明，根据设计图制作装置模型。	探究实践	课下1周
展示课	展示拟南芥太空种植实验装置模型	展示交流产品制作过程与成果，利用评价量规进行评价	社会责任	1课时

4. 教学活动设计

对种植装置产品的进阶设计，贯彻了义教新课标中课程设计重衔接和教学活动重实践的课程理念。学生在循序渐进、连贯一致的探究活动中，带动认知和情感参与，在培养发现问题、解决问题的首创精神中，发展核心素养。本项目的具体活动任务线如下图所示：

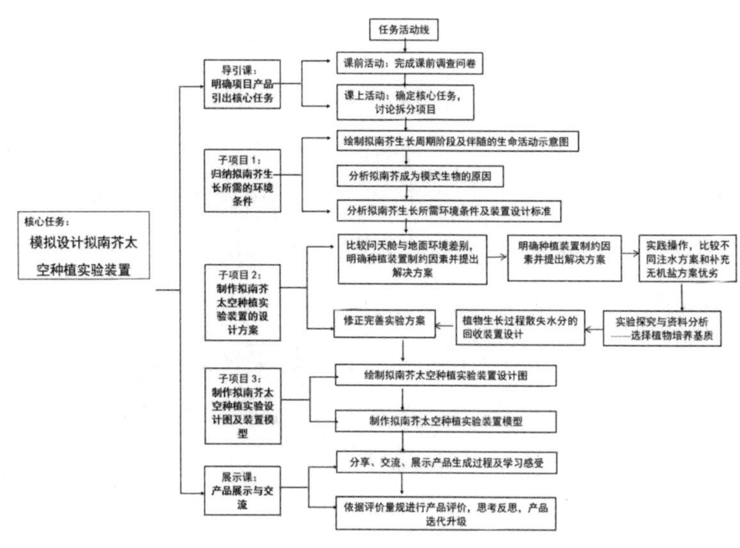

图1　项目的具体活动任务线

4.1项目拆解

在教学活动正式开展前，会向学生发放拟南芥相关生命周期与生命活动以及太空舱特点的调查问卷，了解学生当下的知识储备及存在的一些前概念，为后续教师提供更为明确的学习支架起参考作用。课上借助问天舱内拟南芥和水稻实现了由“种子到种子”的生长历程真实情境，向学生介绍项目背景，明确核心任务，定义产品形式，对项目进行关键环节的拆解，使学生明确后续需要完成的任务。

4.2探究实践

子项目1的驱动性任务是归纳拟南芥生长所需环境条件，该部分内容通过4个学生活动任务，让学生借助任务单的资料，基于证据与逻辑，运用归纳与总结的方法，分析拟南芥的生命周期、生命活动，生长所需环境条件，理解生物与环境之间的密切关系，渗透生态观，同时实现对该项目产品的评价量规的初步生成，为后续产品的设计提供参考标准。

子项目2的驱动性任务是制作拟南芥太空种植实验装置的设计方案，该部分内容设计为5个学生活动任务，也是本项目聚焦探究实践的重点环节。首先，活动1，借助问天舱的资料介绍，从较大的角度对天地环境的进行分析归纳，明确后续设计中的限制条件，尝试提出初步的解决方案。活动2，细化情境和问题，给出问天实验舱通用生物培养模块（安放拟南芥种植装置）的各部分装置及其功能，进而对本项目产品的已解决制约因素和待解决已经新生成的制约因素进行分析，明确后续设计的主要问题。活动3与活动4是针对学生在明确后续主要问题后的实践探究部分。活动3是通过设计并实施实验来探究不同培养基质的保水性，根据实验结果和辅助资料来归纳培养基质的选择标准。活动4通过比较学生动手尝试比较所提供的不同注水方案的科学性与简便性，来培养学生的实验探究、综合判断能力以及批判性思维。活动5是结合植物生长过程的生理现象与太空背景下水资源的回收，利用物理学毛细现象设计水分回收装置；活动6根据上述探究活动，结合过程中生成与细化的设计标准，来进行方案的补充完善，培养学生多角度、辩证性判断问题的批判性思维。

子项目3的驱动性任务是制作展示拟南芥太空种植实验装置设计图与模型，该部分会让学生课下进行绘制与制作，然后在课堂进行产品展示与评价部分。在绘制部分，让学生形成文本化的初步产品，同时利用产品说明来考察学生对于“结构与功能观”等生命观念的理解。在制作模型方面，向学生尽可能提供其设计方案中的材料组件等，学生也可以在课下自行寻找更恰当材料，来实现成果的物化，在此过程中，进

一步发现、解决新的问题。

展示课中将学生的产品生成过程及项目的最后，会向学生展示问天舱中真实的拟南芥种植实验单元，并对其分析学生设计过程中的关键结构装置是如何设计的，指导学生对产品进一步优化和迭代设计，体验科学研究的完整过程，认识到生物学知识、跨学科知识与科学技术之间的紧密联系，提高对社会生产生活的责任与担当意识。

5. 教学评价

评价量规中，首先，将过程性评价与结果性评价相结合，强化以生命观念、科学思维、探究实践，态度责任为导向的过程性评价，评价主体多元化，充分调动学生与教师的评价积极性。其次，以评促学，指导学生发现学习过程的问题与薄弱环节，不断自我反思与改进学习方法。最后，追加抽样访谈，了解学生对于本次项目式学习的主观感受，关注个体差异，依据评价结果，发现教学过程中的问题，进而研究有针对性的改进措施。

以“智慧用水”为中心词的单元整体教学

郭俊雅

【摘要】：以“智慧用水”单元教学为例，阐述单元教学设计思路，并从真实情景、梳理课标要求、挖掘实际问题、设计学习任务、制订课时计划等方面进行单元教学设计实践研究。

【关键词】：单元主题教学　深度学习　初中化学

深度学习的教学思想越来越受到教育学界的广泛重视。深度学习相对于浅显学习或者表面学习来说，更加要求学习者了解学习目标，并且能够对照着学习目标来判断自已对所学知识的理解程度，并且在学习价值上有一定的追求，在学习过程和学习方法的优化上等方面能达到一定的深度[1]。

为了能够更好地发展学生的化学核心素养，能够更好的进行深度学习的活动，大单元教学方式不失为是一种更好的选择，所以教师在设计课程的时候就需要将整个单元的知识融合在脑海中，以单元为整体划分课时、内容[2]。

以义务教育教科书九年级上册第四单元自然界的水为例，设计“智慧用水”为主题的单元主题教学内容。

一、读课标

在设计课程之前，首先是阅读课标，找出课标对于本节内容的要求。课标是国家课程的基本纲领性文件，是国家对基础教育课程的基本规范和质量要求。课标要求义务教育阶段的化学教育要激发学习化学的好奇心，引导学生认识物质世界的变化规律，从而形成化学的基本观念；培养学生的实践能力，使学生能够从化学的角度初步认识物质世界。

在设置学习情境的时候可以从生活中学生能够了解的一些情景或者是身边发生的事情中寻找可以创设情境的切入点，这样学习情景更能够贴近学生的生活，更能够充分调动学生学习的主动性和积极性，并且能够帮助学生从自己的生活出发理解学习内容，甚至能够使学生认识到化学、生活、社会和环境的之间是相互关联的，从而能够更好的理解人与自然的关系，将情感态度价值观渗透到学习中，认识到化学在促进社会可持续发展中起到不可磨灭的作用。

科学探究学习目标的实现必须是让学生亲身经历丰富的探究活动，而“智慧用水”这一单元就通过学习身边的水，加强对水的了解，并且通过教师介绍自来水厂净水过程来类比学习，让学生能够将知识迁移到生活中一些简单的净水操作，比如：洗菜后的水可以进行活性炭吸附和过滤的操作再变成净化程度类似于中水的水并再次使用。

二、读学业标准

了解课标之后，我的备课过程又对学习能力标准进行了研究。从学业标准中找到本单元所涉及的化学学科能力标准，其中包括：能够知道硬水和软水的主要区别是水中含有可溶性钙、镁化合物的量不同，并且了解吸附、沉降、过滤和蒸馏等净化水的常用方法。在实验与探究的能力中，学生要能够用简单的方法来区别硬水和软水，并且依据教材或教师指导设计组装简易净水器并检验净水效果。在这一单元的上课内容中，我设计了简易净水装置图，让学生自己根据理解描述每部分的功能和作用，知道装置中的小石头、石英砂和棉花同样都是过滤，但它们又有不同之处，以及它们叠放的顺序之间也存在着从大到小排列的逻辑关系。在解决问题的能力中，让学生能够针对简单的水体混合物选择适宜的净化水的方法，并且能够解释和说明自来水厂或污水处理厂的净水过程。

三、设计任务

当已经了解了课程标准对于这一单元内容的要求以及涉及到的核心素养之后，我选择了一个更加贴近学生生活又能够涵盖本单元知识点的主题词——智慧用水。想要设计一个学生能够完成的并且贯穿本单元学习的任务，包括认识水、了解水、知道水的种类、不同的净化方法、水体污染的种类和预防措施、自来水厂是如何净化的、自己可以如何操作达到初步净化的目的、了解航天器中的净水过程，并且根据前面所学的净水内容，体会出经过过滤、吸附过程的水均是发生了物理变化，但航天器中的净水过程却发生的是化学变化，从本单元的学习能够让学生了解物理变化和化学变化的实质。为了更好的完成“智慧用水”这一主题，我还设置了课堂形成性作品，让学生完成一篇以“智慧用水”为主题的思维导图任务。通过四个课时的学习，让学生在思维导图上不断补充，最后呈现出每个课时所学的内容，包括是生活用水中的节水措施和净水方式，农业用水和工业用水的节水措施和预防污染的方法等等。让每个知识点之间都富有逻辑性，从而体现整个单元的中心词：智慧用水。

前面提到的这些都是从减量的角度来体现智慧用水，减量之后是提质环节。提质环节包括自来水厂的净水过程和在实验室中学习过滤操作，以及航天器中的净水过程。

四、制定评价

在制定了学生学习任务之后，根据设计思路事先设计出对学生活动的评价。本单元是通过一些练习题来检验学生是否能够了解水资源最常见的保护措施，能够从错误的节水措施中找到合理的节水方法。更重要的点是在于水的净化这部分知识点，学生能够明白过滤的原理以及可以选择怎样的物质进行吸附。例如：活性炭可以进行吸附。明白为什么活性炭可以进行吸附，因为活性炭是疏松多孔的结构，从而把结构决定性质这一条结论渗透在其中。

五、完善教学内容

前两课时和第四课时都是在教室上课，第三课时会让学生进到化学实验室亲自动手来完成对生活中用水进行简单净化。事先会给学生准备好带有部分叶绿素和浮尘的洗菜水，让学生把第二课时学的自来水厂净化过程的知识点迁移到本节课中，亲自动手体会活性炭的吸附作用以及实验室过滤的方法。在设计第三课时的时候，我设计了两个环节。第一个环节是让学生自主去探究过滤操作应该注意的地方，第二个环节是把第一个环节中学生出现的问题集中起来并和全班同学一起分析，让学生们自己察觉

可能导致实验失败的过滤操作在何处，通过学生自己归纳得出结论，这样能更好的让他们了解过滤口诀中“一贴、二低、三靠”的意义。这种课堂设计会比教师直接把过滤的要点告诉学生这种形式更能留下深刻印象。是否达到学习目标不仅可以通过做练习题体现出来，还能够通过实验课中学生们动手操作来判断。

提出的深度学习，其实是想要克服和避免在目前的教学中，学生浅层学习、机械学习的问题。通过教师对于深度学习的理解，使自己的课堂能够呈现出让学生从活动中自主的学习、自主思考的效果，最终呈现一节有深度、有广度、有温度的好课。

参考文献：

[1]王云生. 体现深度教学理念的大单元教学设计——以中学化学教学为例[J]. 基础教育课程,2021,No.308(20):61-67.

[2]喻俊,叶佩佩. 促进学生核心素养发展的单元教学设计实践探索[J]. 化学教学,2020,No.398(05):51-55.

基于UbD理念的高中地理教学设计

——以“河流地貌”为例

安静

摘要：UbD理念强调以终为始的逆向设计，在确定预期目标，制定评估依据的基础上明确学生学习任务。本文在结合实际教学情况和突出地理学科特点的基础上,以人教版高中地理必修第一册中的“河流地貌”为例，从逆向设计的三个阶段对基于UbD理念的地理教学设计进行阐述。

关键词：理解；逆向教学设计；高中地理

一、UbD学习理论基本理念

UbD理念在《追求理解的教学设计》这本书中阐述的很详细，书中很多理念和方法有助于教育工作者对之后的教学进行重新审视。

本书一开始通过两类看似运用不同教学方法的教学案例，揭示了常见的教学误区，没有引导性的智力目标或没有清晰的优先次序来架构学习体验。这也是很多教师在教学设计中常常遇到的问题，在设计过程中对目标的认识比较模糊，没有关注学生应该理解什么。那么如何通过设计帮助学生实现真正的理解？

威金斯和麦克泰格在《追求理解的教学设计》一书中强调以学习者为中心，将最终想要实现的学习目标当作教学设计的起点，提出逆向设计的三个阶段：阶段1——确定预期结果；阶段2——确定合适的评估证据；阶段3——设计学习体验。[1]

《追求理解的教学设计》围绕逆向设计的三阶段，以理解为线索，阐述“以终为始”教育理念的同时提出了许多具体的可行的课程操作路径。本文主要依据相关理念对照阶段1UbD设计框架逐步确定教学目标、设计评价过程、安排教学活动，完成地理课堂的教学设计。下面以人教版高中地理必修第一册《河流地貌》为例，说明UbD理念指导下的教学设计实施路径。

二、教学内容分析

1.课标分析

本单元课程标准是“通过野外观察或运用视频、图像，识别3—4种地貌，描述其景观的主要特点。”[2] 本单元内容的学习条件是进行野外地貌观察实践或观察地貌相关视频和图像，要求学生达到“识别”的初级知识了解水平及“描述”的知识理解水平，需要学习的具体内容为常见的3—4中地貌及其景观的主要特点。

2.教材分析

本单元主要呈现五大自然地理要素之一——地貌要素，在内容深度上要说明常见地貌的类型及景观特点，在内容选择上以出露地表的岩石圈形态——地貌为主要内容，引导学生辩证看待自然环境与人类活动的关系。本主题主要包括常见地貌类型和地貌的观察两个部分，属于自然地理基础。第一节强调观察的内容，解决“看什么”的问题，第二节突出观察的方法，解决“怎么看”的问题，两节内容均以地貌与人类生产生活的联系为问题背景，相互联系、互为支撑。

3. 学情分析

地貌是学生可以直接感受到的地球表面特征，切实可观。许多家庭从小就会带着学生去旅游，使他们对地貌景观有一定感性认识。此外初中地理课程有“五种地形”的内容，学生除了比较深入地学习了五种地形之外，对一些成因型的地貌也有了感性认识，高中则可以在此基础上继续构建地貌知识体系。

通过对前几章地球圈层结构、大气运动和水循环基本原理的学习，学生已经具备一定的地理分析能力，为学生分析这节课的内容提供了知识和能力基础。但是高一学生正处于由具体形象思维向抽象逻辑思维发展的阶段，地貌方面的知识体系还没有建构起来，因此教师应借助地貌模型或图像等具体形象的工具辅助教学，在课堂中有意联系学生在生活中观察地貌景观的经验，为学生系统学习科学的地貌知识提供支撑，引导学生对地貌由感性认识上升到理性认识。

三、教学目标设计

在背景分析的基础上，UbD学习理论下的教学设计要求确定预期的结果即教学目标，包括大概念、围绕这一概念需要解决的基本问题，以及所要达成的总目标等，并根据这些目标进行逆向教学设计。

在具体的教学设计中，需要首先从内容标准出发指向地理核心素养，从而确定单元目标，以高中地理地貌这一单元为例，基于相关课标，围绕地理学科核心素养进一步明晰单元教学目标（见表1）的基础上确立某一小节的具体目标（见表2）。

表 1 单元教学目标

地貌的单元教学目标
大概念：地貌观察 学生将会理解：认识和理解生产和生活中的一些常见地貌现象，简单分析少数几个或者多个自然地理要素之间的相互作用及其与人类活动的相互影响。 学生将会不断思考：（基本问题） （1）什么是地貌？（2）常见的地貌类型有哪些？（3）如何识别地貌类型？（4）不同的地貌类型有什么不同的特点？（5）不同地貌对人类生产生活会有怎样的影响？人类生产生活又会对地貌产生怎样的影响？（6）如何在野外进行地貌观察？ 学生将能知道： 地貌的含义和主要类型划分；喀斯特地貌、河流地貌、风沙地貌和海岸地貌的定义和典型分布区；典型地貌的形态、物质组成和规模及景观颜色等。 学生将能做到： 通过视频图像，借助软件或实地考察等手段，对比不同地貌所在自然环境及其景观特点，从而区分它们的类型；从学科视角出发，观察并描述现实生活中的地貌景观。 总目标： 了解地貌基础知识和地貌观察的方法（地理实践力），理解常见地貌景观形成的过程和原理（综合思维），形成对国内常见地貌景观进行观察、识别、描述和欣赏的意识和能力（区域认知、地理实践力），培养科学探究地貌景观的精神和因地制宜的观念（人地协调观）。

表 2 分课时目标

河流地貌的教学目标
课程目标： 1. 通过展示河流地貌模拟实验，明确河流地貌的概念、成因类型，培养学生的综合思维和科学探究地貌景观的精神。 2. 通过展示黄河不同位置景观图片，引导学生推测景观与地理环境的关系，培养学生区域认知能力。 3. 通过展示河流地貌景观图片，学生可以描述各种河流地貌的主要特点，培养学生地貌观察和归纳概括能力。 4. 通过牛轭湖建港选址的案例，分析地貌与人类活动的关系，培养学生因地制宜的观念。 教学重点：通过观察视频和图片，概括并描述各种河流地貌的主要特点。 教学难点：通过观察视频和图片，识别河流侵蚀地貌和河流堆积地貌。
学习目标： 1. 通过观看河流地貌形成模拟实验等影音资料，我可以说出河流地貌的概念和成因，能够识别河流侵蚀地貌和河流堆积地貌。 2. 通过观察河流沿岸上中下游不同位置景观图片，我可以结合区域环境将其与拍摄位置匹配。 3. 根据峡谷、冲积平原、河曲和三角洲等河流地貌图片，我能够绘制景观图片的简单示意图并从沿岸地形、河谷形态以及物质组成等方面详细描述地貌特点。 4. 通过观察河流河曲动态变化图，我可以说出牛轭湖的形成过程，能够推测河流凹凸岸的港口和居民点分布。

四、教学评价

根据UbD学习理论，第二阶段要制订合适的评估方案，对学生预期的学习结果进行评价。基于理解的六侧面来确定和评估学生对河流地貌这一部分的理解情况（见表3）。

表 3 评估量表

评价目标（根据赋分情况累计）	表现	赋分（按照完全没掌握到完全掌握的程度从 1–5 赋分）
1. 你能否完整叙述本节课所学习的知识点？（解释） 低（1~3） 中（4~6） 高（7~10）	通过课堂学习，复述 / 说出河流地貌的概念和分类。	
	描述课堂所提到的典型河流地貌的主要特点。	

续表

2. 你能否自主归纳本节课的相关结论？（阐明） 低（1~6） 中（7~14） 高（15~20）	根据图片，识别河流侵蚀地貌和河流堆积地貌。	
	通过观察河流沿岸上中下游不同位置景观图片，我可以结合区域环境将其与拍摄位置匹配。	
	根据峡谷、冲积平原、河曲和三角洲等河流地貌图片，我能够绘制景观图片的简单示意图并从沿岸地形、河谷形态以及物质组成等方面详细描述地貌特点。	
	通过观察河流河曲动态变化图，我可以说出牛轭湖的形成过程，能够推测河流凹凸岸的港口和居民点分布。	
3. 你能否迁移应用本节课读图分析的方法？（迁移应用） 低（1） 中（2~4） 高（4~5）	结合案例分析，能根据有关图表，结合具体区域自主或合作概括分析河流地貌特点。（如习题训练中不同情境下对知识的应用）	
4. 你能否通过参与小组活动更高效的推导出相应的结论？ 低（1~5） 中（6~10） 高（11~15）	你在讨论问题中发表观点的时长？	
	你认为你的组长（组员）在活动中，能否倾听，并批判性地看待他人的观点？	
	其他同学的观点（即使不正确或无法得出结论），能否给你启发和帮助？	
（ /50 分）		

五、设计教学活动

以始为终，将教学目标贯穿教学评价和教学活动的始终，围绕教师活动、学生活动这两条活动线索设计“河流地貌”的教学过程。首先围绕不同地貌类型，创设中国地貌考察的情境线索，设计了相应的探究活动（见图1）。在此基础上具体阐述“河流地貌”的探究设计。

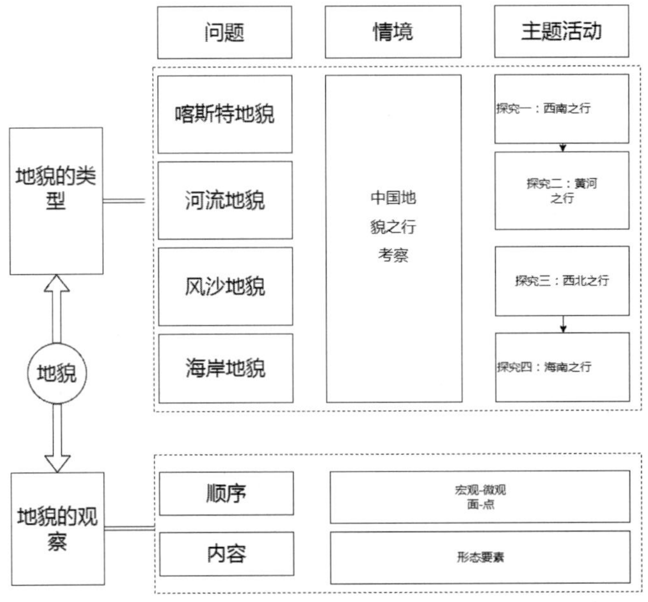

图 1 单元教学设计

表 4 河流地貌教学活动

河流地貌的教学过程			
教学阶段	教师活动	学生活动	设计意图
导入新课	展示黄河沿线景观图片	欣赏感受	帮助学生从日常生活中提取对地貌的感性认识
概念铺垫	一、地理背景 教师展示河流地貌模拟实验，引出河流地貌的概念、类型等。	学生观察并填写学案	明晰概念，达成学习目标 1
活动讨论	二、黄河考察之行（在介绍河流地貌时，以一条理想大河为例（黄河），从上游到下游不同地段，分别描述河流地貌的组成及其景观特点，并适当提及它们对于人类活动的意义。） 【小组活动】 1. 下列景观图片最有可能是在哪个位置拍摄呢？ 2. 绘制图中景观简单示意图。 3. 观察并描述地貌特点。（沿岸地形、河谷形态）	学生观察后进行讨论； 板演 / 绘制示意图； 组织语言进行描述。	落实核心知识问题：河流地貌特点 培养技能：地貌观察和归纳概括能力

续表

河流地貌的教学过程			
峡谷地貌特点	·河流中上游山区： 1. 出示资料：晋陕大峡谷景观图 2. 教师引导评价。 峡谷特点：呈 V 型、河谷深度大、岸壁较陡、谷底狭窄 3. 教师展示图片，并解释峡谷地貌成因 宏观：黄河流域地势图 微观：黄河上游某河段遥感图	1. 学生思考 2. 学生深化认识	落实核心知识问题：峡谷地貌特点 培养技能：地貌观察和归纳概括能力
冲积平原特点。	·河流中下游平原： 1. 教师引导，出示资料：黄河晋陕大峡谷、黄河下游某河段河谷 2. 教师引导归纳： 河谷底部的形态宽且浅，河谷两岸是冲积平原	1. 学生思考 2. 学生对比观察，概括特征。	落实核心知识问题： 冲积平原和 U 形河谷
河曲地貌特点。	·地势平缓地区： 出示资料： 宏观：黄河流域地势图； 中观：黄河玛曲河段遥感图（俯视、三维） 微观：黄河玛曲河段景观图 2. 教师指导评价 河曲特点：地势平缓地区、河道“S 形”弯曲 3. 教师展示动画，并解释河曲地貌成因 动态图：河流河曲动态变化图 图片：河流凹凸岸示意图、牛轭湖 【应用】牛轭湖形成的过程排序；建港选址	学生观察，应用迁移	通过对问题的反复思考，应用所学知识解决实际问题。 学以致用
三角洲地貌的特点。	入海口： 出示资料： 1. 时间：黄河入海口，中国国土面积的增长点 空间：尼罗河三角洲、黄河三角洲、密西西比河三角洲、恒河三角洲 2. 教师指导评价 三角洲特点：入海或入湖口、形状多样、河道分汊、河道宽阔、物质颗粒由河口向海变细 3. 教师展示动画，并解释三角洲地貌成因 三角洲形成示意 三角洲堆积物质粗细变化示意图	学生完成学案	落实核心知识问题：三角洲地貌特点
小结	在总结河流地貌特点的基础上进一步将各类河流地貌进行成因归类，引导学生总结河流地貌与人类活动的关系。		新课小结，梳理知识结构，厘清知识间的联系。

续表

<table>
<tr><th colspan="3">河流地貌的教学过程</th></tr>
<tr><td>课后任务</td><td>【实践迁移】
主题：黄河之行导游词 / 出行指南
内容：图文并茂（图：路线、位置、体现景观特点的示意图；文：以“where-- 去到的地方，what-- 你看到了哪些东西，这是什么地貌（地貌形态），how-- 去到该地旅游，发现这类地貌对人们的生产生活有怎样的影响”三方面进行介绍。）
备选地点：晋陕大峡谷、玛曲、黄河入海口
呈现：A4 手抄报
【习题训练】三级跳基础训练</td><td>巩固落实</td></tr>
</table>

六、结语

本次教学运用UbD理论进行逆向教学设计，以河流地貌为例，确定学生预期会完成的学习目标、能发展的核心素养，之后通过评价体系的建立安排教学活动，是对以终为始理念的积极探索与尝试。UbD理论强调以学生为中心，为高中地理教师提供了全新的教学设计方式，在构建高中地理课堂、落实地理学科核心素养中发挥着重要作用，在之后的实际教学中需要教师进一步的实践落实。

参考文献：

[1] 威金斯，麦克泰格.追求理解的教学设计（第二版）[M].上海：华东师范大学出版社，2017.

[2]中华人民共和国教育部.普通高中地理课程标准（2017年版2020年修订）[M].北京：人民教育出版社，2020：8.

新课标背景下初中体育线上教学活动开展策略

李冬旭

1.. 基于线上教学特点，强化运动热情

基于新课标中引导学生“爱上体育课，能够真正了解体育、参与体育、享受体育”的目标，体育教师开展线上体育教学活动时，应确保学生具有较强的积极性，

以激发学生运动兴趣为目标，落实线上教学活动，改变传统体育教学形式，迎合线上教学特点，强化学生对线上体育教学的关注度和重视程度，使学生能够逐渐“爱上体育课”，并通过线上教学逐渐感受体育运动的魅力。

首先，由初中体育线上教学特点分析，线上教学活动可以作为特殊时期环境下所开展的新型教学模式，也可以是对以往体育教学活动的补充。因此，实际过程中体育教师应充分利用线上教学优势，结合教学特点，设计更符合学生线上学习的初中体音运动项目，以此调动 学生体育运动热情，培养学生体育运动习惯，使初中体育线上教学能够充分落到实处。例如， 体育教师可结合趣味性特点，为学生设计线上体育游戏活动，将运动知识、技术要点融入体育游戏，以提高学生身体素质和运动技能为主，设计涵盖体育教学核心、符合线上教学特点 的体育学习课程，一方面保证初中体育线上教学达到新课标教育标准，另一方面通过多样化教学手段提高学生运动积极性，确保线上体育教学活动的有序进行。

其次，针对弊端中体育教师无法与学生开展面对面教学的问题，设计教学活动项目时应遵循简单易学原则，基于教学思维对难度进行合理调整，结合新课标水平四标准，根据学生学情进行活动设计，避免学习难度过高或学习强度过大，影响最终教学效果。以新课标中培养学生体育素养的目标为例，线上教学为教师拓展了体育教学资源，更使学习渠道、资源愈 发丰富。因此，体育教师可充分利用线上教学资源，为学生收集更多关于体育健康的理论知识，将理论与实际结合。例如，可通过国内外体育赛事视频的播放、赏析，丰富学生体育知 识储备，增强学生线上教学体验，达成培养学生体育运动素养的目标，使学生的学习热情能 够被体育赛事所感染，产生体育运动欲望并形成良好的体育运动精神，塑造终身体育意识，助力学生未来健康发展。

除此之外，在线上教学时，体育教师还需注重德育与体育的完美融合。在教学资源筛选过程中，选择更具正能量的体育人物，为学生整理体育人物的优秀事迹，带动学生情感、传达体育精神、培养学生心智、激发学生潜能，以此弥补线下体育教学的不足，使每位学生都能以体育人物事迹、体育精神作为学习动力，更积极参与到线上体育活动中，进而实现体育运动能力的提升。新课标要求中，需迫切解决的问题在于缺少“教与学 ”之间的互动，为此体育教师有必要在开展线上教学时制定体育运动细则，约束学生线上和线下运动行为，规范学生学习过程，以更具纪律

性和组织性的线上教学活动，对学生的学习情况进行有效监督及管理，弥补线上教学存在的不足，利用更具互动性的教学策略，实现线上教学质量的提高。例如，体育教师在线上教学完成后，可在线上为学生预留课后体育作业，组织学生以视频打卡的方式，在线上平台中上传自己在家的运动情况，并以小组比拼的模式考查学生体育运动成果，对比学生体育运动水平，以凸显线上体育教学的竞技性特点。在视频上传完成后，体育教师需要根据视频所呈现的画面，对学生进行逐一指点，并针对学生运动成果开展多元评价，以此保障教学和指导的有效性，促进线上教学目标的进一步达成。

2. 突出教学优势，弥补线上教学不足

通过对初中体育线上教学的优势和弊端分析可以看出，线上教学优势在于打破时间、空间和环境的限制，但由于线上教学对网络质量、应用稳定性的需求较高，一定程度上阻碍了教师对学生学情的掌握。因此，首先体育教师需做到对各类软件、技术的熟练应用，尽可能降低网络影响。实际过程中，教师于授课前还需切实注意教育平台客户端或其他用于教学的应用软件是否更新到最新版本，避免教学过程中弹出更新页面，影响教学质量。

其次，线上教学中体育教师无法直观观察所有学生的表现，但能够在教学过程中直接与学生进行交流，每位学生也能够在出现学习问题时及时表达自我观点。结合线上教学优劣势，体育教师可遵循精讲多练的教育原则，引导学生对视频课程进行观看，课后及时回顾、分析。

最后，为打造高质量的初中体育线上教学活动，亦为达成新课标教学理念，体育教师有必要参考以往的线上教学经验，融合线上以及线下教学特点，实现教学优势上的互补，做到真正意义上的取长补短，及时改正线上教学的不足，借助线下教学经验，对线上教学活动进行优化，保证线上体育教学课程能够真正落实到实处。

3. 结语

线上体育教学作为一种全新的教学方式，不仅拓展了现有的体育教学资源，还打破了时间和空间上的限制，保障初中体育教学的有效性。虽然线上教学具有明显优势，但还存在些许不足。因此，体育教师在开展线上体育教学活动时，有必要突出线上教学特点，基于线上教学不足拟订更契合体育教学活动的实施计划，融合线上和线下教学优势，及时掌握学生学习状态，积极为学生提供教学指导，保障线上体育教学活动的有效实施。

云端学习，“一键三连”

——线上教学案例策略分享

北京市第十八中学——方庄校区　佐安

在网络用语中，“一键三连”指的是对认可的帖子、视频进行点赞、评论和转发；在线上教学中，教师可以整合多种资源，搭建起一个连接师生、生生、校园及家庭的“云课堂”，以此实现“一键三连”。

以高中英语学科为例，分享线上教学期间的心得和体会。腾讯会议作为最常用的线上教学软件，可以满足教师们每日教学的基本功能需求：考勤、课前暖场、共享展示优秀作业、常态化教学等。师生、生生之间可以通过线上会议，达成实时交流和互动，拉近彼此的距离，学生也可以由此实现“沉浸式学习”。尤其是利用聊天区进行“速听”活动，可以提高学生反应速度，增强课堂互动趣味性。此外，通过给学生布置课前小组合作展示的任务，可以让学生充分发挥技术操作能力，进行成果展示，提升云课堂的参与感。

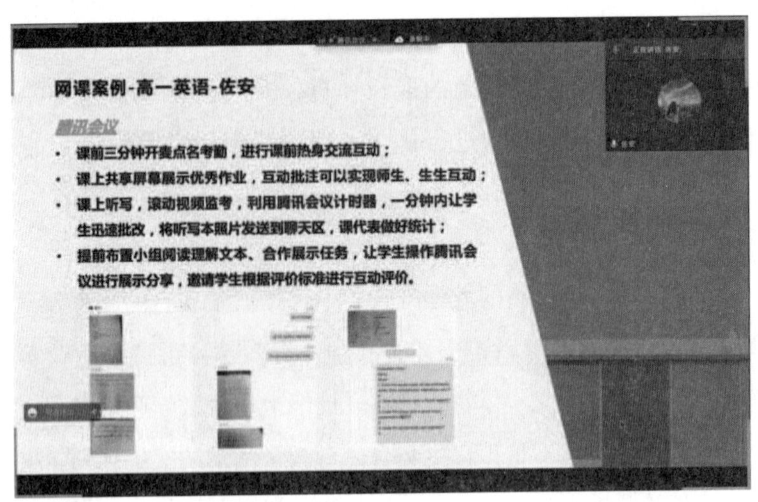

在布置作业方面，教师可以利用“班级小管家”小程序，发布课前、课中以及课后任务，在小程序中为学生上传所需的学习材料和任务单，按照项目设置作业提交方式。以英语学科为例，听说读写材料均可上传，学生亦可按照作业项目要求上传相应格式的文档。此外，像时间、作业是否可见，批改评价方式等设置，都可以帮助教师与学生在小程序中实现实时互动。

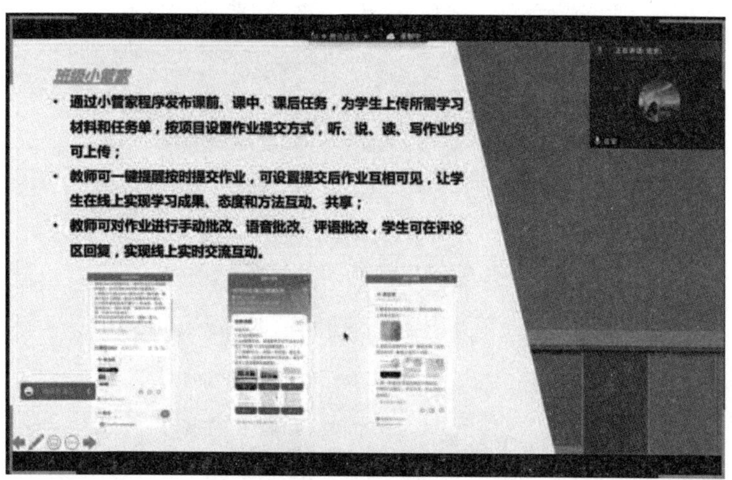

此外，线上教学时还可利用英语听说软件与微信等方式，对学生的听说练习进行实时督导和及时反馈，以此实现家校双向监督的目的，营造“沉浸式朗读”的氛围。长期以来，学生们居家学习的实体同伴只有自己，在此期间，教师需要加强对学生的心理情绪状态的观察和了解。教师可以通过微信跟学生进行一对一沟通，答疑，帮助学生调整状态，养成好习惯。

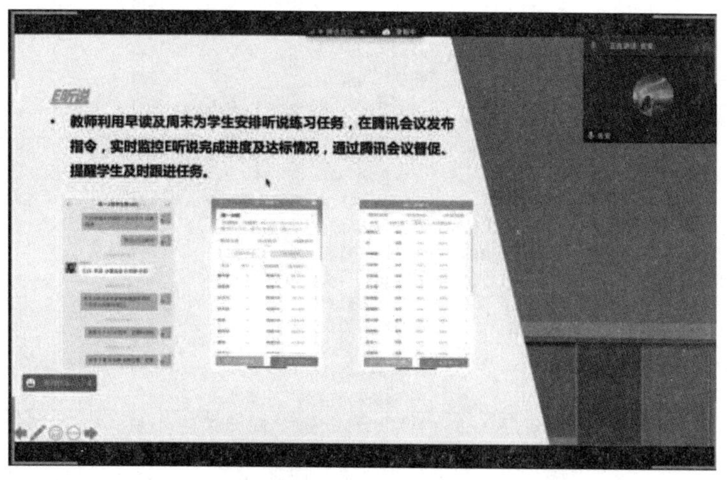

除了教学工作，线上的班主任教育工作也需要借助上述媒介工具展开。比如，通过腾讯会议开展线上心理疏导班会、开展线上主题班会、联欢会。让学生通过微信、电话的方式进行对话、交流，通过线上平台展示风采，给学生营造一种如同线下学习交流的环境，帮助学生转变情绪，调整身心状态。

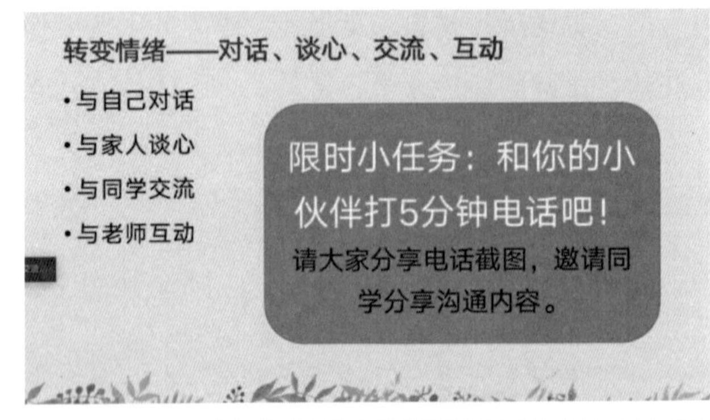

高二8班12月班会日程表				
总目标：规范课堂学起来，各项活动嗨起来。				
时间节点	活动主题	具体安排	活动要求	分组名单
12.9周五-12.12周一	正·享受——乘上云端去旅行	12.9周五发布主题，确定分组，利用周末时间完成展示内容，12.12周一按组展示。	1. 自由分组，不限人数，确定分工； 2. 自由选题，可从国内外、省内外选择展示分享内容； 3. 分享展示内容包括但不限于美食、美景、旅行途中趣闻； 4. 展示形式包括但不限于视频、图文、ppt等； 5. 展示时间5-8分钟，每个小组均要参与展示； 6. 请将小组展示内容于12.11周日下午16:00前上传至小管家。	1组 2组 3组马文雯 龙雨涵 洪鑫宇 张婧 王彤瑶 4组 5组 6组李世泽，张乐健，张博凡，李晓 沈京辉 7组
12.16周五-12-19周一	正·青春——我的高中成长日志	12.16周五发布主题，确定分组，利用周末时间完成展示内容，12.19周一按组展示。	1. 自由分组，不限人数，确定分工； 2. 自由选题，可从德智体美劳等多方面回顾高一至今的成长和经历； 3. 展示形式包括但不限于视频、图文、ppt等； 4. 展示时间5-8分钟，每个小组均要参与展示； 5. 请将小组展示内容于12.18周日下午16:00前上传至小管家。	1组 2组 3组 4组 5组 6组 7组
12.19周一-12.26周一	正·欢乐——高二8班2022年度联欢会	12.19周五发布主题，确定分组，利用一周时间完成展示内容，12.26周一按组展示。	1. 总策划：付雲彤。需要确定男女生主持人各一名、PPT制作、视频制作、节目安排策划等负责人； 2. 节目组和游戏组自由分组，不限人数，确定分工； 3. 节目和游戏选题：积极有趣； 4. 展示形式包括但不限于视频、图文、现场表演等； 5. 每个小组均要参与展示； 6. 请将小组展示内容于12.24周六下午16:00前上传至小管家。	1组 2组 3组 4组 5组 6组 7组
12.9周五-12.23周五	班级大合唱《青苹果乐园》mv录制	12.9周五发布主题，确定分组，利用本月时间完成展示内容，12.23收齐小组视频，12.30 制成mv展示。	1. 自由分组，不限人数，确定分工； 2. 横屏拍摄，可独唱、合唱； 5. 展示内容包括但不限于积极有趣的才艺展示：唱跳等等； 6. 请将小组展示内容于12.24周六下午16:00前上传至小管家。	1组 2组 3组 4组 5组 6组 7组

关于项目化学习的线上教学实践研究

北京市第十八中学　杨 郑

线上教学对教师、学生是机遇亦是挑战，线上课程加强了师生线上联系，这一新尝试为教与学提供了新思路。将项目化学习融入线上教学，是实现教学目标，培养学生核心素养的重要教学策略。项目化学习助推学生在线上“动起来”，学生项目小组充分发挥学习共同体作用，合作完成项目任务；通过项目化学习，学生对问题进行了深入持续的探索，创造性地解决新问题，形成对核心知识的深刻理解，促进学生在线下“用起来”，实现所学知识与技能在新情境中的迁移运用。

一、线上教学策略初探

助力云端课堂，主要进行了以下几项线上教学策略尝试。首先，教师可以从一次放松的回顾开始，利用ppt文字方向的偏转，帮助学生放松肩颈。其次，教师线上课可充分利用网络资源，在课程中利用计时器，引导学生在限定时间内利用电脑或手机搜索相关资料，并共享屏幕进行分享，在此过程中，学生可开启互动批注进行观点展示，充分发挥学生的主体作用。再次，教师可在课程中尝试使用不同的宫格视图，如阶梯教室宫格视图，将学生置于模拟阶梯教室之中，让学生有一种身临其境之感，拉近师生、生生之间的距离，实现更加直观的互动。最后，教师可利用腾讯会议中的讨论组功能，将学生划分为不同小组分别进行课题讨论，教师可随时进入两个小组观察并参与讨论，讨论后学生再回到主会场进行发言，小组发言互为补充，引导学生的思考更加深入和全面，充分发挥学习共同体作用。

二、项目化学习的线上实践

“聚学问辩 居宽行仁”是我校校训，线上教学离不开校训的指导与激励。聚与学，问与辩相结合，而期君子宽厚、仁义。十八中即是这样的校园文化，谦谦君子聚学而问辩，居宽且行仁。在学校提供的广泛平台中，学校“学习共同体”“融合”课堂、单元主题教学设计、项目化学习皆有利于线上课设计与实践，从而将线下课“搬到”线上，让学生在云端相遇。线上课也可以尝试在真实情境中推动学生学会调查研究、分析问题、解决问题，从而掌握知识，学会运用所学知识解决一定问题。如高中政治课程必修三中有关协商民主的知识，即可结合模拟政协实践探索我国特有的协商民主，学生可以就所发现的问题，进行实地调查和调研，整理材料后，以小组形式形成一份完整的模拟政协提案，再运用到线上课程中，则可借助模拟政协提案引导学生理解协商民主的意义，并养成善于发现问题、分析问题、解决问题的好习惯。

在线上课教学中，项目化教学会为课程的设计与实施带来好处。项目化学习设计以其持续性探究，综合性特点，让课堂“活”了起来，激发了学生在云端的热情。项目式学习的探讨和推进不是孤立的，而是上连对立德树人的思考，下接对学生学习质量的追问，考虑学生的知识学习逻辑和项目逻辑之间的关系。青年教师常常会思考，学科教育如何培养学生解决问题的能力，项目化学习是一个有效途径。学生在项目化学习中不断培养透过问题的情境看到问题本质的能力，在实际问题的探究和解决中，调动和激活相关知识，形成迁移思维，并在项目的完成中实现对不同学科知识的深度理解。项目化学习引导学生在真实情境中发现问题、分析问题、解决问题，又在解决问题过程中去发现新问题，呵护和点燃学生的学习热情，引导学生从“解题”向“解决问题”转变，提升线上教学质量。

三、政治学科项目化学习的线上实践

围绕项目化学习的尝试，我校政治教师把握项目化学习设计的要点，依托学生模拟政协实践基础，初步确定了选题。项目组随后又对照课标，对比发现初中课标要求为“了解”相关制度，而高中则是“阐明”为什么是有中国特色的制度，而这一“特色”在课标教学提示中即表现为协商民主的优势。结合课标与教材，项目组最终将项目核心知识确定为“协商民主”。依据党的二十大报告和党的十九大报告关于协商民主的阐述，项目组最终确定了主题即“有事好商量——依托北京十八中学生模拟政协提案探协商民主”。围绕“协商民主”这一核心知识，初中和高中分别制定了不同的学习目标，初中学生需要明确政协的性质、主题和职能，了解我国政党协商制度；而高中学生则需要阐明我国政党协商制度为什么是具有中国特色的制度，协商民主的形式与优势是什么。

项目总体设计围绕本质问题：有事好商量——感悟协商民主，设置了总驱动问题，即“学校举办校园提案大赛，请你完成一份模拟政协提案”，分别设置驱动问

题，即“商量谁的事、有事如何商量、有事好商量好在哪里”，分别设计相应活动，进行导引课、探究课和展示课设计。导引课通过热点问题进行导入，以课前问卷调查为依据，引导学生利用共同体小组进行选题，并呈现给学生提案的模板，供学生参考；探究课以PPT或视频形式展示调研过程，由学生进行评价。随后进行头脑风暴，讨论提案中可行性建议有什么，在课程中引导学生初步完成一份模拟政协提案。在展示课中，学生汇报本组的模拟政协提案，发挥学习共同体作用，锻炼学生发现问题、分析问题和解决问题的能力。在第二环节“提案面对面”协商活动前，教师与学生共同选出一份学校具备协商条件的提案，邀请利益相关主体到场，邀请政协委员到场引导，举办一场真实的协商活动，引导学生在真实情境中，运用学科思维阐明协商民主的优势，理解我国社会主义民主是最广泛、最真实、最管用的民主。展示课将布置作业，由学生关注社区或国家热点问题，形成一份完整的模拟政协提案，从而实现学生由关注“小我”到关注“大我”，由关注“学校、学生、学习”到关注“国家大政方针、社会社点问题”，在整个项目课程中设计过程性评价和成果评价。

总的来说，线上教学要注意以下三方面：一是“选”，进行选择，包括教学内容与方式的选择，从而帮助教师完成教学内容应实现的目标。二是“精”，在线上课程中要精细的讲解。线上教学中，师生、生生处在不同的空间，通过云端视频、语音联系，由此教师应实现精讲，把核心内容进行梳理，找到主干知识，在大单元中把主题结构化，将项目化学习融入教学中，实现课堂的“精”。第三是“动”，即要实现学生的多元互动，且要保持一定的频次。这也要求教师在线上教学中要加强互动性和现场感，如前文介绍的互动批注、肩颈放松的小妙招、语音互动、实时作业布置与检查等，实现师生、生生的互动，落实教学内容，留下教学痕迹，从而提高教学效率。线上教学的探索是无止境的，我们每一天都在尝试，实现更优的教育与学习，因此，我们有必要把线上课程的好策略“变现”，落实到线上教学中，助力云端教与学。

学科项目化学习是学生在一段时间内对与学科或跨学科有关的驱动性问题进行深入持续的探索，政治学科项目化学习的线上课教学实践再一次将政治课“激活”，引导学生善于学、敢于学，真学真会。依托学生模拟政协提案实施的项目式教学，引导学生关注身边事、国家事，推动学生持续探索，并在发现问题后不断研究，创造性地解决新问题，引导学生在活动课程中形成对核心知识的深入理解，从而实现新情境中的迁移运用。政治学科项目化教学的线上尝试是学科教学的一大突破，指导教师线上教学的同时，也不断激发学生的学习动力。

疫情之下守初心，我与学生共成长

周昱含

因疫情原因，开学以来我一直采用线上教学，网络为师生架起了一座桥梁，不止是知识的传授，更能带来特殊时期情感的满足，为了保证出勤和教学效果，我绞尽脑汁，尽量站在学生的角度去思考解决办法，无法追求完美，但基本能保证和在校学习不相上下的学习效果。有了之前网课的经历，学生慢慢适应了网课的节奏，有了疲惫期，我也要随之调整教学方式和课堂策略，找到他们新的兴趣点，课后安排也不可一成不变，保证检验学习效果的同时又要考虑多样性，始终相信，学习兴趣才是最好的老师，在此期间，我思考着、摸索着、实践着。在师傅汪桂华老师的细心帮助和指导下，在反思中前行，在总结中提高，我采取了以下做法：

一、课前：整合课程教学资源，充分利用教学平台

传统课堂，教师与学生之间的互动非常自然和高效，教师提问，学生可以直接作答，教师可以直接感受到学生的反应。但教学过程转移到线上后就完全不同，常会出现教师看不到学生，学生看不到教师的情况。教师往往因为屏幕上形象不佳，干脆在屏幕前不露脸，学生也不愿意露脸，教学过程就成为隔空喊话，线上提问也很难得到学生的及时回应。线上授课的教学互动成为必须解决的问题。教学资源建设方面采用平台“资源库”和“本地上传”相结合的方式，以最大化实现教学目标为目的，充分整合线上线下资源，认真准备每一堂课，课前布置好预习课件和微课资源，通过测验、问卷调查、讨论等方式检查知识点掌握情况，据此及时调整授课内容的讲授方式和难易程度。

二、课中：根据课堂整体状态，及时调整授课策略

线上教学期间，我采用“智慧职教+腾讯课堂”的授课方式，随着教学的开展，课堂上学生纪律性不强、注意力易分散等典型问题逐渐凸显，经过认真思考和实践，在保证出勤率方面，我采取“课前十分钟、课上一分钟、临下课一分钟”的签到方

法，随时抽查学生的学习状态，并列为课堂表现加分的依据之一，效果较好。在保证教学效果方面，课堂上尽量丰富教学内容，将微课、网络视频、站务员考证培训视频等资源与教学重难点紧密结合，激发学生的兴趣，也使知识点的讲解更加立体，同时根据教学内容和课堂状态的判断，灵活利用讨论、头脑风暴、提问等多种互动方式尽最大可能调动大家的积极性，尤其是“摇一摇”和“抢答”功能，趣味性十足，很受学生喜爱。

为了解决在线教学的三个重要问题，首先需要一套方便简易的硬件组合。笔者对线上授课的器材不断改进，形成了一套简便且能保证效果的器材配置，方便在家中搭设，能够保证良好的教师出镜效果和有效的教学互动，初步具备了线上教学也不输于线下的能力。这套硬件包含了如下器材：一台电脑（两个显示屏），一个外接摄像头，一个手写板，及一部手机（见图2）。一个电脑显示屏用作主控制台，另一个显示屏作为扩展显示，作为共享屏幕展示给学生。共享屏幕的内容可以是PPT投放内容，也可以是学生头像列表展示，形成师生融入的虚拟实体课堂。手机作为监视器，不仅让教师随时以学生视角观察即时授课内容，更大的好处在于，帮助教师将眼神投注到摄像头方向，使得每个学生如同坐在教室的第一排。另外一个不可或缺的硬件就是补光器材，并不需专业的补光灯，只需要在所坐书桌的左右前方各放置一个台灯，使得光线柔和地射在面部，或者通过墙壁泛射。完成了以上的硬件搭设之后，就可以从容解决在线教学互动中三个重要问题。

解决在线课堂的教学氛围问题。笔者认为，这是线上课堂文化营造的议题，课程开始就应要求所有学生都打开摄像头。学生一开始可能会不适应，感觉尴尬，给出诸多理由，诸如没有摄像头、没有梳洗、在宿舍里、甚至地铁里等，但在教师坚持下，并且教师在镜头前表现从容，学生最终也会坦然出镜，毕竟大多数学生都愿意投入群体的交往活动里，这是社会性需求的体现。一经确立这样的文化，学生打开摄像头上课就是自然而然的习惯。

三、课后：完成有效课堂评价，重视课后延伸拓展

课后根据学生课堂综合表现进行加分鼓励，充分认可其课堂参与度和教学任务完成度，布置难度适中的作业，巩固课堂所学，使学生对学习成果保持一定的满足感和成就感，关注平台上每堂课的课后评价和学生自我总结，重视课堂反馈，及时进行课后反思，并给予回应，使学生产生被充分关注的感受，从而对学习产生更多的热情和兴趣。

每节课后根据授课内容布置拓展任务，作为平时成绩的重要组成部分加以考核，拓展学生知识面、扩充知识体系、培育自主学习能力的同时，充分检验他们的知识迁移能力。解决在线教学的互动效率问题。传统课堂，互动效率很高，但在线教学，提问、答题等活动所耗费的时间就要增加，所以需要借助软件互动工具。最经常使用的是微信以及视频会议的聊天，这些方法互动效率不高，经过实践，笔者发现雨课堂和课堂派都是不错的互动工具。雨课堂是学堂在线提供的在线教学互动工具，由于笔者已经在学堂在线建有《运营管理》课程，雨课堂就成为自然的选择，这是一款PPT插件（也有独立App），PPT播放及共享屏幕后，学生通过微信扫码就可加入雨课堂，学生的签到、答题、投稿、问卷调查都在线完成，随时可以检验学生的学习成果，还有弹幕功能，给不方便通过麦克风发言的学生提供发言的机会，教师在授课过程中，就可以看到弹幕飘过，给学生们提供了一个时尚和及时的和课堂紧密联系的机会，这是学生非常喜爱的功能。

随着在线教学的深入开展，新的问题和挑战会接踵而至，但我相信只要有目标、有信念、讲方法，没有解决不了的问题，世上无难事，只要肯登攀，我会一如既往，尽心尽力，为在线教学工作贡献出自己的一切力量。

责任是爱的另一个名字

——我的线上教学故事

齐智霞

初三上学期期中考试过后，疫情再次爆发。古语有云：“少年智则国智”，虽未能到校，学生也功课照旧。古人说“吾日三省吾身”，放在线上学习的那段期间，我每天是“吾日四省吾身”。坚持到这段网课日子的结束。

第一则是：“早读提醒了吗？”

“叮铃铃、叮铃铃……”熟悉的闹铃响起，此时是早上的7:00，我条件反射地点击“发送”按钮，“@所有人，今日也要克服惰性，坚持早读哦！”这样就把头天晚

上编辑好的文字发送到了班级群，以此来提醒大家按时早读打卡。而每天提醒大家起来晨读的文字是不重样的。为了提高他们的晨读效率，每天我都会给他们直接共享早读内容。这些内容我是根据学考的1600词。对于即将到来的听说中考高频词，也是早读的内容。线上学习以来，晨读打卡没有间断过，而打卡进度也是依据学生自己的能力而开展的，快的同学在这段日子里过完了两遍。现在回看那四十多天的晨读打卡记录，默默地在心里为他们点了个赞。

但起初的那几天，晨读打卡人数并不理想。好在一番“劝说”之后，大部分的人都跟上了组织。全班共28或29个人，平均打卡人数只有一半。哎，每天，总有那么几个装睡的人，是我叫不醒的。但我“不甘心”，采用了信息轰炸，让他们去领取一周一次的补卡，然后及时进行补读。如果前一天做了表格题的转述，我会根据他们当天的早读，帮他们纠正读音，及时给他们反馈。

第二则是：“学生多说了吗？”

都说课堂一分钟，课下十年功。认真听课是非常关键的。只有让学生成为课堂的主体，才能够保证他们的听课效率。在教学过程中注意以学生为主体。在近阶段的线上教学中，如果老师讲的很多，让个别同学申请连麦时效果往往并不理想。所以我们一直坚持以学生为主体，只有学生主动的思考研究，才能真正把知识学会。我们讲习题时会提前给学生布置任务，让某些学生每人讲一道题，然后把讲题的视频发给老师。在直播时让学生直接观看学生讲题的视频，然后老师再出类似的题目让其他学生回答，或指出学生在讲题中的错误，在学习过程中，老师起到了精讲点拨的作用。让学生多说，是不能面对面的那段日子里保证他们学习效率的有效策略。

除此以外，在课堂上营造一种多人对话的口语环境。有两个或两个以上的同学打开麦克风，形成一种生生之间，师生之间多元的对话氛围，鼓励那些没有打开麦克风的学生也能张开嘴说出声音来。对于多次作业不提交的同学，由一名学生带读，多次不提交作业的同学开麦，跟读。其余学生不开麦，跟读。既能够提醒未完成作同学，也能够让他在有限的时间里，进行英语的练习。

第三则是：“与家长沟通了吗”

任教以来，其实每个老师至少带了两个班级，一个叫“学生班”，一个叫”家长班”。在线上学习的这段时间就尤为明显。隔着屏幕的我们，对于学生真的是鞭长莫及。因此，我们不得不求助于我们的“教育合作伙伴”。于是，督促他们早读、听课、阅读、做作业的接力棒就交到了家长的手中。但由于他们“初次体验”、

"操作生疏"，有些家长就会缺乏耐心，继而放任不管。在幕后操作的我就不得不多动动"嘴皮子"了。对学生的话，我会编辑好文字，放到每晚的家庭作业链接中。

我坚信，及时的沟通，寻求家长的帮助才能更好的形成合力，让学生得到最大的收益。虽然隔了屏幕，但我觉得文字仍然能代替我传达情感，让大部分的家长感受到那份真心，跟着我一起行动起来。

第四则："与时俱进了吗"

达尔文说："物竞天择，适者生存。"在这个信息爆炸的时代，网络技术愈加发达。线上学习期间，我们不得不顺应时代的变化，了解并使用各种信息化的教学软件。在每节课后我会让学生将笔记拍照发到群内。班级群里点名，抽查课堂笔记。根据所提交的课堂笔记来判断他们是否按时听课，是否认真听课。大部分的学生还是"卖面子"给我的，小部分的则在不断地挑战我的耐心。

除了使用微信群，我还使用"班级小管家"这个小程序，让学生提交作业。我发现收作业倒是很方便，但是改作业真的很要"命"。下方奖励红花以及点赞的小功能挺好用的，但给学生的评论他们却很少会去看。导致头天做错的题目，第二天碰到了又接着做错。辛苦地改完作业，瞬间感觉付之东流。

幸，屏幕那头的学生可以同步看到，而且还可以举手发言。根据课堂的讲解，让他们自己批改作业，错的题目及时订正。下课后，再次把批改后的作业上传到班级小管家。这样，我批改作业就轻松多了，而且根据她们的批改就能判断出刚刚谁在认真听课。

线上学习，为了能让他们不掉队，老师们各显神通，纷纷当起了主播，我也着实过了一把瘾。使用腾讯会议讲解作业，跟classin对比之后，发现两者各有所长，所以我把classin与腾讯会议结合起来，classin作为"黑板"，腾讯会议共享这块"黑板"成为我最得力的线上教学工具。

"路漫漫其修远兮，吾将上下而求索。"疫情阴霾终于散去。线上教学或许将成为历史，用最简单的文字记录下来那段日子，成为永久的回忆。

浅析利用数学实践构建小学生正确价值观的方法

李晴

摘要：实践是学生积累基本活动经验的重要方法之一，学生在亲身经历实践活动时直接获得相关经验，或者在已有的经验基础上生长出“新的经验”，这些经验会促进学生数学的学习，帮助学生解决实践问题。（新课标）提出“教学中注重结合具体的学习内容，设计有效的数学探究活动，使学生经历数学的发生发展过程，是学生积累数学活动经验的重要途径 ”。在日常教学中，结合学生的实际需要，有针对性开展教学活动，帮助学生在活动中积累经验。

关键词：小学数学　活动实践　学生价值观

疫情期间的线上教学中让许多数学活动实践无法顺利开展，因此在“后疫情阶段”的教学中，我积极开展线下实践活动，弥补疫情期间的教学不足，重塑学生正确的价值观。线上教学的迅猛发展，让许多教师在日常教学中不重视开展实践活动，只重视学生学习结果而忽略了学生的学习过程；学生在日常的学习中参与的实践活动机会很少，自身经验也不足，缺乏语言表达能力、动手探究操作的能力，这些都对于小学生的价值观构建带来了阻碍。为了进一步帮助学生积累活动经验，树立正确、健康的价值观。针对目前存在的问题，我对小学教材进行了深入探究，并且在日常教学中根据不同领域的知识开展相关的教学实践活动，如，在“数与代数”领域开展课堂口算比赛活动，帮助学生积累口算经验、开展生活实践活动，积累生活化经验、重视凑十法的运用，发展学生心算的经验；在“图形与几何”领域开展量一量的实践活动，积累测量活动、运用轴对称知识动手做一做，积累制作图形经验；在“统计与概率”领域开展主题调查活动，积累学生数据收集整理与分析经验；在“综合实践”领域结合生活实际，并运用数学思维解决实际问题，提高解决问题的能力。通过以上活动，学生价值观形成了重塑，符合正确、健康的价值观判断标准。

一、“数”领域的活动提升学生生活技能

“数与代数”在小学数学中散发其自身独特的魅力，主要表现在围绕计算教学而展开，通过小学数学的学习提高学生的计算能力，形成生活技能等方面。在教学该领域知识时，我以实践活动方式为主展开教学活动，促进学生对知识的理解和掌握，积累直接经验。

1.开展课堂口算比赛活动，积累基本口算经验

在小学低年级阶段中学生的数学兴趣尚未得到有效激发、数学思维尚未形成、学生注意力稳定性较差、多动，我根据学生的认知特点，在日常教学中有意识有目的地展开一些活动，鼓励学生在经历活动过程中独立思考，进行简单的算术问题，从而培养学生的数学思维，积累基本口算经验，使学生在比赛中感受学习数学的乐趣。

在小学一年级上册阶段的学习通过先前学前班的学习，学生对数字和简单的加减法口算有所掌握了，我在教学加法和减法的算理之后，利用每天课前的五分钟进行口算抢答比赛，全班学生按学号每天两名学生依次轮流出题、出题的方式要多样化，难度遵守循序渐进的原则，学生在经历口算比赛活动中，数学思维得到进一步发展，从而也积累了基本的口算经验，从而提升学生算术能力，提高数学成绩。在二年级下册阶段，由加减法的口算转换为乘除的口算比赛，通过长期开展口算活动，学生的运算准确率得到了提高，为后面除法的竖式计算的学习奠定了基础，进而提升学生算术的思维能力，也直接积累了相应的计算经验。经过长时间有针对性的开展口算比赛活动，学生的运算能力得到了提高，对学生后续的学习起到了促进的作用，学生完成作业的质量也得到了相应的提高。

2.开展生活实践活动，积累生活化经验

在教学《人民币的认识》后，在学生对人民币有所认识，掌握人民币单位之间的换算，遵循间接经验与直接经验相统一的教学过程的规律，组织学生开展模拟购物的活动。一方面可以巩固学生对人民币知识的掌握，即在掌握间接经验的基础上经历实践活动获得直接经验；另一方面通过购买商品，在活动过程中体会人民币的重要，使学生形成了节约用钱的思想观念并应用在日常生活中，实现了理论联系实际的教学原则。

在教学《人民币的认识》后，借助家长的力量，布置学生自主购买菜的活动，家长负责陪同和提供人民币，人民币的支配和购买菜的种类让学生自行决定。之后在班

上开展购物的经验交流会，先在小组内部围绕购买物品、价格、购物时的收获展开讨论，然后组织全班一起展开讨论分享，当学生提出新的问题时，我将新问题抛向学生，给予学生时间探究讨论后得出结论，在这过程中充分发挥教学机智，在原来的基础上生长新的经验。通过开展购买活动，一方面促进学生对人民币知识的掌握，另一方面处于低年级阶段的学生思维单一，绝大多数学生认为人民币可以用来购买他们想要的东西，尚未形成节约用钱，爱护人民币的思想观念，充分发挥学生学习的引导者角色，以活动的方式使学生直接感受数学与生活的密切联系，通过“比一比”价钱的方式，进而使学生感受到在购买商品时“货比三家”方法可以使我们花最少的够买更多的物品，也就是我们所说的省钱。通过生活的例子说明，进一步向学生介绍中国的优良传统“节约”，感受传统美德的意义。使学生通过购买的活动和交流中积累了生活化的经验，从而培养学生日常生活的良好行为习惯。

3.重视凑数法的运用，积累心算经验

学生在学习加法运算时，通过学习“凑十法”的方法来解决加法的运算。凑十法的运用可以有效提高学生运算的速度和准确度。在日常教学中，在学生掌握凑十法的基础上，有意识引导学生运用凑十法来解决加减法。

在日常教学中，有意识训练学生能快速说出1到10数字歌诀法，在教学二年级上册第二单元例3“35+37”竖式计算时，将改变之前的思维定势方式，不再提问学生5+7等于几？而是问学生五加几等于十？即歌诀中“五五凑成一双手”，7可以分为5和 2，即5+5=10,10+2=12,或者是看到7想到什么数字呢？学生能快速回答是3，5可以分为3和2，即7+3=10,10+2=12，通过凑十法的方法，学生在不借助小棒，数手指的情况下，快速心算得出答案。对于部分学生几加几的加法，很难快速得出答案，但通过在课堂上有意识引导学生使用凑十法的方法来解决算术问题之后，学生都能够既快速又准确得出答案，在使用凑十法的过程中，学生也初步积累了基本的心算经验。

在教学该领域的知识时，我通过选取贴近学生的生活的题材为教学资源展开教学活动，为学生创设参与实践活动的机会，激发学生的兴趣，引导学生将理论知识迁移到解决问题中，实现知识的学以致用。

二、“图形”领域的活动锻炼动手能力

在小学阶段通过对“图形与几何”领域的学习，使学生几何直观、空间观念得到发展，图形与几何内容的教学时，应该创设情境课堂，设计相关教学活动，获得经验。

1.开展量一量的实践活动，积累测量的基本经验

二年级上册第一单元《长度单位》例3“量一量下面纸条的长度”，通过例3的学习，学生掌握度量的方法，并能动手操作测量实际物品的长度。在教学这一课时的内容时，我将运用以学生动手操作为主的教学方法，在活动开始采用设疑的方式问学生：我们手中写字的笔究竟有多长呢？用什么方法能知道它的长度呢？那我们试着量一量笔的长度。活动要求：（1）借助课前准备的尺子先尝试动手试一试、量一量笔的长度。（2）组内小组成员交流测量的步骤和方法。（3）全班一起交流探究测量的正确步骤和方法。（4）根据正确的测量方法，量一量自己手中笔的长度。（5）同桌之间相互交换手中的笔，量一量。在活动开始采用设疑的方式提问，能有效激发学生的学习兴趣，在活动中先让学生进行试一试、量一量，初步有动手操作探究的经验，接着经过小组和全班讨论得出正确的测量方法，由学生动手操作和讨论得出的结论对于学生来说是最有说服力和印象深刻的，在这个活动过程中我只给予学生提供帮助引导。学生在掌握测量的方法基础上，让学生动手去量一量生活中相关文具物品的长度。通过开展动手实践的活动之后，学生积累了相关的测量经验，也能将此经验成为生活技能，解决我们生活中的相关问题。

2.动手做一做，积累制作图形经验

“图形与几何”领域的知识点较为抽象，把静态的知识进行改组或者改造变成活的知识，学生能直观感知知识，促进对知识的理解。在教学二年级下册第三单元《图形的运动一》例1“剪一剪”我先运用多媒体展示生活中较美的轴对称图形，学生初步感知轴对称图形，进而引导学生通过观察、折一折的方式，发现总结轴对称图形的特征。

学生在清楚理解轴对称图形的基础上，组织学生开展动手制作轴对称图形的活动，活动要求：（1）试着通过画一画、剪一剪的方式剪出自己喜欢的轴对称图形。（2）小组内评选出既是轴对称又美观的图形。（3）全班一起欣赏各小组评选出来的图形，选几名学生上台分享制作感想。经过制作轴对称图形实践活动，学生对对称轴和轴对称有了进一步的理解和掌握，通过使用理论知识动手操作，获得了直接经验，即制作图形经验，通过小组内评选和全班欣赏的环节，学生的审美能力、感知美的能力得到了发展。

该领域以抽象知识方式呈现，学生的认知能力较弱，在教学过程利用教具、多媒体、实践活动形式直观呈现或者亲身感知，能有效促进学生对知识的理解。通过实践

活动，积累了制作图形的经验，发展学生几何直观、审美能力。

三、“统计与概率”领域的活动突出知识的实用性

在小学数学中，属于“统计与概率”领域的内容，有很多知识点需要学生自己去调查和动手统计，对该领域内容的学习要求学生掌握调查统计的方法，以及相关制图的能力。在该领域的学习，主要以学生的动手操作为主，学生通过动手操作，思考总结获取新知，并积累基本活动经验。

1.开展小小调查员活动，积累数据收集统计经验

在小学阶段，应多开展数学活动，在活动中促进学生对知识的认识理解，提升学生的应用意识、通过动手操作实现基本活动经验的获得。例如，在教学人教版数学二年级下册《数据收集整理》例2，通过对教材例2的学习，学生掌握统计记录的方法之后，教师可在教学中设计对本班同学的调查活动，调查的主题有：喜欢的颜色（红、橙、蓝、绿、黄、紫、青）；喜欢的体育运动项目（篮球、跳绳、乒乓球、足球、跑步、羽毛球）；以六人为小组，合作分工的方式展开对全班学生的调查。以学生为学习的主体展开活动，给予学生动手操作的机会，通过调查、动手操作统计的过程，教师则负责引导学生展开调查活动，在调查结束后分享调查的结果、统计的方法，积累基本统计活动经验。

2.有效利用观察与分析，积累数据分析的活动经验

在教学四年级上册第七单元《条线统计图》这一内容时，我将选取贴近学生生活的主题展开调查，即全班学生的民族种类和生日的年份。将全班学生分为六小组，一至三组调查主题为全班同学的民族种类，三至六组调查主题为全班同学的生日年份，利用课间时间展开调查活动。在教学活动中，首先，我将组织学生以小组形式对调查收集的数据进行分析探究；其次，组织学生分享调查的收获，即通过调查知道或者了解什么信息？在调查中遇到了什么问题，如何解决？再次，以小组合作形式尝试对收集的数据用条形统计图表示，对学生制作的条形统计图一一点评，并给予相关修正，规范作图方法；最后，每个学生则对本组收集的数据，用条形统计图表示，并用文字分析数据。经过学生先尝试制作到全班讨论规范到学生自主制作条形图，循序渐进的方式，进一步促进学生对条形统计图的理解和掌握。学生在展开调查过程中，积累了数据收集、整理、分析、作图的经验。在活动中给予生生之间交流的机会，进一步提高了学生的语言表达能力，通过调查促进学生间的理解，增进同学之间的感情。

该领域的学习主要通过动手操作形式展开，学生在动手操作的过程中，掌握知识的形成过程，运用数学的思维解决问题，从而进一步积累了基本活动经验。在教学该领域的知识时，多以活动方式进行教学，使学生在动手操作中学并积累经验，进而发展数学思维。

四、“综合与实践”领域的活动鼓励学生亲自解决问题

“综合与实践”领域学习内容主要是运用旧知识解决问题获取新知识的学习过程，在教学中，教师应为学生创设情境，引导学生运用旧知识，去解决一些新问题，获取新知识，提升学习迁移的能力，从而积累了数学基本活动经验。(新课标)提出“通过义务阶段的数学学习，学生能够学会用数学的思维方式去观察、分析现实社会，去解决日常生活中和其他学科学习中的问题，增强应用数学意识”。

1.联系生活实际，积累基本解决问题活动经验

综合领域的学习内容都是与日常生活相关的教材，学生通过对该领域的学习，深入生活实际中，去解决一些相关的实际问题，利用知识的迁移解决问题，做到学以致用，提高数学的应用能力，积累基本解决问题活动经验。

在教学数学人教版四年级上册《数学广角—优化》后，布置《我能干！》课后作业，让学生放学回家后帮父母做家务，完成煮饭、扫地、擦家具、洗菜等家务活，算一算一共花了多长时间？在探究活动中首先组织学生说一说完成家务活的过程？其次，探究如何合理安排，在规定时间做更多的事？再次，引导学生感悟运用优化的思想解决生活中的一些实际问题，是最省时的，感悟优化思想？最后，组织学生举例说明生活中那些事可以运用优化的思想解决？通过在生活实践中操作，课上组织学生反思总结，在反思总结中生长也就是利用日常生活中的实际问题来巩固新知识，学会学习迁移的方法，在学以致用中积累解决问题的活动经验。

2.巧妙运用解决问题基本经验，提升数学思想

人教版数学教材中《数学广角》属于综合领域的内容，要求学生通过对知识的学习，运用数学的思想解决实际问题，积累基本活动经验，感悟数学思想。教师根据教材内容，结合学生的实际情况，选择相关的生活素材开展数学活动，使学生在情境中学习，获得解决问题的经验，形成生活技能。在日常生活遇到相关的实际问题，学生能以数学思想解决问题，将基本经验运用到生活中，实现知识的学以致用。

在教学人教版数学二年级下册《数学广角—推理》时，首先，灵活的将教材内容创设情境活动《猜一猜》，请甲、乙、丙三名学生上台分别拿黑笔、红笔、蓝笔。甲

同学说：我手上拿着黑笔。乙同学说:我拿的笔不是蓝色。问：乙同学、丙同学分别拿什么笔？你是怎么想的？学生在猜的过程，进一步引导学生感悟推理的思想从得出结论。推理是指由已知条件推论新的结论。其次，以学习小组为单位设计一个《猜一猜》活动，让其他同学在台下参与。学生在经历《猜一猜》活动时，会利用推理的思想解决问题，从而积累了基本活动经验，发展数学思维。

又如，学生在学习《数学广角—搭配》后，感知了组合的数学思想，引导学生运用组合数学思想解决日常生活中的实际问题，如衣服搭配，饮食搭配等问题，学生会利用已有的基本经验解决问题，感悟数学思想，使数学思想在基本经验中得到升华。

五、总结

通过对低年级数学各类知识领域的活动设计与教学实践，学生可以掌握数学基本思想和基本活动经验，在教学该领域的知识时，我对教材进行重组和改造，开展动态教学，使学生获得相关经验，感悟数学思想，发展数学思维。学生通过学习构建起了对于数学的全方面认识，能够认识到知识的重要性、数学的实用性以及自身能力的发展性，学生正确价值观的建设取得了明显成效。

参考文献

[1]张其文.小学数学教学中渗透社会主义核心价值观的方法研究[J].科学大众(科学教育),2020(03):61.

[2]拜玉林. 如何在小学数学课堂教学中培养学生的数学核心素养[C]. 中国智慧工程研究会智能学习与创新研究工作委员会.2019年教育信息化与教育技术创新学术论坛年会论文集.中国智慧工程研究会智能学习与创新研究工作委员会:重庆市鼎耘文化传播有限公司,2019:585-586.

[3]崔琳琳.巧妙融合,综合教学——小学数学教学中德育渗透的缺失与重构策略[J].华夏教师,2018(32):33-34.

[4]于嘉文. 基于数学核心素养的小学数学教学改革实践研究[D].沈阳大学,2018.

[5]陆鹏程. 基于学情分析的小学数学单元教学设计的研究[D].上海师范大学,2018.

在“双减”下增强数学期末复习的趣味性

李晴

摘要： 自“双减”政策落地以来，伴随着课标（2022）的发布，提质减量成为教学一大关键变革内容。基于游戏力的观念，本文意在探索以数学游戏设计促进一年级数学期末复习效果提升的教学活动。好的数学游戏可以促进学生更有效地学习，渗透数学思想，激发学习兴趣。在2022年北京突发疫情复课仅余3周的情况下，笔者迅速进行教学内容分析、学情分析、设计教学目标，以分层分步骤分组的方式，带领学生开展游戏式的针对性复习，最后在与信息技术融合的展示方式中，实现了对数学核心素养的追求，是一次“寓教于乐、融合实践、创意无限”的活动过程。本文的撰写主要采用理论研究和经验总结的方式。

关键词： 数学游戏　期末复习　实践

《义务教育数学课程标准（2022版）》在“课程标准”上更加注重学段衔接，提出要“注重幼小衔接，基于对学生在健康、语言、社会、科学、艺术领域发展水平的评估，合理设计小学一至二年级课程，注重活动化、游戏化、生活化的学习设计。”但从实际教学中看，活动化、游戏化、生活化的学习设计没有得到充分的落实。究其原因，一方面是受过去的教学观念影响，教师尝试新策略的意愿低，另一方面是组织低年级学生做游戏、办活动，存在客观困难。2021年7月，中共中央办公厅、国务院办公厅印发《关于进一步减轻义务教育阶段学生作业负担和校外培训负担的意见》。文件明确要求要统筹作业管理、控制作业总量、加强作业设计指导、用好课余时间。在“加强作业设计指导”中提出要“发挥作业诊断、巩固、学情分析等功能，将作业设计纳入教研体系，系统设计符合学生年龄特点和学习规律、体现素质教育导向、涵盖德智体美劳全面育人的基础性作业，鼓励布置分层、弹性、个性化作业”。由此可见，让小学一年级的作业更加活动化、游戏化、生活化是一个很关键的问题。

《教育大辞典》写道：作业即课堂作业和课外作业。课堂作业是教师在上课

时布置学生当堂进行检测的各种练习，课外作业是学生在课外时间独立进行的学习活动。

《游戏力》中讲“游戏是儿童的天性，是孩子最原始的活动，而游戏化的学习模式是学生乐于接受的一种天然的学习方式……游戏是孩子最自然的学习方式，不让他们用这种自然的方式学习，强迫他们按照成人的方式学习，其实是一种倒退，不是进步。”

笔者思考如何让一年级学生在期末复习阶段更好地学、更主动地学，基于“游戏力”的观念，从这一视角出发，尝试摸索一条与实践相结合的路径，发挥“作业”的作用，促进学生核心素养的发展。

一、理解数学游戏

与以往的期末复习作业设计相比，将数学游戏融入作业设计中有哪些优越性？要解答这个问题，我们首先需要理解什么是数学游戏，在作业设计中引入数学游戏的意义是什么？

（一）什么是数学游戏。

数学游戏指的是一种集娱乐与逻辑为一体的游戏，数学游戏的应用与普及对于数学知识的传播有着重要的作用，使数学知识变得更加大众化。

（二）期末复习阶段为什么要在作业设计中引入数学游戏。

期末复习对学生学习起着查漏补缺、巩固提升的作用。在以往的教学中，教师喜欢使用“题海战术”，这样不仅会给学生造成额外的学习压力，降低学习兴趣，还达不到有效作业，高效复习的目的。笔者认为在期末复习阶段的作业设计中引入数学游戏，可以更有效地学习，渗透数学思想，激发学习兴趣。

1．更有效地学习。

通过游戏的学习不同于传统的教学，它融入了学生的多感官参与，在触觉、听觉、视觉的参与下，学生学习的印象会更加深刻。同时，学生在实践的过程中，不断观察、不断思考，然后会逐步调整自己对知识的认知，理解力会有所提高。

2．渗透数学思想。

数学游戏包含了很多数学知识和数学方法，学生以游戏的方式可以更容易地理解数学的逻辑关系。同时，数学的抽象概念较多，通过游戏的方式，可以将概念化的知识转变成学生能理解的语言，形成积极的思考，渗透数学思想。

3．激发学习兴趣。

教学环境的营造决定着学生能否真正地“到学习中来”，安全、有趣的环境有利于学生积极性的调动，不安全、压力大的环境则不利于学生学习的有效开展。相比于传统的期末复习方式，数学游戏的加入能让每个学生开心地参与进来，主动实践。

二、融入数学游戏的期末复习作业设计与实施

（一）设计理念

在2022年5月，北京地区突发疫情导致中小学转为线上教学，恢复线下教学时，本学期的在校时间仅仅还剩3周。在这么短的时间内，如何带领一年级学生在适应期高效开展期末复习，笔者展开了深入的思考。一年级下册教材共8个单元，涉及图形领域1个单元，数的认识及运算3个单元，实践性较高的3个单元（分类与整理、摆一摆，想一想、认识人民币），以及总复习单元。如何利用作业设计将各个单元有机地串联起来，达到查漏补缺、巩固提升的目的，使不同的学生有不同的发展。笔者融入“游戏力”的理念，以游戏促发展。不同于以往的游戏设计，此次游戏设计的设计者是学生自己，笔者期待以这样的形式促进学生对自己不熟悉的单元进行自主阅读、自主复习，自主请教，巩固提升。

（二）学情分析

一年级学生天性爱玩，且想象力创造力强，不足在于他们注意力持续时间短，想要持续地做一件事情很困难。所以在这次活动开展过程中，教师应该把整个活动分段带领学生完成，并且在过程中给予学生持续地指导。在此次活动开展前，所有学生已经进行完整册教材的统一复习任务，复习效果良好，基本概念掌握扎实，但学生的薄弱点还是各有各的欠缺，需要更有针对性的复习指导，借用游戏设计的大背景，教师可以促进学生在各自的薄弱点进行专门的复习。

（三）作业目标

作业目标与学习目标具有一致性，作业目标具有诊断性、评价性功能，是“学教评”的一致性的体现，二者都是学生学习的出发点和落脚点。

本次作业设计的目标如下：

1．以分组、选材、设计、展示等活动，提高对本学期数学知识的认识，答疑解惑，巩固提升，起到复习的作用。

2．能在小组合作中，承担一定的工作，可以发表自己的见解，积极地与老师沟通，提出问题并主动思考解决问题。

3．能够感受到数学游戏的设计需要有扎实的数学知识作为基础，感受到数学思

想方法无处不在，感受到数学有趣。

（四）内容结构

在期末复习阶段，笔者所教班级开展了一次“妙笔生花 趣玩数学”的游戏设计活动，以下为具体的内容要求。

同学们，这个学期我们学了八个单元的知识！我们认识了很多图形朋友，还认识了很多数宝宝，算理、口算更是易如反掌。我们开展了购物小超市活动、摆圆片实践活动，收获很多，你们还经常帮助老师分类、整理，一年级的我们真是有大大的进步。今天，老师想请你们来做设计师，一起来设计数学游戏。听清要求，这个数学游戏必须含有我们这学期学习过的知识，你可以和小伙伴组成一组进行设计，过程中如果遇到问题可以向课本、同学和老师请教，期待你们的精彩成果！

设计框架		
序号	活动主题	活动内容
活动一	分组	1．说一说，经过了一个学期的学习你最大的收获是什么？ 2．想一想，在这个学期里你学习什么知识点遇到了问题？ （教师引导将同类别学生分为一组。）
活动二	选材	1．仔细回忆在这个单元中我们学习了哪些知识？ 2．看看数学书哪句话、哪道题给了你灵感。把想法说给成员听，一起确定最终切入点吧！ （教师辅助学生确定一个学习重点。）
活动三	设计	1．想一想游戏可以几个人玩？规则是什么？ 2．写一写，把你们的想法记录在纸上吧。 3．记得给你设计的游戏起一个“棒呆了”的名字！ （教师注意巡视并提供有针对性的指导。）
活动四	试玩	这个游戏可不可以玩呢？快去聘请几名同学作为试玩官吧！你要和同学讲清楚游戏规则，和他们一起玩一局。如果有不合适的地方，要注意进行调整。 （教师检查游戏设计是不是具有可操作性。）
活动五	装饰	我们的游戏终于要火热出炉了，快给它穿上美美的衣服吧！ （教师引导学生注意主次关系。）
活动六	展示	全班展示，进行“游戏成果展”制作。

（五）作业评价

评价内容	评价等级		
	***	**	*
完成程度	活动周期内小组合作完成一个游戏设计，遇到问题会主动请教。	活动周期内在教师的主动帮助下小组合作完成一个游戏设计。	不能在规定时间内完成，遇到问题不会主动向课本、同学、老师请教。
复习程度	查漏补缺效果好，不会的知识点更加熟悉了。	查漏补缺效果好，大部分知识点更加熟悉了。	复习效果不佳。
游戏可玩度	设计的游戏可以多次、反复使用，可玩性高，有趣。	设计的游戏可以使用一次，可玩性高，有趣。	设计的游戏可玩性低。
美观程度	美观且有创意。	美观。	不美观。
成果形式以电子海报形式呈现			

（六）作业特色

扫描二维码可以观看学生作品及视频。

1．落实“双减”要求，寓教于乐

自“双减”政策落地后，我们更加严格规范的落实一年级无家庭纸笔作业这一要求，同时针对文件中的一年级要加强幼小衔接，以活动促进知识的落地为原则。在一年级下册总复习的作业设计中，我们设计了丰富多彩的游戏化作业，寓教于乐。在一轮期末全过程复习后，学生从学习的参与者转变为游戏的设计者，这不仅达到了查漏补缺、巩固提升的作用，还激发了学生的学习兴趣，让学生感觉到数学好玩。为顺利地在一年级展开游戏设计活动，教师将整个过程细分为六个小活动，既降低了学习难度，也能更好地为学生的知识学习提供针对性的指导。整个活动学生们都很喜欢，当

学生完成作品时，会和同伴开心地分享，互相讲一讲自己的收获，显得十分骄傲，也很想试玩一下对方的游戏，获得了成功的体验。

2．多感官参与，以实践落实基础

游戏化作业的落实必然是学生多感官参与的结果。在“妙笔生花 趣玩数学”这一作业的完成过程中，学生需要先思考“设计什么”，再思考“怎么设计”，最后反复检查游戏是不是可以玩，这样的思考看似简单其中却需要学生非常扎实的学习基础。针对这样的特点，笔者将学生按照同类别分组。有的学生不擅长口算，他们就设计了关于口算的数学游戏，其中有一些题目是从数学书上找的原题，有一些题目是自己设计的新题，他们又将原题、新题进行了整合，形成了一个可玩性高的数学游戏。有的学生总会做错百数表的题目，他们设计了一个针对百数表的游戏，其中有正序的题目，有倒序大的题目，有一个一个数、两个两个数，还有五个五个数，学生对学习的认识又达到了新高度。在整个过程中，学生需要动脑思考、动手翻书、用眼睛看、用耳朵听，去交流去请教，在完成作业的过程中达成了学习效果，发展了观察能力、动手操作能力和语言表达能力。

3．以信息技术，品游戏趣数学美

在作业完成前，教师考虑到此项作业有一定难度，是一项创意十足的实践性作业，所以搭设了阶梯，分层分阶段地一步一步带领着学生完成。在过程中遇到的困难在教师和学生的共同努力下被一一攻克，学生的想象力、创造力是无限的，他们开始用数学的角度去观察世界，用儿童的语言理解抽象的数学概念。在此教学活动的展示时，笔者选用与信息技术融合的方式，将学生作品——含游戏规则介绍、游戏内容以电子海报的形式制作出来。全部游戏设计分三期体现，只要扫描海报上的二维码就可以看到学生精心制作的数学游戏。这样的与信息技术融合的展示方式不仅使学生的复习效果落实落地，还能将学生精心准备的作品展示给教师、父母和身边的朋友看，极大地提高了学生学习的自信心，增强了学习数学的兴趣，体现了对数学核心素养的培养，向着“用数学的眼光观察现实世界”、“用数学的思维思考现实世界”、“用数学的语言表达现实世界”的目标前进。

（七）作业反思

作业作为课堂教学的延伸，是学生学习巩固和反馈的重要手段。在本次作业设计中体现了趣味性、多样性、实践性、基础性。在作业评价方式上，我认为有改进提高之处，学生的实践性作业不应以教师为唯一“判官”，在一定情况下还应加入学生自评、同学互评、家长评语。在小学一年级，如何让作业的评价方式全面化、多元化，是需要教师继续思考的内容。

参考文献:

中华人民共和国教育部.义务教育数学课程标准[M].2022年版.北京:北京师范大学出版社,2022:4.

中学体育课程中的美

北京四中璞瑅学校 张 健

摘要: 体育课是能够结合美的教育，让美充满课堂。而体育学科是所有教育学科中唯一带“育”字的学科，它与育人紧密相连，而美育是体育育人功能中的重要环节，体育的美育功能归纳为三大功能：培养身体美、培养精神美、培养技巧美。本文通过对学生常规管理中的身体美、精神美及篮球课堂中美的应用进行分析和理解，用美的体育教育感染学生，激励学生，让学生从被动学到主动练，过程中学生获得的不仅是技能，更是对体育美的认知和学习，终身受益。

关键词:中学生 体育教学 课堂应用

美育的因素在体育教育本身之中随处可见。体育中的美育具有客观性，它具有独特的魅力和不容忽视的价值。随着体育运动的发展，人类的运动美和人体形象美被不断发 现出来，这就意味着新的艺术形式的出现。体育在某种程度上来说正是一种对人体本身的艺术创造。

体育以人体动作这个介质向所有人体现了生命的意识。在体育竞赛中，运动员通过肢体动作的协调配合，在形体动作之中把永不服输、拼搏向上的精神发挥了出来，塑造了形神兼备的体育美。

而 “学会生活、学会做人、学会求知、学会劳动、学会审美”，是学校素质教育的重要内容。体育中的美学也是在体育课程实践中发展的一个必要和有意思的领域，它不仅能够展现人在体育运动中美的表现和发展变化的规律，还能展现人的美感和审美意识在体育运动中的反映及表现形式。因此体育课也能够结合美的教育进行变化，当然这对体育教学也提出了更高的要求，也是对我们体育教师提出了更高的要求。美学教育与体育教学互相联结并有一定的重要交叉关系,体育中渗透着大量的美育原素，而在体育教学中加强审美教育、培养美的意识，是促进学生体育兴趣和锻炼积极性的良好手段和方法。

体育学科是所有教育学科中唯一带“育”字的学科，它与育人紧密相连，而美育是体育育人功能中的重要环节，体育的美育功能已不乏研究，归纳研究成果主要有三大功能：培养身体美、培养精神美、培养技巧美。要加强体育美学教育在体育教学中的渗透，就必须结合自身特征、结合体育教学特征及学生的生理特征进行规划和设计。

一、常规管理中的美

体育教学中，常规管理的重要性不言而喻，每一次的集合整队、报数、散开都是展示自己身体姿态美的时刻，而如何将常规管理与枯燥脱离是作为体育教师最应该思考的问题。自己接手的班级内有很多的学生身体姿态不好，站队时腿弯曲驼着背，队伍松散，在自己不断尝试下，有以下几点感悟：

1．在课堂中渗透挺拔身体姿态的美，带领同学们观看天安门升旗仪式视频，领略三军仪仗队的身体美和精神美，通过正确的语言引导，帮助学生建立“我们也能够像他们一样在别人面前展示我们的精气神”，帮助学生了解优美的站立姿态，构建美的蓝图。在每日集合点评时会通过对“今天A学生的站姿特别挺拔，有了三军仪仗队的影子”等正向的语言激励，通过对学生站姿的练习，到对队列整齐度的练习，班级整队姿态初见成效。

2．学生身体姿态初见成效后，我持续对体委和各学生的报数进行练习和调整，为增加学生的趣味性，在练习报数时，我通常会采取连续报数、随机排面报数、奇数报数、偶数报数、关键词报数（勤奋、严谨等）、诗歌报数等不同形式的报数，通过每隔一段时间转变一种形式，让学生期待这个环节，期待来上体育课，练习过程中，学生的声音也越来越响亮，越来越干脆，超过了我的预期，通过这个过程学生们的精气神有了新的提升，身体的美有了展示，精神的美也进行了凸显。

3．通过这样的练习，也让学生逐渐想去挑战新的内容，通过跟学生的沟通，近期有了进行队列练习的尝试，个人的练习是简单的，而集体的队列练习需要每位同学的参与和努力，但就是在这种不断的尝试和练习中，学生之间的情感有了升华，从埋怨到互相帮助指导，每位同学投入其中，相信我们会完成目标。

在体育教学中，注重培养学生对美的感受能力，促使其更好地掌握动作要领，有效地增强体质，培养积极、乐观、活泼、勇敢、坚毅的性格。身体各部分的动作协调、优美大方、富有青春朝气，可以大大激发学生上体育课的学习兴趣，从而培养审美意识，提高教学质量。常规的管理从枯燥变的有意思，整个过程离不开课堂的设计，在学生的心理中，都是想被夸赞的，正向的引导和对国家的军队震撼可以成为我们的共鸣，这中间既包含了爱国情怀的教育又教会学生对身体姿态美的欣赏，而整个过程是润物无声的，是不强求学生自己能够感受到的。

二、体育课中美的尝试

男生的课堂大部分学生都喜欢篮球，很多同学都有自己的篮球偶像，在进行篮球投篮学习的时候，以前的教学就是教师讲解，学生进行练习，再纠正，再练习的过程，学生的兴趣和参与度都不高，我想进行一些尝试。

学生都说自己的偶像投篮是美的，他们想学习偶像的动作，在进行投篮学习前组织了一次研究学习，“你喜欢的明星投篮要点”探究，根据前期的调查，学生对姚明、科比、詹姆斯、库里的投篮动作进行了调查，调查内容包含了投篮前的准备动作、投篮手形、脚的站位、出手时的护球手动作，我与他的动作对比，练习的方式等方面。

学生喜欢的明星投篮动作（见图1）

图 1

我喜欢的明星投篮动作与我的动作做对比（见图2）

图 2

通过这种探究的方式，让不会投篮的同学初步掌握投篮的动作及要领，让有基础的同学找到了动作的改变方式和练习方向，每一个层次的学生都有所收获，而且通过这种方式也让我们找到了共同话题，师生之间的情感增加，学生对接下来投篮课程也是摩拳擦掌想要尝试着去练习。

一节室内课让学生从被动学变成了主动获取和主动练习，偶像的投篮美让学生羡慕，而这节课让学生从羡慕到我也能做到，从不能实现到可以去做，让学生增加了信心。

这次课程的尝试，让我对体育教育有了新的认识，让美还原回体育课堂是正确的选择，每一种运动或者是学生学习的项目都能还原美，健美操、广播操的姿态美、音律美，武术的精神美、力度美，球类的团队美、动作美，竞赛的速度美、激情美等等，等待我们挖掘的太多，这也是我们应该做的，这个年龄的学生只有让他感受到了美，他才会愿意跟着你去欣赏去练习，才会把接纳的运动一直持续下去，才能去把不接纳的运动尝试去练习，最终达到终身锻炼的效果，每个人都是喜欢美的，而作为体育教育人更应该将自己感受到的体育美带领学生一起感受，让他享受体育，热爱体育。

参考文献：

1.胡小明.体育美学[M].北京：高等教育出版社，2011(2):16.

2.尹卫星.美的体育与体育的美[J].体育与科学,2003(1 1).

3.孔笑笑.论体育美学在中学体育教学中的应用[J].音体美教学,2013（6）.

4.张洪潭.体育真义论[J].体育科学研究,2003(1).

5.宋证远.对篮球审美体验与美育关系的研究[D].山东师范大学， 2004.

6.徐宝林.体育美学本质分析[J].成都体育学院学报,2001(5).

三、教育论说

青春向党，追梦未来

——高二9班迎接党的二十大主题班会教学设计

北京市第十八中学 李丹阳

一、班会主题

青春向党，追梦未来——高二年级迎接党的二十大主题班会

二、背景分析

（一）时代背景

中国共产党第二十次全国代表大会即将召开，这是在全党全国各族人民迈上全面建设社会主义现代化国家新征程、向第二个百年奋斗目标进军的关键时刻召开的一次十分重要的大会，为国家和人民筑造前行的道路，更为青少年们指引理想的航向。习总书记说：“国家的希望在青年，民族的未来在青年。”我们应将党的方针政策、党的历史、党的领导全面融入中学生的教育当中，抓住教育契机，激扬青春风采，以昂扬向上的精神面貌迎接党的二十大胜利召开。

（二）学情分析

（1）高中生正处于世界观、人生观、价值观形成的关键时期，在二十大即将召开之际，引导学生学习党史，树立远大理想并一以贯之，让学生爱党爱国的热情与逐梦未来的激情相统一，有助于激励学生从当下做起，脚踏实地地为实现中华民族伟大复兴而奋斗。

（2）在北京市第十八中学“学习共同体”课堂组织模式之下，学生们有较强的组织与合作、沟通能力；在日常学习过程中，较为关心时事政治，但对于在党领导之下国家的繁荣发展缺乏上位认知与深刻理解；在高中阶段，学生怀揣着对理想大学与职业梦想的激情，教师应提供抓手，引导学生根据日常学习情况科学分析高考理想院校、规划个人职业生涯。

（3）高二的学生经过一年的思想政治学习，对于马克思主义唯物辩证法、唯物史观、中国特色社会主义理论体系等有了基本的认知，对中国共产党成立与发展的基本史实也有了初步理解。但未能将理论与党的实践相结合，将党史与时事相联系，开展“青春向党，逐梦未来”的班会，让学生将党史学习与中国当下的发展相结合，将党的初心与学生的个人理想相结合，培养学生的家国情怀。

三、班会目标

（1）认识目标：通过对党的奋斗历史与如今中国的建设成就联系起来展开探索，认识党对“为人民服务”宗旨的实践与对最高纲领的追求百年来从未更改；通过对学习目标制定的SMART原则，识别有效目标与无效目标，并对无效目标进行改进。

（2）情感目标：通过对党史与时事的学习，对理想的分享交流与心理游戏，提升爱党爱国的热情与为中华民族伟大复兴的决心与信心。

（3）行为目标：通过分享交流与学习，学生进一步明确自己的理想学校职业目标，树立信心与恒心，并能与家国情怀相联系。

四、班会准备

（一）学生准备

（1）资料阅读：阅读教师提供的党史学习资料；查阅网上有关党的建设成就与党员先进事例的资料，了解相关时事与其重大意义。

（2）准备演讲：分小组准备演讲“我讲党史——中国共产党奋斗的初心与实践”。

（3）排演剧目：排演情景剧《20年后的同学会》。

（二）教师准备

（1）制定活动方案并确定活动流程，准备PPT、音乐、卡牌、梦想树等道具。

（2）收集并梳理相关党史资料及目标理论。

五、班会过程

<table>
<tr><th>教学环节</th><th>教师活动</th><th>学生活动</th><th>设计意图</th></tr>
<tr><td>导入</td><td>播放视频《历届中国共产党代表大会》
提问：百年历程，历届中国共产党代表大会有什么在变化？有什么没有变？同学们有什么认识？</td><td>观看视频并思考：
变的是不同时期随着国情而变的方针政策；不变的是共产党员的最高理想与为人民服务的态度与宗旨；反映了中国共产党不忘初心，与时俱进。</td><td>结合时事，利用视频资料由古及今地展现中共发展历程，吸引学生兴趣，引发学生思考。</td></tr>
<tr><td>环节一：我讲党史：“党史列车——中国共产党奋斗的初心与实践”</td><td>利用多媒体展示承载着中共奋斗历程的“时空列车”。
组织学生分小组讲述中共党史与当下党的奋斗。
请非展示小组同学谈感受。</td><td>分小组分进行主题演讲，讲述对党的奋斗历程理解。（表格附后）</td><td>学生对党史展开自主探究，充分尊重学生主体性。
由古及今，通过共产党奋斗的历程引导学生认识党的不忘初心，与时俱进。</td></tr>
<tr><td rowspan="4">环节二：目标制定“画廊漫步——目标交流与改进”</td><td>导引词：了解了中国共产党坚守初心、矢志不渝地为人民服务的崇高精神，同学们也应学会树立远大理想，坚守初心、不懈奋斗。
请欣赏同学们表演的情景剧《20年后的同学会》。</td><td>表演情景剧《20年后的同学会》。</td><td rowspan="4">提供科学理论并创设情境，促进学生全情投入，深度思考，团队合作，头脑风暴。
个人发展与国家繁荣、个人理想与国家前途命运相统一，培养学生的家国情怀。</td></tr>
<tr><td>出示美国心理教授埃德温·洛克关于科学规划目标的SMART原则。</td><td>1. 在卡纸上写下自己的理想大学与职业理想。
2. 将卡纸放在自己的课桌上做好交流准备</td></tr>
<tr><td>参与并引导</td><td>画廊漫步：学生在教室内按秩序轮流漫步驻足，浏览同学们的理想规划。
两两结对依据SMART原则对制定的理想目标进行科学性评估与分析。
交流并制定完善个人的“启航计划”。</td></tr>
<tr><td>引导学生展开总结交流。
抒发活动感想：
谈谈你的理想与党的奋斗、中华民族伟大复兴有何关联。</td><td>探究交流</td></tr>
</table>

续表

教学环节	教师活动	学生活动	设计意图
环节三：心理激励“能量加油站——为党和人民而读书”	1. 导引：确立了科学的理想、目标与启航计划，我们一起为梦想注入能量吧！ 2. 引导同学们将愿望卡挂到班级“梦想树”上，在班级活动角展示。	1. 能量卡池活动：学生从卡池中抽取带有“坚持”“希望”“独立”“合作”等关键词的能量卡，并谈一谈抽取的关键词与实现理想有何关系。	采取丰富有趣的活动为学生减轻学习压力，提升学生积极思维，增强师生心理能量。

环节一：“我讲党史”表格记录

小组	党史	时事	核心思想
第二组	中共一大：红船开天辟地	党的十九大以来的建设成就	坚定理想、百折不挠的奋斗精神，立党为公、忠诚为民的奉献精神。
第一组	“人民的好书记”——焦裕禄事迹	“大山的女儿”黄文秀	扶贫建设——为人民服务初心不变。
第七组	周恩来与文物保护	近十年文化建设成就	对历久而弥新的中华优秀传统文化精髓发掘、继承、弘扬，激发了中华优秀传统文化的巨大内生动力。

六、班会后延伸教育活动设计

（1）感悟交流：将同学们的班会感悟张贴在教室的活动角，互相交流探讨。

（2）理想规划表：学生绘制高考理想与职业理想规划表，并制作小卡片，成为高中生活的新型“座右铭”。

七、班会反思

1．亮点

（1）本次班会内容丰富，组织得当，将“党的初心与理想”与“学生个体的初心与理想”有机结合起来，家国情怀蕴含其中。

（2）形式丰富多样，注重情境创设，教学环节引人入胜，学生参与积极性高。

2．教学过程反思

（1）在课前准备与“党史列车”环节中，教师提供的资料应更加精当，起到引导学生搜集史料的作用即可，避免出现史料堆砌让学生活动反而缺少抓书的情况。

（2）丰富展示方式，利用导学案提供更丰富的具体事例与时事新闻，更立体地利用视频、音乐烘托班会氛围，更好地创设情境，激发学生兴趣。

3．学生反馈反思

（1）课后延伸交流活动与学生的课上及课后反馈联系紧密，应采取多种展示方式，推动学生更广泛、深入地进行交流，提升班会质量。

（2）学生反馈积极，应结合学生反馈引导学生自主提出下一环节的“议题”，将班会提升到“议题式班会”的高度。

以梦为马 扬帆起航

——主题班会设计

杨郑

<table>
<tr><th colspan="6">基本信息</th></tr>
<tr><td>编号</td><td>（不填）</td><td>年级、班级</td><td>高一 10 班</td><td>学期</td><td>上学期</td></tr>
<tr><td>题目</td><td colspan="5">以梦为马 扬帆起航</td></tr>
<tr><th colspan="6">教学人员</th></tr>
<tr><td>班主任年限</td><td>姓名</td><td>学校</td><td>手机</td><td colspan="2">电子邮箱</td></tr>
<tr><td>1</td><td>杨郑</td><td>北京市第十八中学</td><td></td><td colspan="2"></td></tr>
<tr><th colspan="6">班会说明</th></tr>
<tr><td>教育背景</td><td colspan="5">理论背景：美国哈佛大学教授泰勒・本・沙哈尔的理论，即梦想的三个基本条件，包括“做我喜欢做的事情”“做我能做好的事情”“做有价值的事情”。在泰勒・本・沙哈尔的理论基础上，我国著名职业生涯规划师古典提出了“生涯三叶草”，他认为理想职业应该满足“兴趣”“能力”“价值”三个条件，与梦想的三个基本条件即“兴趣”“能力”“价值观”对应。
高中，是人生发展的重要阶段。同学们兴趣广泛、思维活跃，不仅关心社会发展问题，也开始理性思考自己的人生发展道路，思考未来的职业选择。合理的梦想可以引领学生进行正确的职业生涯规划，从而帮助学生过有规划的人生。
实践背景：经过课前调查问卷，班上有五分之四的学生有梦想，其中有一半的学生未进行职业生涯规划，有五分之一的学生没有明确的梦想。帮助学生确立合理的梦想，用梦想推动职业生涯规划极为必要。
学情分析：学生大都有自己的梦想，但对合理的梦想的基本条件并不明确，对合理的梦想引领生涯规划并不了解，对规划自己的高中甚至整个人生的重要性也并不知晓。</td></tr>
<tr><td>班会目标</td><td colspan="5">1. 了解梦想的重要性；知道实现梦想的基本条件；
2. 理解生涯规划的重要性；能够以梦想引领规划。</td></tr>
<tr><td>前期准备</td><td colspan="5">PPT、视频资料、照片、辩论材料、情景剧表演、明信片、信箱</td></tr>
</table>

续表

主题活动过程（含会后延伸教育）	设计意图
活动一：大风吹游戏（4 分钟） 游戏玩法：老师："大风吹"，学生"吹什么"，老师："吹？的人"，吹到的人手放胸口；如果是小风吹，则是没有吹到的人手放胸口。 大风吹："吹"想从事科学研究的同学、想从事教育行业的同学 小风吹："吹"但对自己未来暂时没有明确规划的同学 大风吹："吹"如果你目前能力不能实现梦想认为要改变梦想的同学 要改变的请坐左手边，不改变的请坐右手边 提问：捕捉游戏关键词，引导出梦想和规划 生涯导语：高中，是我们人生发展的重要阶段。我们兴趣广泛、思维活跃，我们不仅关心社会发展问题，也开始理性思考自己的人生发展道路，思考未来的职业选择。你是否已经确定未来的发展方向？你想要度过怎样的一生？你想成为一个怎样的人？这都是我们现在急需要思考的问题。	（由大风吹游戏引出梦想，）同学们大都有自己的梦想，但大家的梦想是否适合自己呢？很多同学都有自己的目标，一些同学也做了规划，但有一些同学对自己的未来暂时没有明确的规划。基于这些问题的解决，我们接下来就来一场关于梦想的辩论。
活动二：论"梦想"（15 分钟） 辩题：你目前的能力不太能实现梦想，是否要改变梦想 分为立论、质询、申论、同学讨论、同学发言、结辩、点评环节。 正方辩手认为目前的能力不太能实现梦想，不改变梦想，因为在不太能完成梦想时，虽然梦想成功的概率较小，但梦想的实现首先取决于你是否改变梦想的决定上，由此认为不改变梦想。而反方辩手则认为我们无法承受梦想改变后的那部分损失，为了及时止损，我们应该改变梦想。 同学们在辩手发言后就辩题积极讨论，大家各执己见，在自由发言环节进行了精彩的发言。	梦想能否实现，与个人能力息息相关。当我们在确定梦想时，我们需要正确评估自己的能力，能不能做到是梦想能否实现的基本条件之一。只有确定了适合自己的梦想才能引导自己做出合理的规划，从而实现梦想。那适合自己的梦想除了需要正确评估自己的能力，还需要具备哪些条件呢？请大家从接下来的情景剧中寻找答案。
活动三：情景剧表演《毕业后的他们》（6 分钟） 由四位同学表演，内容为同一届学生因校庆回校，聚在一起。四位同学的故事分别对应梦想的三个基本条件（兴趣、能力、价值观），最后一位同学对应有梦想，有规划。 刘瀚轩（男）：对历史非常感兴趣，学习考古 （兴趣） 张（男）：化学十分优异，曾想报考化学类专业，家长不同意，报了金融，学习困难（能力） 刘子缘（男）：学习土木工程，觉得建造设计别人的家园很有意义，且工作好找（价值观） 朱（女）：有明确规划，朝目标逐渐靠近，实现梦想，如愿以偿学编剧（梦想引领规划）	通过这个情景剧，我们知道了梦想的重要性，梦想引领规划。那要实现梦想，我们需要具备哪些条件，总结出兴趣、能力、价值观

续表

<table>
<tr><td colspan="2">活动四：“学长寄语”（播放情景剧原型学长寄语，给学生以正向引导。）（5 分钟）
人生路很长，怎样在每一个阶段实现自己的梦想，需要我们明确合适的梦想，需要我们提前做好规划，并且付诸实践。
总结：我们每个人都是独一无二的，当你开始思考自己的未来并想要主动塑造它的时候，你才可能成为自己的主人。无论你的梦想是什么，思考人生的发展方向、做好生涯规划并付诸行动都是非常明智的。我们一定要找到自己喜欢的、能够做到的，有意义的事业，并提前做好规划。

活动五：教师分享（5 分钟）
最后，让我们给三年后的自己写一封信吧，写下你最想对现在的自己说的话，可以是梦想、规划等，写完咱们投递到“未来信箱”。

活动六：“未来信箱”（5 分钟）（老师也可参与）
给 2024 年的自己写一封信，投递到“未来信箱”。
写一封给自己的信，未来自己看到信时会是什么样呢，自己对自己的未来又是有什么样的期待呢，学生可以提前思考。我们既要仰望星空，也要脚踏实地，我们要寻找适合自己的梦想，也要提前做好生涯规划，让我们前行的路不迷茫，让我们走的更稳，更快，更远。接下来，我们一起给 2024 年的自己写一封信，可以是关于你的梦想，规划，也可以是这节课你的收获等，给大家 5 分钟的时间，我们一起来完成。
结束语：同学们，青年兴则国兴，青年强则国强，作为新时代的有梦青年，我们应当志存高远，都应该有适合自己的梦想，用梦想引领规划，将个人梦想融入中国梦，为实现百年奋斗目标，实现中华民族伟大复兴而奋斗，做新时代的好青年！</td><td>展示三叶图，强调梦想 + 行动
通过这个情景剧，大家知道了我们不仅要有梦想，更要有适合自己的梦想，要结合自己的兴趣、能力和价值观确立理想，树立正确的理想才能引导我们做出合理的规划。明确了规划的重要性，我们还需要提前做好规划。
推动学生对梦想和规划的重要性都了解，了解学长们精彩的经历。引出老师的梦想，老师对自己人生所做的规划。

为学生做正向引导，让学生认识到规划的重要性。

学生写下自己的梦想、规划，并投递到信箱。三年后我们将一起打开信箱，看看 2021 年自己定下的目标、三年规划有没有实现</td></tr>
<tr><td>教师反思</td><td colspan="2">本次班会课的闪光点：第一，在选题方面，本课选题具有现实性，以梦想为导，引领学生做好生涯规划。第二，在活动设计方面，本节课通过六个环节来推进。首先通过热身游戏“大风吹”导入，促进一部分没有明确规划的学生顺利入课。其次进行一场“梦想”辩论赛，促使学生思考如果目前的能力不太能实现梦想，是否要改变梦想。再次，情景剧表演《毕业后的他们》，引导学生认识梦想的三个基本条件，要确定适合自己的梦想。最后，学长寄语，利用情景剧中的原型学长寄语，走进现实，让学生有所感触。第五，教师分享。通过教师分享自身的梦想故事，与学生进行心灵沟通。最后，利用“未来信箱”写一封信寄给三年后的自己，再次让学生对梦想与规划有所思考。最后，在学生主体性上，教师通过游戏、辩论赛、情景剧表演、学长寄语、未来信箱等设计充分发挥学生主体性，促进了师生互动与生生互动。
但此次班会也存在不足之处，即课程设计活动较多，课时相对紧张。其中第二个教学活动即辩论赛用时较长，应合理控制各个环节的时间。</td></tr>
</table>

心理主题班会设计：由心开始，从心出发

——我的职业兴趣

杨郑

<table>
<tr><th colspan="6">基本信息</th></tr>
<tr><td>学校</td><td>北京市第十八中学</td><td>班级</td><td>高二 10 班</td><td>授课教师</td><td>杨郑</td></tr>
<tr><td>班会题目</td><td colspan="5">由心开始，从心出发——我的职业兴趣</td></tr>
<tr><th colspan="6">理论依据</th></tr>
<tr><td colspan="6">本课以霍兰德职业兴趣理论为指导，依据学生心理发展情况进行设计。约翰·霍兰德，美国约翰霍普金斯大学心理学教授，美国著名的职业指导专家，1959 年提出了人业互择理论：霍兰德职业兴趣理论。
霍兰德职业兴趣理论提出大多数人可以被归纳为六种类型：现实型 (R)、研究型 (I)、艺术型 (A)、社会型 (S)、企业型 (E) 和传统型 (C)，这六种类型按照一个固定的顺序可排成一个六角形 (RIASEC)，对应六类职业。依据霍兰德兴趣六角形的观点，各兴趣类型之间，所在位置越靠近，彼此之间的心理特质越相似。例如，事业型（E）与社会型（S）的位置相邻，其共同点为：喜欢与人互动，喜欢影响别人的想法。社会型（S）与现实型（R）处于相对位置，其心理特质的共同点就比较少。社会型（S）的人喜欢花时间与人亲近、交谈，而现实型（R）的人则喜欢沉浸于动手操作的乐趣中。任何两种类型的距离越近，其职业环境及人格特质的相似程度就越高 . 如现实型 R、研究型 I 的人就都不太偏好人际交往，这两种职业环境中也都较少有机会与人接触。霍兰德职业兴趣代码即用 3 个字母的代码表示一个人的职业兴趣，也可以描述职业的工作性质和职业氛围。个人人格类型和职业环境之间的适配将增加个人的工作满意度、职业稳定性和职业成就感。
职业兴趣测评和兴趣岛之旅为专业、职业选择提供参考和依据，为学生提供理论和实践借鉴。但进行职业选择时，除了需要考虑职业兴趣，还需要考虑社会的需要等社会大环境因素。</td></tr>
<tr><th colspan="6">学情分析</th></tr>
<tr><td colspan="6">每个人一生中都要面临众多选择，一个正确的选择可能会让人受益一生。对每一位高中生来说，高考毕业后的去向，无疑是其人生中的一次重大抉择。如何选择高校、选择适合自己的专业是牵动高三学生和家长的一大难题，做出正确的选择需要两个必不可少的条件：一是了解自己，对自己的兴趣、能力和价值观能够正确的认知；二是了解外部环境所能提供的机会，而这两点都已囊括在了职业生涯规划中。高二学生正处于高中学习的关键时期，正需要学生明确自身专业和职业兴趣，从而指导自身作出正确的生涯规划，明确自己的职业兴趣是重要一环。</td></tr>
</table>

续表

【活动目标】 1. 通过游戏体验测评活动，引导学生在充分了解自己的基础上，探索和发现适合自己的职业兴趣，为以后的职业决策打下必要的基础。 2. 帮助学生将自己的职业选择与个人学习、生活和成长联系起来，尽力实现整合与统一。 【活动重点】 认识职业兴趣，感受职业兴趣对于生涯规划的重要性。 【活动难点】 学生明确自身职业兴趣，做好生涯规划。

活动流程示意	
活动环节	设计意图
1. 生涯思考：“一个橘子引发的思考”	引发学生对自身兴趣趣或职业兴趣的思考，初探所属兴趣类型。
2. 生涯探索：兴趣岛之旅	从兴趣岛游戏中探索自身所属职业兴趣类型。
3. 生涯理论：霍兰德职业兴趣理论	了解霍兰德职业兴趣理论内容，分析职业兴趣代码，为学生提供适合的专业和参考
4. 生涯发现	结合职业兴趣测评和兴趣岛之旅的结果，学生填写排名前三位的职业兴趣，为学生制定生涯规划提供参考。
5. 生涯展望	展示生涯规划与志愿发展模型，帮助学生明确学生职业兴趣探索只是生涯探索中的一小步，还需进行能力、价值观的探索才能选择出正确的专业、职业方向，从而确定自己最适合的专业或职业。

活动过程		
活动环节	活动内容	设计意图
环节一： 生涯思考： “一个橘子引发的思考” （8 分钟）	给学生呈现一个苹果，引发学生的思考，提问学生看到苹果后的想法。不同的学生想法不同，学生可能从艺术、文学、研究、苹果种植、销售、产业发展等角度进行思考。	活跃气氛，吸引学生的注意力。从学生的思考角度引发学生对于自身兴趣或职业兴趣的思考，从而帮助学生初探所属兴趣类型。

续表

环节二： 生涯探索： 兴趣岛之旅 （15 分钟）	你获得了一次免费度假的机会，按照喜欢程度，写出最想去的 3 个岛，并进行排序。你必须要在这个岛上与岛上的居民一起生活至少半年的时间，请不要考虑其他因素，仅凭兴趣选择自己最想前往的岛屿。注意哟，每个兴趣岛都代表了一种霍兰德人格类型。 1. 我的兴趣岛选择 （1）你最想去的岛屿是哪个？ （2）在剩下的 5 个岛屿中你最想去的是哪个呢？ （3）在剩下的 4 个岛屿中你最想去的是哪个呢？ 2. 按自己的第一选择的岛屿分组就座。 （1）同一岛屿的人交流一下：自己为什么选择这个岛屿，看看大家有什么共同的兴趣爱好。 （2）根据大家的交流给自己选择的岛屿命名，选出岛主，畅想并表演自己在岛上的场景，同时由一位同学在黑板上写下自己小组成员共同兴趣特点并进行介绍。 分享同时将本组特点写在黑板六边形处，霍兰德职业兴趣类型六边形在此呈现。 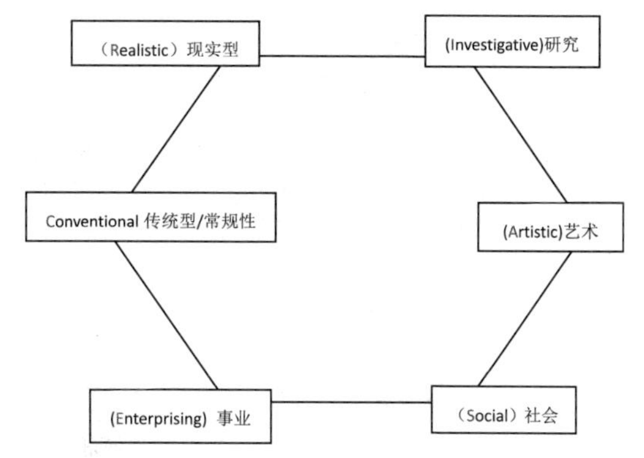	进行初步的模拟，帮助学生从中发现自己的兴趣点。 引导学生明确同一类型的职业通常会吸引相同人格特质的人，从而产生特定的职业氛围：价值观念、态度倾向、行为模式；工作环境也可以分为六种类型，与人格类型的分类一致；个人的职业兴趣往往是多方面的，很少只是集中在某一种类型上。 霍兰德职业兴趣理论提出大多数人可以被归纳为六种类型：现实型 (R)、研究型 (I)、艺术型 (A)、社会型 (S)、企业型 (E) 和传统型 (C)，对应六类职业。 一个人的行为表现，是由他的人格与他所处的环境交互作用决定的。
环节三： 生涯理论： 霍兰德职业兴趣理论 （12 分钟）	1. 介绍霍兰德。 2. 介绍霍兰德六种职业兴趣概要。 依据霍兰德兴趣六角形的观点，各兴趣类型之间，所在位置越靠近，彼此之间的心理特质越相似。明确相邻关系、相隔关系和相对关系。 3. 霍兰德职业兴趣代码。 用 3 个字母的代码表示一个人的职业兴趣，也可以描述职业的工作性质和职业氛围。个人人格类型和职业环境之间的适配将增加个人的工作满意度、职业稳定性和职业成就感。	

续表

环节三： 生涯理论： 霍兰德职业兴趣理论 （12分钟）	4. 职业兴趣代码案例分析。 （一）分析雷达图，用霍兰德兴趣代码确定其个性特点，并对其适合的专业和职业给出建议。 （二）猜猜这是班级中哪些同学的雷达图？ 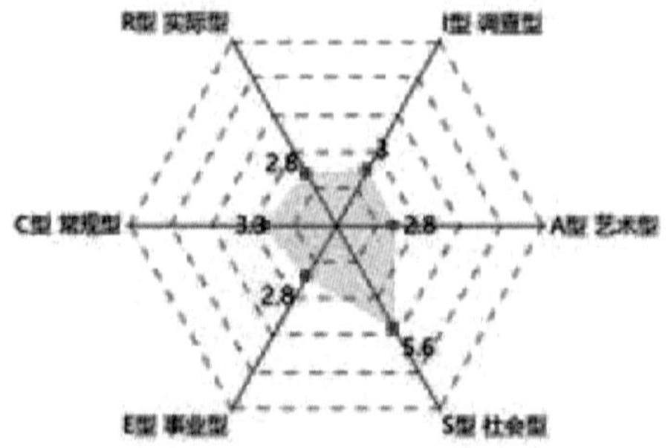 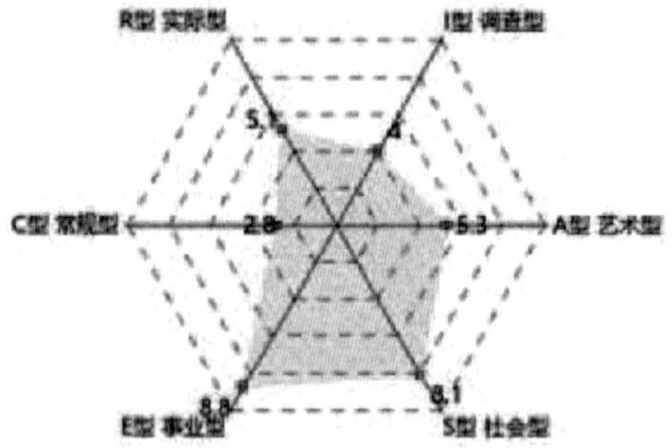 R型 实际型　I型 调查型　C型 常规型　A型 艺术型　E型 事业型　S型 社会型 2.8　3　3.3　2.8　2.8　5.6 R型 实际型　I型 调查型　C型 常规型　A型 艺术型　E型 事业型　S型 社会型 5.1　4　2.8　5.3　8.8　8.1	理解霍兰德职业兴趣理论，明确其提供的参考及借鉴意义，帮助学生找到自己的职业兴趣，同时，也注意考虑社会的需要等大环境因素。
环节四： 生涯发现 （5分钟）	1. 你的职业兴趣测评结果排列前三位的是什么？ 2. 根据兴趣岛之旅，你的职业兴趣排名前三位的是什么？ 3. 根据这两项初步的职业兴趣探索，你排在前三位的是？	对比学生前后选择，关注学生更倾向哪一次，引导学生明确自己的职业兴趣。
环节五： 生涯展望 （5分钟）	展示生涯规划与志愿发展模型，学生谈感想。	帮助学生明确学生职业兴趣探索只是生涯探索中的一小步，我们还需要进行能力、价值观等的探索才能选择出正确的专业、职业方向，从而确定自己最适合的专业或职业。

心之所向，身之所往

——我的职业兴趣

北京市第十八中学　佐安

教学目标：

1. 通过游戏体验测评活动，引导学生在充分了解自己的基础上，探索和发现适合自己的职业兴趣，为以后的职业决策打下必要的基础。

2. 促使学生将自己的职业选择与个人学习、生活和成长联系起来，尽力实现整合与统一。

教学重点：认识职业兴趣，感受职业兴趣对于生涯规划的重要性。

教学课时：1课时

教学准备：多媒体；兴趣测评；白纸；水彩笔

教学过程：

活动一：生涯思考（导入）

给学生呈现两张关于职业兴趣的截图，向学生分享个人的生涯选择过程，引发学生对于自身兴趣或职业兴趣的思考，从而帮助学生初探所属兴趣类型。

兴趣包含职业兴趣，适合什么样的职业，需要学生知道自己的兴趣所在，从心出发，找到自己的职业兴趣，从而找到适合自己的专业或职业。那么，我们的职业兴趣都有哪些呢？让我们一起到这节课中寻找答案，让我们一起来探索我的职业兴趣。

活动二：生涯探索——来自霍格沃茨的录取通知书

在《哈利波特》中，主角进入魔法学校的分院仪式让我们记忆深刻。

假设大家收到了霍格沃茨学校的录取通知书，这所学校有6个不同类型的学院。现在你们可以根据自己的喜好，选择你最想要进入的3所学院，按感兴趣依次减弱的顺序排列。

任务1：请同学们完成选择并在各自学院集合。

要求：有温度、有秩序。

任务2：同学院同学组内交流：为什么选择该学院，结合现实学习生活，谈谈大家有什么共同的兴趣爱好及共同特质，归纳关键词。

要求：每组确定一位组长、一位记录员、一位发言人。

任务3：发言人上台介绍小组讨论结果，并在黑板上展示。

要求：每组展示时间1.5分钟，其中1组发言时，其余5组倾听、记录并思考：与本组的特点有哪些异同?

霍格沃茨学校学院简介

R学院

这是能工巧匠的学院。主要的学习内容是制造和维修各种东西，从桌椅板凳，到火箭飞船，再到网页网站，无所不包。也经常开展户外运动，比如徒步野营或丛林探险。这个学院喜欢具体明确的任务，很多事情需要动手完成。院内的师生理性十足，而且个性独立，没有任务要求的时候彼此不怎么在一起相处，对他人细微的情绪变化不太敏感。

I学院

这是深思冥想的学院。主要的学习内容是思考、研究各种抽象问题（如物理、化学、生物、天文等自然科学问题）。也常常进行各类需要较强逻辑推理和数理科学能力的活动，如数独、桥牌等。这个学院极力追求真理，强调思维的力量。院内师生非常理性，个性独立，不太喜欢进行纯社交的活动，不太关注他人的情绪感受，而喜欢静静思考。

A学院

这是艺术浪漫的学院。主要的学习内容是各种文艺活动，常常在学校内举办各种文艺展出，比如跳舞、绘画、写作、雕塑等。整个学院非常欣赏创意和审美，鼓励内心情绪的表达，不太喜欢按部就班、循规蹈矩的生活。院内的师生非常感性，不喜欢受约束，情感表达比较冲动和丰富。

S学院

这是温馨友善的学院。主要的学习内容是如何理解他人、与人交往和帮助他人的技能，常常以各种形式为他人开展各种活动。这个学院鼓励亲密互助的行动，关注他人的需要和感受。院内的师生性格温和友善，不喜欢过于自我中心的人。

E学院

这是纵横捭阖的学院。主要的学习内容是如何领导、说服和管理他人。学院里的每个人都通过领导一个团队开展工作，常常会在校园里进行一些经营活动或宣传活动。这个学院非常认可竞争和挑战，强调的是领导能力。院内师生喜欢追求成就感和影响力，希望通过自己的能力获得成就和认可，擅长把握他人的心理需求来说服别人。

C学院

这是秩序井然的学院。主要的学习内容是制定和实施校园内的规章制度，为所有人建立完备的档案，审核各种活动的经费收支，确保日常事务的正常运作。这个学院非常欣赏严谨负责的态度，而且十分注重原则，强调不能为了人情破坏规则。院内的师生个性保守，沉着冷静，做事有条不紊。

活动1：

请你根据自己的喜好，选择你最想要进入的3所学院，按感兴趣依次减弱的顺序排列。

志愿1：＿＿＿＿＿＿＿＿；志愿2：＿＿＿＿＿＿＿＿；志愿3：＿＿＿＿＿＿＿＿。

活动2：

各学院集合完毕，请在小组讨论后记录组内成员的共同兴趣爱好，归纳为关键词：

＿＿。

活动3：

小组代表上台展示分享。

分享同时将本组特点写在黑板六边形处，霍兰德职业兴趣类型六边形在此呈现。

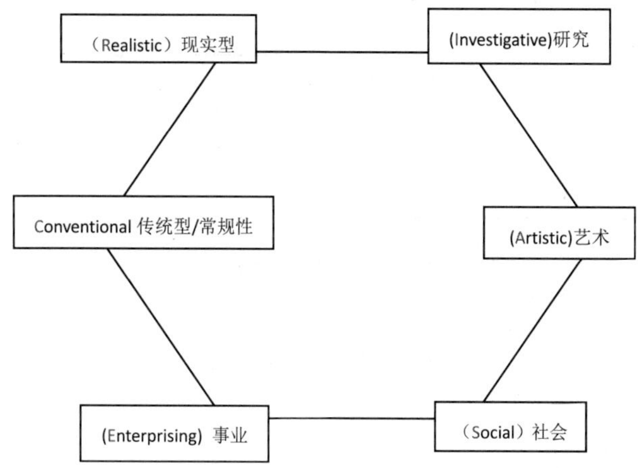

同一类型的职业通常会吸引相同人格特质的人，从而产生特定的职业氛围：价值观念、态度倾向、行为模式；工作环境也可以分为六种类型，与人格类型的分类一致；个人的职业兴趣往往是多方面的，很少只是集中在某一种类型上。

霍兰德职业兴趣理论提出大多数人可以被归纳为六种类型:现实型(R)、研究型(I)、艺术型(A)、 社会型(S)、企业型(E)和传统型(C)，这六种类型按照一个固定的顺序可排成一个六角形(RIASEC)，对应六类职业。人总是寻找适合个人人格类型的环境，锻炼相应的技巧与能力，从而表现出各自的态度及价值观，面对相似的问题，扮演相似的角色。一个人的行为表现,是由他的人格与他所处的环境交互作用决定的。

活动三：生涯理论——霍兰德职业兴趣理论

1．霍兰德介绍

约翰·霍兰德，美国约翰·霍普金斯大学心理学教授，美国著名的职业指导专家，1959年提出了人业互择理论:霍兰德职业兴趣理论。

2．霍兰德六种职业兴趣

霍兰德六种职业兴趣表			
兴趣类型	职业兴趣特点	职业倾向	职业能力要求
R 现实型	喜欢技术性和体力性的工作，喜欢运用或操作机器，或做与动物有关的工作，亦偏向户外的工作。	如机械、电子、土木、农业等工作。	机械性、技术性、实际操作性、解决具体问题的。
I 研究型	对抽象概念具有强烈兴趣，喜欢理论思维或偏爱数理统计工作，有明显的科学倾向。	如数学、生物、医药、化学、天文等相关工作。	需要用科学的、数学研究的能力与智力解决问题的。
E 企业型	喜欢制订新的工作计划、事业计划以及设立新的组织，并注意发挥组织的作用，他们喜欢说服别人买他们的东西或接纳他们的想法。	如管理、销售、律师等工作。	需要计划、经营等有说服力、影响力的。
C 常规型	喜欢对数据资料进行明确、有序和系统化的整理工作，他们擅长有系统和有条理地处理书面记录和数字。	如金融、会计、文秘等工作。	需要服从规则与传统，且反复进行事务处理的。
A 艺术型	对艺术、戏剧、美术、舞蹈、音乐或文学创作等有强烈的兴趣。	设计、艺术相关职业、新闻传媒、建筑、摄影。	没有束缚的、有必要发挥创造力的。
S 社会型	对教育人、援助人、解决社会问题、个人内心问题或教导上的工作尤有兴趣。	如教师、咨询师、医护等工作。	需要服务能力的（对人、对社会）。

3．学以致用

03 生涯理论--学以致用　　　　发现你的职业兴趣

你面前有一个苹果，你想到什么？
六种类型的人如何思考？请连线：

RIASEC

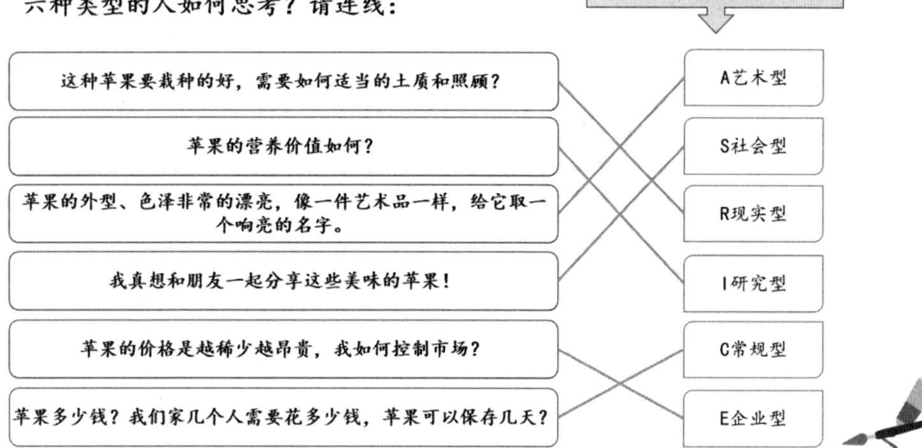

4．霍兰德兴趣代码

用3个字母的代码表示一个人的职业兴趣，也可以描述职业的工作性质和职业氛围。个人人格类型和职业环境之间的适配将增加个人的工作满意度、职业稳定性和职业成就感。

刚才大家根据自己的喜好选择了六个不同的学院。霍兰德认为，个体倾向于选择与自己职业兴趣类型相匹配的职业，比如具有现实型职业性质的个体会希望在现实型的职业环境中工作，这样可以最大限度的发挥个体的潜力。

03 生涯理论--霍兰德兴趣代码　　　　发现你的职业兴趣

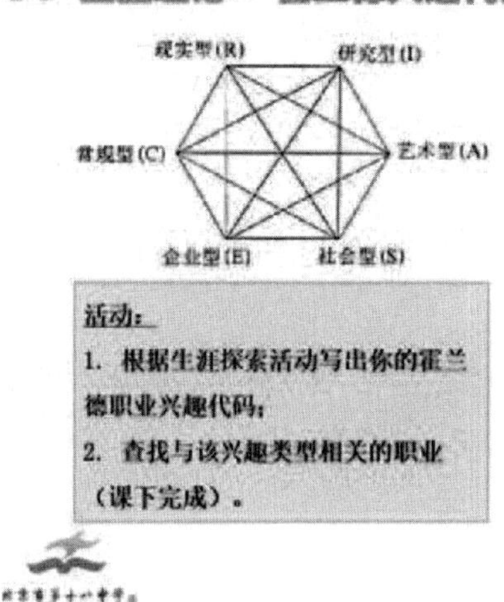

- 个人兴趣是多方面的，不可能集中在一个方面，可能或多或少地表现在六个方面，只是偏好程度不同。
- 霍兰德职业兴趣代码用最强的三种兴趣的字母代码来表示一个人的职业兴趣，三个字母间的顺序表示了兴趣的强弱程度的不同。其中，第一个是主要兴趣，第二、三个是辅助兴趣。

如：SIA：社会学家、心理咨询者、政治科学家等。

在这里我们需要强调一点，刚才选择了R学院的同学，并不意味着你就是现实型的人，选择I学院的同学也不意味着你就是研究型的人。如果你希望能够从更加科学、更加专业的角度了解自己的职业兴趣，我们采用专业化的心理测量工具——霍兰德职业个性自测问卷来帮助大家了解自己的职业兴趣。但是即便如此，测试结果也只是作为我们了解自己职业兴趣的一个参考和依据，这不是绝对的，因为我们在选择职业的时候，除了需要考虑职业兴趣，还需要考虑社会的需要等社会大环境因素。

5.案例分析

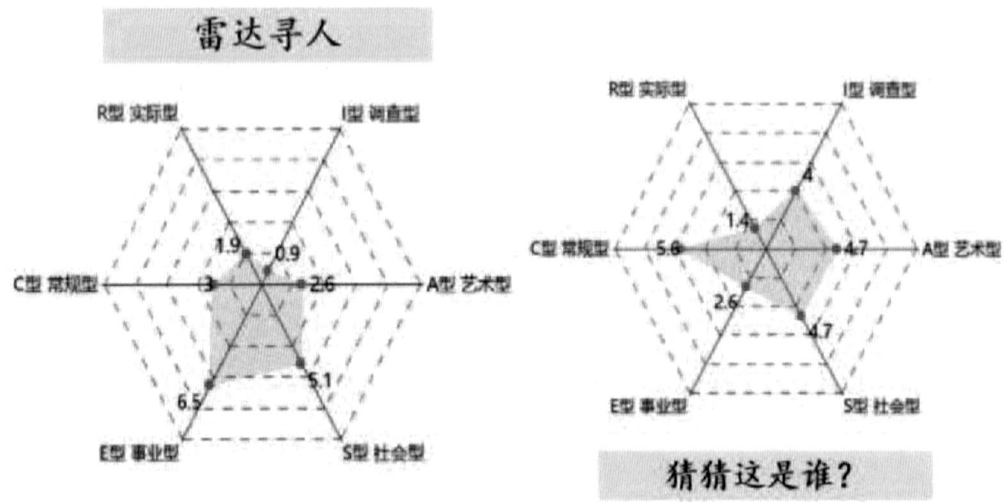

（一）猜猜这是班级中哪两个人的雷达图？

（二）分析雷达图，用霍兰德兴趣代码确定其个性特点，并对两人适合的专业和职业给出建议。

活动四：生涯发现

<u>思考1：</u>综合学院报名和霍兰德职业兴趣测试这两项初步的职业兴趣探索，你的职业兴趣排名前三位是什么？

<u>思考2：</u>你该如何发展你的职业兴趣，为你的未来职业做铺垫（例如：选修课、兴趣班、社团等各类活动）？

活动五：生涯展望

最后，给出生涯规划与志愿发展模型，告诉学生职业兴趣探索只是生涯探索中的一小步，我们还需要进行能力、价值观等的探索才能选择出正确的专业、职业方向，从而确定自己最适合的专业或职业。

四、五四说播论案例

UBD教学设计：寻找图形中的排列规律

胡天林

<table>
<tr><td colspan="2">年 级：胡天林 学 科：数学 备课组长：张艳铭</td></tr>
<tr><td colspan="2">主备人：胡天林 参与人：初一数学组 日期：2021.10.22</td></tr>
<tr><td colspan="2">单元（/专题/项目）名称：数学活动：寻找图形中的排列规律 细分为1课时</td></tr>
<tr><td colspan="2">阶段 1——预期结果</td></tr>
<tr><td colspan="2">所确定的目标：
●知识技能：体验从具体情境中抽象出代数式的过程，由特殊到一般；
●数学思考：体会通过合情推理探索数学结论，在多种形式的数学活动中，发展合情推理的能力；
●问题解决：初步学会从数学的角度发现问题、解决问题的能力；在与他人合作和交流过程中，能较好的理解他人思考方法和结论；
●情感态度：积极参与数学活动，对数学有好奇心和求知欲；敢于发表自己的想法、敢于创新，养成勤奋、独立思考、合作交流等习惯，形成严谨求实的科学态度。</td></tr>
<tr><td>理解：学生将理解……
●从不同角度探究图形中排列规律的问题；
●掌握从特殊到一般、从个体到整体地观察、分析问题的方法；
●体会在总结图形规律时，代数所带来的一般性和简洁性；体会数形结合思想；
●在数学活动中，学会合作交流、反思质疑。</td><td>基本问题：
【解释】我们如何验证数学问题（基础性和挑战性）的结论？</td></tr>
<tr><td>学生将会知道……
●从特殊到一般、从个体到整体地观察、分析问题的方法；
●从不同角度探究并思考问题；
●掌握从特殊到一般再到应用的数学思想，可以帮助学生从数学归纳的角度提出结论，解决问题；
●掌握从不同角度探究图形规律的思想，可以帮助学生体会发散的数学思维，尝试思考从更多的角度和层次去解决问题。</td><td>学生将能够做到……</td></tr>
</table>

续表

<table>
<tr><th colspan="2">阶段 2——评估证据</th></tr>
<tr><td>表现性任务：
●小组内成员：①评价组内其他成员的解决问题的方法和角度；②评价其他小组组长带来的方法和结论；③评价学习共同体模式给你带来的收获。
●每组组长评价其他交流小组的思考角度，并与本组成员对比。</td><td>其他证据：
●学生尝试提出挑战性任务中如何【应用】规律结论的问题，并请其他小组成员解答。</td></tr>
<tr><th colspan="2">阶段 3——学习计划</th></tr>
</table>

<table>
<tr><th colspan="6">教学基本信息</th></tr>
<tr><td>课题</td><td colspan="5">寻找图形中的排列规律</td></tr>
<tr><td>学科</td><td>数学</td><td>学段</td><td>初一上学期</td><td>年级</td><td>七年级</td></tr>
<tr><th colspan="6">教学目标</th></tr>
<tr><td colspan="6">1. 尝试从不同角度探究图形中排列规律的问题；
2. 掌握从特殊到一般、从个体到整体地观察、分析问题的方法；
3. 积极参与数学活动，对数学有好奇心和求知欲；敢于发表自己的想法、敢于创新，养成勤奋、独立思考、合作交流等习惯。</td></tr>
<tr><th colspan="6">教学重难点</th></tr>
<tr><td colspan="6">1. 掌握从特殊到一般、从个体到整体地观察、分析问题的方法；
2. 尝试从不同角度分析并解决问题。</td></tr>
<tr><td colspan="6">主要的学习活动：【活动要详细，包含活动的目的、准备、过程、评价等】</td></tr>
</table>

<table>
<tr><th colspan="4">教学过程</th></tr>
<tr><td>教学阶段</td><td>教师活动</td><td>学生活动</td><td>设计意图</td></tr>
<tr><td>课题引入基本问题</td><td>最近这一章节，我们学习了整式、整式的加减这一知识，今天将以整式的知识为基础，上一节有趣的数学活动课：寻找图形中的排列规律。首先老师给大家解读一下本节课的学习目标。</td><td>学习目标：
1. 尝试从不同角度探究图形中的排列规律；
2. 掌握一种观察、分析图形问题甚至数学问题的思路和方法；
3. 积极参与，养成独立思考、合作交流、反思质疑的习惯。</td><td>明确学习目标</td></tr>
</table>

续表

<table>
<tr>
<td>探索新知</td>
<td>活动一：
如图，用火柴棒按以下方式搭小鱼，是课本上多次出现的数学活动：
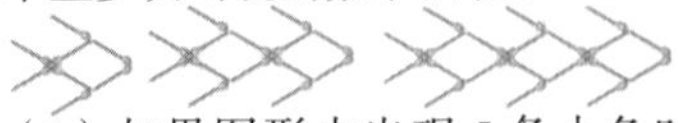
（1）如果图形中出现 5 条小鱼时，需要多少根火柴棍？
（2）如果图形中出现 n 条小鱼时，需要多少根火柴棍？
（3）如果图形中出现 2021 条小鱼时，需要多少根火柴棍？

活动要求：
1. 自己独立思考，通过摆放棉签棒，尝试找出规律；
2. 小组交流，将规律填在学案的表格中；
3.5 分钟后请小组将成果进行展示分享。

在学生探索过程中，教师应给予方法和思路的引导，当学生有所想法但无法得到一般性结论时，教师应给予知识上的点拨和帮助。

总结：从不同的角度将复杂的图形进行拆分，找出基本图形，这是在寻找图形中规律时常用的基本方法。
从特殊到一般这是我们研究数学问题的基本方法。任何一种特殊情况，我们都可以用一般情况的式子，让 n 取特殊值求出特殊情况。这个过程就是将一般应用到特殊。</td>
<td>1. 独立思考：学生利用准备好的棉签棒动手操作、摆放，自主探究规律结论；
2. 小组讨论：整理组内的思路和方法，应用整式的加减章节知识进行化简，判断不同的方法得到的结论是否一致；
3. 学生展示：利用希沃白板 5 的画笔，在 PPT 上进行演示，并列出相应方法过程。

预案：</td>
<td>通过让学生动手操作，初步感知寻找图形中规律的方法和一般思路。用列表的方法找到小鱼条数与所用棉签棒根数之间的对应关系。

1. 体会从图形的特殊情况入手，体现由特殊到一般地观察、分析、归纳的过程；
2. 从不同角度培养应用意识和创新意识。</td>
</tr>
</table>

续表

深入探究	活动二：如下图所示，用火柴棍拼成一排由三角形组成的图形： 如果图形中含有 n 个三角形，需要多少根火柴棍？ 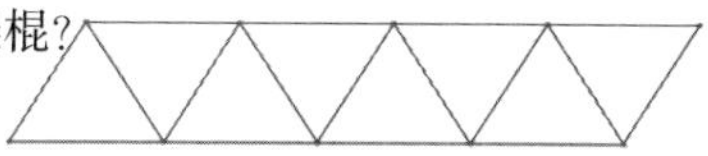 活动要求： 1. 自己独立思考，找出图形中的规律； 2. 小组交流，将规律填在学案的表格中； 3. 组长互换，交流分享； 4. 小组代表在全班汇报讨论成果。 在学生探索过程中，教师给予方法和思路的引导，当学生有所想法但无法得到一般性结论时，教师给予知识上的点拨和帮助。尤其是对一般性结论的得出，以及化简一般性结论时使用合并同类项和去括号容易产生的问题要及时纠正和指导。 总结：通过深入探究，再次对寻找图形中排列规律的方法和思路进行了强化。	学生开始进行小组活动（10 分钟） 组长互换，进行组间交流分享（10 分钟） 各组代表进行成果汇报。 预案：	用列表的方法找到三角形个数与所用棉签棒根数之间的对应关系。 脱离组内四人的交流，寻求更多角度的思考和结论。合作学习，共同探讨。
表现型任务和评估	通过这两个活动，谈一谈今天的收获。 知识层面： 方法层面： 活动层面或小组、组间活动：	学生分享本节课的收获，分别从知识、方法、交流活动等方面进行阐述。 预案： 生 1：我今天学了寻找图形中规律的方法：将复杂的图形进行拆分，找出基本图形。还学习了研究规律常用的数学思路：从特殊到一般再到特殊。 生 2（组员）：我从我们组的组长那里学到了对图形的拆分可以是多种方向的，我是从横着看的角度分析，而他是斜着看分析，我们都收获了不同角度的思考方向，也得到了更多的规律和结论。 生 3（组长）：我从隔壁组组长身上学到了如何更清晰准确地讲解自己的方法，而不是直接把结论告诉组员，让他们抄写。这是我作为组长最该学习的。	通过数学活动，尝试回顾并总结本节课的学习收获； 组员之间、组长之间的学生互评提供了更多的思考方向，让同学们享受合作学习带来的多维碰撞。

解放思想寻发展之道 实事求是走特色之路

陈瑞

1.教学设计模板

<table>
<tr><td>学习主题</td><td colspan="5">第三单元 中国特色社会主义道路
第 7 课 伟大的历史转折
——解放思想寻发展之道 实事求是走特色之路</td></tr>
<tr><td>学科</td><td>历史</td><td>年级</td><td>八年级</td><td>时长</td><td>线下：45 分钟</td></tr>
<tr><td>背景分析</td><td colspan="5">（一）教学内容
1. 教学设计理论依据
义务教育历史学科课程标准（2011 版）；五大学生核心素养
（1）核心素养导向
在“素养落地，教育有人”的课程改革理念的引领下，坚持以学生为主体，重视学习过程，提倡学生主动参与，将传统教学设计中基于知识授受的教学过程，转变为基于学生核心素养发展的教学过程。实现从理论学习开始，理论知识进行迁移，探究学习为活动方式，史论结合，最终完成“家国情怀”的核心素养水到渠成的呈现。
（2）课程内容结构化
教学设计将跨学科教学设计、单元主题教学加以融汇，实现了单元知识结构化。第三单元中国特色社会主义道路，从党的十一届三中全会的解放思想、实事求是，到农村与城市体制改革、经济特区建设、加入世界贸易组织等具体实践，学生在学习过程中既能够认识改革开放对中国社会发展的意义和世界的影响，又能够切实地通过改革开放以来中国在经济建设、政治建设、文化建设、社会建设、生态文明建设等领域取得的成就以及综合国力和国际影响力不断提高的史实，认识中国特色社会主义建设对中国社会发展的意义及对世界的贡献。感悟杰出历史人物在历史上的重要贡献，感悟中国共产党是全心全意带领中国人民不断奋斗、追求强国富民的政党；牢固树立中国特色社会主义的道路自信、理论自信、制度自信和文化自信，培养个“功成不必在我”“功成必定有我”的时代使命感，把个人梦想与祖国梦想相联系，树立为实现中国梦而努力奋斗的意识。

2. 课标要求
了解党的十一届三中全会、农村改革和深圳经济特区的发展，认识邓小平对改革开放所起的重要作用。</td></tr>
</table>

续表

<table>
<tr>
<td>背景
分析</td>
<td>3. 教材分析
（1）单元教学主要内容
本单元主要讲述了党的十一届三中全会召开以来，我国经济体制改革、对外开放的历程，以及中国特色社会主义的发展情况。党的十一届三中全会召开，开启了改革开放和社会主义现代化建设新时期。我国的经济体制改革从农村起步，后来发展到城市，最终建立了社会主义市场经济体制；对外开放不断发展，逐渐形成了对外开放格局。在改革开放的实践中，中国开辟了中国特色社会主义理论体系，确立了中国特色社会主义制度，发展了中国特色社会主义文化。党的十八大以来，中国特色社会主义进入新时代，坚持和发展中国特色社会主义。
（2）本课时教材分析
本课包括两个子目：党的十一届三中全会和拨乱反正。党的十一届三中全会召开的历史背景是一方面要纠正“文化大革命”的错误，另一方面要为中国人民指引未来。党的十一届三中全会后，中国实行改革开放，引发了中国社会的深刻变革。这次会议是中华人民共和国成立以来中国共产党的历史上最具深远意义的伟大转折；第二个子目主要是在党的十一届三中全会后（除恢复高考），拨乱反正全面展开，对推动社会主义现代化建设起了重要作用。1981 年，党的十一届六中全会召开，统一了全党思想，标志着中国共产党在指导思想上的拨乱反正胜利完成。
本课时根据课程目标制定教学目标：
①理解党的十一届三中全会的召开背景与历史意义；
②认识到拨乱反正加强了民主与法制建设，推动了社会主义现代化建设，改革开放是新时期我国繁荣发展与和谐稳定的必由之路；
③学会在历史发展的进程中全面认识历史人物、历史事件的地位和作用。

4. 教学重点、难点
重点：党的十一届三中全会的内容和意义。
难点：关于真理标准问题的讨论与党的十一届三中全会召开的内在联系。（党的十一届三中全会的背景。）

（二）学生情况及教学设计思路
通过本学期的课堂表现、练习反馈、课下沟通、课后答疑等途径，对于学生的学生有了以下的了解：
1. 知识储备：八年级学生经过了中国古代史、中国近代史和中国现代史的学习，有了一定历史知识储备，在重要历史“会议”的学习方面，有之前遵义会议、党的一大等重要会议的知识基础；
教学设计思路：设置情境、建构知识脉络
2. 能力素养：通过封建社会、半殖民地半封建社会学习基础，基本掌握了以唯物史观认识历史规律的能力。在之前的学习中已经形成了一定的时空观念、史料实证、历史解释、唯物史观和家国情怀的学生核心素养；</td>
</tr>
</table>

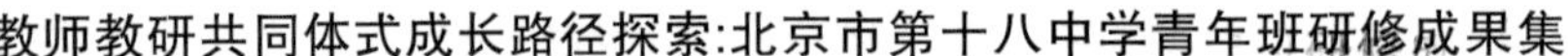

续表

背景分析	教学设计思路：关注差异，教师注重引导 3. 发展需求：知识上，能够了解党的十一届三中全会以来的中国共产党的不断探索；能力上，能够从长时段的历史发展中发现历史发展规律。学生需要对于马克思主义唯物史观有更深层次的理解，切实地能够产生对于中国特色社会主义道路的认同感，有足够的理论自信和道路自信； 教学设计思路：反复接触，渗透理论 4. 学习困难：八年级学生在近代史的学习中，对于制度形成的过程兴趣较低，对抽象理论的认知停留在表面。政治常识和马克思主义理论的不足使得对于学生的唯物史观的培养难度较大。学生对于理论知识学习的匮乏，无法形成深层次的感知。 教学设计思路：小组合作，探究学习，激发兴趣 本单元教学设计的重要出发点是为了满足学生的发展需求。
学习目标	①通过了解真理问题标准大讨论的背景、经过、结果、意义，运用原因与结果、联系与综合等概念，理解党的十一届三中全会召开的背景，认识邓小平对改革开放所起的重要作用；【史料实证】【历史解释】【唯物史观】 ②通过小组探究、研读史料，以表格归纳的形式理解党的十一届三中全会的内容和历史意义；【史料实证】 ③通过梳理中国共产党的历史，结合本课所学的内容，运用正确的历史评价的方法，感悟中国共产党完全有能力领导中国人民取得社会主义建设事业的成功的情感。【家国情怀】
问题框架	单元核心问题： 中国共产党为什么能够走出一条中国特色社会主义道路？ 怎样走出的中国特色社会主义道路？ 中国共产党走出了一条什么样的社会主义道路？ 如何坚定地将中国特色社会主义道路走下去？ 第 7 课 基础性问题：党的十一届三中全会为什么是伟大的历史转折？中国共产党如何带领中国人民进行社会主义建设？ 理解党的十一届三中全会的背景、经过、结果、影响。 挑战性任务： 通过学生小组探究，学生理解党的十一届三中全会解放思想、实事求是、党的主要任务是以经济建设为中心。初步解决单元核心问题。
方法策略	1. 设定明确的单元主题：“解放思想，实事求是。”单元主题教学特色鲜明。以唯物史观出发，“解放思想，实事求是”贯穿整个单元内容，培养学生感悟中国共产党完全有能力领导中国人民取得社会主义建设事业的成功的情感。 2. 营造历史情境。本课内容政治性较强，为了最大限度地避免出现枯燥无味、无法引起学生兴趣的情况，为党的十一届三中全会等会议多补充细节，引用史料还原当时的真实背景，为学生呈现更为合适的历史情境。可以采取丰富的活动形式：例如：历史短剧或者是让学生进行一次真理标准的辩论，或者是小组自主学习这次真理问题标准问题讨论的时间轴，了解这次讨论的始末。

续表

<table>
<tr><td>方法策略</td><td colspan="2">3. 制造矛盾冲突，激发学生兴趣。冲突一：“两个凡是”与“实事求是”；冲突二：以阶级斗争为纲与以经济建设为中心；在大的事件冲突中渗透小的矛盾点，实现三个目标：①学生在左右摇摆与讨论中认识到这是一场深刻的思想解放运动；②学生初步理解解放思想是走上正确道路的前提；③学生理解历史人物的情感：从质疑社会主义，到敢于走出一条中国特色的社会主义，学生感悟十年被禁锢思想的人们的伟大尝试，认可这是一场伟大的历史转折。
4. 涵养时空观念、家国情怀的核心素养。针对于学生的具体学习情况，为了更好地激发学生理论学习兴趣，引导学生更为准确地理解党的十一届三中全会的召开意义，在课程讲述过程中，更多地加入具体的史料或者例子帮助学生们拉近与历史事件的距离，另外也是培养学生阅读史料，进行史料分析的能力。
5. 实施教学评一体化、信息技术 2.0、学习共同体。</td></tr>
<tr><td colspan="3">教学活动设计</td></tr>
<tr><td rowspan="2">课堂教学活动</td><td>活动目标</td><td>步骤</td></tr>
<tr><td>课前导入：架构中国现代史发展线索，培养学生时空观念，突出本课重点。

温故知新。</td><td>中国现代史发展线索及分期：
十一届三中全会
社会主义革命和建设时期
过渡时期
社会主义探索时期
“文化大革命”时期
建设中国特色社会主义新时期
1949 1956 1966 1976 1978 至今
新民主主义社会
社会主义社会（195
第三单元：中国特色社会主义道路
三大改造

教师活动：展示中国现代史发展线索及分期时间轴，引导学生找到历史的转折点。
学生活动：学生利用中国现代史发展线索及分期时间轴，回顾前两个单元的学习内容，找到历史的转折点分别是三大改造和党的十一届三中全会。
学生阅读材料：
材料一：“文化大革命”的 10 年，是新中国科学文化史上最黑暗的时期。在这 10 年间，广大知识分子和专业干部的业务被荒废。高等学校和中等专业学校的教学被长期中断，使我国少培养大学毕业生 100 多万人，中专毕业生 200 多万，少培养了几百万名青年人才。在我国科学技术队伍的组成上，出现一个长达 10 年以上的空白。 材料二：“仅中央、国家机关副部长和地方副省长以上的高级干部，被立案审查的即占总人数的 75% 左右。在审查中，滥用专政手段，大搞逼供信，制造了数以百万计的冤假错案，加上受牵连的亲属和有各种社会联系的人，全国被株连的群众达 1 亿人。”</td></tr>
</table>

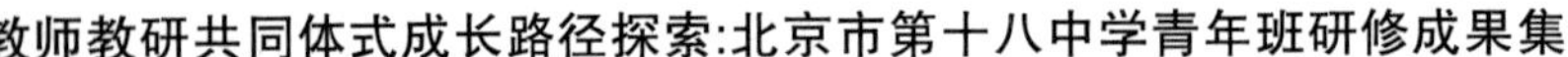

续表

课堂教学活动		学生活动：理解材料，概括出当时中国的社会背景是：科学文化事业遭到严重摧残；冤假错案泛滥。 教师引导学生回顾旧知，学生活动：总结出经济损失严重、政权组织遭到严重削弱。 学生答案预设：背景①解决“文革”积累的严重的政治问题和社会问题；②平反冤假错案
	目标导学一：真理标准问题大讨论 环节一：党的十一届三中全会的背景——真理标准问题讨论的背景1：①解决“文革”积累的严重的政治问题和社会问题；平反冤假错案。	教师活动：讲述：许多干部和群众逐渐认识到“文化大革命”和毛泽东晚年“左”倾错误的危害，认识到过去“四人帮”赖以活动的主要条件之一是利用了这种错误，因而越来越强烈地要求纠正“左”倾错误，恢复和发展党的正确路线和优良传统。 周恩来逝世一周年前后，全国人民又一次自发地举行各种形式的纪念活动，并强烈要求为天安门事件平反和让邓小平出来工作。 学生活动：依据教师的讲述关注矛盾及问题的实质：“左”倾错误思想的继续。 设计意图：以时间轴的方式推进历史事件的讲述，为学生创设历史情境。 教师过渡语：但是，在根本指导思想上还没有彻底清理“文化大革命”时期和多年来存在的“左”的错误，思想受着严重的束缚。 最具代表性的就是公开提出的“两个凡是”的错误主张。 教师设问：“两个凡是”究竟与平反冤假错案冲突在哪里? 学生活动：朗读“两个凡是”方针，产生初步了解与认识。 冲突：平反冤假错案，只有“四人帮”直接制造的错案又无毛主席批准的才能平反，凡是毛主席批准的案件，都不能平反。天安门事件定义为反革命事件是经由毛主席批准。因此这就直接违背了“两个凡是”的方针。 设计意图：帮助学生理解这是党的工作当中无法走出以阶级斗争为纲的思想的关键。
	目标导学一：真理标准问题大讨论 环节二：学习党的十一届三中全会的背景——真理标准问题讨论的经过	教师活动：引出背景2：人们的合理诉求无法实现，“两个凡是”方针的推行引发普遍不满。 以时间轴形式呈现：邓小平首先旗帜鲜明地指出“两个凡是”的提法是不对的。不久得到中央的支持的邓小平在党的十届三中全会上恢复职务，会上再次重申要完整地准确地理解毛泽东思想。 设计意图：突破本课难点：真理标准问题大讨论的经过。

续表

课堂教学活动		 教师活动：推进时间轴的讲述：与此同时，几经改稿审定，最后集众人智慧的《实践是检验真理的唯一标准》一文发表。 教师设问：《实践是检验真理的唯一标准》表达的内容是什么？ 教师展示材料： 材料一：毛主席指出：“人类认识的历史告诉我们，许多理论的真理性是不完全的，经过实践的检验而纠正了它们的不完全性。许多理论是错误的，经过实践的检验而纠正其错误。”(《毛泽东选集》第 1 卷第 269 页) 又指出：“客观现实世界的变化运动永远没有完结，人们在实践中对于真理的认识也就永远没有完结。马克思列宁主义并没有结束真理，而是在实践中不断地开辟认识真理的道路。”——《实践是检验真理的唯一标准》 材料二：他们（革命导师）并不认为自己提出的理论是已经完成了的绝对真理或“顶峰”，可以不受实践检验的；并不认为只要是他们作出的结论不管实际情况如何都不能改变；更不要说那些根据个别情况作出的个别论断了。他们处处时时用实践来检验自己的理论、论断、指示，坚持真理，修正错误，尊重实践，尊重群众，毫无偏见。他们从不容许别人把他们的言论当作“圣经”来崇拜。…… 材料三：“什么是真理？不是毛泽东的话都是真理，那是靠实践来检验。一切真理源于实践。”——《实践是检验真理的唯一标准》 学生活动：学生自主阅读材料，在教师的引导下，理解材料。 答案预设：毛泽东指出许多理论的真理性是不完全的，是错误的，客观世界的变化运动没有完结，我们就需要在实践中不断地开辟认识真理的道路。否定了两个凡是所强调的，不是毛泽东的话都是真理，得出实践才是检验真理的唯一标准。 总结：实践是检验真理的唯一标准与邓小平强调毛泽东思想中的“实事求是”的观点相一致。 教师过渡语：在邓小平等老党员的影响下，形成了以理论界为主、新闻界积极推动、社会各界广泛参与的真理标准问题大讨论。

续表

		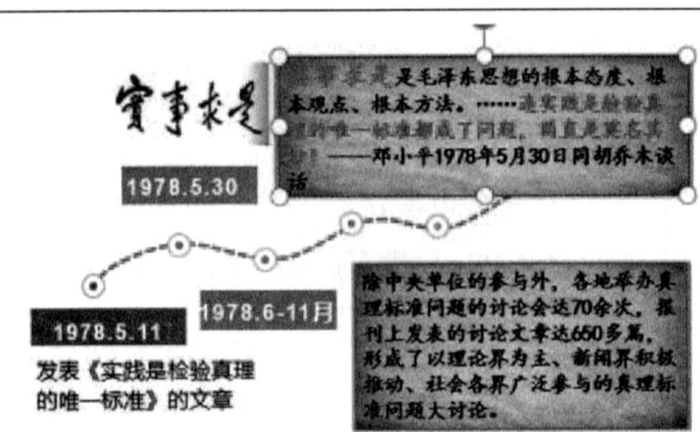 教师活动：展示史料。教师根据展示的史料内容讲述12月邓小平又强调了解放思想的重要性，指出了当前问题的根源在于思想僵化。 材料：解放思想，开动脑筋，实事求是，团结一致向前看，首先是解放思想…… 一个党，一个国家，一个民族，如果一切从本本出发，思想僵化，迷信盛行，那它就不能前进，它的生机就停止了，就要亡党亡国。——1978年12月13日邓小平在中共中央工作会议闭幕会上作了《解放思想，实事求是，团结一致向前看》的报告 学生活动：阅读材料，在教师讲述的引导下加深对材料的理解。认识到思想僵化这一现实问题。 设计意图：进入情境，制造冲突。 学生小组活动的第一个任务以时间轴的方式进行推进，同时通过真理标准大讨论的时间轴帮助学生创设历史情境，同时给学生以冲击力的冲突，有利于学生理解党的十一届三中全会的背景——真理标准大讨论的背景、经过、结果、影响，突破本节课的难点。 关于评价量表的使用：真理标准大讨论这一部分是4个评价内容。围绕着学生提取、概括信息的能力展开，最终落脚在是否通过方法掌握了党的十一届三中全会的背景。
		学生活动： 任务一：同学们，结合学案上的时间轴，小组合作，再思考一下，真理问题标准大讨论究竟在讨论什么? 真理标准问题的大讨论 时间轴 •1977年初，要求纠正“左”倾错误，恢复和发展党的正确路线和优良传统。 •1977.2.7 “两个凡是”方针 。

续表

	目标导学一：真理标准问题大讨论 环节三：任务一思考：回顾真理标准问题大讨论的过程，讨论中涉及哪些要解决的问题有？是如何解决的？	•1977.2 月—3 月 邓小平在没有恢复工作的情况下，旗帜鲜明地指出“两个凡是”的提法是不对的。 •1977.7.7 邓小平在党的十届三中全会上再次重申要完整地准确地理解毛泽东思想这个辩证唯物主义的科学原则。 •1978.5.11 发表《实践是检验真理的唯一标准》的文章。 •1978.5.30 邓小平同胡乔木谈话指出：实事求是是毛泽东思想的根本态度、根本观点、根本方法。……连实践是检验真理的唯一标准都成了问题，简直是莫名其妙！ •1978.6 月—11 月 除中央单位外，各地举办真理标准问题的讨论会达 70 余次，报刊上发表的讨论文章达 650 多篇，形成了以理论界为主、新闻界积极推动、社会各界广泛参与的真理标准问题大讨论。 •1978.12.13 邓小平作了《解放思想、实事求是，团结一致向前看》的重要讲话。 • 全国大多数省、自治区、直辖市和各大军区的主要负责人相继发表文章或讲话，一致认为，坚持实践是检验真理的唯一标准这一马克思主义的原则，具有重大的理论意义和现实意义。 学生活动：进行小组讨论。 学生答案预设： 什么才是真理？ 对毛泽东思想究竟要采取怎样的态度？ 怎样才是坚持毛泽东思想？ 当与毛泽东的决定出现冲突的时候怎么办？ 是否认同“两个凡是”？ 是否冲破“两个凡是”（即要打破个人崇拜和教条主义的束缚）？ 是否要纠正“左倾”错误？ 教师活动：在学生分析会议结果之后，教师引导得出讨论的结果是否违背毛泽东思想的结论。 材料：“关于真理标准问题”的讨论历时 8 个月，是一场深刻的思想解放运动，它的实质是是否坚持马克思主义的思想路线，即实事求是的思想路线。 教师过渡语：这场讨论最后一致认为，坚持实践是检验真理的唯一标准具有重大的理论意义和现实意义。 “真理标准问题大讨论”对于打破长期以来“左”倾错误的束缚产生了巨大的积极作用，正是有了这场深刻的思想解放运动；才为党的十一届三中全会的召开奠定了思想基础。更是为后来中国各种积极发展政策奠定了思想基础。

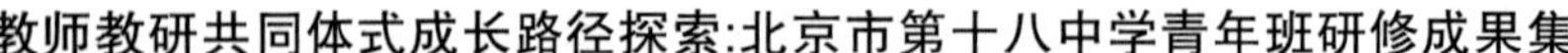

续表

		学生活动：阅读材料结合教师讲述，学生顺利填空，得出结论： ①肯定了“实践是检验真理的唯一标准”； ②否定了“两个凡是”的错误方针； ③重新确立了实事求是的思想路线。 设计意图：小组讨论进行探究。学生通过评价标准、层层递进的能力层级，能够进行小组互评和自评。教师的讲解是对于真理标准问题大讨论的意义“一场深刻的思想解放运动”的有效辅助。从学生熟悉的情境切入。 难点突破：让学生在讨论中认识到这是一场深刻的思想解放运动。并且初步理解解放思想是走上正确道路的关键因素。
	课程内容过渡 环节四——视频提问：未来的道路在何方？	教师活动：教师讲述并设问：我们将迷茫的人民唤醒之后又该走向何处？ 解说：当我们止步不前的时候，世界经济依旧在快速发展。访问日本的邓小平，乘坐新干线的时候，回答记者的感受，是一个“快”字。 1978 年 12 月 18 日，即将迎来冬至的北京异常寒冷。但就是在这样寒冷的日子中，一个特别的会议的召开却使中国从此走向了春天。 学生活动：学生观看视频片段。感受邓小平的心情。学生通过观看视频认识到：此时的快和“鼓足干劲、力争上游、多快好省地建设社会主义”的总路线中的“快”又不一样。 与资本主义国家的差距催促着我们抓紧回到正轨，在正确的道路上加快前进的速度。 设计意图：以视频方式融入情境，符合学生的认知特点
	目标导学二：党的十一届三中全会 环节五：任务二合作探究: 阅读材料，归纳党的十一届三中全会的重要内容	教师活动：提问：这次会议为什么能带领中国走向春天？我们通过阅读会议前后的情况来感受一下变化。 学生活动：任务二：学生通读教案材料。 材料：一九七八年十二月召开的十一届三中全会，是建国以来我党历史上具有深远意义的伟大转折。全会结束了一九七六年十月以来党的工作在徘徊中前进的局面，开始全面地认真地纠正“文化大革命”中及其以前的左倾错误。这次全会坚决批判了“两个凡是”的错误方针，充分肯定了必须完整地、准确地掌握毛泽东思想的科学体系；高度评价了关于真理标准问题的讨论，确定了解放思想、开动脑筋、实事求是、团结一致向前看的指导方针；果断地停止使用“以阶级斗争为纲”这个不适用于社会主义社会的口号，作出了把工作重点转移到社会主义现代化建设上来的战略决策；……全会还增选了中央领导机构的成员。……这些在领导工作中具有重大意义的转变，标志着党重新确立了马克思主义的思想路线、政治路线和组织路线。——《关于建国以来党的若干历史问题的决议》

续表

学生活动：在教师指导下分析关键内容，圈划关键句。

设计意图：突破重点：学生对于材料进行逐句分析。提炼关键信息，进行上位词概括，学生将分析后的结果在学案上进行体现，标注。以课件上的不同颜色的标注为提示，对于内容进行进一步的分析。

学生活动：通过小组合作完成对学案中材料的解读，补全表格。

内容路线	纠正错误路线	树立正确路线
⑤	①	②
⑥	③	④
组织路线	中央的“左”倾领导	形成了以邓小平为核心的党的第二代中央领导集体

设计意图：任务二侧重提取材料进行归纳的能力。根据学生的学情基础进行任务调整：基础稍差学生，可以给出学生设计好的表格，让学生填写相关信息；针对于中等层次，则是告知学生要提炼的问题，让学生设计表格并且填写信息。

学生活动：以表格整理的形式了解了会议的内容后，在教师的引导下通过分析表格内容，说出党的十一届三中全会的意义，总结出为什么党的十一届三中全会是伟大的历史转折。

学生讨论后进行发言。

教师活动：展示史料：

“十一届三中全会在中共党史上的地位类似于遵义会议。”——胡绳

学生活动：运用对比归纳的方式复习遵义会议的内容，通过知识迁移理解两次重要转折的意义。

①纠正了博古等人在军事和组织上的错误。这是思想纠错。党的十一届三中全会则是彻底纠正了“左”倾思想错误。②确立了毛泽东的领导地位。这是领导核心的改变。形成了以邓小平为核心的领导集体。③是党的历史上生死攸关的转折点。这是历史意义。是新中国成立以来党的历史上具有深远意义的转折。

教师总结：中国共产党在思想、政治、组织等领域的全面拨乱反正是从这次全会开始的，改革开放是由这次全会开始的；邓小平理论是在这次全会前后开始形成和发展起来的。因此，党的十一届三中全会是一次具有伟大转折意义的大会。

设计意图：知识迁移：将八上知识点遵义会议与本课党的十一届三中全会的知识实现有效的联系。

续表

	目标导学三：拨乱反正 环节六：党的十一届三中全会后拨乱反正,感受“实事求是”	教师活动：使用文献和图片史料讲述中华人民共和国成立以来最大的冤案得到平反：恢复刘少奇的名誉。 1982 年底，大规模平反冤假错案的工作基本结束。  1980年，中共中央决定撤销文革中强加给刘少奇的种种罪名，恢复他作为伟大的马克思主义者和无产阶级革命家、党和国家主要领导人之一的名誉。  1980年5月17日，在北京人民大会堂举行刘少奇同志追悼会  刘少奇夫人王光美接过刘少奇骨灰  海葬 教师活动：讲述邓小平职务后，主动要求分管科教工作，邓小平毅然决定当年恢复高考，教育工作也得到了拨乱反正，回到正轨。 材料：“文化大革命”结束后，在邓小平主持决策和直接推动下，高考制度得到恢复。1977 年冬天进行了高考制度恢复后的第一次考试。高考制度的恢复，是教育工作的重大拨乱反正，为大批知识青年敞开了大学之门，也为国家现代化建设培养了大批人才。 学生活动：阅读材料，结合教师讲述，学生认同受到株连的人得到解脱，社会各阶层的人被调动起来，他们不用被阶级斗争束缚手脚，能够精神振奋地投身到社会主义现代化建设事业当中，推动社会主义现代化建设的发展 教师活动：展示史料：党的十一届六中全会通过了《中国共产党中央委员会关于建国以来党的若干历史问题的决议》。 材料一：实践证明，“文化大革命”不是也不可能是任何意义上的革命或社会进步。……在社会主义条件下进行所谓“一个阶级推翻一个阶级”的政治大革命，既没有经济基础，也没有政治基础。它必然提不出任何建设性的纲领，而只能造成严重的混乱、破坏和倒退。历史已经判明，“文化大革命”是一场由领导者错误发动，被反革命集团利用，给党、国家和各族人民带来严重灾难的内乱。——《关于建国以来党的若干历史问题的决议》 材料二：毛泽东同志是伟大的马克思主义者，是伟大的无产阶级革命家、战略家和理论家。他虽然在“文化大革命”中犯了严重错误，但是就他的一生来看，他对中国革命的功绩远远大于他的过失。——《关于建国以来党的若干历史问题的决议》 学生活动：学生通过分析《决议》中的材料，得出我们对于文化大革命、毛泽东和毛泽东思想的正确评价。

续表

<table>
<tr><td></td><td></td><td>教师活动：教师总结学生发言并进行阐述：对新中国成立 32 年来党的历史进行了科学的分析和正确的总结，实事求是地评价了新中国成立以来的重大历史事件，分清了功过是非。标志着中国共产党在指导思想上的拨乱反正胜利完成。
以历史的辩证的锐利眼光拨开错综复杂的矛盾现象，创造性地提出坚持毛泽东思想、纠正毛泽东晚年的错误这样一个科学命题，在罕见的两难之中做出了一个顺应民心，合乎实情、有高瞻远瞩的正确决断。对同心同德地进行社会主义现代化建设，起了巨大作用。
设计意图：培养学生史料分析的历史素养。学生们自主阅读决议写了什么，通过理解材料感悟马克思主义的辩证唯物论和历史唯物论。</td></tr>
<tr><td></td><td>目标导学四：家国情怀核心素养的培养

环节七

任务三：综合本课所学知识，你认为中国共产党为什么能够领导中国人民取得社会主义建设事业的成功?</td><td>任务三，学生自主完成。小组讨论。小组代表发言。
小组发言内容预设：
① 我党具有正视现实、改正错误、开拓前进的勇气和品格；
② 有正确的马克思主义思想作为指导，符合中国国情；
③ 一百年来，中国共产党始终以伟大自我革命引领伟大社会革命，能够及时纠正错误；
④ 符合广大人民群众的要求和愿望，中国共产党始终代表最广大人民根本利益，与人民休戚与共、生死相依，没有任何自己特殊的利益；
⑤ 培养和保存下来的一大批优秀领导干部，领导全党和全国各族人民与时俱进，进行改革开放、开拓创新做了干部准备。
学生讨论回答后，教师补充视角：
（艰辛探索、积累经验）中国共产党对于中国革命和建设的规律由盲目走上自觉，共产党对中国革命和建设的基本问题已有初步认识，为进一步发现和认识中国革命和建设的规律和特点奠定了思想基础，对于中国特色的革命道路和中国特色社会主义道路建设都进行了艰辛开拓，为不断概括、完善中国革命道路和中国特色社会主义建设道路的理论奠定了实践基础和经验教训。
（不忘初心）中国已经完成了伟大的历史转折，并不断在现代化建设的方式上寻求突破，但始终不变的是坚守中国共产党的领导，坚守准确的完整的马列主义、毛泽定思想的指导，坚守这条“解放思想，实事求是，团结奋进向前看”的中国特色社会主义道路。
设计意图：总结拓展，提升认识。这个任务不是为学生提供一个标准答案，而是一方面实现学生对本课知识点的回顾，另一方面正确认识党的十一届三中全会。既是情感、态度价值观的教学目标的实现，也是涵养家国情怀的核心素养。
感悟“中国共产党为什么能”，这是对历史解释这一核心素养的培养。</td></tr>
<tr><td></td><td>支撑材料</td><td>教学评价量规，Word，课下学生自评使用</td></tr>
</table>

续表

<table>
<tr><td rowspan="2"></td><td>板书设计</td><td>板　　贴　　内　　容　：
<table>
<tr><th>内容
路线</th><th>纠正错误路线</th><th>树立正确路线</th></tr>
<tr><td>⑤思想路线</td><td>①冲破长期“左”的错误的严重束缚</td><td>②确定了解放思想、实事求是 、 团结一致向前看的指导方针</td></tr>
<tr><td>⑥政治路线</td><td>③果断结束“以阶级斗争　为纲”的政治路线</td><td>④把党和国家的工作中心转移到　经济建设上来，实行改革开放</td></tr>
<tr><td>组织路线</td><td>中央的“左”倾领导</td><td>形成了以邓小平为核心的党的第二代中央领导集体</td></tr>
</table>
伟大的历史转折
中共十一届三中全会
思想基础　真理标准的大讨论
时间　1978年12月
内容
思想：解放思想、实事求是
政治：经济建设、改革开放
组织：领导核心：邓小平
意义　具有深远意义的伟大转折
开启了改革开放的时期
拨乱反正
平反冤假错案
恢复高考制度</td></tr>
<tr><td>评价设计</td><td>评价目标：
1. 了解我国的具体国情、了解新中国成立以来党的伟大转折的具体内容、感悟改革开放的伟大历史意义
2. 通过学习党的十一届三中全会的召开、小岗村家庭联产承包责任制的尝试、双汇企业的城市经济体制改革的成功经验、深圳的开放成就、中国特色社会主义理论的不断完善的过程，认可中国共产党是全心全意带领中国人民不断奋斗、追求强国富民的政党；将“解放思想，实事求是”的共产党执政理念切实地与共产党光辉的百年党史相联系，切实感悟中国共产党作为奉行马克思主义理论的执政党，是如何团结带领各族人民一起奋进实现中华民族伟大复兴的中国梦。
第 1 课时，第 7 课伟大的历史转折的量表见附表
教学质量分析：
从基础性任务来看，学生能够形成基础知识点构成的时间轴，依据已经学习的基础知识完成基础达标和能力提升的练习题。从挑战性任</td></tr>
</table>

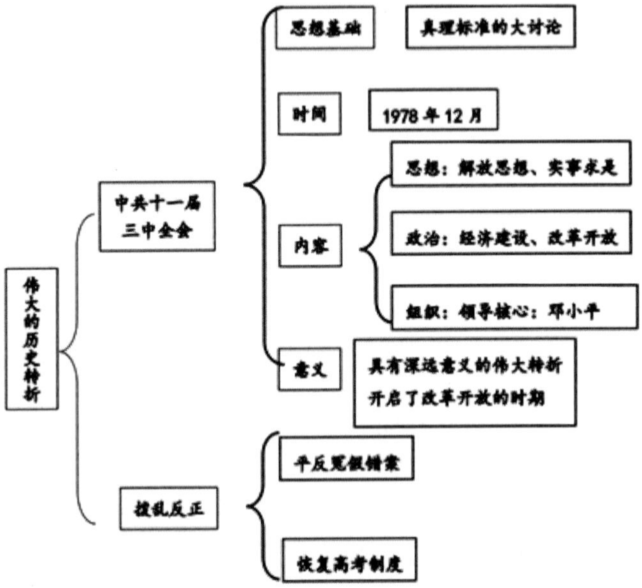

续表

<table>
<tr><td></td><td></td><td>务来看最终学生能够对于中国共产党领导的认同，产生理论自信与文化自信，能够将其形成文字。
以第 1 课时《伟大的历史转折》为例，课后对于收集上来的 37 份自评结果进行了分析，评分设计能够与核心素养相对应，通过统计分析，本节课在家国情怀的培养上较为成功，对于人文追求与社会责任能产生一定的认可。但是历史解释：以史料为依据，客观地认识和评价历史的态度和方法最为欠缺，以上的评分结果与课堂效果相一致，从课堂中也能够充分感受到。
培养历史解释这一核心素养时的一个典型问题：针对“你认为中国共产党为什么能够领导中国人民取得社会主义建设事业的成功？”这一问题，学生答案因素包含：“马克思主义原理同中国实践相结合”；这是一个重要答案，本课学习的“解放思想，实事求是”就是马克思主义原理（思想），中国共产党本身就是马克思主义政党，我们也已经学习过五四运动、马克思主义的传播等内容，因此之间必然存在紧密的联系。但是在我追问“如何体现出相结合，什么马克思主义原理同中国实践实现了结合？”的过程中，明显学生还是没有形成这些内容与共产党的联系。学生在课前进行了任务三的思考，学习课程前与学习课程后，学生关注的点没有体现出解放思想、实事求是的马克思主义思想对于马克思主义执政党的指导思想的作用，这一指导思想作用的理解不到位，后面对于党的其他指导思想的确立就不够准确。</td></tr>
<tr><td></td><td>活动目标</td><td>作业（活动）要求</td></tr>
<tr><td>课后作业（活动）</td><td>实现单元教学目标。</td><td>单元作业设计：
基础性作业：
完成三级跳练习的基础达标和能力提升练习，巩固基础知识
任务性作业：
1. 设计单元时间轴，包含经济体制改革、对外开放、中国特色理论体系等内容；
2. 根据单元内容，思考中国共产党为什么能够带领中国人民建设中国特色社会主义道路，形成文字答案；
3. 每课时任务性作业（包括课堂），以下作业（思考题）分别对应每课时的教学目标。
①小岗村农村经济体制的成功经验是什么？
②深圳对外开放的成功经验是什么？（本课教材课后活动：结合邓小平这段话，谈谈经济特区对我国发展社会主义经济起了哪些作用。）
③结合第 10 课内容，谈谈邓小平对中国改革开放和社会主义现代化建设的作用。
④实现中国梦，为什么必须坚持走中国道路？
⑤实现中华民族伟大复兴的中国梦，是民族的梦，也是每个中国人的梦。作为新时代的中学生，你能为中国梦的实现做出哪些努力？</td></tr>
</table>

“人民代表大会：我国的国家权力机关”教学设计

杨郑

教学基本信息					
单元（或主题）名称	我国的根本政治制度				
学科	政治	学段	高中	年级	高一
相关领域	马克思主义理论、政治制度、国家法律				
主要教材	书名：政治与法治　出版社：人民教育出版社　出版日期：2022 年 1 月				

教学设计参与人员			
	姓名	单位	联系方式
设计者	杨郑	北京市第十八中学	
实施者	杨郑	北京市第十八中学	
指导者	米华华	北京市第十八中学	
指导者	朱云	北京市第十八中学	
课件制作者	杨郑	北京市第十八中学	

单元（或主题）指导思想与理论依据

一、指导思想：

坚持党的领导、人民当家作主和依法治国的有机统一是社会主义政治发展的必然要求。必须坚持中国特色社会主义政治发展道路，坚持和完善人民代表大会制度，发展社会主义协商民主，健全民主制度，丰富民主形式，拓宽民主渠道，保证人民当家作主落实到国家政治生活和社会生活之中。

——习近平 2017 年 10 月 18 日在中国共产党第十九次全国代表大会上的讲话

二、理论依据：普通高中思想政治课程标准（2017 年版 2020 年修订）

单元（或主题）教学背景分析

一、教学内容分析及课时分配

（一）课标分析

列举宪法有关人民主体地位的规定，说明我国是人民民主专政的社会主义国家，人民代表大会制度是我国的根本政治制度。

（二）教材分析

本课为必修三《政治与法治》第二单元“人民当家作主”第五课内容，围绕人民当家作主这一主题，第五课“我国的根本政治制度”上承第四课“人民民主专政的社会主义国家”，人民民主专政的“国体”决定了我国根本政治制度这一“政体”，同时，第五课下接第六课“我

续表

<table>
<tr><td>
国的基本政治制度”，三课内容集中讲述人民当家作主和保障人民当家作主的中国特色社会主义政治制度。
第五课分为两个框题，每框题 1 课时。第一框“人民代表大会：我国的国家权力机关”，主要讲述人民代表大会是人民行使国家权力的机关。第二框“人民代表大会制度：我国的根本政治制度”，主要阐明人民代表大会制度的内容和优势。两框的逻辑关系是：第一框介绍全国人民代表大会的性质、地位、职权、机构及组成人员；第二框阐述人民代表大会制度的内容和优势，引导学生在制度层面上理解人民代表大会制度。这两框都侧重对政治认同和法治意识等学科核心素养的培养。
二、学生情况分析
（一）知识基础
学生已经了解了人民代表大会的基础知识，但对于人民与人大代表、人大代表与人大、人大与其他国家机关的关系的理解缺乏深刻认识，理解人民如何当家作主存在一定难度。
（二）能力基础
高一下学期的学生，初步能够从学科视角分析和解决问题，但分析问题能力弱，缺乏辩证思维。
（三）经验基础
本班学生参加了学校模拟政协活动，并参与了一次丰台区线上政协会议，对参与政治生活有感性体验，但未形成关于我国权力运行方式的理性认识。
</td></tr>
<tr><th>单元（或主题）教学目标</th></tr>
<tr><td>
一、整体教学目标
（一）明确人民与人大代表、人大代表与人大、人大与其他国家机关的关系；
（二）理解人民代表大会制度是我国根本政治制度，坚定对中国特色社会主义政治制度的自信；
（三）理解一切权力属于人民，掌握人民当家作主的内在逻辑。
二、课时教学目标
（一）第一课：
1. 了解人大代表的产生、职权和职责；
2. 明确（全国）人民代表大会的职权、性质和地位；
3. 理解（全国）人民代表大会是我国的国家权力机关。
（二）第二课：
1. 了解人民代表大会制度的基本内容；
2. 分析我国国情，理解人民代表大会制度的优越性；
3. 理解人民代表大会制度是我国的根本政治制度。
三、整体教学目标与课时教学目标关系
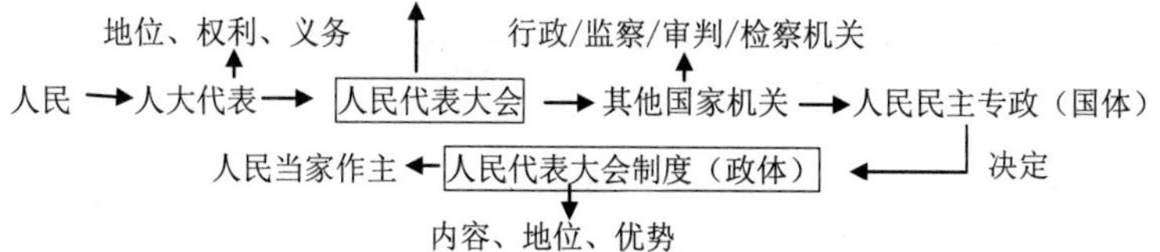

</td></tr>
</table>

续表

<table>
<tr><td>本单元学习需要学生能够明确人民代表大会的性质、地位，深刻理解人民代表大会的权力来自于人民，一切权力属于人民；能够聚焦人民代表大会的会议议程，说明人民代表大会行使职权的具体表现；了解人民代表大会的主要职权及其与其他国家机关的关系并了解人大代表的法律地位、权利与义务；了解人民代表大会制度的基本内容，理解人民代表大会制度是适合我国国情的好制度，认同人民代表大会制度具有优越性，深刻理解人民代表大会制度是我国的根本政治制度。</td></tr>
<tr><td>单元（或主题）教学过程设计</td></tr>
<tr><td>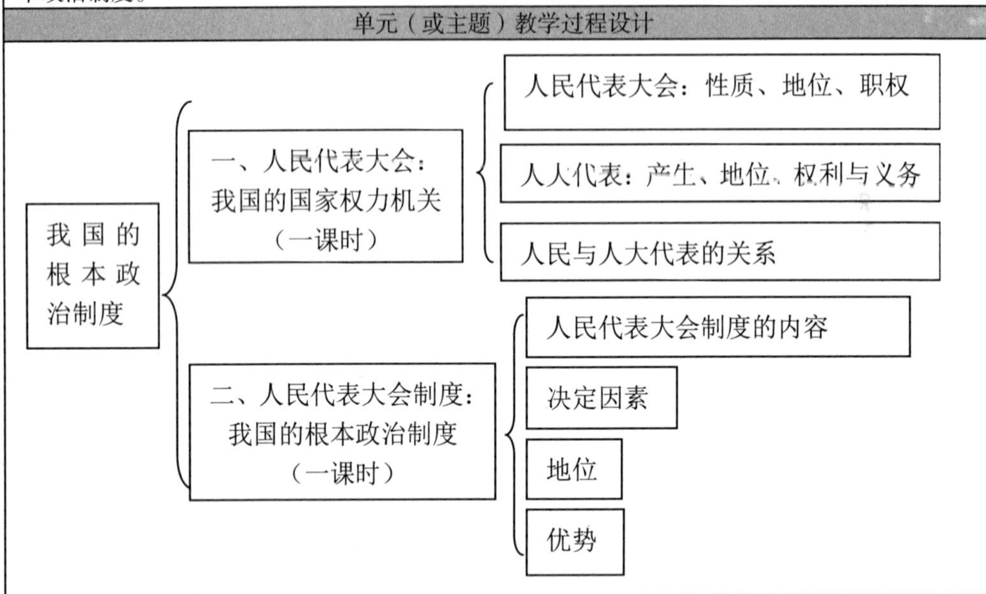
</td></tr>
<tr><td>单元（或主题）学习效果评价及作业设计</td></tr>
<tr><td>一、学习效果评价
通过本课学习，学生能够明确人民代表大会的性质、地位、职权及其与其他国家机关和与人民的关系；学生能够知道人大代表的地位、权利与义务；学生能够通过了解人民代表大会制度的基本内容、地位，明确人民代表大会制度这一政体由我国的国体决定，从而深刻理解人民代表大会制度的优势，坚定对中国特色社会主义政治制度的自信。
二、作业设计
（一）进行学习共同体项目式学习，以学习共同体小组为单位，组成项目组。整理本年级同学关心的年级热点问题，选举一项热点问题，尝试完成议案。
（二）将议案提交模拟政协，不断完善修改，争取通过区人大代表提交到区人大。
该作业设计充分发挥了学习共同体的作用，由学生去发现问题、分析问题、解决问题，在学校这个环境中模拟人大，由学生完成议案，推动学生参与社会生活管理。这是参与政治生活的重要方式，同时学校的模拟政协也给学生营造了参与政治生活的平台，为学生理解人民当家作主权力提供了重要支撑。</td></tr>
<tr><td>本单元（或主题）教学特色分析</td></tr>
<tr><td>一、走近人大代表，感知政治生活
本次课程设计，充分利用学校资源。本次课程前，学生组成小记者团采访了学校管杰校长（丰台区人大代表）。课程中学生再次对邀请到的丰台区人大代表张凯航代表进行深入采访，</td></tr>
</table>

续表

<table>
<tr><td colspan="4">这不仅锻炼了学生的采访能力，更是让学生感受到人大代表就在身边，离自己很近，政治生活就在身边。不仅有利于激发学生对于政治学习的热情，也有利于促进学生对我国人民当家作主的理解。
二、模拟国家机关，感受人大魅力
本次课程设计，充分发挥了学生学习共同体作用。利用学生课题组展示，拓展了课程的深度，推动学生对于人大职权的认识。同时，学生模拟国家机关解决问题，调动学生主动思考国家机关的作用及其与人大的关系，为学生理解人民通过人大代表、人大代表通过人大行使国家权力，从而实现当家作主奠定了基础。
三、串联“议案”线索，感悟“代表”之义
本课以“议案”为线索，将议案“从哪里来”、“到哪里去”、议案“再出发”串联，引导学生认识议案由人民中来，由人大代表递交到人大，人大决定通过后再交由其他国家机关办理，而人大代表则会密切联系群众，反映人民所思所想，不断提出议案，促使议案“再出发”。本次课程中的作业布置即是由学生搜集学校热点问题完成议案，促使学生在发现问题、分析问题和解决问题的过程中置身于人大代表的角度，亲身感悟“代表”的重要意义。</td></tr>
<tr><th colspan="4">某一课时的教学目标、教学重点和难点</th></tr>
<tr><td colspan="4">必修三《政治与法治》第五课第一框：人民代表大会：我国的国家权力机关（一课时）
一、教学目标：
1. 政治认同：明确人民代表大会代表人民利益，理解我国的社会主义民主是最真实的民主，认同中国特色社会主义制度，增强制度自信，从而坚定坚持党的领导、人民当家作主和依法治国是有机统一的；
2. 科学精神：明确我国国情，理解由人大代表组成的人民代表大会统一行使国家权力是符合我国国情和我国人民根本利益的；
3. 法治意识：明确国家权力机关在宪法和相关法律范围内行使权力，国家权力机关是党依照法定程序把党的主张上升成为国家意志的重要途径；
4. 公共参与：明确人大代表的权利和义务，培养学生公共参与素养，增强青年社会责任感。
二、教学重难点
（一）教学重点：人民代表大会的性质、地位及职权；人大代表的职权与义务。
（二）教学难点：运用人大的相关知识，处理政治生活中的实际问题，加强学生制度自信。</td></tr>
<tr><th colspan="4">某一课时的教学过程</th></tr>
<tr><th>教学阶段</th><th>教师活动</th><th>学生活动</th><th>设计意图</th></tr>
<tr><td>导入</td><td>视频导入，展示课前学生采访管杰校长（丰台区人大代表）的视频，并提问人民如何行使国家权力，如何当家作主。</td><td>观看视频，思考问题</td><td>以管杰校长的采访视频导入，即刻抓住学生注意力，吸引学生关注课堂。同时，管杰校长作为身边的人大代表，这将让学生感受到人大代表在身边，从而为后续讲解人民如何当家作主做铺垫。</td></tr>
</table>

续表

新课讲授	环节一：一份议案的“旅程” ——肩负人民重托的人大代表 1. 走近人大代表： ——小记者团采访人大代表 组织学生成立记者团，采访人大代表。本次课前学生已采访了身边的人大代表，即管杰校长，对人大代表相关知识有了初步了解。本节课联络到丰台区人大代表张凯航，教师帮助学生准备采访稿，提供相应的视频及文字材料，组织小记者团进行深度采访。 2. “记者”时刻 采访人大代表的学生前期已做大量工作，教师帮助学生进一步梳理内容，由学生进行人大代表相关知识的讲解。 3. “议案从哪里来” 展示丰台区人大“代表在倾听”活动，引导学生明确人大代表的议案从人民中来。从而引出人民与人大代表的关系。 4. “议案到哪里去” 播放人大代表提交议案的视频，呈现一份议案的“旅行日志”，了解人大代表议案提交后的流程，从而了解人大代表的议案到哪里去。 环节二：一份议案的“旅程” ——人民行使国家权力的机关 承接“环节一”“议案到哪里去”，引入“环节二”，“议案来到人民代表大会”。	学生组成记者团，提前准备采访稿、准备采访内容、确定采访时间、记录采访内容、进行采访录像，同时准备对来到课上的区人大代表进行现场采访。 准备采访稿内容，讲解人大代表的产生、职权和职责。 学生结合之前对人大代表相关知识的讲解，思考人民与人大代表的关系，并回答问题。 观看视频，了解人大代表议案通过流程。 组成课题小组，结合教材和所查资料进行知识整理与讲解。	学生采访人大代表不仅需要提前看书，分析整理知识点，也需要收集人大代表的相关知识，从而完成采访稿的编辑，这锻炼了学生自主学习的能力。同时，学生在采访人大代表过程中，对人大代表的产生、权利与义务会有更深的体会与感悟，有利于增强学生对人大代表与人民的关系、人大代表与人大的关系的理解，从而增强对人民代表大会制度的认同感。 学生在采访后对采访内容进行整理，将教材知识与采访内容相融合，讲解人大代表相关知识，不仅有利于学生明确知识，也有利于增加课程的趣味性，增强学生的积极性和主动性。 由学生的讲解内容，再结合图片表达的意思，升华学生讲解的知识。从人大代表的产生、职权和职责过渡到人民与人大代表的关系，即人民选举人大代表，人大代表对人民负责，受人民监督。 通过一份议案的“旅行日志”，明确全国人民代表大会常务委员会是全国人大的常设机关，专门委员会全国人大及其常委的领导。进行知识延伸，增加知识的广度，拓展学生视野。

续表

	1. 十三届五中全会课题组汇报 课前布置课题任务，由学生小组结合十三届五中全会议程，讲解人民代表大会性质、地位和职权。 2. 议案"再出发" 人大代表的议案在人大通过后，由哪些机关去落实。以管杰校长提出的"关于完善垃圾分类"的议案为例，通过学生共同体活动，引导学生思考"人民代表大会与其他国家机关的关系"。共同体活动如下： 由7个学习共同体小组进行抽签，一组代表丰台区人民代表大会，一组代表丰台区人民政府，一组代表丰台区人民法院，一组代表丰台区人民检察院，两组代表人大代表，一组代表群众。（人大代表组分散到各组参与讨论，人民群众组不参与讨论） 环节三：一份议案的"旅程" ——我做人大代表 人大代表作为人民的代言人，与人民保持密切联系，反映人民的呼声，不断提出符合人民利益的议案。 充分利用学生学习共同体小组，鼓励学生发现学校或年级热点问题，帮助学生完成议案。通过学校模拟政协及管杰校长区人大代表身份等有利条件，为学生议案实践营造机会。	各组再次阅读教材，并结合学案，进行组内讨论，选出一名同学代表本部门向大家做演说，演说内容应包括本部门性质、地位、职权及与人大代表、人民、其他部门的关系和关于推动垃圾分类的工作。每部门组用时不超过2分钟，最后由人民群众组同学给各组打分，评出"人民最满意的国家机关"，并说明理由。 通过问卷、采访等调研形式，发现本年级或学校热点问题，与学校共同体小组充分交流，完成议案。	本环节承接环节一"议案到哪里去"，引导学生关注人大代表通过议案将人民的心声带到人大会议之中，由此引入课题小组关于全国人民代表大会的讲解。学生小组探究，充分发挥学习共同体作用。学生结合十三届五中全会议程讲解人大的职权，更加直观。 通过这个环节，引导学生走进我国国家机关，达到对国家机关的初步了解。通过演说，引导学生从人大和人民的关系及人大和其他国家机关的关系来思考并得出结论：人民行使国家权力的机关是人民代表大会。分组讨论提升了学生学习共同体作用，锻炼了学生的发散性思维能力。角色模拟，有利于提高学生参与政治的热情，增强学生参与政治生活的能力。 引导学生站在人大代表的角度看问题，增强学生对身份和角度变化的敏锐性与适应性。学生利用学习共同体完成议案，有利于学生亲身感受参与政治生活，增强学生的认同感与参与感，从而进一步深化对人民如何行使国家权力，如何当家作主的认识与理解。
本课小结	本课以人大代表的议案为线索，探索议案"从哪里来"、"到哪里去"、"再出发"三条线，分别明确人大代表的产生、职权与义务、人民代表大会的地位、职权及、人民和其他国家机关的关系，促进学生对人民如何行使国家权力、如何当家作主的理解。		

续表

作业布置	进行学习共同体项目式学习，以学习共同体小组为单位，组成项目组。整理本年级同学关心的年级热点问题，选举一项热点问题，完成议案。
板书设计	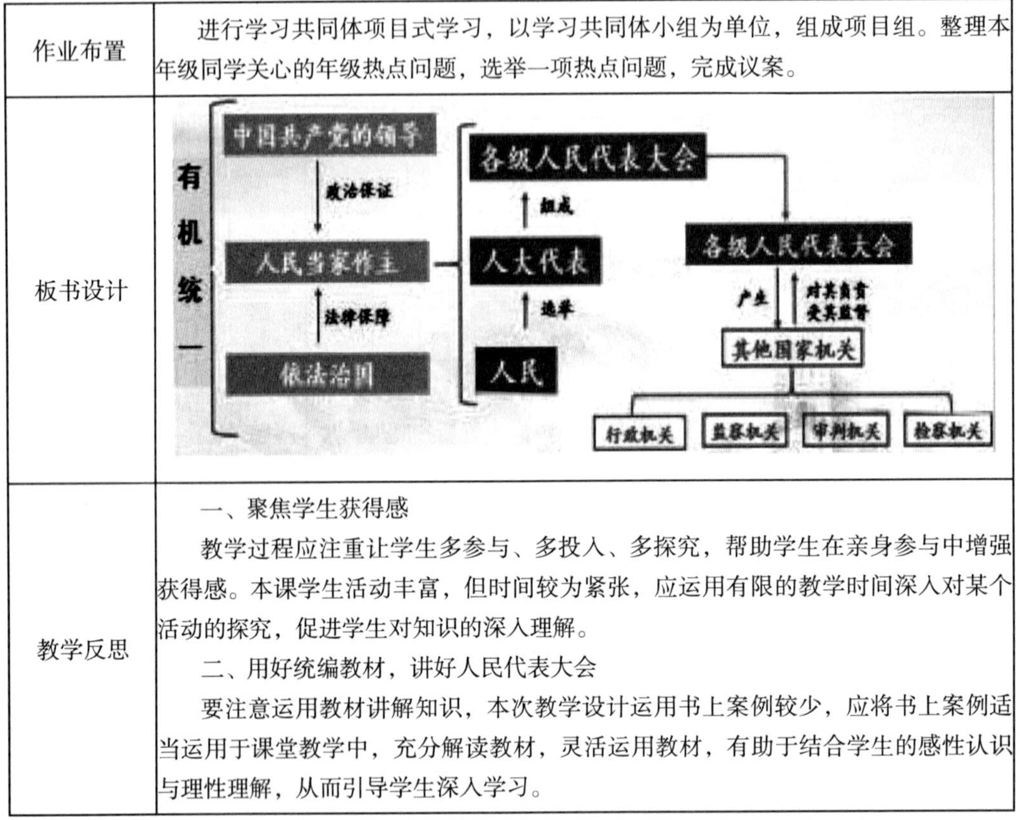
教学反思	一、聚焦学生获得感 教学过程应注重让学生多参与、多投入、多探究，帮助学生在亲身参与中增强获得感。本课学生活动丰富，但时间较为紧张，应运用有限的教学时间深入对某个活动的探究，促进学生对知识的深入理解。 二、用好统编教材，讲好人民代表大会 要注意运用教材讲解知识，本次教学设计运用书上案例较少，应将书上案例适当运用于课堂教学中，充分解读教材，灵活运用教材，有助于结合学生的感性认识与理性理解，从而引导学生深入学习。

“余弦定理、正弦定理”单元教学设计

徐国庆

教学基本信息					
单元（或主题）名称	余弦定理、正弦定理				
学科	数学	学段	高中	年级	高一
相关领域	平面向量的应用				
主要教材	书名：普通高中教科书数学必修第二册 出版社：人民教育出版社出版日期：2019 年 7 月				

续表

教学设计参与人员			
	姓名	单位	联系方式
设计者	徐国庆	北京市第十八中学	
实施者	徐国庆	北京市第十八中学	
指导者	刘冬玲	北京市第十八中学	
课件制作者	徐国庆	北京市第十八中学	
其他参与者			

以下教学设计模板仅供参考，涵盖主要部分和内容即可。

单元（或主题）指导思想与理论依据
为体现知识的一致性，方法的普适性，以整体思维为指导，《余弦定理、正弦定理》作为一个单元展开教学。通过将教材内容重组整合、调整教学顺序，先进行正余弦定理的推导，再展开定理应用的教学，突出向量方法在推导定理上的应用，感受向量是一种联系几何与运算的重要工具，能够突显向量与解三角形知识的关联性，有助于知识与方法的迁移，促进学生数学抽象，逻辑推理，数学运算、直观想象等核心素养的形成。

单元（或主题）教学背景分析
一、教学内容分析及课时分配 《余弦定理、正弦定理》教学主要内容包括正余弦定理的推导及应用。本单元选自人教 A 版必修第二册第六章 6.4 平面向量的应用第三节内容，教材按照余弦定理推导及其应用、正弦定理的推导及其应用的顺序展开教学，为突出知识的关联与整体性，本单元在教材内容的基础上进行了重组，先进行正余弦定理的推导，再展开定理应用的教学。 本单元在学习了向量的数量积，将向量关系转化为数量关系的基础上进一步学习平面向量的应用，利用向量式转化为数量式的方法，在等式两边同时点乘向量推导出余弦定理与正弦定理，能够突出向量方法在联系几何与运算上的重要性，体现知识的整体性与一致性，与《普通高中数学课程标准》中的教学要求——借助向量的运算，探索三角形边长与角度的关系，掌握余弦定理、正弦定理相一致。 通过单元重构展开教学，将正余弦定理这节内容结构化，使用向量方法推导出余弦定理与正弦定理能够突显向量的应用价值，体现平面向量的应用与解三角形的关联性、学科知识的整体性。 本单元的课时分配： 第 1 课时：余弦定理、正弦定理的推导（使用向量方法推导正余弦定理） 第 2 课时：正余弦定理的应用 （应用正余弦定理解三角形） 二、学生情况分析 学生在初中学习三角形的全等条件，对三角形的边角关系有基本的认识（如大边对大角，两边之和大于第三边），并且进入高中后，又学习了三角函数、向量的基本知识，能运用向量的数量积运算将向量转化为数量，对于利用向量方法探究余弦定理与正弦定理，学生已有一定的学习基础和学习兴趣。 总体上学生存在应用数学知识的意识不强，知识的系统性不完善等问题，所以在余弦定理与正弦定理的推导方法的探求上有一定的难度，启发学生多样化思考，运用向量方法推导正余弦定理是教学难点。

续表

单元（或主题）教学目标
单元整体教学目标：借助向量的运算，探索三角形边长与角度的关系，推导余弦定理、正弦定理能用余弦定理、正弦定理解三角形与解决简单的实际问题。 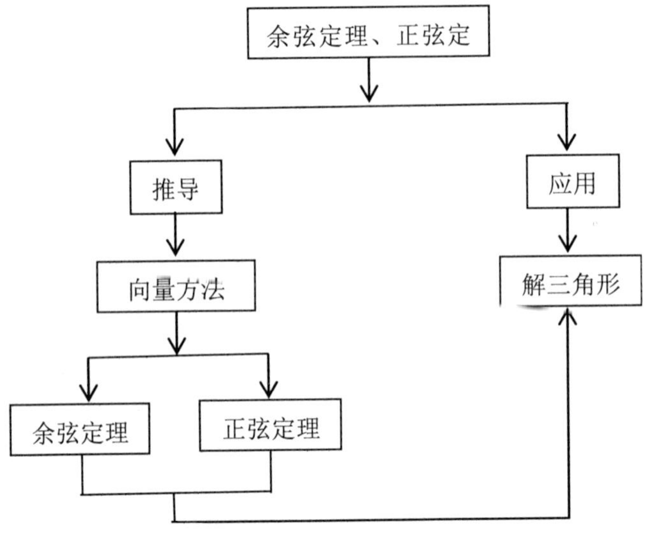
单元（或主题）教学过程设计
《余弦定理、正弦定理》单元的课时分配： 第 1 课时：余弦定理、正弦定理的推导（使用向量方法推导正余弦定理） 第 2 课时：正余弦定理的应用 （应用正余弦定理解三角形） 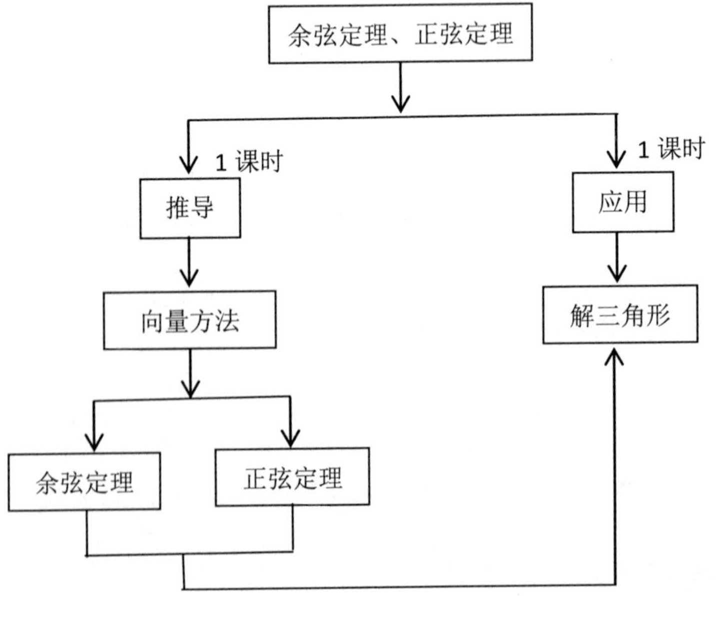 学习活动：教师提问，小组交流

续表

<table>
<tr><th>单元（或主题）学习效果评价及作业设计</th></tr>
<tr><td>评价目标：了解学生对向量方法推导正余弦定理的掌握及正余弦定理的应用情况
评价内容：正余弦定理的推导
评价方式：课后思考与练习，课上提问</td></tr>
<tr><th>本单元（或主题）教学特色分析 (300—500 字数)</th></tr>
<tr><td>本单元的教学特色体现在强化整体设计、启发多维思考及发展核心素养三个方面。
与教材按照余弦定理推导及其应用、正弦定理的推导及其应用展开教学的顺序不同，本单元在教材内容的基础上进行了重组，先进行正余弦定理的推导，再展开定理应用的教学，通过教学顺序的调整与知识的整合，可以更好地突出知识的关联与整体性。统一使用向量方法推导正余弦定理，感受向量方法在联系几何与运算上的重要性，能够凸显向量与解三角形知识的关联性，有助于知识与方法的迁移，促进学生数学抽象，逻辑推理，数学运算、直观想象等核心素养的形成。</td></tr>
</table>

以下请从单元整体设计中精选一个课时（40分钟或45分钟），详细描述该课时的教学目标、教学重难点和教学过程。

<table>
<tr><th colspan="4">某一课时的教学目标、教学重点和难点</th></tr>
<tr><td colspan="4">第 1 课时：余弦定理、正弦定理的推导
教学重点：利用向量数量积的性质，通过向量式两边同时点乘特殊的向量（做数量积运算），推导出
教学难点：通过向量式转化为数量式的方法推导正余弦定理</td></tr>
<tr><th colspan="4">某一课时的教学过程</th></tr>
<tr><th>教学阶段</th><th>教师活动</th><th>学生活动</th><th>设计意图</th></tr>
<tr><td>一、课题引入：</td><td>问题导入
问题 1：根据初中学习过的三角形知识，我们知道三角形由三边三角共 6 个元素组成，给定哪些三角形的元素，可以唯一确定一个三角形？
问题 2：我们能否利用三角形给定的元素，求出剩余的其他元素，他们之间是否存在等量关系？</td><td>学生回答，师生共同回顾三角形的全等条件</td><td>初中只是定性地研究过三角形的边角关系，通过三角形边角之间是否存在等量关系的问题激发学生学习兴趣，引出本节课的学习内容，展开对正余弦定理的探究。</td></tr>
<tr><td>二、讲授新课推导余弦定理</td><td>思考：如图，在△ABC 中，BC=3，AC=4，C=$\frac{2\pi}{3}$，AB 为多少？
A
B C
教师规定时间让学生思考与解答，并请学生分享方法。</td><td>学生求解问题，作出方法对比</td><td></td></tr>
</table>

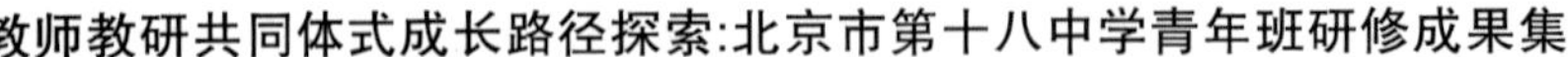

续表

	1. 如果学生同时只给出作高构造直角三角形的方法，则追问：如果将题目中的AB的改为 $\left\|\vec{AB}\right\|$ ，你还能想到其他方法吗？ 如果学生不仅给出只给出作高构造直角三角形的方法，还给出了向量方法，则追问：大家认为哪种方法更好？ 问题3：将思考中的给定的边和角，对应地换成 a,b,C, 求 c, 你能表示 c 吗？ 类似地，你能用 b、c 和 A 表示 a, 用 a、c 和 B 表示 b 吗？你得到什么结论？	提问学生回答，教师总结板书	通过具体题目，帮助学生对比体会向量方法在推导余弦定理的便利 将问题一般化得出余弦定理
三、讲授新课推导正弦定理	通过量式 如：$\vec{AB}=\vec{CB}-\vec{CA}$（依据学生给的向量关系）两边平方即两边同时点乘自身，将向量式转化为数量式得到了余弦定理，我们可以看到向量的数量积运算在联系几何与运算方面的强大，是否还可以在向量式两边点乘其他向量，将向量式转化成三角形的其他边角关系呢？	引导学生还可以在向量式两边可以点乘共线向量	
	学生会比较容易说出点乘共线的向量，进一步追问共线关系的数量积运算会得到三角形的内角或其补角的余弦，还有其他位置关系通过运算能与三角形内角的三角函数建立联系吗？	引导学生还可以在向量式两边可以点乘与式中垂直向量	启发学生思考将向量式转化为数量式的多种办法

续表

	小组探究：在$\overrightarrow{AB}=\overrightarrow{CB}-\overrightarrow{CA}$两边点乘与$\overrightarrow{AB}$垂直的单位向量，你能得到什么结论 教师指导学生	小组合作探究，展示成果	学生通过点乘与向量式垂直的向量得出正弦定理
		学生推导得出正弦定理	类似地，我们有$\overrightarrow{AC}=\overrightarrow{BC}-\overrightarrow{BA},\overrightarrow{BC}=\overrightarrow{AC}-\overrightarrow{AB}$，你能得到什么结论
四、课堂小结	教师归纳总结，提问学生的收获	学生体会定理的推导过程	学生体会向量方法推导出正余弦定理的一致性，培养数学抽象，逻辑推理核心素养
五、课后思考:	向量式两边同时点乘与已知向量共线的单位向量又可以得到什么结论呢?		启发学生自主探究
六、板书设计	**6.4.3 余弦定理、正弦定理** $\overrightarrow{AB}=\overrightarrow{CB}-\overrightarrow{CA}$ 向量的方法 —研究→ 三角形的边角关系 向量式→数量式 点乘 → 余弦定理 向量式两边同时点乘一个与已知向量垂直的单位向量 → 正弦定理 向量式两边同时点乘一个与已知向量共线的单位向量 → ?		

“海带提碘”教学设计

宋文静

教学基本信息					
单元（或主题）名称	元素周期律的应用				
学科	化学	学段	中学	年级	高一
相关领域	化学				
主要教材	书名：化学 必修二 出版社：山东科学技术出版社 出版日期：　年　月				

教学设计参与人员			
	姓名	单位	联系方式
设计者	宋文静	北京市第十八中学	
实施者	宋文静	北京市第十八中学	
指导者	王爽 赵吉星	北京市第十八中学	
课件制作者	宋文静	北京市第十八中学	
其他参与者			

单元（或主题）指导思想与理论依据

【指导思想】

《普通高中化学课程标准(2017 年版)》指出：“高中化学课程应倡导真实问题情境的创设，开展以化学实验为主的多种探究活动，重视教学内容的结构化设计，激发学生学习化学的兴趣，促进学习方式的转变，培养他们的创新精神和实践能力；积极倡导“教、学、评”一体化，使每个学生化学核心素养得到不同程度的发展。”

《科学构建学科核心素养的发展进阶》指出：

学科核心知识是学科素养的必要经验基础；

学科核心素养的心理实质是以认识角度为核心的学科认识方式；

学科核心知识通过学习理解、实践应用以及迁移创新等学科能力活动转化为自觉主动的学科认识方式，从而表现为面对各种问题情境及研究对象时能够完成各种能力活动的胜任力。从而推动学生化学核心素养的发展进阶：知识进阶、方法进阶、问题情境及能力活动进阶。

续表

【理论依据】 建构主义认为：学习不是由教师把知识简单地传递给学生，而是由学生在一定的情境即社会文化背景下借助他人（包括教师和学习伙伴）的帮助，利用必要的学习资源，通过意义建构的方式而获得的。教学不能无视学习者的已有知识经验，应引导学习者从原有的知识经验中，生长出新的知识经验。 发现学习理论认为：学习是一个积极主动的认识过程。学习者不是被动地接受知识，而是主动地获取知识，并通过把新获得的知识和已有的认知结构联系起来，积极地建构其知识体系。学习知识的最佳方式是发现学习，发现学习即学生利用教材或教师提供的条件自己独立思考，自行发现知识，最终掌握原理和规律的学习。
单元（或主题）教学背景分析
一、教学内容分析及课时分配 本单元内容直接对应《课程标准》“课程内容” 中“必修课程”部分的“主题 3：物质结构基础与化学反应规律”，并与“主题 2：常见的无机物及其应用”“主题 5：化学与社会发展”相关联。主要促进学生“宏观辨识与微观探析”“证据推理与模型认知”“科学探究与创新意识”化学学科核心素养的发展。 本单元包括《第 3 节 元素周期表的应用》（4 课时）和《微项目．海带提碘与海水提溴—体验元素性质递变规律的实际应用》（2 课时）。从课程角度分析，元素周期表（律）是中学化学的核心概念之一，对学生认知元素性质、物质性 质及其变化规律、化学基本原理均有重要的指导作用。初中阶段，学生主要基于元素视角认识典型代表 物的性质；高中必修阶段，学生先从物质类别和元素价态的角度认识物质间的转化，然后基于元素周期表（律）探寻物质转化背后的实质规律，最终建构 “构—位—性”模型。从最新鲁科版高中化学教材的编排顺序看，“元素周期表的应用”编排在必修第二册第一章的章末。之前，学生已经完成了大量元素化合物知识的学习 （宏观视角）。通过本章的学习，学生研究物质性质的视角由宏观转向微观：探究影响元素性质的内在因素，认识“元素性质递变规律”，借助元素周期律（表）这一工具对元素化合物知识进行概括、整合，并能够预测分析陌生元素、物质的性质。“微项目”则通过海带提碘与海水提溴流程的设计与分析，引导学生应用元素性质递变规律解决实际问题，进一步体会元素性质递变规律的应用价值。 二、学生情况分析 学生已有认知： 在初中化学课程的学习中已经知道原子是由原子核和核外电子构成的；能够认识元素周期表的前 20 号元素；学已经学习了氯、硫、氮、钠等元素的单质及其化合物的性质，对于许多元素及其化合物已有感性认知的基础；在此之前已经学习了元素周期表和元素周期律；初步掌握一定的设计实验、分析解释的能力；知道过滤、蒸馏、升华等是常见的分离提纯方法；熟悉实验室常见的仪器(烧杯、漏斗、试管等)；具备一定的基本实验操作技能。 学生待发展的认知： 能够利用元素周期律以及对已知元素化合物性质的研究思路和方法研究陌生元素及其化合物的性质；构建认识元素和物质性质的新视角，“位—构—性”模型；能够应用“位—构—性”模型预测陌生元素的性质，解决实际问题。

续表

单元（或主题）教学目标	
单元教学目标	具体教学目
建立原子结构与元素性质的关系，使“原子结构”知识在学生认知中发挥应有的功能重点确立“位——构——性”认知模型中的“构—性”要素。	● 通过对 IA、VIIA 族和第二、三周期部分元素的性质研究，认识元素的金属性和非金属性的递变规律，能够建立元素位置、原子结构和元素性质之间的关联，初步建构以元素为核心的“位——构——性”模型 ● 通过设计实验论证元素性质递变性和相似性的过程，建立元素性质与物质性质的联系，形成相应“位——构——性” 模型
完善“位——构——性”模型的认知功能，使学生能基于模型进行推理论证。	● 以陌生元素（Si\Al）为载体，应用模型预测元素及其化合物的性质，并完善认识模型。
厘清元素性质的内涵，区分元素性质与物质性质，构建从元素性质过渡到物质性质的推理路径。	● 依据探究目标，设计合理的实验探究方案，依据实验现象进行分析、归纳、总结，并根据规律合理推论和预测物质性质。 ● 通过小组合作、自主学习等方式，积极检查和反思科学探究过程，进而再次开展实验验证，将探究所得上升发展成为理论。
能够应用“位——构——性”模型解决实际问题。	● 通过海带提碘活动和海水提溴工艺流程的设计，建立真实复杂系统中物质富集、分离、提取的基本思路。 ● 通过海带提碘活动和海水提溴工艺流程的设计，熟练应用“位——构——性”模型实现物质的转化，从而获取目标产物，体会元素周期律、元素周期表在分析解决实际问题中的价值。

单元（或主题）教学过程设计		
本单元教学通过对元素性质递变性、相似性规律的探究，培养学生证据推理的能力，引导学生逐步建立科学认识模型，并应用认识模型预测陌生元素及其物质的性质，促进学生基于元素周期律（表）对物质的性质、应用、转化的再认识。		
教学板块	学习过程	核心素养
板块 1 元素性质与原子结构的关系（构建认识路径） 课时 1	任务一：分析周期表中元素的内在实质联系 学习情境 1：门捷列夫探索的周期律是元素间的实质联系 学习活动 1.1：讨论元素周期律的实质内涵 学习活动 1.2：讨论元素性质和原子结构的关系	科学态度与社会责任感 证据推理与模型认知

续表

板块 2 探究同周期元素的性质与原子结构的关系（构建认识模型） 课时 2	任务二：同周期元素性质的递变规律探究 学习情境 2：探究第 3 周期元素原子得失电子能力的比较 学习活动 2.1：实验探究 Na、Mg、Al 原子结构与失电子能力的关系 学习活动 2.2：阅读探究 Si、P、S、Cl 原子结构与得电子能力的关系	证据推理与模型认知 科学探究与创新意识
板块 3 探究同主族元素的性质与原子结构的关系（发展认识路径） 课时 3	任务三：同主族元素性质递变规律探究 学习情境 3：探究 IA、VIIA 族元素性质的递变规律 学习活动 3.1：寻找 IA、VIIA 族元素原子结构的异同 学习活动 3.2：探索 IA 族元素化学性质的相似性和递变性 学习活动 3.3：实验探究 VIIA 族元素化学性质的相似性和递变性 学习活动 3.4：元素的原子结构与元素性质的关系	证据推理与模型认知 科学探究与创新意识
板块 4 预测元素及其化合物的性质（完善表征模型） 课时 4	任务四：分析、预测、比较元素及其化合物的性质 学习情境 4：预测 Si 元素及其化合物的性质 学习活动 4.1：比较 C、Si、P 元素的性质 学习活动 4.2：预测 Si 及其化合物的化学式的性质 学习情境 5：预测 Li、Be、B 元素及其化合物的性质 学习活动 5.1：比较 Li、Be、B 与 Na、Mg、Al 元素性质 学习活动 5.3：完善并关联“构—位—性”认识模型	证据推理与模型认知 科学探究与创新意识
板块 5 海带提碘与海水提溴（应用模型） 课时 5、6	任务五：海带提碘与海水提溴 学习情境 6：以海带灰为原料，提取碘单质 学习活动 6.1：从海带中获得含碘单质的溶液 学习活动 6.2：从含碘单质的溶液当中提取碘单质 学习情境 7：设计从苦卤当中提取溴单质 学习活动 7.1：你选择何种试剂使 Br- 转化为 Br2？为什么？ 学习活动 7.2：该实验方案能否将碘单质提取出来？为什么？ 学习活动 7.3：工业流程中哪几步操作与富集溴元素有关？每一步操作的目的是什么？	证据推理与模型认知 科学探究与创新意识 科学态度与社会责任感

续表

单元（或主题）学习效果评价及作业设计

1. 学习效果评价

学习效果评价量表

评价目标	评分标准和表现描述	得分
能够说出“位—构—性”模型内容。	2 分 能够熟练地说出“位—构—性”模型内容。	
	1 分 在提醒下能说出“位—构—性”模型内容。	
	0 分 在提醒下也不能说出“位—构—性”模型内容。	
能够运用“位—构—性”模型去推测未知元素的性质。	2 分 能够熟练地运用“位—构—性”模型预测陌生元素性质。	
	1分 能够对照笔记运用“位—构—性”模型预测陌生元素性质。	
	0 分 对照笔记仍然不能能够运用“位—构—性”模型预测陌生元素性质。	

2. 作业设计：

1. 对应的章节练习题检测。

2. 绘制思维导图。

本单元（或主题）教学特色分析 (300—500 字数）

●优化教学策略，强化知识认识功能。

本单元教学设计按照学生的认知发展线索组织，对核心内容的呈现顺序、方式反深广度进行调整 学生在掌握了一些原子结构、元素性质和元素周期表的基础上，以熟悉的元素为代表，寻找原子结构与元素性质的关系，初步认识“构—位—性”三者之间的联系。学生分析第三周期代表元素原子结构的相似性与递交性，结合它们与相关物质反应的条件及实验现象，建立元素性质和物质性质的联系，在此基础上分析原子结构，对性质进行预测并实验验证、总结规律，遵循“归纳—演绎”的科学思维过程这样的设计既能丰富学生对化学元素认识，又能帮助学生理清元素性质与物质性质的区别，发展学生宏微结合的化学学科核心素养。

●更新认识角度，构建推理路径模型。

构建认识模型是“元素周期律”的一种核心教学策略，通过此“位—构—性”模型的构建，让学生能够基于模型建立性质分析和预测的推理路径。以往的“元素周期律”教学暴露出不少问题：学生忽视结构对性质的决定性作用，而仅仅从位置角度直接推测性质；学生在问题解决过程中不清楚结构的具体内容，难以建立结构与性质的联系等。而“位—构—性”模型可以更好地帮助学生明确原子结构与元素性质的推理关系。

续表

<table>
<tr><th colspan="4">某一课时的教学目标、教学重点和难点</th></tr>
<tr><td colspan="4">教学目标：
1. 通过体验灼烧、溶解、过滤、萃取等物质分离提纯基本实验操作，掌握化学仪器进行物质检验及分离提纯的方法。
2. 在设计流程、仪器的活动中，通过驱动性问题提升科学探究和创新意识的学科核心素养。通过构建从自然资源中提取化学物质的一般流程，运用“位—构—性（元素性质和物质性质）”关系模型解决实际问题，培养证据推理与模型认知核心素养。
3. 通过了解化学在自然资源开发、利用中的作用，梳理可持续发展思想，培养科学精神与社会责任的核心素养。
教学重点：
1. 设计海带提碘的流程；
2. 逐步构建分液漏斗模型，掌握萃取、分液的概念和操作。
教学难点：
通过“创新设计”的交流研讨，逐步构建萃取、分液的仪器模型。</td></tr>
<tr><th colspan="4">某一课时的教学过程</th></tr>
<tr><th>教学阶段</th><th>教师活动</th><th>学生活动</th><th>设计意图</th></tr>
<tr><td>环节一：
创设情境
引入新课</td><td>【问题】请你谈谈对碘元素的认识？

【视频】碘对于生命体的作用、以及在人类的日常生产和生活中的广泛应用。 

【介绍】海产品中碘的含量 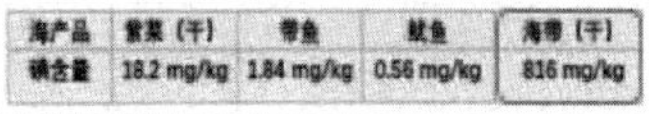

<table><tr><td>海产品</td><td>紫菜（干）</td><td>带鱼</td><td>鱿鱼</td><td>海带（干）</td></tr><tr><td>碘含量</td><td>18.2 mg/kg</td><td>1.84 mg/kg</td><td>0.56 mg/kg</td><td>816 mg/kg</td></tr></table></td><td>【回答】
1. 碘是人体的微量元素，缺碘会造成大脖子病。
2. 元素周期变中的卤族元素。
3. 做碘伏。

【观看视频】

海带的含碘量高，可以从海带当中提取碘。</td><td>学生自己谈谈对碘元素的认识，体会碘与我们的生活息息相关。

从学生的生活出发，激发学生对本节课的学习兴趣，创设真实的情境，认识元素化合物知识在现实生活中的意义。发展学生的科学态度与社会责任感的核心素养。

找到提碘的原料</td></tr>
</table>

续表

<table>
<tr>
<td>环节二：从海带中获得含碘单质的溶液</td>
<td>【资料】
海带、紫菜等藻类植物中含有丰富的碘元素。其中，海带产量高、价格低，常用作提取碘单质的原料。碘元素在海带中以碘化物的形式存在。灼烧干海带可以分解除去其中的有机化合物。灼烧后得到的海带灰中，除了存在可溶性碘化物外，还存在多种可溶性无机盐。
【绘制海报】
绘制从海带中获得含I2溶液的流程图。
【氧化剂的选择】
$I^- \xrightarrow{氧化剂} I_2$　氧化反应
常见氧化剂：Cl_2、Br_2、HNO_3、$KMnO_4$、H_2O_2
• 书写离子反应方程式：
$Cl_2 + I^- =$
$H_2O_2 + I^- + H^+ =$
【学生实验】
1. 用量筒取12mL滤液于烧杯中
2. 加入2滴管氯水(过量)

【思考】如何检验I2的存在?
【思考】如何提高溶液中I2的浓度和除去溶液中可溶性的杂质呢?</td>
<td>【交流研讨】

【确定氧化剂】
根据同主族元素的相似性和递变性规律可知，卤族元素非金属性逐渐减弱，可以用氯、溴来氧化碘离子获得碘单质。
【书写方程式】
$Cl_2 + 2I^- = I_2 + 2Cl^-$
$H_2O_2 + 2I^- + 2H^+ = I_2 + 2H_2O$
【小组实验】
淀粉遇碘单质变蓝
操作：取、加、若、则
↓
现象：变蓝
↓
结论：溶液中有碘单质，从而证明流海带中确实含有碘且设计的流程合理可以提取碘。
除杂：将可溶性的无机盐沉淀后再过滤
富集：蒸发</td>
<td>锻炼学生的阅读、捕捉关键信息能力，小组合作等能力，帮助学生初步构建海带提碘的流程模型，发展学生的认知，同时诊断学生对于流程图的认知。

该活动设置意图是通过氧化剂的选择，诊断学生对于氧化还原、卤族元素的知识的掌握情况，构建陌生方程式的书写模型：确定反应物和生成物；确定反应类型；书写离子方程式，锻炼学生陌生氧化的书写能力，发展学生变换观念与平衡思想、证据推理与模型认知的核心素养。

学生动手实验，增加课堂乐趣，同时锻炼学生的动手操作、小组合作等能力，由实验现象获得证据，培养学生证据推理与模型认知的核心素养。诊断学生的实验操作能力。

激发学生思考，引出下一个环节。</td>
</tr>
</table>

续表

环节三：从含碘单质的溶液当中提取碘单质	【资料】 ① I_2 能溶于水，易溶于 CCl_4，溶于 CCl_4 呈现紫色。 ② CCl_4 密度大于水，与水不互溶，有毒且易挥发。 【创新设计】绘制装置图（仪器），预测实验现象，得出结论。 【实验操作】 完成实验，记录实验现象，验证结论。 【形成概念】 萃取：利用某种溶质在两种互不相溶的溶剂里溶解能力的不同，用一种溶剂（我们称之为萃取剂）将其从原溶剂中提取出来的方法叫萃取。 分液：萃取后，将上述两种液体分开，从而达到提取物质的目的。 【思考】为什么用CCl4作为萃取剂，说说你的想法。 【思考】如何分离碘单质与四氯化碳呢? 【反萃取法】  分析反萃取过程，书写过程①②的离子方程式。	【创新设计】 1. 烧杯 2. 加盖的烧杯 3. 漏斗 4. 漏斗与加盖烧杯结合 现象：溶液分层，上层颜色变浅，下层为紫色。 结论：实现了除杂和富集 【小组实验】 现象：溶液分为两层，上层颜色变浅，下层为紫色。 通过碘溶液的颜色变深（棕黄色到紫红色），判断出碘的浓度提高了。（富集） 通过四氯化碳层颜色的变化，推出单质碘进入到了四氯化碳层，出去了可溶性无机盐。（除杂）  蒸馏 ①确定反应物、生成物 ②确定反应类型 ③书写离子方程式 双线桥 三守恒 $I_2 + 6OH^- = 5I^- + IO_3^- + 3H_2O$ $5I^- + IO_3^- + 6H^+ = I_2 + 3H_2O$	基于已有认知却又高于已有认知，学生通过创新设计，发现问题，引起认知冲突，通过小组交流，教师引导突破固有认知，设计出新的仪器。在这个过程中学生的思维、交流、表达等能力得到了锻炼，也培养了学生科学探究与创新意识的学科核心素养。让学生站在仪器设计者的角度，体会仪器的产生，发展学生的科学态度与社会责任感的核心素养。 通过小组合作完成海带提碘实验，巩固常见实验操作，由实验现象推出结论，培养学生的证据推理与模型认知核心素养。诊断并发展学生实验探究的水平和实验操作能力。 形成概念，获取新的知识。引出从碘的四氯化碳溶液分离出固态碘的方法。 激发学生思考 通过分析反萃取的过程了解分离碘单质与四氯化碳的方法，从而诊断学生对于离子反应方程式模型的掌握情况。

续表

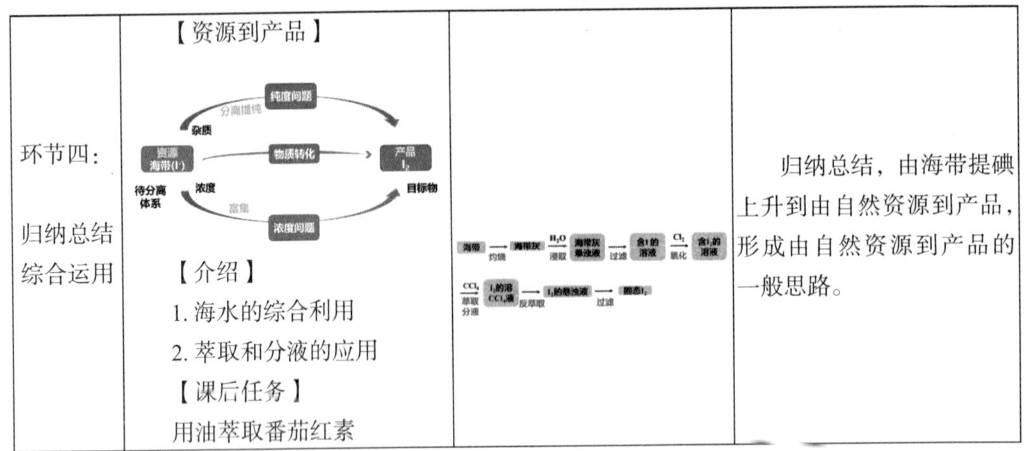

环节四： 归纳总结 综合运用	【资源到产品】 【介绍】 1. 海水的综合利用 2. 萃取和分液的应用 【课后任务】 用油萃取番茄红素		归纳总结，由海带提碘上升到由自然资源到产品，形成由自然资源到产品的一般思路。

“校园气象站——湿度计的制作”教学设计

姜雅乔

教学基本信息					
单元（或主题）名称	建立小小气象站——湿度计的制作				
学科	物理	学段	初中	年级	初二
其他相关领域或学科	热学				
主要教材	书名：《物理八年级（全一册）》 出版社：北京师范大学出版社 出版日期：2014 年 7 月				

教学设计参与人员			
	姓名	单位	联系方式
设计者	姜雅乔	北京市第十八中学	
实施者	姜雅乔	北京市第十八中学	
指导者	刘畅	北京教育学院丰台分院	
课件制作者	姜雅乔	北京市第十八中学	
其他参与者			

以下教学设计模板仅供参考，涵盖主要部分和内容即可。

续表

<table>
<tr><th>单元（或主题）指导思想与理论依据</th></tr>
<tr><td>校园气象站是专门为了优化校园科技教育环境，提高青少年学生的科技意识，活跃同学们的课余生活，增强他们的物理实际观测能力而开发设计的，同时也为了满足物理教学的实际需要。
在校园里建立气象站不仅使同学们掌握了气象观测的基本方法，更重要的是能够激发同学们学习物理学的兴趣和热情，了解更多的气象科学知识。
本项目的目的是让学生利用力学以及热学知识建设学校的校园气象站，在建设和使用过程中，不仅指导学生的学习和生活，更加深学生对于物理学科指导生活的认识。通过校园气象站的建设和使用，学生知道了力的作用效果，温度计的使用及其原理，湿度计的原理、制作、校准和使用等等，使组员通过感受、设计、实验等过程，协同设计、制作和观测气象数据的过程中，对力的作用效果、蒸发快慢的影响因素、汽化吸热的应用等，有更深刻全面准确的认识。
学生每天都在感受着身边很多物理量的变化，感受着温度、湿度、风向和风速、大气压等的变化，和这些物理量的变化对我们的影响，本项目则是在学生亲身感受的基础上，从科学的视角研究力学和热现象，从生活走向物理，通过项目学习让学生从物理再次走进美好的生活。</td></tr>
<tr><th>单元（或主题）教学背景分析</th></tr>
<tr><td>一、教学内容分析及课时分配
课标分析
在湿度计的制作这个项目中，包含了两个物理观念：物质观与能量观
1. 能描述固、液和气三种物态的基本特征，列举自然界和生活中不同状态的物质及其应用。
2. 说出生活环境中常见的温度值。了解液体温度计的工作原理，会用常见温度计测量温度，尝试对环境温度的问题发表自己的见解
3. 经历物态变化的实验探究过程，知道物质的熔点、凝固点和沸点，了解物态变化过程中吸热和放热现象。用物态变化的知识说明自然界和生活中的有关现象。
教材分析
汽化和液化这一节有两个突出的特点：一是教学内容与生活实际联系紧密；二是学生对教学内容有一定的认知基础，感性认知丰富，为本节教学创设了有利条件，使学生感到物理知识就在他们身边，物理知识就是生活的一部分，同时也为落实“从生活走向物理，从物理走向社会”的理念搭建了有利平台。
内容分析
此次项目式学习以制作湿度计为中心，由建立小小气象站出发，通过发现湿度与生活紧密相关引发制作湿度计的需求，到了解湿度计原理、制作湿度计等系列活动，帮助学生认识到通过运用所学物理知识就能够解决实际生活中的问题，使学生感受解决问题的成就感，从而进一步激发学生学以致用的学习热情。在教学过程中，首先由建立小小气象站入手，引导学生发现生活中与湿度有关的现象，由此得出“如何制作湿度计”这一驱动任务。并通过“湿度计的原理”“湿度计的选材”“制作湿度计”“改进器材”“校准湿度计”以及“湿度计安装位置的选址”这一系列活动，制作出一个建议湿度计，并在这个过程中锻炼学生具有使用科学证据的意识和评估科学证据的能力，能使用证据对研究的问题进行描述、解释和预测，以及合作与交流的意愿和能力，能准确表达、评估和反思实验探究过程与结果。</td></tr>
</table>

续表

课时分配

	驱动问题	核心知识	核心素养	计划课时
导引课	如何测量不同环境的湿度?	温度 物态变化	物理观念	1
探究课	如何设计和制作湿度计?	蒸发快慢的影响因素、汽化吸热的综合运用	科学思维、科学探究	1
展示课	如何对湿度计进行校准和安置呢?	综合应用物态变化的基本知识	科学思维、科学探究	1

二、学生情况分析

在本次项目前,学生已经完成了《温度 温度计》《熔化和凝固》《汽化和液化》《物质结构的微观模型》以及《内能 能量转化》的学习,对热现象已经有了一个基本的认知,但是"湿度"对于学生来说是一个全新的概念,湿度与蒸发快慢以及温度变化之间的关系学生还存在很大困惑。

单元(或主题)教学目标

根据课程标准和物理课程要培养的学生核心素养的四个方面, 本单元内容可制订 如下教学目标。

【物理观念】

1. 学生通过课前实验,初步认识湿度。
2. 学生通过观看视频,认识湿度是表示空气中含水量的物理量。
3. 学生通过查阅资料,了解古代人民测量湿度的方法 。
4. 学生通过实验和观察,对"蒸发吸热"这一现象有直观的认知。

【科学思维】

1. 学生通过比较浴室和卧室毛巾晾干速度的过程,提高学生思维的严谨性。
2. 学生通过分析"毛巾实验"的优缺点,锻炼了学生质疑创新的能力。
3. 学生通过"蒸发吸热"实验,思考设计出湿度计的初步模型,培养了学生科学推理、构建模型的能力。

【科学探究】

1. 学生通过课前设计实验比较湿度,培养了科学探究的能力。
2. 通过测量水蒸发时玻璃泡的温度,探究蒸发时吸放热情况。
3. 学生通过小组合作探究制作湿度计的方案。
4. 学生通过改进湿度计,探究影响蒸发的因素。

【科学态度与责任】

1. 学生通过课后自主学习,进一步了解湿度在生活中的作用。
2. 学生通过小组合作的形式进行实验探究,提高了与人交往协作的能力。
4. 学生通过展示作品提高自信心、激发集体荣誉感。
5. 学生通过感受湿度对日常生活的影响感知到科学知识重要性和实用性。

续表

单元（或主题）教学过程设计

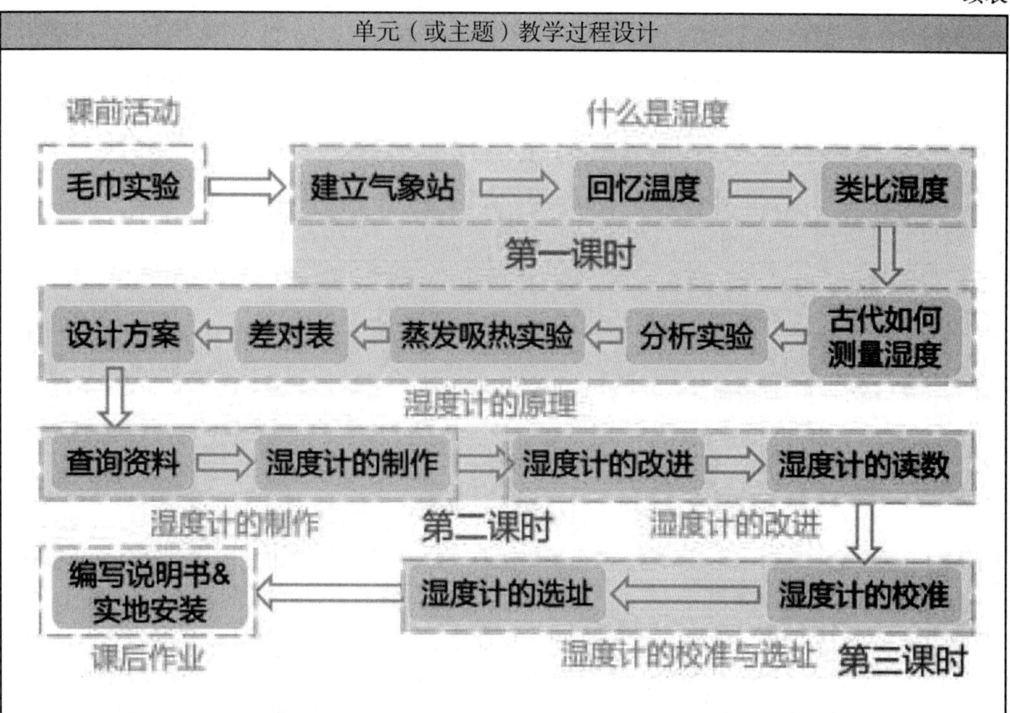

单元（或主题）的作业设计及学习效果评价设计

一、作业设计

课上活动的总结反思

尝试画出湿度计示意图

课上核心知识及解决问题思路方法的巩固与应用

学案上温故知新部分

尝试对湿度计进行合理的校准，写出怎样调试？调试哪里？依据是什么？

给湿度安个家（用☆标上湿度计的位置）说一说你们组选址的目的，以及湿度计需要如何针对性的进行改装。

实践活动作业

编写使用和维护说明书，实地安装湿度计，并对之后每天各时段的温湿度进行监测和记录。

二、学习效果评价设计

序号	评价内容	评价任务（核心活动）	评价标准（学生活动表现水平）	评价与反馈方式
1	湿度计的原理	利用蒸发吸热实验探究湿度计的原理	实验参与程度，思考积极程度	自评、学生互评、教师反馈
2	湿度计的选材	通过小组讨论、查询资料的方式挑选制作湿度计的器材并绘制示意图	小组讨论的积极性、方案可行性	学生互评、教师反馈

续表

序号	评价内容	评价任务（核心活动）	评价标准（学生活动表现水平）	评价与反馈方式
1	制作湿度计	湿度计的制作和改进是否合理	实验参与程度，思考积极程度	自评、学生互评、教师反馈
2	校准湿度计	利用蒸发快慢的影响因素、汽化吸热对湿度计进行校准	有效性、勇于尝试将知识迁移应用	学生互评、教师反馈
3	安置湿度计	模拟安置湿度计，并进行利于后续维护的改进	应用知识的丰富性、方案可行性	学生互评、教师反馈
4	分享项目过程中的收获	对项目中的物理知识、科学思维梳理、分享、补充	应用知识的丰富性、准确性	教师反馈

本单元（或主题）教学特色分析(300—500字数)

本单元特色之处在于将湿度这个新物理量与温度这一熟悉的物理量类比，同时运用转换法将湿度与温度差建立联系，导引课整节课全程用转换法贯穿，穿插了温度、温度计、蒸发、影响蒸发快慢的三个因素等物理知识。注重从生活走向物理，从真实情景出发，引导学生利用所学的物理知识解决生活中的实际问题，进而从物理走向社会。坚持以学生为主体，给学生充分的时间深入讨论，动手实践，锻炼了学生的科学思维能力与科学探究能力。学生通过对本项目的研究，能够掌握探索未知事物的一种方法，即以已有知识作类比，将已有知识与未知事物相联系，寻找其共通之处，并将其作为探索未知事物的突破口，同时通过本项目，能够激发学生探索未知的热情，保持对身边万事万物的好奇心。

本单元的成功之处在于将湿度这个新物理量与温度这一熟悉的物理量类比，同时运用转换法将湿度与温度差建立联系，整节课全程用转换法贯穿，穿插了温度、温度计、蒸发、影响蒸发快慢的三个因素等物理知识，并为学生提供了研究一个未知物理量的思维方式，锻炼了学生的科学思维能力与科学探究能力。

以下请从单元整体设计中精选一个课时（40分钟或45分钟），详细描述该课时的教学目标、教学重难点和教学过程。

某一课时的教学目标、教学重点和难点

《湿度计的制作——导引课》

教学目标：

1. 通过比较浴室和卧室毛巾晾干速度的过程，初步认识湿度，培养乐于观察生活现象的精神；
2. 通过绘制毛巾质量随时间变化曲线提高用表格和图像处理实验数据的能力；
3. 通过观看视频知道什么是湿度，锻炼提取信息的能力；
4. 通过阅读材料，了解古代人民测量湿度的方法，感受我国古代人民的伟大智慧；
5. 通过测量水蒸发时玻璃泡降低的温度，培养实事求是的科学态度。

教学重点：

湿度的测量原理

教学难点：

湿度的测量原理

续表

某一课时的教学过程			
教学阶段	教师活动	学生活动	设计意图
课前活动	学生利用周末时间，将规格一致、质量相等的湿毛巾挂在温度接近的刚洗完澡的浴室、卧室，紧闭门窗，每隔 15 分钟称量毛巾质量连续记录 8 组数据，将实验数据记录在表格中。	记录数据绘制表格、图像	锻炼学生具有设计实验探究方案和获取证据的能力，能正确实施实验探究方案，使用各种科技手段和方法收集信息。
课上活动 活动一：什么是湿度	师：我注意到同学们中午喜欢下楼打羽毛球，但是同学们会发现有些天气不适合打球，那么我们就需要建立一个气象站来观测一下，那么如果我们想建立一个气象站的话，我们都需要监测哪些数据呢？   （侧黑板） 师：如果我们想测量湿度的话，我们就需要制作一个湿度计，制作湿度计分为以下三个步骤：1. 湿度及测量原理；2. 设计及制作 3. 优化及选址，那么我们这节课就先来解决第一个步骤。 师：比起湿度，我们对温度更熟悉一些，完成学案上的【温故】部分，回忆一下温度，给大家一分钟时间。 请这位同学来和我们分享一下你的答案。 （板书） 师：湿度是什么？我们为什么要测量湿度？ 请同学们观看视频并完成学案上的【知新】部分。  通过视频我们知道了湿度是表示空气中含水量的物理量，（板书）并且和生活有密切的联系。温度计是将温度这一不好测量的物理量转换成了便于测量的液体体积，湿度也不好测量，那我们怎么办？ 我们这节课就来学习如何测量不同环境的湿度？	生：气象站需要监测温度、湿度、风向、大气压强。 生：温度是表示冷热程度的物理量，用温度计测量，温度计的工作原理是液体的热胀冷缩，实验方法是转换法，温度转换为了液体体积。	物理知识：温度计原理 提出驱动问题 培养学生具有学习和研究物理的好奇心与求知欲

续表

	师：我们先来了解一下我国古代是如何测量湿度的 请同学们看阅读材料并思考我国古代人民在测量湿度时，主要运用了哪种课上最常见的实验方法？给大家 3 分钟时间。 阅读材料 中国是最早发明测湿仪器的国家。东汉王充在《论衡·变动篇》中曾经谈到，琴弦变松，天就要下雨。琴弦变松，是天变潮湿、弦线伸长所造成的，表示空气湿度较大。可见，古代的弦琴也可当作原始的空气湿度测量仪器。 元末明初娄元礼在《田家五行》一书中也说，如果质量很好的干洁弦线忽然自动变松了，是因为琴床潮湿的缘故。出现这种现象，预示着天将阴雨。他还谈到，琴瑟的弦线所产生的音调如果调不好，也预兆有阴雨天气，这其实也是因为弦线变宽松了，其音准敏感度降低，合乎科学道理。 在《史记·天官书》中曾提到一种把土和炭分别挂在天平两侧，以观测挂炭一端天平升降的仪器。这其实就是原始的“湿度计”。原理是：天气干燥了，炭就轻，天平就倾向于土；天气潮湿了，炭就重，天平就倾向于炭。也就是古人说的“燥故炭轻，湿故炭重”。《淮南子·泰族训》曰：“夫湿之至也，莫见其形，而炭已重矣。”翻译成现代汉语就是：湿气到来的时候，人是看不见的；但是炭已经表现出沉重了。这就进一步阐明了这个测湿仪器能测量出看不见的水汽。显然，这样的测湿仪器在测量方式和精确度上，比“琴弦测湿”又进了一步。 清康熙年间，西方来华传教士南怀仁曾用小鹿的筋做成一个弦线湿度表，以验空气中的燥湿。其原理也是“鹿筋吸湿”，但如此制作仪器，取材太残忍也太昂贵了。 最接近现代湿度计的测湿仪器的发明者，当数清代发明家黄履庄。1656 年出生的黄履庄，发明或改进过许多光学仪器（如探照灯、望远镜、显微镜），也发明过许多“验器”，其中的验冷热器，就是现代“温度计”的雏形；而检验燥湿器，就是现代“湿度计”的雏形，它利用弦线吸湿伸缩的原理，测量空气中的湿度，比瑞士人索修尔发明的毛发湿度计，早了一百多年。	生：转换法。 生：相同时间内变化的质量不一样。相同时间内，卧室的毛巾质量减少的多，浴室的毛巾质量减少的少。因为浴室的湿度高于卧室的湿度。用到转换法，将测量湿度转换成了测量湿毛巾的质量与质量变化的时间。 生：不好，没有准确湿度数值；时间短时质量变化不便测量；时间太长水变成了水蒸气。	物理知识： 温度计的使用 汽化的定义 汽化的方式 蒸发吸热 培养学生具有分析论证的能力，会使用各种方法和手段分析、处理信息，描述、解释实验探究结果和变化趋势；锻炼学生具有合作与交流的意愿和能力，能准确表达、评估和反思实验探究过程与结果。

续表

活动二：湿度的测量	师：古代人民在测量湿度时，主要运用的实验方法是什么？ 师：实际生活中也有类似的感受，比如毛巾在洗过澡的浴室干的比在卧室慢，同学们利用课下时间已经完成了相关实验。  师：请同学们观察本组的实验报告，在小组内分析两条折线有什么不一样？为什么不一样？在这个实验中用到了什么实验方法？给大家5分钟时间。 师：你觉得这个用湿毛巾比较湿度的方法好不好？小组讨论并说明理由，给大家5分钟时间。 师：这个毛巾实验存在一些不足，请大家思考毛巾变干的过程中是谁的质量减少了？变成了什么？ 师：这个过程是什么？ 师：在蒸发过程中除了水的质量会变化，还会引起什么的变化呢？ 师：温度会如何变化我们来做个实验探究一下，用温度计玻璃泡沾一下烧杯中的蒸馏水，悬挂静置温度计，记录室温及水蒸发过程中的温度，给大家5分钟时间 师：蒸发过程会吸热，从而使附近的温度下降。那么我们现在就把测量湿毛巾的质量与质量变化的时间进一步转换成为玻璃泡的温度差。 （板书） 有科学家经过大量的实验，找到了湿度与温度差的定量关系。	生：蒸发。 生：蒸发吸热，会引起周围温度的变化。 生：分组实验、分享数据。 生：阅读材料，完成学案。 生：我们可以用纱布将玻璃泡包裹起来，并将纱布一端放入水中，使玻璃泡一直保持湿润。	

续表

环境温度	[illegible]									
	1	2	3	4	5	6	7	8	9	10
30	[illegible]	[illegible]	[illegible]	[illegible]	[illegible]	[illegible]	[illegible]	[illegible]	[illegible]	40
29	[illegible]	[illegible]	[illegible]	[illegible]	[illegible]	[illegible]	[illegible]	[illegible]	[illegible]	38
28	[illegible]	[illegible]	[illegible]	[illegible]	[illegible]	[illegible]	[illegible]	[illegible]	[illegible]	37
27	[illegible]	[illegible]	[illegible]	[illegible]	[illegible]	[illegible]	[illegible]	[illegible]	[illegible]	36
26	[illegible]	[illegible]	[illegible]	[illegible]	[illegible]	[illegible]	[illegible]	[illegible]	[illegible]	34
25	[illegible]	[illegible]	[illegible]	[illegible]	[illegible]	[illegible]	[illegible]	[illegible]	[illegible]	33
24	[illegible]	[illegible]	[illegible]	[illegible]	[illegible]	[illegible]	[illegible]	[illegible]	[illegible]	31
23	[illegible]	[illegible]	[illegible]	[illegible]	[illegible]	[illegible]	[illegible]	[illegible]	[illegible]	30
22	[illegible]	[illegible]	[illegible]	[illegible]	[illegible]	[illegible]	[illegible]	[illegible]	[illegible]	28
21	[illegible]	[illegible]	[illegible]	[illegible]	[illegible]	[illegible]	[illegible]	[illegible]	[illegible]	26
20	[illegible]	[illegible]	[illegible]	[illegible]	[illegible]	[illegible]	[illegible]	[illegible]	[illegible]	24
19	[illegible]	[illegible]	[illegible]	[illegible]	[illegible]	[illegible]	[illegible]	[illegible]	[illegible]	22
18	[illegible]	[illegible]	[illegible]	[illegible]	[illegible]	[illegible]	[illegible]	[illegible]	[illegible]	20
17	[illegible]	[illegible]	[illegible]	[illegible]	[illegible]	[illegible]	[illegible]	[illegible]	[illegible]	17
16	[illegible]	[illegible]	[illegible]	[illegible]	[illegible]	[illegible]	[illegible]	[illegible]	[illegible]	15
15	[illegible]	[illegible]	[illegible]	[illegible]	[illegible]	[illegible]	[illegible]	[illegible]	[illegible]	12
14	[illegible]	[illegible]	[illegible]	[illegible]	[illegible]	[illegible]	[illegible]	[illegible]	[illegible]	9
13	[illegible]	[illegible]	[illegible]	[illegible]	[illegible]	[illegible]	[illegible]	[illegible]	[illegible]	6
12	[illegible]	[illegible]	[illegible]	[illegible]	[illegible]	[illegible]	[illegible]	[illegible]	[illegible]	3
11	[illegible]	[illegible]	[illegible]	[illegible]	[illegible]	[illegible]	[illegible]	[illegible]	[illegible]	—
10	[illegible]	[illegible]	[illegible]	[illegible]	[illegible]	[illegible]	[illegible]	[illegible]	5	—

当室内温度是25℃时，如果玻璃泡上的水蒸发时的温度与室内温差是1℃，那么此时空气湿度为92%，请对照学案上的相对湿度查对表，将此时的室内相对湿度记录在学案上。

师：刚刚的实验与相对湿度差对表都记录的是玻璃泡上蒸馏水蒸发过程中的温度，我们能不能想一个办法让玻璃泡一直保持湿润？请同学们在小组内设计一个设计合理，可操作性强的方案，给大家3分钟时间。

师：这节课我们我们学习了测量湿度的原理，并且运用转换法将湿度这一不易测量的物理量转换成易于测量的温度差，下节课，同学们将亲自动手制作一个湿度计。

“从自然界中的盐到餐桌上的食盐”教学设计

郭俊雅

教学基本信息					
单元（或主题）名称	从自然界中的盐到餐桌上的食盐				
学科	化学	学段	初中	年级	初二
相关领域	物质的性质与应用、科学探究与化学实验、化学与社会				
主要教材	书名：义务教育教科书九年级下册化学书 出版社：人民教育出版社　　出版日期：2012年6月				

续表

教学设计参与人员			
	姓名	单位	联系方式
设计者	郭俊雅	北京市第十八中学	
实施者	郭俊雅	北京市第十八中学	
指导者	张银屏	北京市第十八中学	
课件制作者	郭俊雅	北京市第十八中学	
其他参与者	任慧英、王瑾	北京市第十八中学	

单元（或主题）指导思想与理论依据
本单元采用项目学习和深度学习两种指导思想。项目学习是指学科常态化的教、学、评范式——育人标准、教育内容、学习方式、评价方式四位一体的系统变革，通过项目学习能够带动高质量基础教育。而深度学习相对于表面学习、浅层学习而言，要求学习者在学习目标的理解与达成、对所学知识的理解、对学习价值的追求、学习过程和学习方式的优化等方面能达到一定深度，因此，运用深度教学能够更加关注学生关键能力、必备品格的培养和正确价值观的形成。

单元（或主题）教学背景分析
一、教学内容分析及课时分配 项目以粗盐提纯为整体任务体系，但在学习过程中需要溶液单元知识、科学探究与化学实验中溶液配制、物质分离提纯知识以及化学与社会中元素与人体健康知识为支撑。 课标中对化学课程内容分为五大模块，本项目涉及到“物质的性质与应用”“科学探究与化学实验”“化学与社会”这三大模块。其中对上述内容的要求分别为： 1. 物质的性质与应用：认识溶解和结晶现象；知道溶液是由溶质和溶剂组成的，具有均一性和稳定性；知道绝大多数物质在溶剂中的溶解是有限度的，了解饱和溶液和溶解度的含义。知道溶质质量分数可以表示浓度，认识溶质质量分数的含义；学习计算溶质质量分数和配制一定溶质质量分数的溶液的基本方法，初步感受定量研究的意义，体会溶液在生产生活中的应用价值；了解食盐在日常生活中的应用。 2. 科学探究与化学实验：包含学生必做实验及实践活动，其中有粗盐中难溶性杂质的去除和一定溶质质量分数的氯化钠溶液的配制。需要学生初步学会在教师指导下根据实验需要选择实验试剂和仪器，并能安全操作，初步学会配制一定溶质质量分数的溶液，学会使用过滤，蒸发的方法对混合物进行分离。 3. 化学与社会：通过实例从物质及其变化的视角理解化学与营养健康的关系。在设计营养盐的过程中，能够通过实例分析，认识到应用科学知识解决问题时应恪守科学伦理，知道国家在食品安全等方面颁布了法律法规，增强遵纪守法，自我保护的安全意识。 以课标要求和教材内容为基础，对三个模块内容进行整合，以“从自然界中的盐到餐桌上的食盐”为项目涵盖所有知识点，并在本项目实施过程中注重对化学学科核心素养的落实，培养学生的自主发展能力、合作参与能力、创新实践能力。

续表

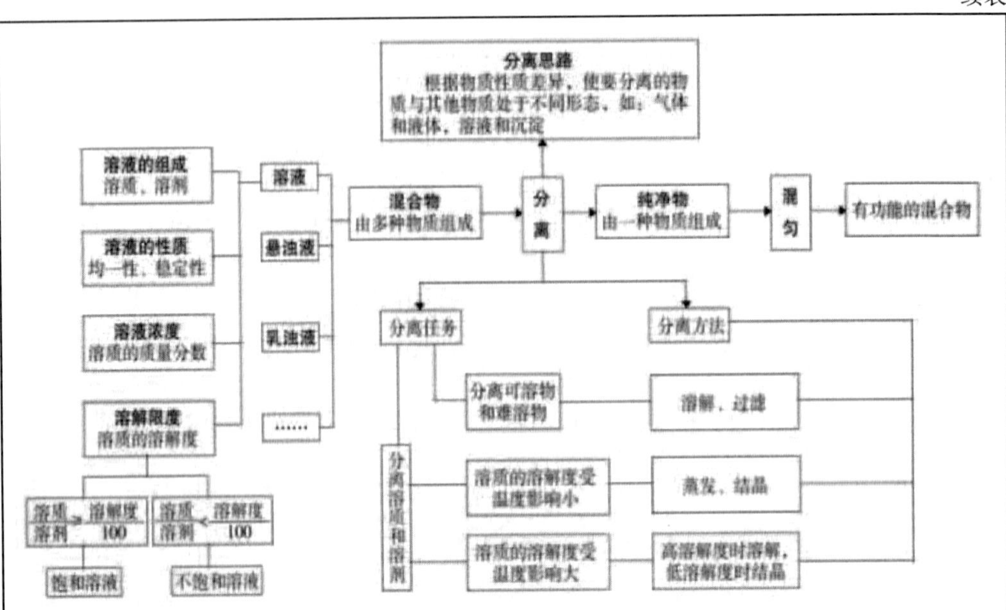

根据知识体系，将本项目的学习内容划分为8课时，分别从项目先导制作饮料、从海水到食盐项目导引、探究氯化钠析出的质剂比、探究氯化钠和氯化镁析出顺序、探究物质均匀混合的方法、展示项目产品营养盐、制盐工艺的综合分析等任务展开。

二、学生情况分析

学生对溶液相关知识有较多的生活经验，生物学科也对食盐的用途做过简单介绍。但从定量角度去描述溶液组成、了解溶解现象的影响因素从而生成饱和溶液、溶解度概念，还是有一定难度的。且学生受经验所限，有很多错误的前概念，如认为相同单位的物理量才能进行运算，认为搅拌会增强固态物质的溶解能力等。

通过前期《智慧用水》项目的学习，学生已经具备了一定的化学实验基本操作能力，掌握了过滤操作；了解水的净化过程中涉及到的沉降、过滤、吸附、蒸馏等分离操作的原理；对项目式学习过程有初步了解，有自主探究、合作学习和自评互评的良好习惯；对于一些科学研究的方法（如对比法、归纳法等）有一定的了解。

单元（或主题）教学目标

课时任务	教学目标
1. 项目先导制作运动饮料	通过配制盐水，了解氯化钠对生命活动的影响并建立描述混合物组成的方法；通过按咸淡程度给盐水排序，分析盐水组成，发现用质剂比、质液比（质量分数）表示盐水的性质较为合理，并能够从配制者和使用者视角，比较两种表示方法应用的便利程度。
	通过用更多方法表示同一份盐水的组成，如质量体积比等，拓展对浓度这一概念模型的建立与认识角度，并能够解释生活中常见浓度表示方法的含义。
	通过准确配制20克20%的盐水实验，检查学生对浓度概念的理解程度，并形成合理的配制步骤，在及时评价的基础上进行实验反思、误差分析，发展定量分析能力。

续表

2. 项目先导制作运动饮料	通过观察并解释酒精与水混合后总体积减小的实验，初步建立扩散、微粒间隔等微观想象。通过画出盐水中的氯化钠、画出泥水中的泥沙，理解溶液均一、稳定的特征。通过观察加入洗洁精前后油水混合物的区别，感受乳浊液的特征及乳化作用。
	通过对硝酸铵、氯化钠、氢氧化钠溶解实验探究，能够感受溶解过程中能量变化；
	通过观看不同溶质在不同溶剂中的溶解实验，感受如溶解快慢、水少时固体不能全部溶解等溶解现象，并从生活试剂出发，初步建立溶解有极限、该极限受外界条件影响等认知，体会溶液在生产、生活中的应用价值
3. 从海水到食盐项目导引	通过阅读超市出售食盐的包装图，发现食盐是含有氯化钠、碘酸钾等营养添加剂、抗结剂、水分、杂质等多种成分的混合物
	通过了解项目学习产品，以国标和人体必需的常见营养元素为支架，小组设计功能盐中所添加的营养物质，并对产品评价做出合理价值判断，完成功能盐评价标准的制定
	通过了解古代制盐技艺，引导学生对产品制作步骤做出设计。发现需要探究解决的问题为利用蒸发操作能否实现得到氯化钠固体并将氯化镁留在溶液中的分离设想。根据自己的实际情况制定学习规划，开展学习活动
4. 探究氯化钠析出的质剂比	通过观察一定质量的 2%、20% 的食盐水演示蒸发操作，做出达到溶解极限才能析出的假设。
	利用一定质量的氯化钠和沸水，探究最浓盐水中溶质与溶剂的质量关系；依据演示与探究两个实验的数据将蒸发析晶与溶解极限相联系，意识到二者为同一浓度，并由此认识到温度不变时，饱和溶液与不饱和溶液之间相互转化的途径
5. 探究析出顺序	面对海水中的多种杂质，初步判断哪种杂质可能在氯化钠之前析出并阐述判断依据。在活动中意识到需要获取溶解极限、含量等多种数据，进行简单的计算得到结论。通过计算探究得出海水蒸发时氯化钠比氯化镁先析出，从而达到二者分离目的
	在海盐制取流程中，发现有常温蒸发的工序，思考温度可以让溶解更快，是否会影响溶解的极限，如何验证。以硝酸钾为实例，认识温度对物质溶解能力的影响，并建立冷却结晶的分离方法
6. 探究物质均匀混合的方法	通过添加温度因素，梳理构建饱和溶液、溶解度的完整概念，并设计呈现大量溶解度的合理方法：列表法与溶解度曲线法，初步了解溶解度曲线的含义
	实物展示加碘盐中氯化钠与碘酸钾量的关系，学生设计将两种物质尽量混合均匀的方法，并分享比较，选出最优方法为向铺平的氯化钠小颗粒表面喷洒热的碘酸钾饱和溶液。为营养盐等产品的制作提供方法支撑，初步体会化学反应与工程技术的关系，在解决与化学相关的复杂问题中形成的质疑、批判能力和创新意识
7. 展示项目产品营养盐	通过提供的关键词，形成本项目思维导图，复习相关知识技能
	通过小组展示用腌制盐按照海水提盐、工业加碘的方法制成功能盐的过程，体会在家庭厨房的环境中安全、规范地进行实验基本操作，感受溶解、过滤、蒸发等基本实验的原理和操作
	通过与同学合作、交流，分析和评价粗盐提纯的方案，在互评环节中发现自身的收获与成长，反思有待提高的细节，初步形成自主学习能力

续表

8. 制盐工艺的综合分析	通过提问与解释的活动，进一步了解我国古代湖盐、井盐和造纸以及近代制碱等生产工艺中与混合物的分离提纯相关的粉碎、溶解、过滤、吸附、蒸发等方法。
	通过对问题的梳理，初步认识到自身现有的认知水平，并明确高阶思维的发展方向，即从是什么到为什么、怎么做，再从定性到定量思考问题的思维方式。
	通过了解真实的生产生活情境，使学生能从跨学科角度初步分析简单的开放性问题，能对不同的观点和方案提出自己的见解，发展创新思维能力。
	通过展示我国古代湖盐、井盐的生产工艺，传承中华优秀传统文化，赞赏化学对满足人民日益增长的美好生活需要作出的重大贡献。

单元（或主题）教学过程设计

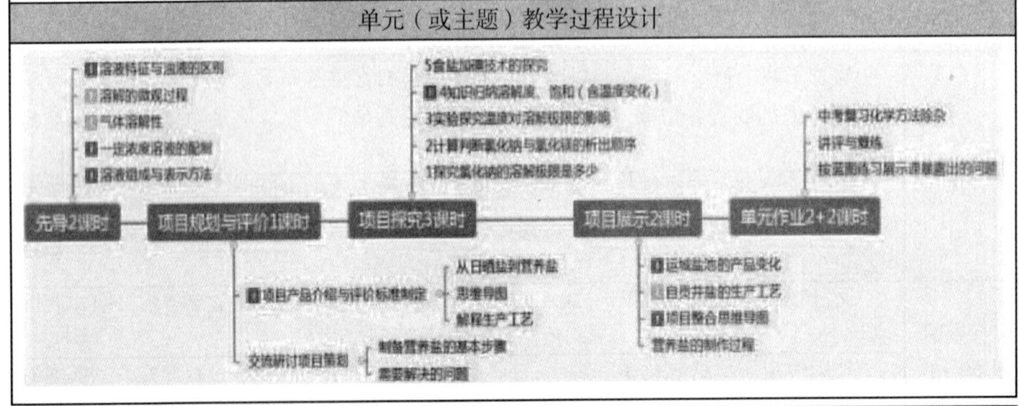

单元（或主题）学习效果评价及作业设计

在整个项目过程中运用了多种评价手段。

第一个是思维导图。看学生绘制的思维导图是否将所提供的全部关键词呈现出来，能否在导图中体现每个知识点间的逻辑关系，并有自己的创新在里面。

第二个是营养盐。通过营养盐的制作过程展示，考察学生是否能够将腌制盐中的不可溶性杂质通过过滤方法除去，是否将可溶性杂质通过蒸发方法除去。在得到精制盐之后，评价学生往精盐中添加营养物质的过程是否符合混合均匀的要求。

第三个是展示汇报。在汇报过程中，观察学生是否能够通过规范的化学语言对制作过程进行描述，在描述过程中其实是会暴露出一些问题的。并且在展示过程中学生有反思环节，通过反思环节中的优点或不足可以对学生进行评价。

第四个是评价标准。学生自己定制评价标准，并通过评价标准上的每一条对学生自己的行为进行评价。（见附件1）

第五个是评价量规。除了学生用的评价标准以外，我也有一份教师用的评价量规，是根据学业标准中对于本部分内容的要求整理出来的，并且记录了每一组出现的问题。对于这个问题，当同学们必提问、抢提问环节都没有提到的话，我会再进行追问。（见附件2）

第六个课堂后测。除了通过实验对学生实践动手能力进行评价以外，还通过课堂后测，将知识落脚在具体题目上，用作答的方式对学生进行评价。（见附件3）

因为学生所处学段是初二年级，所以学习水平不像初三学生那么高，对于知识的理解、整合、运用不是非常熟练，所以难度设置上主要以夯实基础为准，作业量不在多而在精，达到通过设计适量作业就能够将核心素养的培养落地，落实教学目标。

第一个是配制运动饮料。通过配制运动饮料，学生能够建立描述混合物组成的方法。

续表

第二个是思维导图。导图评价标准是根据上学期所学“智慧用水”项目教给学生的。所以这次画导图的时候，大部分学生都能够符合要求，而且还很美观。通过导图能将分散的知识点形成网络化结构，对知识再加工，更有助于记忆。 第三个是自制营养盐。通过自制营养盐，学生能够将所学知识进行落实，并且在家中完成实验室标准操作的替代，这也是一种非常重要的能力。 第四个是准备展示汇报活动。学生通过向同学们展示实验过程可以表达自己、展示自己甚至在互评与自评中反思自己，得到成长，并能够锻炼表达能力。
本单元（或主题）教学特色分析
1. 项目学习本着以终为始的逆向设计思路，评价标准是学生重要的学习支架，甚至本项目评价标准是学生自己设计完成的。评价的目的是让自主的学习活动更具有科学性。课堂上丰富的评价方式，给学生提供反馈和回溯的机会，让学生有机会反思自己的学习，同时希望学生能朝着最好的方向不断反思、提升；在互相点评、互相欣赏中养成合作习惯，形成批判性思维。 2. 利用多个项目成果对核心大概念进行落实。第一，思维导图。绘制思维导图的过程是将之前所学核心知识、核心方法进行再加工的过程，有利于形成网络化知识体系。第二，自制营养盐。从家庭厨房中找到合适用具替代实验室仪器完成混合物分离操作。第三，汇报展示。学生不仅能够介绍产品功能，还能够参考国标添加营养物质并完成对实验的反思。 3. 深化综合评价，对化学学习的全过程进行多层次、多维度评价。能够根据学生发展状况，选择合适的评价载体，构建彰显化学特色的综合评价体系。充分发挥评价的育人功能。除了日常过程性评价以外，还注重活动表现评价。 4. 形成学习共同体，使得学生具有良好的合作意识、团队意识、责任担当并具备良好的分工策略。在多轮的头脑风暴中撞击出自己的思维火花。通过产品质量可知，学生思维比较活跃且富有创意。

第 7 课时的教学目标、教学重点和难点			
通过提供的关键词，形成本项目思维导图，复习相关知识技能。 通过小组展示用腌制盐按照海水提盐、工业加碘的方法制成功能盐的过程，能够在家庭厨房的环境中安全、规范地进行实验基本操作。 通过与同学合作、交流，能够分析和评价粗盐提纯的方案。 教学重难点：完成自制营养盐的展示			
第 7 课时的教学过程			
教学阶段	教师活动	学生活动	设计意图
课前准备	组织学生进行食盐和思维导图的展示，并且提醒同学们完成这两部分的评分。	将思维导图展示三天，完成评分。课前 2 分钟的时间，六组同学将所制备的营养盐推荐给同学和听课的老师们，可以选择品尝同学们所制备的盐并完成对盐的评价，将评价填写在评价标准里。	通过课前展示，让每个人都能够更好的看到制备的产品，看清思维导图，从而更好地进行评分。

续表

项目回顾	完成思维导图展示之后，教师向同学介绍自己关于本项目所做的思维导图。 并交代本次展示活动的评价标准和展示流程环节。	通过思维导图的展示，带着学生一起回顾本项目所学知识并且梳理教学过程中涵盖的逻辑关系，让学生思考与自己上课时的感受不一样的感受。熟悉本节课展示流程环节，包括必提环节、抢提环节以及追问环节。并在展示过程中对分享的小组进行打分。	通过梳理让学生回顾本项目开展顺序中所含有的内在逻辑，即完成哪些驱动性问题的解决。
分组展示	完成计时工作，分组展示时间为 5 分钟，并且有提问环节，针对提问环节计时 1 分钟。	展示所制营养盐，并且重点说明选择做这种营养盐的原因，在展示过程中按照所给的评分标准进行说明和介绍，说清盐的产率和是否符合国家标准，并且在介绍实验过程中选用什么物品替代实验室仪器来完成的实验。重点反思本组实验操作过程中的不足之处以及如何改正，误差分析。	通过小组展示用腌制盐按照海水提盐、工业加碘的方法制成功能盐的过程，在家庭厨房的环境中能安全、规范地进行实验基本操作，感受溶解、过滤、蒸发等基本实验的原理和操作。
总分汇总	在黑板上进行唱票，完成每组打分，并且在奖状上写下获奖小组的名称。	将每个组所填评价标准进行汇总，选出总分最优组和三个单项优秀组，进行表扬和颁发奖状。	通过分组展示环节，让学生在互评与自评的过程中不断吸取经验、反思自己，从而得到成长与进步，在互评环境中发现自身的收获，反思有待提高的细节，初步形成自主学习的能力。通过总结，提出初中化学中混合物分离重要思想。
反思总结	教师进行总结。 现在我们总结一下如何从海水得到粗盐再提纯得到精盐最后制成加碘盐的呢? 海水这种有很多种物质构成的，称为混合物。将混合物制成只有氯化钠一种成分的纯净物，需要分离提纯，这里就要考虑到物质的性质是怎样的，利用物质不同的性质选择不同的分离方法从而达到分离效果。 在将纯净物制成加碘盐这种混合物的时候呢，我们要往里面添加其他物质，这里需要考虑到使物质充分接触的方法。 这就是混合物分离提纯的核心思想了。好，这节课就上到这里，下课！同学们再见！	针对同学们展示时出现的问题进行评价。 归纳总结混合物分离和提纯过程的知识点和核心思想。首先如何从海水到粗盐呢，就要知道海水的成分都有哪些，海水中最多的就是水，需要先把水蒸发，能够完全蒸干吗？不能，要不蒸干除氯化镁，晒出来的盐通过过滤的方法得到粗盐。 那怎么从粗盐得到精盐呢? 这也是大家回家完成的任务，先把粗盐进行溶解，再过滤除去不可溶的杂质，最后再蒸发出去可溶性的氯化镁从而得到精盐。 最后想要从精盐制成碘盐的话，需要往里面加入碘酸钾这种物质引入碘元素。	

续表

<table>
<tr><td>板书设计</td><td> 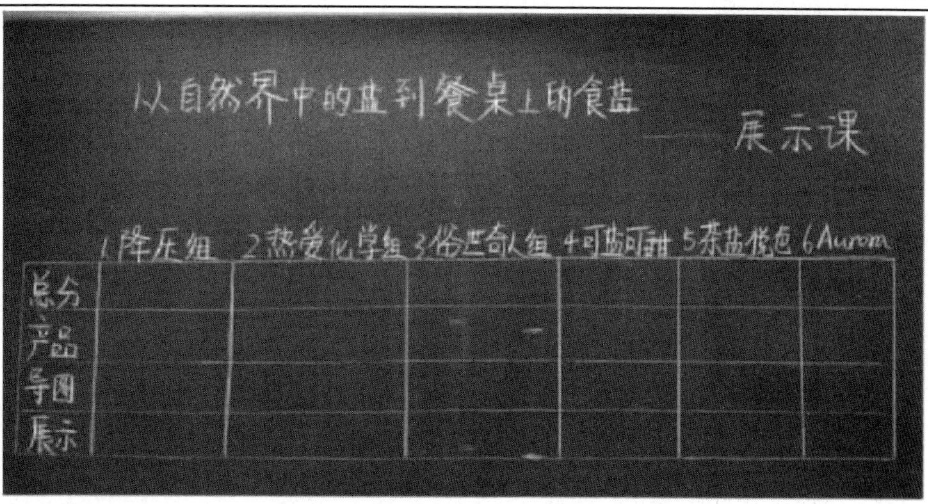从自然界中的盐到餐桌上的食盐
——展示课
1降压组 2热爱化学组 4可盐可甜 6Aurora
总分
产品
导图
展示

总结：如何从海水中得到食盐呢？
海水（液态）→ ? → 粗盐（固态）→ ? → 精盐（固态）→ ? → 碘盐
蒸发水
不蒸干除氯化镁
过滤出粗盐
溶解氯化钠
过滤沙子
不蒸干除氯化镁
氯化钠
氯化钠
碘酸钾
混合物 → 分离提纯 → 纯净物 → 添加物质 → 混合物
物质性质
分离方法
物质充分接触的方法</td></tr>
</table>

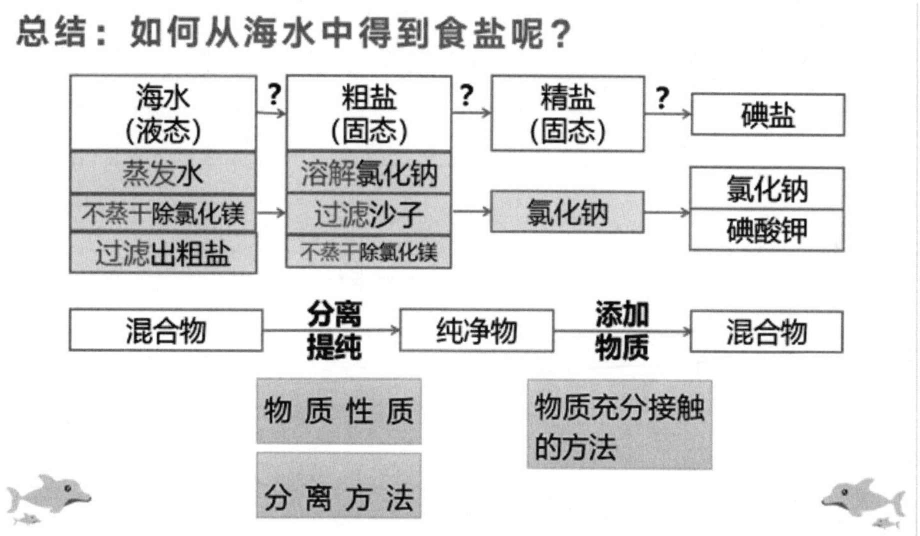

附件1：学生用评价量规

组号：		班级：	
总分全面优胜组：		产品得分最高组：	
导图得分最高组：		展示得分最高组：	

注：评分（优=2分；良1分；差0分）

分类依据	评价标准	评分					
		1组	2组	3组	4组	5组	6组
口感	不苦涩、口感好						
外观	无杂质						
成分	物质配比符合国家标准						
实用性	产品实用且添加成分有创意						
反思	运用化学知识解决出现的问题						
	产品产率超过 50%						
产品总分							

思维导图	完整性（包括所有提供的关键词）						
	层次性（三～四层，分类归纳合理）						
	创新性						
导图总分							

项目展示	分工合作 （包括：制备营养盐、导图、展示）						
	小组全员参与活动						
	视频、图片、PPT 精美						
	发言人表达流畅						
	化学用语规范						
加分项（2分）	接受提问时，回答合理且正确						
展示总分							

合计三部分总分						

自制家庭营养盐评价标准

附件2：从自然界中的盐到餐桌上的食盐展示课教师用评估量表，见下表。

评估量表	1	2	3	4	5	6
会独立组完成粗盐中难溶性杂质去除的实验。包括溶解、过滤、蒸发						
能说明除杂过程中的操作细节，提高食盐的回收率。						
能评估实验的质量和结果，说明实验中的异常和误差，及时修正						
产品实用且添加成分有创意						
物质配比符合国家标准						
小组全员参与活动						
视频、图片、PPT 精美						
发言人表达流畅、化学用语规范						
能回答其他小组的质疑						
能主动向其他小组提问						

第一组问题记录：

已经是用家里的精盐了，再配成溶液加入辣椒末的目的是什么？除什么杂质吗？

如果想要更好的混入辣椒的话，可以怎么改进？

第二组问题记录：

产率 36% 有些低，怎么提高产率？蒸发可以完全蒸干吗？谁也会析出来？

各组展示结束后，介绍适合高血压患者食用的低钠盐，提示营养品不能替代药物

第三组问题记录：

如何除去粗盐中混有的沙子？

直接在粗盐中加入营养物质还是将粗盐制成精盐之后再进行实验？

本组直接在粗盐中加入柠檬汁；碘盐是直接在粗盐中加入的碘酸钾吗？

把柠檬汁加进盐中再蒸发，有效成分的热稳定性，VC 结构不稳定受热易分解。

查的是柠檬酸钠质量是否合格国家标准，不是人体对这种物质用量的标准。VC 的国家标准是多少？国家建议每人每天 50~100mg 的 VC，是怎么确定加入多少柠檬汁的？

产率是怎么计算的？是算加入营养物质之后的质量除以起始质量吗？

第四组问题记录：

为什么会有：边加边用玻璃棒搅拌，一直加到粗盐不再溶解时为止这步操作？

为什么直接混合葡萄糖？碘盐是直接在盐中加入碘酸钾吗？如果改进的话，可以怎样改进？

第五组问题记录：

提到蒸发需要留水，有在反思里考虑到需要计算留水，否则氯化镁会析出。这点特别好。

先混入茶水后过滤蒸发的，产率计算有问题，怎么计算产率？ 90% 偏大

第六组问题记录：

粗盐中不溶性杂质如沙土怎么除掉？

为什么先在盐中加入碘酸钾、乙二胺四乙酸铁钠再进行蒸发？

附件3：课堂后测

环节一：必答题

第　组；姓名：

认真作答，并将答案写在题号前面：

1．生活中常见的下列物质，不属于溶液的是

A．生理盐水　　B．碘酒　　C．豆浆　　D．75%消毒酒精

2．下列物质与水混合，有明显放热现象的是；溶液温度明显降低的是

A．氢氧化钠　　B．食盐　　C．硝酸铵

3．衣服、餐具上的油污可以用加入洗涤剂的水洗掉，是因为洗涤剂

A．可以软化水　B．具有乳化的功能　C．具有溶解作用　D．具有吸附作用

4．从100mL 20%的氢氧化钠溶液中取出10mL，取出溶液中溶质的质量分数是

A．0.2%　　B．2%　　C．10%　　D．20%

5．质量分数6%的NaCl溶液与质量分数3%的NaCl溶液相比较，下列说法正确的是

A. 前者的溶质质量更大　　B. 前者的溶剂质量更大

C. 前者中溶质与溶剂的比例更大　D. 前者中溶质与溶剂质量之和更大

6．配制一定溶质质量分数的氯化钠溶液，操作顺序正确的是

A．计算、称量、量取、溶解　B．溶解、量取、计算、称量

C．计算、溶解、称量、量取　D．称量、量取、溶解、计算

7．以下混合物分离的方法中，主要利用结晶的是

A．用磁铁分离铁粉和铜粉　　B．空气中分离得到氮气和氧气

C．过滤除去河水中的泥沙　　D．暴晒海水得到食盐

8．KCl的溶解度曲线如图所示，能将不饱和KCl溶液变为饱和KCl溶液的方法是

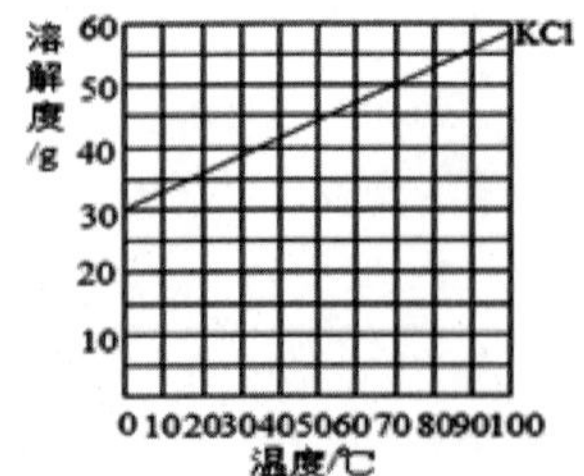

A．升高温度　　B．加水

C．加KCl固体　　D．倒出部分溶液

9．将热的硝酸钾不饱和溶液降温至有固体析出的状态，对该过程描述错误的是

A. 降温过程中硝酸钾溶液逐渐达到饱和状态。

B. 饱和硝酸钾溶液继续降温，硝酸钾析出。

C. 硝酸钾以晶体的形式析出的过程叫结晶。

D. 析出晶体后的硝酸钾溶液是不饱和溶液。

10．如图为氢氧化钙的溶解度曲线，如表为20℃时溶解度的相对大小，下列说法正确的是

溶解度/g	<0.01	0.01~1	1~10	>10
一般称为	难溶	微溶	可溶	易溶

A．氢氧化钙属于易溶物质。

B．氢氧化钙的溶解度随温度的升高而增大。

C．30℃时，氢氧化钙的饱和溶液中，溶质与溶剂的质比为3 : 20。

D．70℃时的氢氧化钙的饱和溶液降温到50℃，变为不饱和溶液。

11．在市售商品的标签中，有很多种表示溶液浓度的方法,比如：56度的二锅头，56% 是体积分数；矿泉水中钾离子的含量是10 mg/L；如果不特加说明，百分数通常都表示质量分数。

计算:56度的二锅头，表示一瓶500 mL的二锅头中含有________的乙醇；一瓶500mL的矿泉水中含有________钾离子。

A．280 mL　　B．280 mg　　C．5 mg　　D．5 mL

12．蔗糖溶解在水中形成溶液。下图能较好地反映溶液中蔗糖分子分布的是（水分子未画出）

A

B

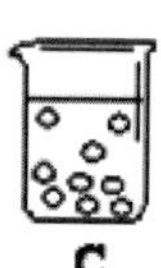
C

D

五、市区竞赛案例

“冷战思维下的博弈——冷战与国际格局的演变”教学设计

李丹阳

第六届北京市中小学新任教师“启航杯”教学设计

<table>
<tr><td>学习主题</td><td colspan="5">冷战思维下的博弈——冷战与国际格局的演变</td></tr>
<tr><td>学科</td><td>历史</td><td>年级</td><td>高一</td><td>时长</td><td>45 分钟</td></tr>
<tr><td>背景分析</td><td colspan="5">（一）课标分析：
《普通高中历史课程标准（2017 年版 2020 年修订）》指出，经过本课的学习，学生能够通过了解冷战时期的典型事件，认识冷战的基本特征，理解冷战的发生、发展与世界格局变化之间的相互影响。在《义务教育历史课程标准（2022 年版）》中，对相应内容的要求为通过了解杜鲁门主义、马歇尔计划、德国分裂、“北约”与“华约”的建立，认识美苏“冷战”对峙局面的形成；在学业能力上侧重于通过了解重要历史事件与收集史料，分析、认识历史问题。两个学段上对于冷战与两极格局的内容与能力要求具有较强的一致性，突出了课程标准的核心素养指向。
因此，通过本课的学习，在唯物史观上，学生能够多角度分析冷战原因，以联系的观点分析冷战与国际格局的演变，并从全球视角理解唯物史观关于人类历史的纵向发展与横向发展之间的辩证关系；在时空观念上，了解冷战发生与发展的时空背景；在史料实证与历史解释上，能够运用史料分析冷战的形成，解释冷战与世界格局变化之间的相互影响；在家国情怀上，能够涵养国际视野，认识冷战思维对当今世界的影响，思考面对国际格局的演变我们应当避免零和博弈，做出正确选择。
（二）教材分析：
从内容视角看：第 18 课《冷战与国际格局的演变》涉及时间长、跨度大，以冷战的发生与发展为主线，讲述了国际格局演变的三个阶段：随着二战的结束，美苏两国国家利益不断发生对立碰撞，开展了除直接军事交战之外的全方位遏制与竞争。杜鲁门计划的出台标志着冷战的开始。在两极对峙格局下，欧洲、日本、中国、第三世界等多个力量开始崛起，多极化趋势出现，冲击两极格局。80 年代末 90 年代初，美苏对抗逐渐缓和，苏联为首的社会主义阵营瓦解，两极格局结束，世界政治格局多极化趋势日益加强。
从单元视角看：第八单元《20 世纪下半叶世界的新变化》承接 20 世纪世界历史演变的四条线索：</td></tr>
</table>

续表

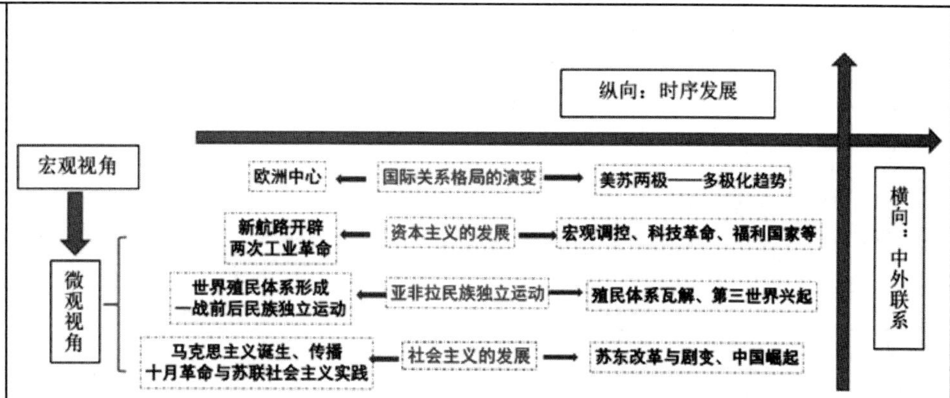

一是国际关系格局的演变：从欧洲中心格局被打破，两极格局形成并逐步瓦解，多极化趋势发展；二是资本主义的发展：第三次科技革命兴起，资本主义国家加强宏观调控；三是亚非拉民族独立运动与殖民体系瓦解，第三世界兴起；四是社会主义的发展变化：苏东剧变，中国崛起。其中，既要注重战后至两极格局瓦解纵向贯穿的时序变化，也要注重新中国的发展与国际格局演变的横向比较与联系。

因此，本课作为第一课时，从宏观视角阐述了20世纪下半叶国际格局的变化，为第19—21课从微观视角把握发展状况不同的国家的新变化奠定了基础。

从通史视角看：国际格局的发展变化表现为一个从量变到质变的过程，20世纪发生的两次世界大战和一次冷战，在国际格局的演变中起到了决定性的作用。“美苏冷战”是“战后国际政治格局演变”的主线，是二战后国家关系演变的缘起和起点，这对于理解第九单元《当代世界发展的特点与主要趋势》有重要作用。

（三）学情分析

1. 课前调研：

（1）课前任务布置与调研

	活动名称	任务内容	核心素养评估
课前任务一	模拟联合国微辩论	模拟联合国微辩论：冷战形成的主要责任方是谁？（正方：美国为主要责任方 反方：苏联为主要责任方） 1. 小组抽签决定角色：美国、英国、日本、西德；苏联、波兰、古巴、东德；第三世界不结盟国家。 2. 各小组通过阅读支撑材料，收集其他史料形成组内立论。 3. 组际合作，总结立论、交流论据，选出三位辩手。	唯物史观、史料实证、历史解释
课前任务二	回溯冷战时空	结合课本第二、三目内容，形成各自阵营的时间轴	时空观念

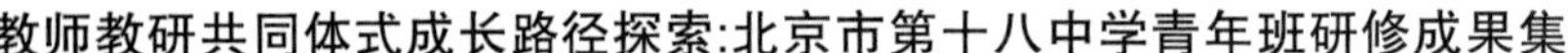

续表

（2）访谈与课前提问

问题设置	学生回答情况	教师评价与建议
1. 你知道哪些与冷战相关的史实?		预习课本并进一步收集史料。
2. 你能说出这些史实之间的联系吗?		利用时间轴与历史地图梳理冷战发展的相关史实。
3. 你能说出近代以来，世界格局发生了几次演变吗?		学生缺乏对历史发展过程中世界格局演变的宏观认识。
4. 你对哪些与冷战相关的问题感兴趣?		关注时事，客观认识冷战对世界局势的深远影响。
5. 你对辩论感兴趣吗？接受过学习吗?		

2. 学情分析：根据课前任务及访谈对其学情总结如下：

（1）知识与能力：经过初中的学习与课前任务的时间线梳理，高一的学生对本课的重要史实如冷战的发生、北约与华约成立、欧洲的联合、日本的崛起、东欧剧变、苏联解体等有一定了解，但也仅限于零星的历史概念，对其准确内涵认识模糊，更遑论阐明它们之间的内在逻辑关系，对冷战发展的时空也缺乏全面认识。

（2）过程与方法：高一学生已初步了解唯物史观的部分观点，初步掌握了史料分析等历史学习方法，但缺乏从宏观视角度思考问题的意识与能力，逻辑思维有待提高，历史解释素养有待提升。

（3）需求与兴趣（态度）：学生需要通过本课学习深刻理解不同阶段冷战的典型事件，认识冷战的基本特征，并进而分析、探讨冷战的发生、发展与世界格局变化之间的相互影响；此外，学生对抽象的国际博弈与国际格局变化缺乏兴趣，对相应的史实与冷战对当今世界的影响却有着浓厚的兴趣。

因此，一方面，从学生感兴趣的时事出发，在教学中通过对典型事件的史料分析，如古巴导弹危机等，启迪学生思维，帮助学生认识冷战的基本特征；另一方面，引领学生从宏观角度理解冷战的发生、发展与世界格局变化之间的相互影响，从而厘清近代以来国际格局演变的特征。

（四）教学重难点

教学重点：认识冷战的发生与发展，总结其基本特征。

教学难点：分析在冷战发生与发展过程中国际关系的变化，理解冷战与国际格局演变之间的相互影响。

（五）教学思路

1. 教学主线设计：本课以冷战的发生与发展为主线，构建起国际格局演变的几个阶段。本次教学从学生较为关注的时事——影响当今国际关系的“冷战思维”出发，以“冷战思维下的博弈”为主题，照应冷战的发展与影响。以“冷战思维的滥觞”——“冷战思维下的博弈”——“冷战思维的窘境”——“冷战思维下的抉择”为线索回溯冷战的发生、发展，总结冷战的特征，引导学生探究冷战与国际格局的相互影响，认识到冷战是国际局势变动中，修昔底德陷阱与零和博弈思维下的抉择，不利于世界的和平与发展，从而凸显“吸取冷战教训，克服冷战思维，共同构建人类命运共同体”的教学立意。

续表

<table>
<tr><td></td><td>2. 教学资源依托：激发学生学习兴趣，以学习共同体为依托，引导学生进行自主学习；通过学案设计、多媒体互动等创设情境，引导学生从多个角度看待国际格局的变化，厘清知识之间的联系。</td></tr>
<tr><td>学习目标</td><td>能够在特定时空下，运用时间轴梳理冷战的发生、发展过程，能够利用地图了解两极格局的形成与演变。（时空观念）
通过古巴导弹危机等典型事件，认识冷战及两极格局的特征。（历史解释）
通过阅读漫画，分析冷战期间影响国际格局变化的历史事件，探究总结冷战与国际格局演变之间的相互关系。（史料实证、唯物史观、历史解释）
能够结合所学知识，辩证评价冷战，并进行历史反思，认识冷战思维对当今世界发展的影响。思考当今社会在推进构建人类命运共同体过程中，大国应有怎样的责任与担当。（唯物史观、历史解释、家国情怀）</td></tr>
<tr><td>问题框架</td><td>1. 单元核心任务与问题链
<table>
<tr><th>单元主题</th><th>单元核心任务</th><th>基本问题</th><th>单元主线</th></tr>
<tr><td rowspan="4">20世纪下半叶世界的新变化呈现和平与发展的特点</td><td>核心任务1：探究冷战与国际格局演变的关系</td><td>1. 冷战的发生与发展有何特征？
2. 冷战与国际格局的演变是如何相互影响的？</td><td>宏观：国际格局的演变</td></tr>
<tr><td>核心任务2：了解资本主义国家发生的新变化并探究其原因</td><td>1. 战后资本主义国家发生了哪些新变化？
2. 发生新变化的原因是什么？
3. 资本主义国家发生新变化的实质是什么？</td><td>微观：资本主义的发展</td></tr>
<tr><td>核心问题3：认识社会主义国家的曲折与发展</td><td>1. 苏联解体与东欧剧变的原因是什么？
2. 如何认识中国取得的一系列建设成就？</td><td>微观：社会主义的发展</td></tr>
<tr><td>核心问题4：了解二战后殖民体系瓦解的相关史实及发展中国家面临的问题</td><td>1. 战后殖民体系的瓦解有何重要意义？
2. 如何认识殖民体系崩溃后发展中国家面临的问题？</td><td>微观：殖民体系的瓦解</td></tr>
</table>
2. 课时核心问题及核心任务
<table>
<tr><td rowspan="5">冷战与国际格局的演变</td><td rowspan="3">核心问题一：冷战的发生与发展有何特征？</td><td>任务一：探究冷战发生、两极格局形成的原因</td></tr>
<tr><td>任务二：了解冷战的发展与多极化趋势、两极格局瓦解的重要史实</td></tr>
<tr><td>任务三：探究冷战及两极格局特征</td></tr>
<tr><td rowspan="2">核心问题二：冷战与国际格局的演变是如何相互影响的？</td><td>任务一：探究冷战的发展如何影响国际格局的变动</td></tr>
<tr><td>任务二：探究国际格局的演变如何影响冷战的发展态势</td></tr>
</table></td></tr>
</table>

续表

方法策略

1. 教学方法：

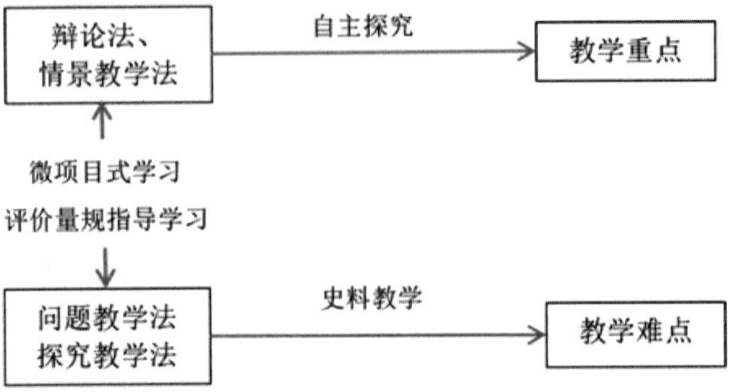

辩论法、情景教学法 —自主探究→ 教学重点

微项目式学习

评价量规指导学习

问题教学法
探究教学法 —史料教学→ 教学难点

运用辩论法、情景教学法引起学生兴趣，引导学生展开自主探究，突破教学重点；运用问题教学法、探究教学法充分展开史料教学，突破教学难点。

2. 教学策略：

（1）开展“微项目式学习”：所谓“微项目式教学”是指在不改变课时的情况下，在课堂上为学生提供 15 ~ 20 分钟左右的探索性项目任务，或者在课外用类似实践性作业的形式对某个内容或主题进行小探索（夏雪梅：《项目化学习设计：学习素养视角下的国际与本土实践》）。在本课的教学当中，创新学习活动，将项目式学习的部分内容融入日常教学中，创设有真实性、趣味性的驱动问题——开展“微辩论”，充分发挥学习共同体的作用，组织学生开展合作探究，收集、筛选、分析史料，进行组内、组际合作，在辩论的过程中主动构建史实之间的逻辑，学习运用史料证明自己的观点，培养史料实证与历史解释素养，在学习共同体中学会倾听与交流；在学法指导方面，教师在各阶段任务的实施过程中随时进行史料运用、收集等学习方法的指导。

（2）践行“教学评一体化”：要充分尊重学生的主体性，提高课堂教学的整体效益，应将教学活动与评价活动融为一体。因此，评价应渗透在教学各阶段、各环节，随时为学生的学和教师的教提供反馈信息，为改进教学、达成教学目标服务；并且让教师和学生都成为评价活动的主体（郑林：《基于学科核心素养目标的历史教学与评价一体化设计》）。因此，在本课的教学设计中，实现了课堂教学活动与评价活动同步设计，将每个学生活动与学生学习表现评价量规同步设计，在教学过程中制定了具有指导具体学习活动作用的评价量规，自评、小组互评、师评结合，充分体现了评价主体多元化。除此之外，还在总结性评价当中加入了评价反馈，促进了课堂教学的延伸，符合对核心素养的长期培养。

例 1：活动一评价量规：

评价量规	自我评价	小组互评	教师评价
能够搜集史料，梳理冷战形成的基本史实，从自身立场出发，形成观点。（5分）			
能够从时空环境、战略意图、冷战心理、意识形态、地缘政治等方面，运用史料证明自己的观点。（10分）			
能够从唯物史观的角度分析两大阵营的战略意图，理解冷战开始的原因。（10分）			
能够在学习共同体小组合作过程中，充分观察与倾听，推进小组合作学习。（5分）			

续表

例 2：宏观考察学科素养达成情况的单元性评价量规：

能力分类	能力要素	历史学科能力表现
A 学习理解能力	A1 识记	能够识记冷战、资本主义的宏观调控、福利国家、苏东剧变等的基本史实。
	A2 说明	能够运用相关史实说明国际格局多极化、殖民体系瓦解的发展趋势以及资本主义国家与社会主义国家的发展、面临的问题。
	A3 概括	能够通过梳理典型史实，并对其进行分类，形成对 20 世纪下半叶世界的新变化阶段特征的认识，描述 20 世界下半叶世界发展的主要趋势。
B 应用实践能力	B1 比较	比较国际格局演变之下，不同国家出现的变化。
	B2 解释	分析冷战发生、国际格局演变与不同国家国家形势出现新变化的原因。
	B3 评价	在学习活动中，对冷战发生的原因、冷战的影响、苏联解体等问题的不同看法进行评析。
C 迁移创新能力	C1 建构	搜集、分析史料，建构对 20 世纪国际格局演变的完整过程叙述，通过梳理基本史实，认识 20 世纪下半叶资本主义国家与社会主义国家发展的总趋势。
	C2 考证	通过史料阅读与鉴别分析，选择可信、适用的史料证明冷战与国际格局之间的相互影响，证明资本主义国家、社会主义国家与世界殖民体系的变化。
	C3 探究	通过阅读分析相关文字、图片史料，提炼“国际格局变化”的相关主题，并运用史料与唯物史观进行阐述。

（3）设计“游戏化教学”：“游戏化教学”将教学目标蕴含于游戏活动中，根据学习者的特征以及教学内容，采取相应的游戏化教学策略，转变“以教师为中心”的传统思路，让学习者在教学活动中主动地建构自己的知识体系，提高素养、陶冶情操（张金磊、张宝辉：《游戏化学习理念在翻转课堂教学中的应用研究》）。在课堂教学中，为了落实时空观念素养，引入“游戏化教学”理念，创设生活化情境，以“国际象棋”对弈的比赛型教学游戏激发学生兴趣，借助地图，引导学生从时间与空间两个角度梳理冷战开始与发展的过程；在游戏活动过程中，教师共同参与，适度引导，增强师生沟通，助推时空观念的落地。

续表

<table>
<tr><td></td><td colspan="2">（4）实行“差异化教学”：开展“差异化教学”活动时，要将学生的需求与学习目标相结合，支持学生的选择和多样化学习（【美】康妮·M. 莫斯、苏珊·M. 布鲁克哈特《聚焦学习目标》）。有助于尊重学生的主体地位，进一步激发学生学习兴趣。通过课前活动充分了解不同组别学生课前知识储备，依据学生反馈情况丰富教学设计。在同一学习任务中根据组别展开不同的学习活动，教师当堂给予个别化指导，共同展示交流。应用差异化教学模式更好地了解每个学生的知识掌握情况，加强师生之间的互动交流。</td></tr>
<tr><td colspan="3">教学活动设计</td></tr>
<tr><td rowspan="3">课前学习活动</td><td>活动目标</td><td>学习要求</td></tr>
<tr><td>活动一：能够在特定时空下，运用时间轴梳理冷战发生、发展过程。
活动二：利用典型史料创设情境，引导学生自主学习，激发学习动力，培养学生搜集、分析史料的能力，培养史料实证、历史解释的素养。培养学生学会倾听与合作。</td><td>活动一：结合课本第二、三目内容，形成各自阵营的时间轴（如图）
1.时间轴
活动二：模拟联合国微辩论：冷战形成的主要责任方是谁？（正方：美国为主要责任方 反方：苏联为主要责任方）
小组抽签决定角色（分组示意图如下）
<table>
<tr><th>阵营</th><th>国别</th><th>小组</th><th>组长</th><th>分工</th></tr>
<tr><td rowspan="4">社会主义阵营</td><td>苏联</td><td>3 组</td><td>郭 XX</td><td>搜集资料</td></tr>
<tr><td>波兰</td><td>4 组</td><td>李 XX</td><td>搜集资料</td></tr>
<tr><td>古巴</td><td>6 组</td><td>金 XX</td><td>分类整理</td></tr>
<tr><td>东德</td><td>2 组</td><td>赵 XX</td><td>书写立论</td></tr>
<tr><td rowspan="4">资本主义阵营</td><td>美国</td><td>1 组</td><td>梁 XX</td><td>搜集资料</td></tr>
<tr><td>英国</td><td>9 组</td><td>孔 XX</td><td>搜集资料</td></tr>
<tr><td>日本</td><td>5 组</td><td>常 XX</td><td>分类整理</td></tr>
<tr><td>西德</td><td>7 组</td><td>张 XX</td><td>书写立论</td></tr>
<tr><td>不结盟国家</td><td></td><td>8 组</td><td>马 XX</td><td></td></tr>
</table>
各小组通过阅读支撑材料，搜集其他史料形成组内立论。
组际合作，总结立论、交流论据，选出三位辩手。</td></tr>
<tr><td>支撑材料</td><td>学案活动——材料：
材料一：战时，要保持团结并不太难，因为有一个打败共同敌人的目标……战后，各种不同的利害关系往往会使同盟分裂。
—— 斯大林 1945 年于雅尔塔
材料二：美国政府攻击共产主义，认为它已经“成为世界上一切邪恶的根源”。斯大林 1946 年在莫斯科选民大会上的讲话中谈到：“只要资本主义制度存在，战争就不可避免，和平是不会有的。苏联人民必须对战争有所准备。
材料三：吾国因拥有道义、政治、经济及军事各方面之力量，故自然负有领导国际社会之责任，且随之亦有领导国际社会之机会。吾国为本身之最大利益以及为和平与人道计，对于此种责任，不能畏缩，不应畏缩，且在事实上亦未畏缩。”
——《罗斯福在美国外交政策协会发表关于美国外交政策的演说》
（1944 年 10 月 21 日）</td></tr>
</table>

续表

<table>
<tr><td>课前学习活动</td><td>支撑材料</td><td>材料四：苏联重建军工基地、研制原子武器、建立强大的防御力量；尽可能扩展防御地带，甚至在边境线两边都驻扎有自己的部队；巩固自己的势力范围，加强对东欧的控制。保障国家安全本来无可非议，但是斯大林为了最大限度谋取国家安全，自觉或不自觉地把大国沙文主义与无产阶级世界革命理念混合在一起，不惜兼并邻国领土或提出领土要求，拖延从国外撤军。
——刘金质《冷战史》
材料五：1946 年 2 月 22 日美国驻苏联大使馆代办乔治·凯南向华盛顿发回“长电报”，提出美国要依靠实力抵制苏联扩张，同时又不会引起美苏之间全面军事冲突主张。同年 9 月 27 日，苏联驻美国大使诺维科夫向莫斯科发回长报告，断定美国战后对外政策的特征就是谋求世界霸权，将苏联视为主要障碍，并正在积极准备针对苏联的战争。
——人教版《中外历史纲要下》第 110 页
材料六：从波罗的海的什切青到亚德里亚海的特里亚斯特，一个铁幕降落在欧洲大陆。在铁幕后面，是中欧和东欧古老国家的首都 ...... 所有这些著名的城市以及居住在这些城市附近的人民 ...... 都在以各种方式遭受苏联的影响，而且越来越被莫斯科控制……”
——丘吉尔在富尔顿的演讲</td></tr>
<tr><td rowspan="3">课堂教学活动</td><td>活动目标</td><td>步　骤</td></tr>
<tr><td>以时事吸引学生兴趣，造成认知冲突——为什么冷战结束了冷战思维仍然存在？引导学生思考冷战的概念与基本特征。</td><td>导入：教师出示史料
提问：什么是冷战思维？什么是冷战？
出示冷战的代表性史实：朝鲜战争、越南战争
学生活动：了解冷战的概念：20 世纪 40 年代中后期至 90 年代初，以美苏为首的两大集团之间逐步形成的既非战争又非和平的长期对峙与竞争状态。</td></tr>
<tr><td>支撑材料</td><td>史料：4 月 14 日，美中央情报局局长伯恩斯发表任内首次公开讲话称，中国是不乏雄心和能力的强大竞争对手，并有意取代美成为印太超级大国。对此，外交部发言人赵立坚表示，美方个别官员应该摒弃冷战思维，客观看待中国发展，停止炒作“中国威胁论”，多做些有利于中美关系发展和世界和平稳定的事。</td></tr>
</table>

续表

	活动目标	步骤
	自主合作，搜集、分析史料，初步认识冷战的发生，了解两极格局对峙的表现，探究冷战对两极格局形成的影响。	一、冷战思维的滥觞——冷战出现的原因 各小组领取自己的身份卡（美国、英国、日本、西德、苏联、古巴、东德、波兰、第三世界国家）并完成课前准备任务后，按阵营分坐左右两侧（第三世界作为观察国坐在中间）。 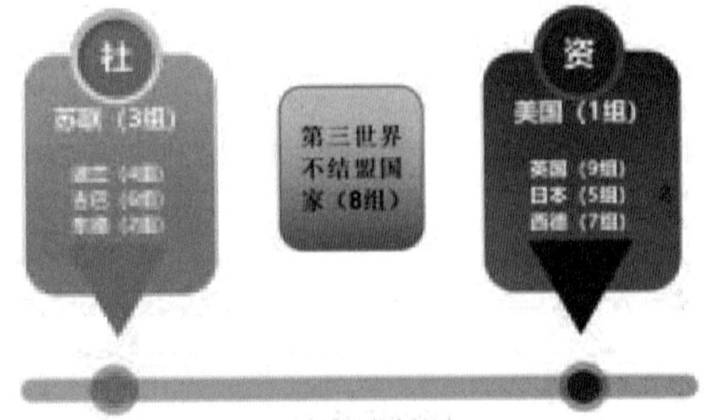 社 第三世界不结盟国家（8组） 资 美国（1组） 英国（9组） 日本（5组） 西德（7组） 课堂座位布局图 【活动一】各小组阅读史料，进行微辩论：冷战形成的主要责任方是谁？（正方：美国是主要责任方，反方：苏联是主要责任方）  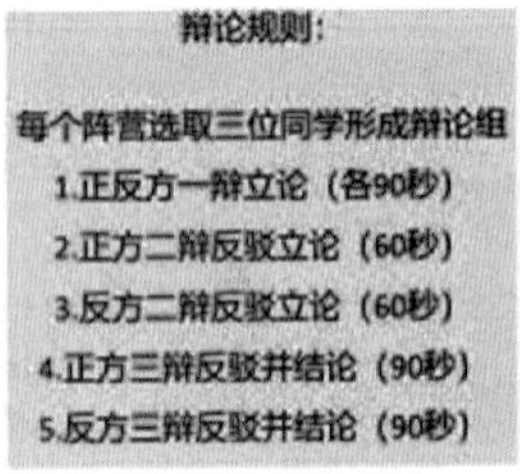 正方 美国是主要责任方 反方 苏联是主要责任方 冷战出现的主要责任方是谁? 辩论规则： 每个阵营选取三位同学形成辩论组 1.正反方一辩立论（各90秒） 2.正方二辩反驳立论（60秒） 3.反方二辩反驳立论（60秒） 4.正方三辩反驳并结论（90秒） 5.反方三辩反驳并结论（90秒） 1. 辩论开始 2. 观察组谈感受 3. 其他同学利用辩论记录单，记录辩论中的精彩观点并评分（其中蓝色字体为课本内搜集史料；红字部分为学生课外搜集史料）

续表

过程	社会主义阵营	资本主义阵营
一辩立论	立论：主要责任方在美国 1. 美国率先挑起冷战： （1）杜鲁门主义 （2）马歇尔计划 （3）北约 2. 苏联回应完全出于保护自身的利益与安全： （1）华约 （2）军备扩充	立论：主要责任方在美国 1. 使得冷战在全球范围内扩大的一方才需要对冷战形成负主要责任： （1）二战结束后苏联仍在进行扩军备战； （2）在思想上敌视资本主义； （3）加强对东欧的控制，切断西欧进口粮食的贸易渠道。马歇尔计划是出于人道主义的解救援助； （4）1948年封锁柏林，加深冷战对世界的影响；
二辩反驳	1. 关于苏联加深了冷战 （1）苏联自1943年起减缓了世界革命输出。 （2）苏联在东欧动作只是出于保护国家利益。 （3）美国以马歇尔计划要挟西欧加入冷战，实质是为了奠定自己建立全球霸权的基础。德国问题也是美国先建立了联邦德国。	1.苏联的动作绝非仅仅出于保护国家利益。美国防微杜渐防止苏联的一家独大与苏联的欺诈。
三辩反驳并结辩	1. 从冷战开端来看，美国选择了冷战； 2. 苏联1943年解散了共产国际组织，因此对资本主义国家并无敌意； 3. 从冷战的过程来看，古巴导弹危机，苏联主动让步，也足以体现对世界和平的追求； 4. 从冷战的结果来看，苏联解体，许多国家也因美国动荡不堪，因此，谁对世界安全威胁最大谁就是主要责任方。	1. 苏联对于内部阵营发生的波兹南事件、匈牙利十月事件都采取了武力镇压的措施； 2. 苏联大肆推行斯大林模式后又全盘否定，导致了社会主义阵营内部的动荡。 3. 美国马歇尔计划之下，西欧全面复兴；而对方阵营却发生了乌克兰大饥荒等严重经济事件，甚至开展军备竞赛，威胁世界和平。
不结盟国家总评	1.消灭共同敌人后，战时同盟基础不复存在。 2.杜鲁门主义——美国是开端者 3.苏联保护自身利益本无可厚非，但往往出现将大国沙文主义与无产阶级革命混为一谈的情况。 4.英国的推动 5.辩论中，双方均有强词夺理、避重就轻的成分。因此，美国负主要责任，但是双方都有责任。	

4. 教师总结。

5. 学生依据评价量规展开自评、互评。

评价量规	自我评价
能够搜集史料，梳理冷战形成的基本史实，从自身立场出发，形成观点。（5分）	
能够从时空环境、战略意图、冷战心理、意识形态、地缘政治等方面，运用史料证明自己的观点。（10分）	
能够从唯物史观的角度分析两大阵营的战略意图，理解冷战开始的原因。（10分）	

	支撑材料	教案活动一史料六则、学生自己搜集的史料
	活动目标	步　骤

续表

<table>
<tr>
<td></td>
<td>能够从史料中提取有效信息，梳理冷战的基本史实；结合历史地图，描述冷战的基本过程；通过总结两极格局中冷战总体局势、对峙结果，认识冷战的特征。</td>
<td>
二、冷战思维下的博弈——冷战特征与两极格局的发展
【活动二】国际象棋——形成各自阵营的时间轴，并按政治对抗、竞技对立、军事对峙、地缘政治分类，总结冷战的特点。
学生活动（1）：形成各自阵营的时间轴，在世界地图上展示。

差异化教学活动：教师出示史料（马歇尔计划）
活动二（2）两大阵营国家小组完成表格按政治对抗、经济对立、军事对峙、地缘政治分类，总结冷战的特点。
2.分类（两大阵营选做）
<table>
<tr><td>政治对立</td><td></td></tr>
<tr><td>经济对抗</td><td></td></tr>
<tr><td>军事对峙</td><td></td></tr>
<tr><td>地缘政治</td><td></td></tr>
</table>
</td>
</tr>
</table>

续表

<table>
<tr><td></td><td></td><td>
教师出示史料（古巴导弹危机等），学生总结冷战与两极格局特点。

教师总结：冷战是在政治、经济、军事、意识形态乃至科学技术等一切方面的非战争非和平的对抗。两极格局具有不对称、不平衡特点，有自我收缩机制。

学生根据评价量规开展活动并进行自评互评

<table>
<tr><th>评价量规</th><th>自我评价</th><th>小组互评</th><th>教师评价</th></tr>
<tr><td>能够从史料中提取有效信息，梳理冷战的基本史实。（5分）</td><td></td><td></td><td></td></tr>
<tr><td>能够结合历史地图，描述冷战的基本过程。（10分）</td><td></td><td></td><td></td></tr>
<tr><td>能够运用历史语言阐述多极化趋势演变，并运用具体史实证明自己的观点。（10分）</td><td></td><td></td><td></td></tr>
<tr><td>能够通过总结两极格局中冷战总体局势、对峙结果，认识冷战的特征。（5分）</td><td></td><td></td><td></td></tr>
</table>
</td></tr>
<tr><td></td><td>支撑材料</td><td>
材料一：美苏千方百计地尽可能削弱对方，降低对方威胁和损害自己核心利益的能力，强调和夸大它们之间的对立与对抗。冷战变成全球政治的统治因素之后，美苏双方把世界上发生的每一件事，每一个局部的或源于地区性冲突的事件都看作冷战的一部分，并采取相应的行动。这样，几乎全世界所有国家都在不同程度上卷入了冷战。——刘金质《冷战史》

材料一：二战后西欧经济面临崩溃，经济危机激化了社会矛盾。英国、法国、意大利、比利时等国工人运动此起彼伏。这种状况使美国政府意识到，“共产主义是在贫困和不满的土壤里蔓延和滋长的”，为了“遏制”苏联全球扩张主义，防止西欧“变质”，无论如何也要稳定欧洲、复兴欧洲。于是美国政府出台了援助西欧的“欧洲复兴计划”即“马歇尔计划”。

▶古巴导弹危机

材料一 10月25日，最高苏维埃主席团一致同意，这场危机不应当朝着一个“沸点”发展。这场大国之争的游戏还得继续玩下去。我们双方应当采取谨慎且节制的态度，为这场危机寻求一个理智的解决方案。赫鲁晓夫希望能够以苏联从古巴撤出导弹为交易筹码，换取美国从土耳其的基地中撤离木星导弹。
——[美]梅尔文·P·莱弗勒《人心之争：美国、苏联与冷战》
材料二 核战争对大家都是危险的，这一因素对危机局势的克制潜力超过了军事力量对比和威慑力量对比的任何计算标准。肯尼迪总统宁愿做出某些让步以求达成谈判解决，也不愿利用当时的压倒优势发动一场核战争。
——[美]雷蒙德·加特霍夫《冷战史：遏制与共存备忘录》

【课堂探究】根据材料并结合所学知识，分析古巴导弹危机最终得以和平解决的原因。
</td></tr>
</table>

续表

<table>
<tr><td></td><td></td><td>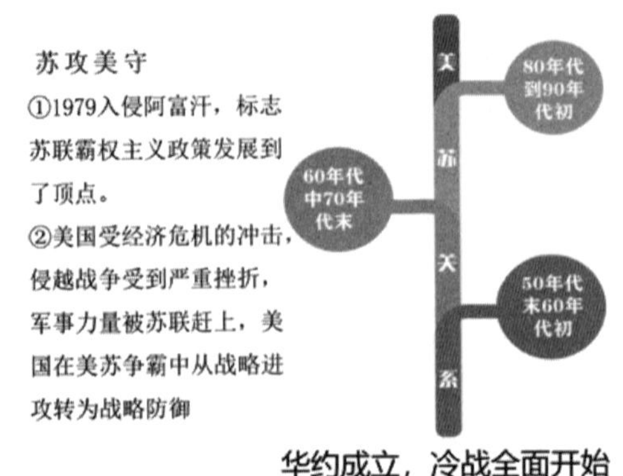
</td></tr>
<tr><td></td><td>活动目标</td><td>步　骤</td></tr>
<tr><td></td><td>能够从史料中提取有效信息，梳理多极化趋势的基本史实；阐述多极化趋势演变的特点，并运用具体史实证明自己的观点。</td><td>三、冷战思维的窘境——多极化趋势
活动二（3）教师出示史料，不结盟国家小组绘制思维导图，并用史实阐释多极化趋势的变化。
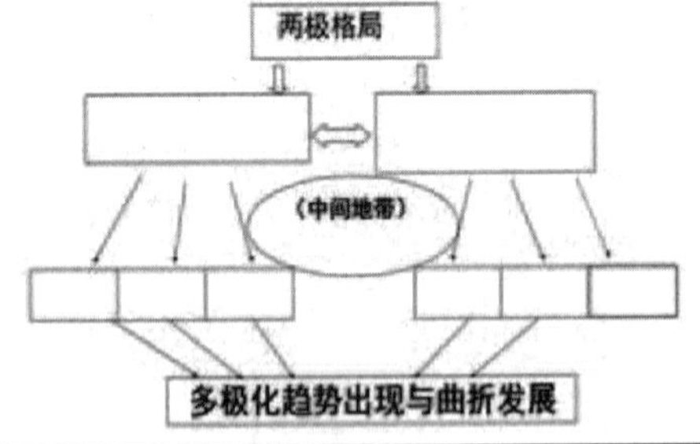
</td></tr>
<tr><td></td><td>支撑材料</td><td>史料：西欧主张发展同苏联的经贸关系，要求美国政府改变（中断东西方经济联系的）决定，取消对苏联的管道禁运。里根政府却认为它涉及东西方关系的基本原则问题，不能做出让步，并扬言对任何违反禁令的公司进行“惩罚”。西欧一些国家冲破美国的禁令，采取了一些断然措施。
——刘金质《冷战史》
西欧的崛起、日本的发展、不结盟国家会议、布拉格之春、中国崛起。

</td></tr>
</table>

续表

<table>
<tr><td></td><td>活动目标</td><td>步　骤</td></tr>
<tr><td></td><td>能够通过阅读漫画，结合所学知识，认识其反映的历史事件；能够把握史实之间的联系，多角度认识冷战对世界政治局势、经济发展、国家安全、思维模式等方面的多重影响；能够运用唯物史观的观点，运用相关史实阐明自己的观点。</td><td>
尾声：冷战思维下的抉择——冷战的影响与启示
教师出示漫画史料（配有文字说明）
【活动三】选择至少两幅漫画或图片，从自身立场出发，自拟主题，从“冷战与国际格局的相互影响”角度进行阐述。
1. 学生在黑板上展示并阐述观点。
<table>
<tr><th>组别</th><th>图片</th><th>主题</th><th>阐述</th><th>教师指导</th></tr>
<tr><td>8</td><td>4、8</td><td>第三世界力量壮大缓和冷战，冲击两极格局</td><td>在冷战发展的过程中，在社会主义力量的鼓舞下殖民者退出非洲；第三世界国家联合起来共谋发展。</td><td></td></tr>
<tr><td>7</td><td>1、5、6</td><td>美苏冷战侵犯国家主权与安全，推动两极对峙，冷战进一步紧张</td><td>冷战过程中一些军事对峙、局部热战、分裂政策导致一些国家领土主权，国家安全遭到破坏，如柏林危机中的德国与苏联入侵中的阿富汗。这些对峙导致冷战进一步加剧，两极格局态势进一步紧张。</td><td></td></tr>
<tr><td>5</td><td>2、3</td><td>冷战中世界经济的发展使得多极化趋势加强，冷战态势缓和。</td><td>在冷战发展的过程中，美苏竞相发展科技，促进了世界科技水平的提高，也一定程度上削弱了美苏经济实力；而其他国家的发展使得多极化趋势进一步加强，缓和冷战。</td><td></td></tr>
<tr><td>3</td><td>2、7</td><td>冷战思维的升级加剧两极对立，也使得冷战进一步升级</td><td>在冷战过程中，美苏两国深陷修昔底德陷阱，以太空大战拖垮经济，以冷战思维进一步对抗。</td><td></td></tr>
</table>
2. 教师总结：
冷战的发生、发展与世界格局变化之间的相互关系：
冷战推动两极格局的形成；冷战的发展推动多极化趋势的出现；多极化趋势的发展，极大冲击两极格局；冷战结束，两极格局解体，多极化趋势加强。
3. 学生根据评价量规开展活动并进行自评互评。
<table>
<tr><th>评价量规</th><th>自我评价</th><th>小组互评</th><th>教师评价</th></tr>
<tr><td>能够通过阅读漫画，结合所学知识，认识其反映的历史事件。（10分）</td><td></td><td></td><td></td></tr>
<tr><td>能够把握史实之间的联系，多角度认识冷战对世界政治局势、经济发展、国家安全、思维模式等方面的多重影响。（20分）</td><td></td><td></td><td></td></tr>
<tr><td>能够运用唯物史观的观点，运用相关史实阐明自己的观点。（10分）</td><td></td><td></td><td></td></tr>
</table>
</td></tr>
</table>

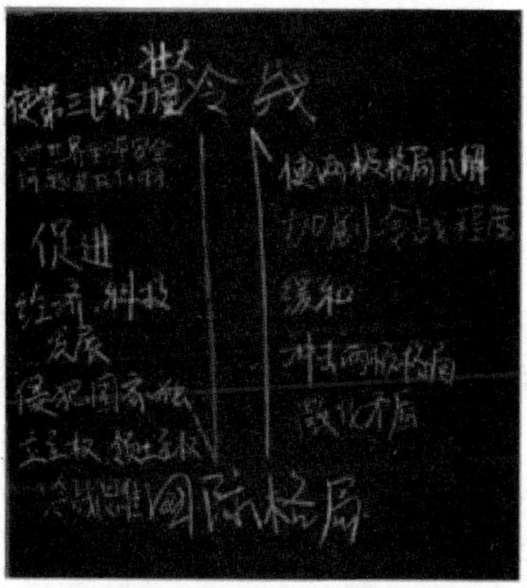

续表

	支撑材料	 活动三：选择至少两幅漫画或图片，从自身立场出发，自拟主题，从“冷战与国际格局的相互影响”角度进行阐述。 古巴导弹危机 美国国家航空航天局 1958年成立，美国为争夺相对于苏联的太空优势建立。美苏两国各自大量投资，以求在火箭、卫星和人类太空飞行方面取得快速技术进步。“阿波罗”号、国际空间站等相继问世。 资本主义国家经济高速增长 非洲殖民主义者 阿富汗战争 柏林墙 “冷战妄想症” 殖民地人民的斗争与冷战同时进行。苏联支持殖民地革命，将其看作破坏西方的威望，削弱西方力量的一种手段。 苏联推行全球战略，加紧对阿富汗进行政治、经济、军事渗透。1979年因担心新政府失去控制，出兵入侵，造成约100万人死亡。 1964年成立的77国集团（右图）是由发展中国家组成的政府间国际组织，旨在国际经济领域加强发展中国家的团结与合作，推进建立新的国际经济秩序，加速发展中国家经济社会发展进程。
	活动目标	步　骤
	正确认识冷战思维的含义，辩证评价冷战，认识冷战思维对当今世界的影响。思考在推进构建人类命运共同体过程中大国应有的责任担当	教师出示材料：近代以来国际格局的变动、冷战思维的含义。 提问：这样的冷战思维与零和博弈会对世界造成什么样的影响，冷战给我们什么样的启示？ 学生谈冷战思维的影响 教师总结：在短短的45分钟里，大家以决策者的身份“亲历”冷战的发生与发展，尚且不能完全摆脱冷战思维，更何况当下的世界？冷战虽然已经结束，但冷战思维却还在国际舞台上游荡着，时刻影响着国际格局的变动。然而，在当下世界联系日益紧密，各国面临的和平与发展问题越来越成为人类共同的诉求时，冷战思维不符合世界各国的共同利益。因此，必须摆脱修昔底德陷阱，克服零和博弈思维，加强国际间的交流与合作，构建人类命运共同体。
	支撑材料	史料：冷战思维的内涵及表现：冷战期间所形成的处理国家间关系，解决国际争端的一种思维模式。主要表现在：其一，视对方为本国生存与发展的主要威胁，是最大和最危险的敌人；其二，给对方规定了历史的归宿，加剧意识形态的冲突；其三，奉行“零和”对策的游戏规则，认为己方之所得恰是对方之所失；其四，制造安全困境，重视军事力量；其五，关注地缘政治，重视同盟战略。 ——节选自百度百科 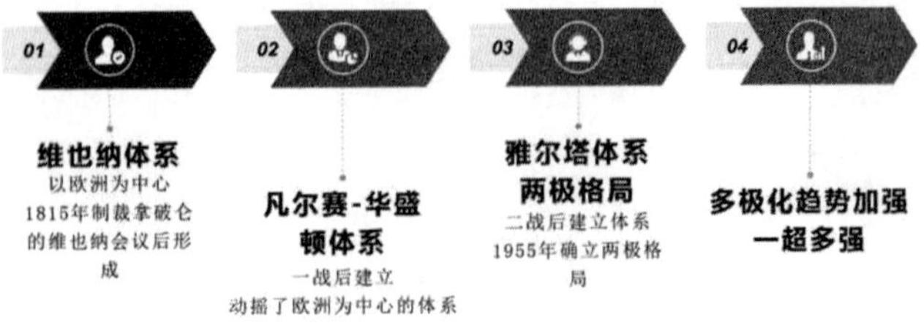 01 维也纳体系 以欧洲为中心 1815年制裁拿破仑的维也纳会议后形成 02 凡尔赛-华盛顿体系 一战后建立 动摇了欧洲为中心的体系 03 雅尔塔体系 两极格局 二战后建立体系 1955年确立两极格局 04 多极化趋势加强 一超多强

续表

<table>
<tr><td></td><td>板书设计</td><td>板书设计： 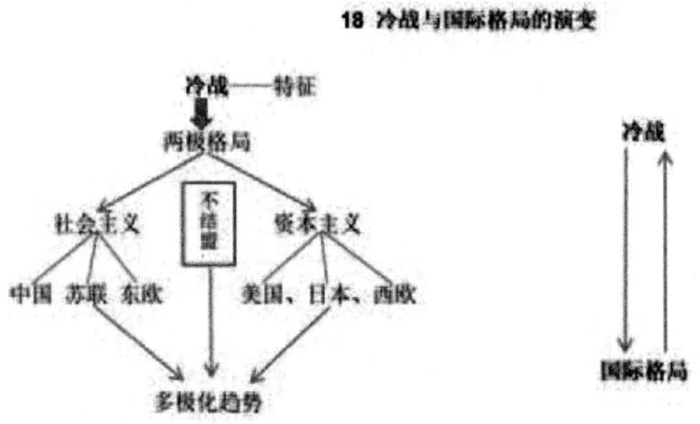

18 冷战与国际格局的演变

冷战——特征
两极格局
社会主义　不结盟　资本主义
中国　苏联　东欧　美国、日本、西欧
多极化趋势

冷战
国际格局</td></tr>
<tr><td></td><td>评价设计</td><td>1. 过程性评价：自我评价、小组互评、教师评价相结合的多元评价模式。
活动一：
<table><tr><td>评价量规</td></tr><tr><td>能够搜集史料，梳理冷战形成的基本史实，从自身立场出发，形成观点。（5 分）</td></tr><tr><td>能够从时空环境、战略意图、冷战心理、意识形态、地缘政治等方面，运用史料证明自己的观点。（10 分）</td></tr><tr><td>能够从唯物史观的角度分析两大阵营的战略意图，理解冷战开始的原因。（10 分）</td></tr><tr><td>能够在学习共同体小组合作过程中，充分观察与倾听，推进小组合作学习。（5 分）</td></tr></table>活动二：
<table><tr><td>评价量规</td></tr><tr><td>能够从史料中提取有效信息，梳理冷战的基本史实。（5 分）</td></tr><tr><td>能够结合历史地图，描述冷战的基本过程。（10 分）</td></tr><tr><td>能够运用历史语言阐述多极化趋势演变，并运用具体史实证明自己的观点。（10 分）</td></tr><tr><td>能够通过总结两极格局中冷战总体局势、对峙结果，认识冷战的特征。（5 分）</td></tr></table>活动三：
<table><tr><td>评价量规</td></tr><tr><td>能够通过阅读漫画，结合所学知识，认识其反映的历史事件。（10 分）</td></tr><tr><td>能够把握史实之间的联系，多角度认识冷战对世界政治局势、经济发展、国家安全、思维模式等方面的多重影响。（20 分）</td></tr><tr><td>能够运用唯物史观的观点，运用相关史实阐明自己的观点。（10 分）</td></tr></table></td></tr>
</table>

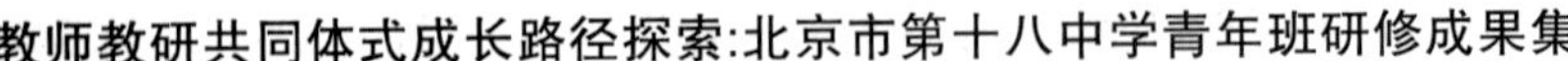

续表

<table>
<tr><td></td><td>评价设计</td><td>2. 总结性评价及评价反馈。
<table>
<tr><td rowspan="3">学习目标概述</td><td colspan="9">学科能力分类（北师大）及表现性任务</td><td colspan="3">评价（1-5分）</td><td colspan="2">评价反馈</td></tr>
<tr><td colspan="3">A学习理解能力</td><td colspan="3">B应用实践能力</td><td colspan="3">C迁移创新能力</td><td rowspan="2">学生自评</td><td rowspan="2">小组互评</td><td rowspan="2">教师评价</td><td rowspan="2">小组反馈</td><td rowspan="2">教师反馈</td></tr>
<tr><td>识记</td><td>说明</td><td>概括</td><td>比较</td><td>解释</td><td>评价</td><td>建构</td><td>考证</td><td>探究</td></tr>
<tr><td>了解两极格局的形成与演变【活动一】</td><td colspan="3">能够搜集史料，梳理冷战形成的基本史实，从自身立场出发，形成观点。</td><td colspan="3">能够从时空环境、战略意图、冷战心理、意识形态、地缘政治等方面，运用史料证明自己的观点。</td><td colspan="3">能够从唯物史观的角度分析两大阵营的战略意图，理解冷战开始的原因。</td><td></td><td></td><td></td><td></td><td>1. 进一步厘清论点，组织语言。
2. 全面提取材料信息，挖掘史实背后的深刻原因。</td></tr>
<tr><td>认识冷战及两极格局的特征【活动二】</td><td colspan="3">能够从史料中提取有效信息，梳理冷战的基本史实；
能够结合历史地图，描述冷战的基本过程。</td><td colspan="3">能够运用历史语言阐述多极化趋势演变，并运用具体史实证明自己的观点。</td><td colspan="3">能够通过总结两极格局中冷战总体局势、对峙结果，认识冷战的特征。</td><td></td><td></td><td></td><td></td><td>1. 将历史地图的运用贯穿到日常历史学习中。
2. 有能力的同学可进一步探究多极化趋势产生的原因。</td></tr>
<tr><td>探究总结冷战与国际格局演变之间的相互关系【活动三】</td><td colspan="3">能够通过阅读漫画，结合所学知识，认识其反映的历史事件。</td><td colspan="3">能够运用唯物史观的观点，运用相关史实阐明自己的观点。</td><td colspan="3">能够把握史实之间的联系，多角度认识冷战对世界政治局势、经济发展、国家安全、思维模式等方面的多重影响。</td><td></td><td></td><td></td><td></td><td>1. 学会对史实进行分类，便于把握其中的联系。
2. 阐述观点的时候，注意把握史实与观点之间的联系，避免过于笼统而答非所问。</td></tr>
<tr><td>梳理国际格局演变历程，辩证评价冷战</td><td colspan="3"></td><td colspan="3"></td><td colspan="3">梳理国际格局演变历程，辩证评价冷战</td><td></td><td></td><td></td><td></td><td></td></tr>
</table>
</td></tr>
<tr><td rowspan="2">课后作业（活动）</td><td>活动目标</td><td>作业（活动）要求</td></tr>
<tr><td>分层设计，满足不同特点学生的学习需要；从国际格局演变的角度建构单元主线；开展合作探究尝试运用社会调查的方法对冷战进行研究，从亲历者的角度看冷战史，切合当下冷战史研究的新热点与新方法——向“冷战如何塑造社会进程和个体命运上”的研究拓展。</td><td>作业一：自主探究：梳理国际格局的演变过程。
教师：出示表格
<table>
<tr><td>时间</td><td>事件</td></tr>
<tr><td>1947年</td><td>美国总统杜鲁门在参众两院发表咨文并同时对全国广播，提出“杜鲁门主义”</td></tr>
<tr><td>1951年</td><td>法国、联邦德国、意大利、荷兰、比利时、卢森堡六国签署煤钢联营协定</td></tr>
<tr><td>1960年</td><td>法国总统戴高乐邀请赫鲁晓夫访法，并提出“缓和”“谅解”“合作”的政策主张</td></tr>
<tr><td>1962年</td><td>古巴导弹危机，美苏两国经过激烈角逐，最终以苏联让步作为收场</td></tr>
<tr><td>1964年</td><td>77个发展中国家和地区发表《七十七国联合宣言》，谴责发达国家在国际贸易中对发展中国家自然资源的掠夺和控制，提出建立平等互利的国际经济新秩序的要求</td></tr>
<tr><td>1965年</td><td>日本对美国贸易从入超转为出超</td></tr>
<tr><td>1971年</td><td>中华人民共和国恢复在联合国的合法席位</td></tr>
<tr><td>1980年</td><td>为抗议苏联入侵阿富汗，美国等国抵制莫斯科奥运会。最终这届奥运会的参加国只有80个</td></tr>
<tr><td>1991年</td><td>苏联解体</td></tr>
</table>
——摘编自吴于廑、齐世荣《世界史·现代史编(下卷)》等

提问：以上表格中的历史事件体现出了二战后国际关系格局发展变化的诸多趋势，请从材料中提炼出一个趋势并结合所学的世界现代史知识予以说明。（要求：观点明确，史论结合，言之成理）

作业二：通过对所学内容的整合，学生可根据自身兴趣，选择研究对象（任选一项即可）。访问自己的一位亲友，并结合相关史料，自选角度整理一部“我眼中的冷战史”。（选做）
选题 1：个体冷战史整理记录——口述史料的整理工作。</td></tr>
</table>

续表

方法：拟定历史研究的主题（冷战史与个体命运）——确定访谈对象——设计制定访谈问题——访谈家庭成员，做好录音、录像、记录等工作——整理访谈内容，形成文字整理资料，即记录的口述史料。

选题 2：利用网络与访谈，探究冷战思维对当今世界的影响并撰写研究报告。

方法：可以利用网络查找相关资料，进行整理，探究其与冷战的历史关联，提升从现象发现本质的学习能力，最后，形成图文并茂的研究报告。

过程：

行前：依据学情，设计研究性学习

行中：完成调研，形成研究性学习成果

行后：分类指导，完善并展示研究

评价设计：

			评价			评价反馈	
主指标	指标分解		学生自评	小组互评	教师评价	小组反馈	教师反馈
核心素养评价	史料实证	能够紧扣冷战主题以多种形式充分搜集史料。					
		能够全面提取访谈或档案材料中的信息。					
		运用材料体现的史实进行合理论述。					
	历史解释	能够通过对史料的分析客观评价冷战对于国际格局及个体命运的影响。					
学习共同体合作评价	自主学习	能够提出自己的论点，充分解读、梳理史料的框架。					
	小组合作	能够主动沟通交流确立主题；主动制定方案并组织分配任务；在小组探讨的过程中学会倾听与合作。					

续表

	支撑材料	课后探究推荐资源： 1. 专著类： [1] 李金质：《冷战史》，北京：世界知识出版社，2003 年。 [2] 沈志华：《冷战国际史二十四讲》，北京：世界知识出版社，2018 年。 [3] 沈志华：《大国对抗：冷战的起源》，北京：九州出版社，2012 年。 [4] 沈志华：《中苏结盟：冷战的转型》，北京：九州出版社，2012 年。 [5] 沈志华：《朝鲜战争：冷战在亚洲》，北京：九州出版社，2012 年。 [6] 沈志华：《脆弱的联盟：冷战中的盟友》，北京：九州出版社，2012 年。 [7] 沈志华：《中苏分裂：冷战的再转型》，北京：九州出版社，2012 年。 2. 纪录片：CNN.《冷战风云录》。

“生产工具与劳作方式的进步是生产力发展的重要标志”教学设计

李丹阳

教学基本信息					
单元（或主题）名称	生产工具与劳作方式的进步是生产力发展的重要标志				
学科	历史	学段	高中	年级	高二
其他相关领域或学科					
主要教材	书名：《历史选择性必修 2 经济与社会生活》 出版社：人民教育出版社 出版日期：2020 年 7 月				

教学设计参与人员			
	姓名	单位	联系方式
设计者	李丹阳	北京市第十八中学	
实施者	李丹阳	北京市第十八中学	
指导者			
课件制作者	李丹阳	北京市第十八中学	
其他参与者			

以下教学设计模板仅供参考，涵盖主要部分和内容即可。

续表

单元（或主题）指导思想与理论依据
指导思想：《普通高中历史课程标准（2017 版 2020 年修订）》提出，应以立德树人为历史课程的根本任务，坚持正确的思想导向和价值判断，以培养和提高学生的历史学科核心素养为目标。《义务教育历史课程标准（2022 年版）》倡导我们树立以学生为主体的教学观念，注重学生自主探究的学习活动；综合运用多种评价方式和方法，发挥评价促进学习和改进教学的功能。将评价融入教学设计，实现教学评一体。因此，应不断尝试将多样的教学策略融入日常教学中，充分调动学生的自主性，掌握必备的历史知识、认识历史发展趋势，培养历史学科的核心素养。 理论基础：马克思曾说“所谓世界历史不外乎是人通过人的劳动而诞生的过程，是自然界对人来说的生成过程……把劳动看做人的本质，看做人的自我确证。”马克思学说实际上是一种劳动人权理论，它把人和劳动联系起来。人的解放和全面发展程度正是通过人类与劳动的关系状态来反映的。生产工具的发展决定劳作方式，反映生产力的发展水平，因此，本单元是从生产与劳作的角度梳理人类经济的发展水平，及其所带来的社会生活的变迁。 育人价值：劳动教育是中国特色社会主义教育制度的重要内容，直接决定社会主义建设者和接班人的劳动精神面貌、劳动价值取向和劳动技能水平。因此，坚持立德树人，把劳动教育纳入人才培养全过程，贯通大中小学各学段，贯穿家庭、学校、社会各方面，与德育、智育、体育、美育相融合，紧密结合经济社会发展变化和学生生活实际，积极探索具有中国特色的劳动教育模式。
单元（或主题）教学背景分析
一、教学内容分析及课时分配 （一）单元教学内容 社会生产力决定生产关系。生产工具的进步和生产方式的变革，是社会生产力发展的重要标志，也是人类历史演进的强大动力。第 4 课《古代的生产工具与劳作》讲述了古代劳动人民积累的生产经验，推动了农业和手工业生产工具的进步。第 5 课《工业革命与工厂制度》则讲述了近代以来的技术发展给人们的劳作与生活带来深刻的影响。随着工业时代的到来，人类的生产关系也发生了质的转变。第 6 课《现代科技进步与人类社会发展》阐释了二战后第三次科技革命的发展过程中，大量劳动实践带来的生产方式的变革，对人类社会发展具有革命性的意义。本单元讲述了从古代到现代人类生产工具与劳作方式的演进，以及其对社会生活产生的重要影响。 从教材的角度分析，历史选择性必修二《经济与社会生活》从农、工、商、住、行、医六个方面介绍了人类经济的发展与社会生活的变迁。本单元从“工”的角度，阐述了以农业的发展为基础，工业时代的人类社会的生产水平与社会生活状态，以及随着现代科技的发展，人类生产工具的变革，社会生活的发展变化。 结合《中外历史纲要上》与《中外历史纲要下》的内容，本单元涉及中国古代农业的产生与发展的社会背景、近代中国民族资本主义的发展、现代中国的科技进步、改革开放以来中国经济的发展与产业结构的变动，两次工业革命与资本主义世界市场的形成以及 20 世纪下半叶第三次科技革命以来世界经济的全球化及其发展演变。

续表

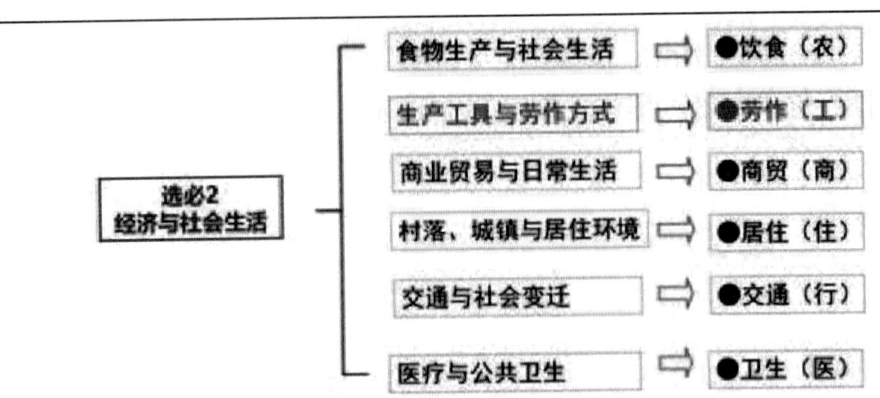

纵向来说，本单元以时间为线索，从人类古代社会农业与手工业生产工具与劳作方式的变化，到机器生产工厂制度的出现与发展，再到第三次科技革命当中生产工具的自动化与智能化，人类的的生产与生活发生着重大变革。

横向来说，本单元横跨中外历史，在学习过程中应注意中西方经济发展的差异、交流及相互影响：中国古代农业、手工业发展领先于世界，工业革命与世界市场形成造成的世界格局的演变以及第三次科技革命之下，世界经济格局的演变。

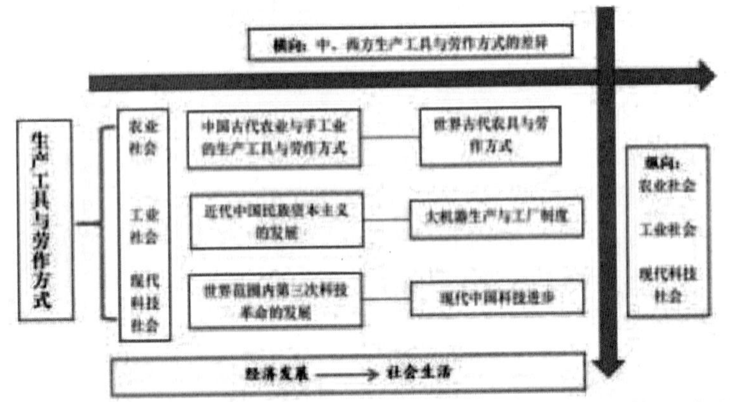

本单元教学分为三课时，第一课时学习《古代的生产工具与劳作》，第二课时学习《工业革命与工厂制度》，第三课时学习《现代科技进步与人类社会发展》。

二、学生情况分析

（一）课前调研：通过课前调研的方式充分了解学生学习情况。

1. 课前任务布置

	活动名称	任务内容	核心素养评估
课前任务一	分类整理	对不同生产工具按照不同时空以及用途进行分类	时空观念
课前任务二	术业专精	以小组为单位，选择自己喜欢的某一领域生产工具，梳理并讲述其发展演变的历史	唯物史观、史料实证、历史解释

续表

2. 访谈与课前提问

问题设置	学生回答情况	教师评价与建议
1. 你知道中国古代哪些农业工具?		预习教材并结合初中所学知识进行分类整理。
2. 你能说出多少中国古代手工业成就?		结合中外历史纲要的内容按时间梳理手工业的发展。
3. 你能说出小农经济的特点与影响吗?		结合纲要上及第一单元内容总结小农经济的特点，并从政治、经济、文化等角度分析影响
4. 你能说出工业革命的背景与影响吗?		结合纲要下内容，多角度总结
5. 请介绍现代你感兴趣的一项科技成就，并分析其产生的原因与影响。		关注时事，搜集史料

（二）学情分析：根据课前任务及访谈对其学情总结如下：

（1）知识与能力：经过初中的学习与课前任务的时间线梳理，高一的学生对本课的重要史实如石器时代到铁器时代的发展、部分农业工具、手工业成就等有一定了解，但也仅限于零星的历史概念，对其背后所反映的政治经济背景无法形成紧密的认知联系。

（2）过程与方法：高一学生已初步了解唯物史观的部分观点，初步掌握了史料分析等历史学习方法，但缺乏从宏观视角度思考问题的意识与能力，逻辑思维有待提高，历史解释素养有待提升。

（3）需求与兴趣（态度）：学生需要通过本单元学习了解劳动在社会生产中的作用，以及历史上劳动工具和主要劳作方式的变化；认识大机器生产、工厂制度、人工智能技术等对人类劳作方式及生活方式的影响；理解劳动人民对历史的推动作用，以及生产方式的变革对人类社会发展所具有的革命性意义。

因此，需要从学生感兴趣的生产工具出发，探索其与现实生活之间的联系，不断拉近生产工具与学生之间的距离；并且关注生产工具、劳作方式与社会政治制度、经济发展水平、文化形态之间的关系。

单元（或主题）教学目标

（一）课标要求

了解劳动在社会生产中的作用，以及历史上劳动工具和主要劳作方式的变化；认识大机器生产、工厂制度、人工智能技术等对人类劳作方式及生活方式的影响；理解劳动人民对历史的推动作用，以及生产方式的变革对人类社会发展所具有的革命性意义。

（二）单元教学目标与课时目标拆解

1. 能够通过分析史料、对比不同生产方式的特点，理解生产工具、劳作方式、生产力与生产关系等历史概念的内涵及它们之间的关系，认识到生产方式的变革对人类社会发展所具有的革命性意义。（唯物史观、历史解释）

2. 能够通过整理表格及时间轴，梳理历史上劳动工具和主要劳作方式的变化，并结合时代背景探究其对经济发展及人类社会生活的影响。（时空观念、史料实证、历史解释）

3. 能够通过搜集、分析史料，结合时代背景探究大机器生产、工厂制度、人工智能技术等对人类劳作方式及生活方式的影响。（时空观念、史料实证、历史解释）

4. 能够通过分析生产工具与劳作方式进步的影响，认识到只有不断创新，才能推动社会历史的发展。（家国情怀）

续表

单元教学目标	课时目标拆解
能够通过分析史料，对比不同生产方式的特点，理解生产工具、劳作方式、生产力与生产关系等历史概念的内涵及它们之间的关系，认识到生产方式的变革对人类社会发展所具有的革命性意义。**（唯物史观、历史解释）** 能够通过整理表格及时间轴，梳理历史上劳动工具和主要劳作方式的变化，并结合时代背景探究其对经济发展及人类社会生活的影响。**（时空观念、史料实证、历史解释）** 能够通过搜集、分析史料，结合时代背景探究大机器生产、工厂制度、人工智能技术等对人类劳作方式及生活方式的影响。**（时空观念、史料实证、历史解释）** 能够通过分析生产工具与劳作方式进步的影响，认识到只有不断创新，才能推动社会历史的发展。**（家国情怀）**	第一课时：梳理古代劳动工具和主要劳作方式的变化，通过分析史料，认识生产工具与劳作发展的背景及其对古代社会生产力发展与社会生活的影响。认识工具革新对社会历史发展的革命性意义。 第二课时：结合时代背景，分析大机器生产与工厂制度产生的背景；并通过史料分析，认识其对生产关系变动的影响，并从城市化、产业结构、教育、环境问题等方面，分析工业生产对社会生活的影响。 第三课时：梳理第三次科技革命以来不同领域生产工具的发展变化；并结合时代背景，分析科技创新对社会生活的影响。认识科技创新对社会历史发展的意义。

单元（或主题）教学过程设计

（一）单元教学问题线索

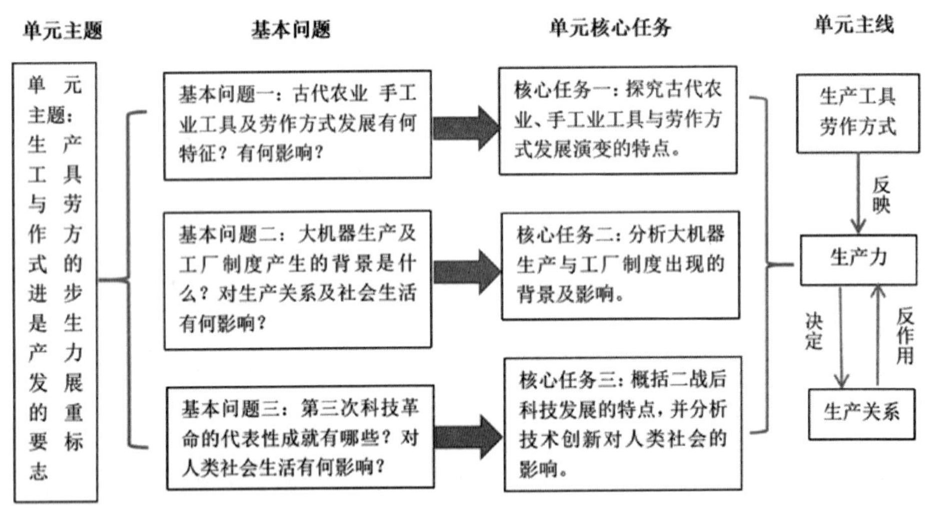

（二）课时教学活动设计

第一课时《古代的生产工与劳作》

任务驱动	教学活动	设计意图	评价设计
任务一：探究中国古代农业、手工业工具发展的特点。	【活动一】对以下农业工具进行分类，并任选其中 2~3 个，说明体现了中国古代农业工具发展的什么趋势。 【活动二】对以下手工业工具出现的时代与用途连线。	通过分类、连线等方式增强学生的互动性，落实时空观念。	1. 能够梳理农业、手工业工具的发展脉络； 2. 能够从材质、工艺、动力等方面对史料进行分类； 3. 能够从材料中提取有效信息，概括生产工具演变的特点； 4. 能够结合时代背景，认识生产工具与社会生产力的关系。

续表

任务二：对比不同劳作方式的特点。	根据材料并结合所学知识，对比农业、手工业劳作方式的异同。	通过史料分析，对比不同劳作方式的，提升学生的对比分析与概括能力。	1. 能够从材料中提取有效信息，概括劳动方式的特点； 2. 能够结合时代背景，从生产力的角度探究劳动方式产生的原因，并分析影响； 3. 能够结合时代背景，认识生产工具与劳作方式的关系，并用史料证明自己的观点。
任务三：从生产工具、劳作方式、生产力与生产关系的联系的角度解读农业、手工业的发展。	根据表格，结合所学知识，解读农业、手工业的发展。并绘制思维导图说明生产工具、生产力、劳作方式、生产关系的关系。	史料阅读与表格分析提升学生的概括分析能力，绘制思维导图，引导学生自主生成知识，理解历史概念。	1. 能够通过对比不同时代的农业手工业发展的特征，认识农业手工业发展趋势； 2. 能够从材料中提取有效信息，分析农业、手工业发展与时代背景的联系； 3. 能够结合时代背景，从政治制度创新、经济发展水平、民族交融、边疆开发、生产关系变动等角度解读农业、手工业发展的背景与影响； 4. 能够绘制思维导图，分析生产工具、生产力、劳作方式、生产关系的关系，并运用史料证明自己的观点。

第二课时《工业革命与工厂制度》

任务驱动	教学活动	设计意图	评价设计
任务一：探究机器化大生产的工厂制度有何特点	对比手工工厂与机器化大生产的工厂之间的区别与联系。	通过史料分析，对比不同劳作方式，提升学生的对比分析与概括能力。	1. 能够从材料中提取有效信息，从分工、机器水平、生产关系等角度概括工厂手工业的特点。 2. 能够从材料中提取有效信息，从分工、机器水平、生产关系等角度概括工厂制度的特点。 3. 能够多角度对比两种组织形式的不同，并结合其产生的背景分析其影响。
任务二：概括近代工业发展的特点。	根据材料绘制近代民族资本主义发展的折线图。	史料阅读与表格分析提升学生的概括分析能力，绘制思维导图，引导学生自主生成知识，理解历史概念。	1. 能够结合所学知识，绘制时间轴，梳理近代民族工业发展的关键节点。 2. 能够结合所学知识分析民族资本主义产生、发展、转折的背景原因。 3. 能够通过历史地图认识近代中国民族资本主义产生与发展的特点。
任务三：机器化大生产与工厂制度的影响	根据材料，概括总结机器化与工厂制度的影响。	通过阅读史料，从多角度，多方位分析工业生产方式的影响，有助于培养学生的唯物史观，提升学生对经济发展与社会生活之间联系的认知。	1. 能够从材料中提取有效信息。 2. 能顾从正反两个方面看待工厂制度的影响。 3. 能够从生产关系、交通、城市化、人口、环境等多种角度分析其对人类社会生活的影响，并梳理其联系。 4. 能够认识机器生产反映蒸汽时代的生产力，及其对生产关系的影响。

续表

第三课时《现代科技进步与人类社会发展》

任务驱动	教学活动	设计意图	评价设计
任务一：梳理第三次科技革命的成就	根据教材整理时间轴或者表格，梳理各领域的科技成就。 任选一个成就进行介绍。	自主生成巩固知识，拉进科技成果与学生的距离。	1. 能够根据教材及所学知识以时间为线索，以领域为分类依据梳理科技成就。 2. 能够广泛搜集史料，阐述某一科技成就的基本内容。 3. 能够将科技成就与当时的社会历史背景相结合，解读科技成就的原因与影响。
任务二：分析现代科技进步的特点	根据表格及材料，与第一次工业革命、第二次工业革命对比，分析现代科技进步的特点。	培养学生史料分析、概括能力，通过对比多角度思考第三次科技革命的特点。	1. 能够从史料中提取有效信息，区分三次工业革命的基本史实。 2. 能够从生产工具、劳作方式、生产关系、世界市场及其他影响的角度概括三次工业革命的特点。 3. 能够结合所学知识，分析第三次科技革命取得成就的原因。
任务三：分析现代科技进步的革命性意义	通过史料阅读，分析现代科技进步的革命性意义与局限性（消极影响）。	创设历史情境，引导学生进行史料分析，多角度看待科技发展的意义。	1. 能够从材料中提取有效信息，区分不同的史料反映的角度。 2. 能够通过史料分析，多角度概括科技发展的影响。 3. 能够结合所学知识，树立单元视角，认识生产工具、劳作方式与生产力、生产关系的关系，并从该角度解读。

单元（或主题）的作业设计及学习效果评价设计

一、作业设计

（一）巩固类作业

作业：根据材料，结合所学知识，解读农业或者手工业的发展（划分阶段，总结阶段特征，结合社会背景与发展表现进行解读）

材料一 农业产生后才开始了社会生产，从此人类摆脱了完全依赖自然的被动局面，由消极地适应自然转向积极的改造自然，由自然的奴隶走向自然的主人。因而从某种意义上可以说，有了农业，才真正开始了人类社会的历史。 ——尚定周、王有文《试论农业起源》

材料二

莫高窟第23窟的雨中耕作图描绘出唐代的农耕生活。在第445窟的壁画中，牛犁地用的是当时先进的生产农具曲辕犁。

材料三，明清的人口增殖，需要农产品消费的相应增长。于是就形成了：加大劳动投入——提高单位面积产量——加大农产品消费增加农业人口——加大劳动投入……这样一个无限的循环圈。如何打破这种循环链成了中国农业发展的重大课题。这就是明清乃至民国期间中国农业生产的基本特征。 ——周昕《中国农具通史》

续表

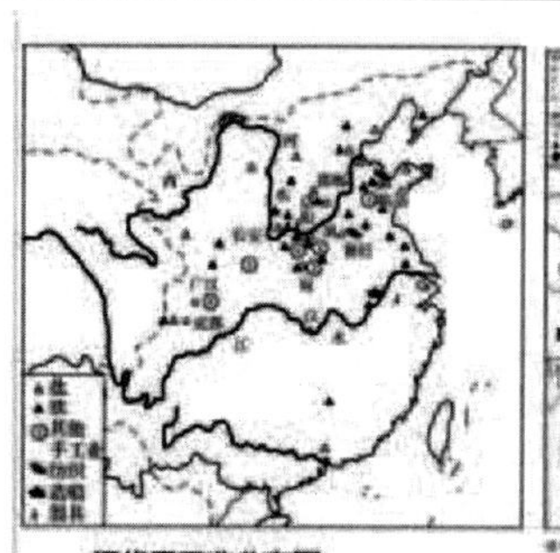
汉代手工业分布图

《唐六典》记："工巧业作之子弟，一入工匠后，不得别入诸色"；《新唐书》载："细镂之工，教以四年；车路、乐器之工，三年……教作者传家技。"

南海一号沉船的宋代瓷器

吴民生齿最繁，恒产绝少，家杼轴而户纂组，机户出资，织工出力，相依为命久矣……浮食奇民，朝不谋夕，得业则生，失业则死……染坊罢而染工散者数千人，机户罢而织工散者又数千人，此皆自食其力之良民也。

——《明神宗实录》

（二）探究类作业

预习课本，选择一种或几种古代农业、手工业的生产工具，并广泛收集材料，结合时代背景，解读生产工具与生产技术的发展进步。选择制作视频或现场展示的方式进行介绍。

拓展类作业

完成历史小论文：中国古代农业、手工业为什么领先世界？

作业要求：

1. 阐明选题意义；2. 列出研究框架；3. 说明选用的史料类型和研究价值；4. 说明研究成果。

二、学习效果评价设计

依据北师大学科能力层级确定基本的评价量规

能力分类	能力要素	历史学科能力表现
A 学习理解能力	A1 识记	能够识记农业社会、工业社会及现代科技社会中典型的生产工具，认识其产生的时间和用途。
	A2 说明	能够运用相关史实说明生产工具发展的社会背景及影响。
	A3 概括	能够通过梳理典型史实，并对其进行分类，概括古代农业社会、工业社会和现代科技社会生产工具与劳作方式演变的特点与趋势。
B 应用实践能力	B1 比较	比较不同劳作方式各有何特点；比较农业社会、工业社会与现代科技社会生产工具与劳作方式的不同特点。
	B2 解释	依据社会背景分析生产工具进步的原因；根据史料解释劳作方式演变的根本原因。
	B3 评价	通过搜集、分析史料，解读生产工具与劳作方式演变，评价小农经济对中国古代社会的影响；评析工业革命中大机器生产与工厂制度的发展。
C 迁移创新能力	C1 建构	搜集、分析史料，理解历史概念，建构生产工具、劳作方式、生产力与生产关系之间的联系，并结合所学知识进行解读。
	C2 考证	通过史料阅读与鉴别分析，分析考证具体生产工具产生的时间；考古材料与文献史料互相印证，认识青铜农具的社会作用；通过文献史料对比，考证关于手工业发展与资本主义萌芽的含义。
	C3 探究	通过史料阅读，解读农业、手工业的发展。并绘制思维导图说明生产工具、生产力、劳作方式、生产关系的关系。

续表

本单元（或主题）教学特色分析
一、教学特色 1. 任务引领，学生主体：本单元的教学设计体现了学生主体性，创新学习活动，以学习任务引领教学。学习任务的设置指向学生多层级学科能力。创设有真实性、趣味性的驱动问题，如让学生制作视频介绍生产工具的发展，从而拉近陌生的历史概念与学生的距离；学生通过小组合作自主构建思维导图，充分发挥学习共同体的作用，组织学生开展合作探究，搜集、筛选、分析史料，进行组内、组际合作，在任务完成的过程中主动建构史实之间的逻辑，学习运用史料证明自己的观点，培养史料实证与历史解释素养；在合作的过程中学会倾听与交流。 2. 教学评一体化：充分尊重学生的主体性，提高课堂教学的整体效益，应将教学活动与评价活动融为一体。因此，评价应渗透在教学各阶段、各环节，随时为学生的学和教师的教提供反馈信息，为改进教学、达成教学目标服务；并且让教师和学生都成为评价活动的主体（郑林：《基于学科核心素养目标的历史教学与评价一体化设计》）。因此，在本课的教学设计中，实现了课堂教学活动与评价活动同步设计，将每个学生活动与学生学习表现评价量规同步设计，在教学过程中制定了具有指导具体学习活动作用的评价量规，自评、小组互评、师评结合，充分体现了评价主体多元化。除此之外，还在总结性评价当中加入了评价反馈，促进了课堂教学的延伸，符合对核心素养的长期培养。 3. 主题意识，线索明晰：以“生产工具与劳作方式的进步是生产力发展的重要标志”为单元主题构建单元问题框架与任务线索。以生产工具、劳作方式、生产力与生产关系之间的关系为线索，探索农业社会、工业社会和现代科技社会之下，生产工具的进步对社会发展的革命性意义。 4. 单元主题教学，系统化设计：整合《中外历史纲要上》、《中外历史纲要下》中关于中国古代农业、手工业、商业经济的相关知识，以及近代中国民族资本主义的发展、现代中国的科技进步、改革开放以来中国经济的发展与产业结构的变动，两次工业革命与资本主义世界市场的形成以及20世纪下半叶第三次科技革命以来世界经济的全球化及其发展演变，由“内史”带动“外史”，跨单元知识整合，引导学生全面解读生产工具与劳作。 5. 教学形式多样，注重师生互动：本单元的教学采用线上教学与线下教学相结合的方式。在线上教学的过程当中，注重教学设计，有效利用腾讯会议、班级小管家等App增强师生互动、生生互动，创新板书呈现的方式，提高线上教学的效果。 二、教学反思 1. 历史概念：本单元涉及较多的复杂历史概念，在对历史概念的接受过程中，学生存在一定的理解困难，因此，必须将抽象的历史概念与具体的历史事实相结合，充分发挥学生的自主性，变抽象为具体，不断拉近生产、劳作与学生生活之间的关系。 2. 教学形式：本单元教学内容丰富，涉及历史概念多且十分抽象，农业、手工业等生产工具距离学生远，接受难度大，而线上教学对演示教学法的局限则加剧了这种难度。因此，在线上教学的过程中，引导学生充分发挥自主性，自主梳理知识线索，自主生成思维导图、自主探究相结合。但是在实施过程中，受到App限制，只能在课前开展小组合作，课上则很难以小组方式进行；板书的呈现也有很大挑战。

以下请从单元整体设计中精选一个课时（40分钟或45分钟），详细描述该课时的教学目标、教学重难点和教学过程。

续表

<table>
<tr><th colspan="4">某一课时的教学目标、教学重点和难点</th></tr>
<tr><td colspan="4">第 4 课 古代的生产工具与劳作
一、教学立意：生产工具与劳作方式反映生产力水平，对人类社会发展具有革命性意义，应坚持科技创新推动社会发展。
二、课标要求：了解世界古代农业、手工业劳动工具的变化和主要劳作方式；充分认识生产方式的变革对人类社会发展所具有的革命性意义。
三、学习目标：
1. 能够阅读教材自主梳理古代农业、手工业工具的发展历程并进行分类，认识古代农业、手工业工具的发展特点。（时空观念）
2. 通过阅读、分析史料，对比集体劳作、个体劳作与庄园式劳作方式的不同，并结合社会背景分析形成不同劳作方式的原因。（时空观念、史料实证、历史解释）
3. 能够通过阅读、分析史料，从生产工具、劳作方式、生产力与生产关系的关系角度，解读农业、手工业生产工具与劳作方式发展的原因与影响。（唯物史观、史料实证、历史解释）
4. 能够结合所学知识，认识到生产工具与劳作方式反映生产力水平，对人类社会发展具有革命性意义，因此，应坚持科技创新推动社会发展。（唯物史观、家国情怀）
四、教学重点与难点
1. 教学重点：古代农业、手工业生产工具与劳作方式的演进历程及成就。
2. 教学难点：古代农业、手工业生产工具的演进的影响。</td></tr>
<tr><th colspan="4">某一课时的教学过程</th></tr>
<tr><th>教学阶段</th><th>教师活动</th><th>学生活动</th><th>设计意图</th></tr>
<tr><td>课前任务</td><td> 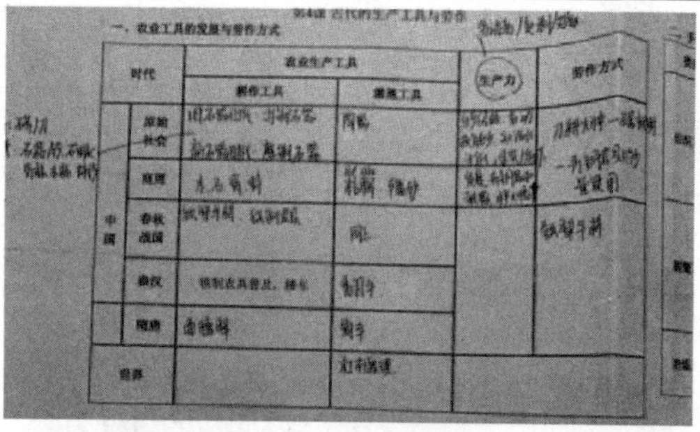 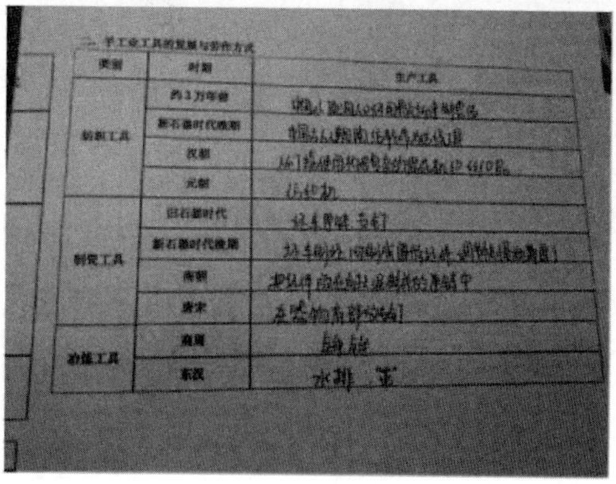</td><td>一、完成课前预习学案，对古代生产工具进行分类整理。
二、以小组为单位，制作农业、手工业工具视频，或者解读某种生产技术，在课堂上进行展示。</td><td>充分调动学生的积极性，发挥学习共同体的合作性。
1. 学生自主梳理知识，自主建构史实之间的联系。
2. 学生通过制作视频讲解，将抽象的历史概念具象化，拉进生产工具与学生生活的距离。</td></tr>
</table>

续表

<table>
<tr>
<td>导入</td>
<td>1. 出示图片：
原始社会狩猎采集食物
农业社会传统耕作方式
现代科技社会耕作方式
引导学生结合第一单元食物的生产，认识生产工具与劳作方式与人类食物生产的关系。
2. 结合图片内容，引导学生认识生产工具、劳作方式的概念。
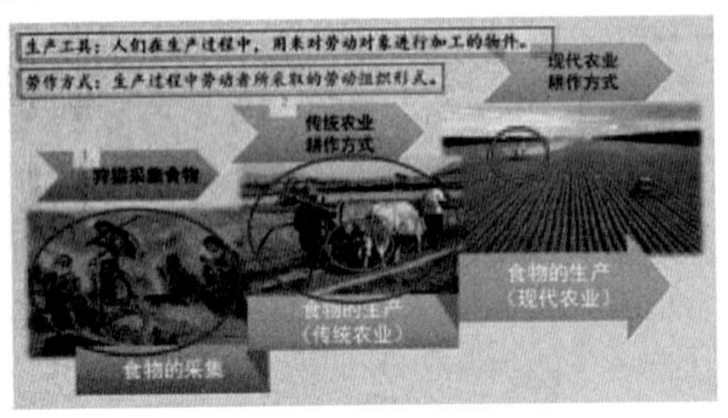
</td>
<td></td>
<td>1. 充分整合单元知识，从学生原有的知识结构出发，吸引学生兴趣。
2. 变抽象的历史概念为具象的历史实物，易于理解。</td>
</tr>
<tr>
<td>任务一：探究中国古代农业、手工业工具发展的特点。</td>
<td>【活动一】出示图片
【活动一】对以下农业工具进行分类，并任选其中2-3个，说明体现了中国古代农业工具发展的什么趋势。

【活动二】出示连线图

评价设计：
<table><tr><th>评价标准</th><th>学生自评</th><th>教师评价</th></tr><tr><td>能够梳理农业、手工业工具的发展脉络</td><td></td><td></td></tr><tr><td>能够从材质、工艺、动力等方面对史料进行分类</td><td></td><td></td></tr><tr><td>能够从材料中提取有效信息，概括生产工具演变的特点</td><td></td><td></td></tr><tr><td>能够结合时代背景，认识生产工具与社会生产力的关系</td><td></td><td></td></tr></table></td>
<td>【活动一】
对以下农业工具进行分类，并任选其中2~3个，说明体现了中国古代农业工具发展的什么趋势。
【活动二】
对以下手工业工具出现的时代与用途连线。
【课堂展示】手工业小组展示讲述《汝窑的生产技术》
概括古代农业、手工业工具发展的特点，思考其影响。</td>
<td>充分调动学生的积极性，发挥学习共同体的合作性。
1. 学生自主梳理知识，自主建构史实之间的联系。
2. 学生通过制作视频讲解，将抽象的历史概念具象化，拉进生产工具与学生生活的距离。
3. 培养学生的概括分析能力与史料实证、时空观念素养。</td>
</tr>
</table>

续表

<table>
<tr>
<td>任务二：对比农业、手工业不同劳作方式的特点</td>
<td>1. 教师出示史料：
材料一：“乡田同井。出入相友，守望相助，疾病相扶持，则百姓亲睦。方里而井，井九百亩，其中为公田。八家皆私百亩，同养公田。公事毕，然后敢治私事。”
——《孟子·卷五·滕文公》
材料二：民有二男以上不分异者，倍其赋。
——《史记·商君列传》
材料三：毛泽东在《中国革命和中国共产党》中指出，在中国封建时代，“农民不但生产自己需要的农产品，而且生产自己需要的大部分手工业品”。
材料四：东晋南朝时期，门阀政治发展到鼎盛，政权更迭频繁。战乱不息的中原大地促使士族冠带之家携家带眷避乱江左建立庄园，而战乱所导致的流民又为庄园的生产提供了劳动力和生产技术。庄园使仓惶离乱的士族获得了安身立命之所。颠沛流离的移民重获安家立业之地，大量的农田水利工程被修建。
——摘编自胡宗飞《东晋南朝庄园生产经营研究》
2. 教师出示图片材料
家庭手工业、手工作坊、江南制造云锦。
评价设计：
<table>
<tr><th>评价标准</th><th>学生自评</th><th>教师评价</th></tr>
<tr><td>能够梳理农业、手工业工具的发展脉络</td><td></td><td></td></tr>
<tr><td>能够从材质、工艺、动力等方面对史料进行分类</td><td></td><td></td></tr>
<tr><td>能够从材料中提取有效信息，概括生产工具演变的特点</td><td></td><td></td></tr>
<tr><td>能够结合时代背景，认识生产工具与社会生产力的关系</td><td></td><td></td></tr>
</table>
</td>
<td>根据材料并结合所学知识，对比三种农业劳作方式的不同。
<table>
<tr><th>劳作方式</th><th>形成原因</th><th>特点</th><th>影响</th></tr>
<tr><td>集体劳作</td><td></td><td></td><td></td></tr>
<tr><td>家庭式劳作</td><td></td><td></td><td></td></tr>
<tr><td>庄园式劳作</td><td></td><td></td><td></td></tr>
</table>

2. 根据材料并结合所学知识，对比手工业劳作方式的异同。</td>
<td>通过对多种史料的阅读、分析，提升学生的史料分析与概括能力。通过分析社会背景，认识到生产工具决定劳作方式。</td>
</tr>
</table>

续表

<table>
<tr>
<td>任务三：解读农业、手工业的发展</td>
<td>出示史料及表格
<table>
<tr><th>时代</th><th colspan="2">生产工具</th><th>劳作方式</th><th>生产力水平</th></tr>
<tr><td>旧石器时代</td><td>打制石器、木、骨制单体生产工具；陶器灌溉</td><td>骨针；泥条盘筑陶器</td><td>集体劳作（狩猎、采集）</td><td>狩猎采集经济，生产力低下</td></tr>
<tr><td>新石器时代</td><td>磨制石器、复合生产工具</td><td>陶纺轮；坯车制陶</td><td>集体劳作</td><td>原始农牧业出现，生产力提高</td></tr>
<tr><td>商周</td><td>木石骨为主，少量青铜</td><td>青铜冶炼技术发展</td><td>集体劳作（协田耦耕）</td><td>农业快速发展，手工业水平提高</td></tr>
<tr><td>春秋战国</td><td>铁制农具发展并逐步推广，桔槔</td><td>冶铁技术发展</td><td>集体劳作瓦解，个体劳作出现并发展</td><td>铁器牛耕出现，农业生产水平提高</td></tr>
<tr><td>秦汉</td><td>铁制农具普及，耧车，耕牛技术，翻车灌溉</td><td>纺车、提花机、水排</td><td>个体劳作、农业庄园式劳作</td><td></td></tr>
<tr><td>魏晋南北朝</td><td>改进翻车</td><td>匽钵</td><td>个体劳作、农业庄园式劳作</td><td></td></tr>
<tr><td>隋唐</td><td>曲辕犁、筒车灌溉</td><td>支钉技术</td><td>个体劳作</td><td></td></tr>
<tr><td>宋元</td><td>小型农具发展</td><td></td><td>个体劳作、家庭手工业经营方式发展</td><td></td></tr>
<tr><td>明清</td><td>农具技术进入总结阶段</td><td>纺织机、民间手工业技术发展</td><td>个体劳作、民营手工业水平提高逐步超过官营</td><td></td></tr>
</table>

材料一：铁犁牛耕技术使大量的荒地得到开垦，私田大量增加，私田不向国君缴纳赋税。以鲁国为代表的的各诸侯国为增加收入，进行税制改革，无论公田、私田一律按亩征税，促使新的封建土地所有制形成。在新兴的地主阶级的推动下，各国诸侯先后进行了变法活动，封建制度最终在各国确立。
材料二：唐前期以曲辕犁、筒车为代表的犁耕和水利灌溉技术，使个体农民获得更大自主性，推动精耕细作型小块土地经营高度发展，大批庶族中小地主迅速崛起。而南北朝以来门阀士族由于自身腐朽僵化日渐衰败。建立在个体农耕基础上的庶族地主阶级终于冲破豪门大族世袭垄断，在国家政治生活中发挥重要作用，由此开启了一系列影响深远的制度创新。
——曹大为《中国历史》
材料三：明清时期的小农经济体制，已是生产力发展的严重桎梏。明清传统农具门类已相当齐全，操作已相当方便，已能完全满足小农经济体制的农艺要求，农业技术及农业工具都失去了要求进一步改革的原动力，明清时期的社会没有为生产力发展创造新的机遇，所以明清时期的农具基本上一直停留在《王祯农书》总结的水平上。
——周昕《中国农具通史》
材料四　吴民生齿最繁，恒产绝少，家杼轴而户纂组，机户出资，织工出力，相依为命久矣……浮食奇民，朝不谋夕，得业则生，失业则死，此皆自食其力之良民也。　——《明神宗实录》</td>
<td>根据表格，结合所学知识，解读农业、手工业的发展。并绘制思维导图说明生产工具、生产力、劳作方式、生产关系的关系。</td>
<td>通过绘制思维导图，引导学生自主生成，建构历史概念之间的联系，培养学生的高阶思维。</td>
</tr>
</table>

续表

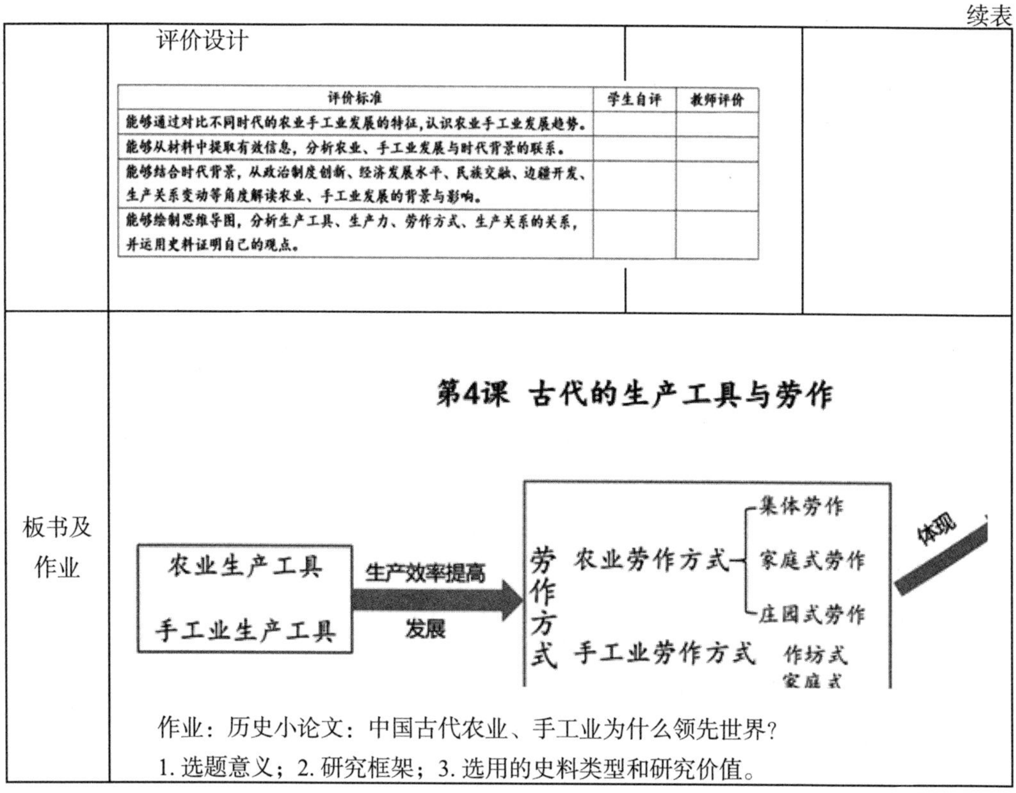

评价设计

评价标准	学生自评	教师评价
能够通过对比不同时代的农业手工业发展的特征，认识农业手工业发展趋势。		
能够从材料中提取有效信息，分析农业、手工业发展与时代背景的联系。		
能够结合时代背景，从政治制度创新、经济发展水平、民族交融、边疆开发、生产关系变动等角度解读农业、手工业发展的背景与影响。		
能够绘制思维导图，分析生产工具、生产力、劳作方式、生产关系的关系，并运用史料证明自己的观点。		

板书及作业

作业：历史小论文：中国古代农业、手工业为什么领先世界？

1. 选题意义；2. 研究框架；3. 选用的史料类型和研究价值。

"Unit3 Make a cartoon hero -- Vaccine Man" 教学设计

齐智霞

学习主题	外研版英语八年级下册 Module 5 Cartoons 卡通 Unit3 Make a cartoon hero -- Vaccine Man					
学科	英语	年级	初二	时长	30 分钟	
背景分析	一、课标分析 《义务教育英语课程标准（2022 年）》中指出核心素养是学科育人价值的体现，英语学科核心素养主要包括语言能力，文化意识，思维品质和学习能力，内容和活动是落实英语学科核心素养的两个重要抓手，因此从内容上将充分挖掘教材语篇所承载的文化信息和语言知识，将零散的信息建立关联整合结构并提炼出整个模块的主题意义，引领教与学，从活动上					

续表

<table>
<tr>
<td>背景分析</td>
<td>本模块的教学将以解决具体问题为明线；以提升学生的思维品质为暗线设计学习理解，应用实践迁移创新的进阶式活动，引导学生基于文本获取信息，深入文本挖掘意义，超越文本迁移创新，逐步提升学生的核心素养。

因此，我对外研社八年级下册第五模块进行单元整体设计，充分分析并结合了学情特点，制定了学生的学习目标，依据学生学习目标设计了学习活动，促使学生在听说读写一系列围绕主体的活动中发展语言能力、提升思维品质、培养文化意识与提高学习能力。

二、教材分析

本单元的主题是人与社会，涉及的话题为卡通人物，并通过以下两个语篇呈现：第一篇主要内容讲述大明和托尼讨论观看何种卡通片的对话，两人分别从卡通人物的性格、能力、影响力三个角度阐述了选择该卡通片的原因；第二篇为记叙文，作者从外貌、性格、经历、受欢迎程度等几个方面介绍了五个备受欢迎的卡通形象。通过对第一个语篇的学习，学生能够从不同角度介绍自己喜欢的卡通人物且关注卡通人物的美好品质；通过对第二个语篇的学习，学生可以从卡通人物的性格、品质、背后传递的美好信念等层面深入挖掘卡通人物备受喜爱的原因，从而能够更为全面地阐述自身青睐此卡通人物的原因，并且能够发现此类深层次原因才是卡通人物受到人们喜欢的关键。第三课时要求学生自己创造出一个卡通形象。第一、二课时为学生写作提供了词汇表达输入和应用；在第三课时中，学生结合前几课时所学，借助相关学习材料，完成笔头写作输出。

结合学生所处的新冠疫情背景，疫苗是目前能够有效帮助人们手段之一，因此，第三课时设定的写作人物是以疫苗为原型，学生通过跨越学科，课本与美术、政治学科融合，创造一个“疫苗侠”，并且运用所学对其外貌、个性、事迹及受欢迎原因等逐个介绍。用拟人的修辞手法讲述其故事，例如“帮助人们战胜病毒”“保护人们健康”“不仅能够帮助本国人民，也能够帮助全球人民”。另外，赋予“疫苗侠”特有的品质，例如“善良”“勇敢”等。学生在创作的过程中，理解“疫苗侠”受人欢迎的原因在于其品质与事迹，从而达成本模块主题意义。

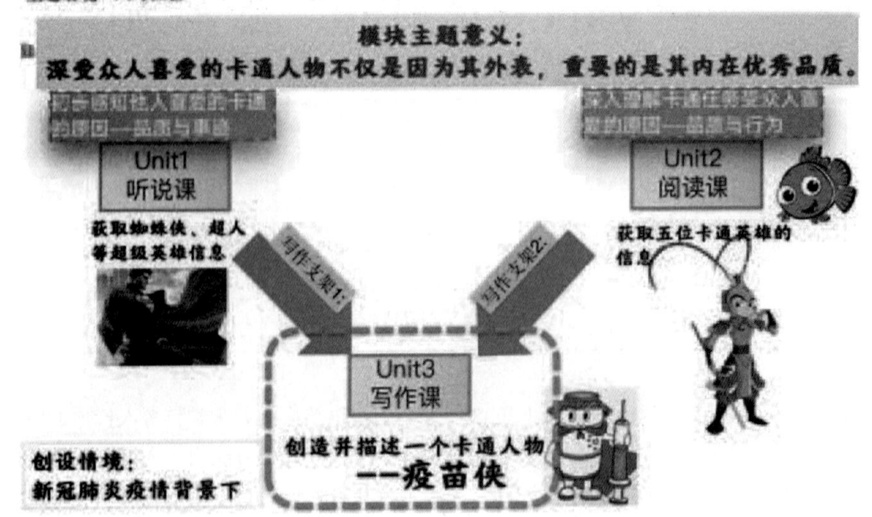
</td>
</tr>
</table>

续表

	三、学情分析 1. 自然情况 八年级 3 班整体英语听说读写能力属于年级中等水平。学生的语言能力处于丰台区中等水平，学生能够用简单的语言口头表达自己的观点，但是学生词汇量较小，语法基础一般，笔头写作能力相对较弱。学生习惯小组活动形式，能够通过小组合作完成任务；在老师的指导下，学生能够运用思维导图等组织信息。 2. 话题认知程度 卡通人物与故事是学生颇为喜欢的话题，每个学生都有自己喜欢的卡通人物和卡通故事。本模块的话题对学生而言并不陌生，学生能够简单说出自己喜欢的卡通人物、故事、主要内容以及喜欢此卡通的原因。 但由于学生对卡通人物的理解比较片面，多数表述喜欢某个卡通故事或卡通人物的理由时基于其可爱、有趣等外在表现，阐述卡通人物背后优秀品质的学生相对较少。因此，需要引导学生去关注并描述更多有关于品质方面的内容。 3. 语言基础 通过七上 M1 My Classmates 和 M2 My Family 的学习，学生能够较熟练地使用相关形容词如 strong、tall、brave 等描述人物的外貌、性格特征；通过七下 M9 Life History 学生能够对人物进行评价，表达自己对人物的看法。通过八年级下 M1 和 M2 的学习，学生主要解决的是问题（1）和（2），通过 M5 的学习，学生能够完成问题（3）： （1）What does he/she look like? He/She is + adj.(pretty/ugly/handsome...) （2）What is he/she like?He/She is +adj.(kind/humorous/brave...) （3）What can he/she do? He can + do.(fly through the sky/fight against bad people/lead the group of ...against) 学生通过对已有知识的迁移，将 fight against bad people 转化为 fight against the virus, 将课文中表达蜘蛛侠保护人们的短语 protect people all over the world 应用到自己描写之中。 存在问题与解决措施 班级学生英语水平两极分化较大。课前写作出现的问题内容层面是介绍的方面比较单一，结构较为混乱；语言层面上的问题是缺少与疫苗相关的词汇表达。因此，解决措施如下： （1）基于学生在预习阶段补充符合学情的额外语篇，提供语言支撑的同时更有利于学生理解； （2）通过引导学生对文本细节信息进行概括与整合，提取文中动画介绍的不同方面，促进学生形成有关卡通的结构化知识； （3）基于班级内英语学习两极分化的问题，通过设置小组任务，鼓励学生在小组中进行对话沟通，再进行班内展示，使得学力强的学生的想法得到完善，学力较弱的学生在写作中有抓手。 四、教学重难点 教学重点：通过课堂复习，学生能够构建描述"疫苗侠"的思维导图。 教学难点：学生能够根据思维导图，尝试准确、连贯地描述创造的疫苗侠。

续表

	五、平台使用说明 1. 腾讯会议 腾讯会议的共享屏幕功能能够支持切换各类软件进行屏幕共享；计时器功能能够在开展活动时方便记录时间；在最终的小组互评环节，利用投票系统展开评价。 2. 微信学习交流群 小组合作讨论环节采用微信小组语音的形式，生生之间能够进行即时的互动。 3. 腾讯文档 Excel 快捷编辑功能支持多人随时随地在线编辑，实时共享。学生们可以在电脑端、移动端等多类型设备上及时将他们的写作内容填写到 Excel 的表格中，由于文档是实时编辑的，学生们可以即时查看各自的答案。在写作完成后，及时地展开评价。以此作为板书，教学内容即学生的输出内容。
学习目标	通过线上学习，学生能够达到的目标要求如下： 1. 通过课堂复习，学生能够构建描述“疫苗侠”的思维导图。 2. 学生能够根据思维导图，尝试准确、连贯地描述创造的疫苗侠。 3. 学生能够以小组合作形式在班内展示，体会赋予“疫苗侠”的品质。
问题框架	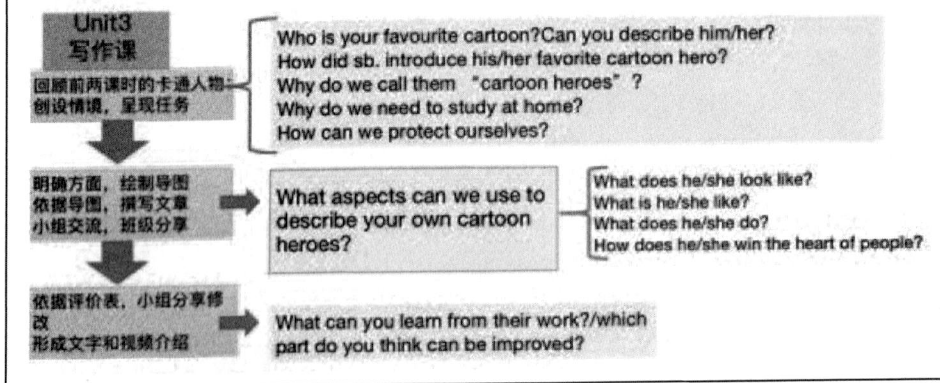
方法策略	过程写作法 (process-writing) 强调写作的过程实质上是一种群体间的交际活动，而不是写作者的个人行为。过程写作以学习者为中心，旨在把注意力从评价、评估学生的成品转向帮助学生更好地认识写作过程。它是一种更加重视写作过程而非写作成果的教学法。 在写作情境的创设上，结合学生所处的新冠疫情防控居家线上学习的真实情境，提出疫苗是能够有效帮助人类战胜疫情的有效手段之一。因此，学生以疫苗为原型，创造出一个能够帮助人类的“疫苗侠”。他们在写作过程当中，以“腾讯文档”在线实时编辑的形式对各个问题的回答进行互动和分享，再进一步将其使用合理的连接词构成完整、具有逻辑性的作文。 互动探究式教学方法 教师根据学生已知进行提问式导入，并在问答互动过程中注重学生的主体地位，培养他们在该过程中的思考与表达能力。教师在学生确定文本的写作结构后，由学生共同使用腾讯文档的形式，进行运用的写作语言的编辑，引导学生有自主思考问题和解决问题的意识与能力，让学生全身心地融入到课堂教学之中。

续表

	自主学习与合作式学习相结合 教师在授课过程中采取鼓励学生进行自主学习和合作式学习的方式，在本节网络课堂中，教师在课前让学生自主绘制思维导图梳理文章的结构，课上分享思维导图，并进行同伴互评。	
教学活动设计		
课前学习活动	活动目标	活动安排
	了解并发现学生在写作的已有基础及问题	1. 学生在之前的美术课上已经以小组为单位完成了“疫苗侠”图画的创作。 2. 学生对自己已经创作完成的“疫苗侠”进行描述与介绍。 This is our group wrote about the vaccine man. It looks like a bee. It held a shield in its hand. It means defense the virus. Its body is black-and-yellow. Under its body is a needle. Behind it is a pair of wings.
	活动结果分析	授课前通过让学生自主对创造的“疫苗侠”进行介绍，发现大部分学生对于描述卡通人物的外貌比较擅长。但是在外貌描写的过程当中，“shield”“needle”类似的词汇需要借助翻译。另外，学生不明确具体要介绍卡通人物的哪几个方面。仅仅能够提到 1~2 条关于“疫苗侠”事迹及品质特点的词汇或短语，如“defense the virus”。 根据前测结果，补充符合学情的额外语篇，提供词汇的支撑。另外，课上通过引导学生对所学文本细节信息进行概括与整合，提取文中动画介绍的不同方面，促进学生形成有关卡通的结构化知识，进而迁移到下一步描述自己创造的卡通人物当中。

续表

<table>
<tr><td rowspan="3">课堂教学活动</td><td>活动目标</td><td>步 骤</td></tr>
<tr><td>说明本节课学习目标，创造卡通人物--疫苗侠。</td><td>Step1 Warm up
T shows the task of this class and the learning objectives.
Students read the learning objectives and get to know the task of this class.</td></tr>
<tr><td>复习前面学过的卡通任务，激活学生已知，为接下来的画出思维地图搭建台阶。</td><td>Step2 Lead in
Review how to describe their favorite cartoon heroes.
Q1:Who is your favorite cartoon hero?Can you describe him/her?
Students describe their favorite cartoon heroes by using the sentences they have learned.

Q2:How didxx(name) introduce his/her favorite cartoon hero?
Then students think about how to introduce a cartoon hero from different aspects.

Q3:Why do we call them “cartoon heroes”?
Students think and answer: because they are brave/they can protect people/they can help us...
Q4：Why do we have to study at home instead of going to school?
--Because the COVID-19 is still serious around us.
How can we protect ourselves?
--We can create a super hero,vaccine man!</td></tr>
</table>

续表

<table>
<tr>
<td></td>
<td>通过回顾已知，学生在正式写作前罗列出从哪些方面描写“疫苗侠”。</td>
<td>Step 3 Pre-writing
Students have the discussion about the different aspects to describe your own cartoon hero in their wechat group.
Q:What aspects can we use to describe the vaccine man?

After finishing the mind map, students share their map with class.
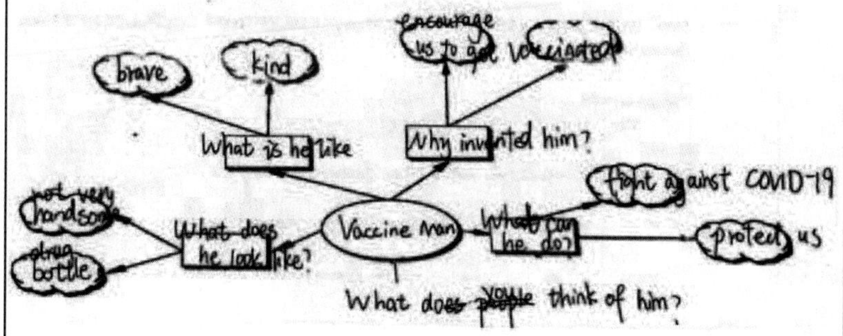
</td>
</tr>
</table>

续表

<table>
<tr>
<td></td>
<td>学生能够根据思维导图回答各方面的问题。
通过先写各个部分的答案，再按照顺序使用连接词形成一篇具有逻辑性文章。</td>
<td>Step 4 While-writing
Students write down their answers by themselves and then exchange their ideas with group members.
Then each group shares their work from different aspects by writing on “Tencent file” app.
Students read and learn the expressions from each other.
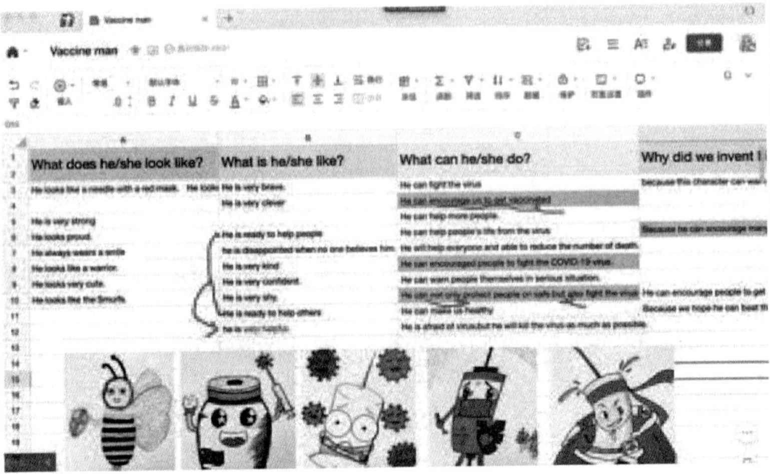
</td>
</tr>
<tr>
<td></td>
<td>再次突出本课主题意义，受人欢迎喜欢的卡通人物是在于其优秀品质，疫苗侠的品质在于帮助人类。</td>
<td>Q:Which part do you think is more important than others?
Did the vaccine man only help Chinese people?
And then show them a videoto illustrate “help others is to help ourselves”.
Students finish their own composition and add some linking words.Before writing, the evaluation form is showed to them to help them finish their writing.

评价表
<table>
<tr><th colspan="2">完成情况</th><th>Excellent</th><th>Good</th><th>Okay</th><th>Poor</th></tr>
<tr><td>内容</td><td>描述全面，包含外表、品质、事迹、创造人物的原因等方面内容。</td><td></td><td></td><td></td><td></td></tr>
<tr><td>语言</td><td>文字连贯和用词准确；
合理运用多种时态。</td><td></td><td></td><td></td><td></td></tr>
<tr><td>宣传</td><td>能够帮助大家对疫苗进行正面宣传，传递精神内涵。</td><td></td><td></td><td></td><td></td></tr>
</table></td>
</tr>
</table>

续表

		Step5 Post-writing One group shares their work to the class and the rest of students give them grades. At last ,it is our best wishes :Hope our vaccine men can help us beat COVID-19 as soon as possible!
	支撑材料	PPT、学生学案
	板书设计	

续表

<table>
<tr><td rowspan="1"></td><td>评价设计</td><td colspan="2">评价表内容依据本课学习目标制定。学生根据评价表，小组进行修改完善并展开评价。
<table>
<tr><th colspan="6">评价表</th></tr>
<tr><th></th><th>完成情况</th><th>Excellent</th><th>Good</th><th>Okay</th><th>Poor</th></tr>
<tr><td>内容</td><td>描述全面，包含外表、品质、事迹、创造人物的原因等方面内容。</td><td></td><td></td><td></td><td></td></tr>
<tr><td>语言</td><td>文字连贯和用词准确；
合理运用多种时态。</td><td></td><td></td><td></td><td></td></tr>
<tr><td>宣传</td><td>能够帮助大家对疫苗进行正面宣传，传递精神内涵。</td><td></td><td></td><td></td><td></td></tr>
</table>
</td></tr>
<tr><td rowspan="3">课后作业（活动）</td><td>活动目标</td><td colspan="2">作业（活动）要求</td></tr>
<tr><td>继续修改课堂上完成的初稿，形成最终的作品。</td><td colspan="2">学习其他小组作品，将作品上传到作文批改网，进行至少 3 次的修改。</td></tr>
<tr><td>支撑材料</td><td colspan="2">作文批改网给学生作文自动打分，并且提供作文的整体评语，以及“按句点评”等重要的反馈信息。并在有语法、用词、表达不规范的地方给予反馈提示，给学生修改的建议。</td></tr>
</table>

“Unit 2 I became so bored with their orders that I wished they would leave me alone. Period2”教学设计

齐智霞

<table>
<tr><td>展示主题</td><td colspan="6">外研版九年级上册 Module 4 Home alone
Unit 2 I became so bored with their orders that I wished they would leave me alone. Period2</td></tr>
<tr><td>学科</td><td>英语</td><td>年级</td><td>初三</td><td>时长</td><td>6~8 分钟</td></tr>
<tr><td>背景分析</td><td colspan="6">新课标要求
《义务教育英语课程标准（2022 年）》中指出核心素养是学科育人价值的体现，英语学科核心素养主要包括语言能力，文化意识，思维品质和学习能力，内容和活动是落实英语学科核心素养的两个重要抓手，因此从内容上将充分挖掘教材语篇所承载的文化信息和语言知识，将零散的信息建立关联整合结构并提炼出整个模块的主题意义，引领教与学，从活动上</td></tr>
</table>

续表

<table>
<tr>
<td>背景分析</td>
<td>本模块的教学将以解决具体问题为明线；以提升学生的思维品质为暗线设计学习理解、应用实践、迁移创新的进阶式活动，引导学生基于文本获取信息，深入文本挖掘意义，超越文本迁移创新，逐步提升学生的核心素养。
因此，我对外研社九年级上册第六模块进行单元整体设计，在以主题意义为引领的课堂上，通过创设与主题意义密切相关的语境，充分挖掘特定主题所承载的文化信息和发展学生思维品质的关键点，基于对主题意义的探究，以解决问题为目的，整合语言知识和语言技能的学习与发展，将特定主题与学生的生活建立密切联系。
教材分析
本模块话题为“独自在家”，属于课标主题中的“人与自我”。通过对学生独自在家状况的描述和讨论，围绕着独居生活的安排和经历，开展听、说、读、写各项学习活动，并提示学生注意培养独立生活的能力。涉及的子主题内容包括“时间管理”“生活自理与卫生习惯”“学习与生活的自我管理”“健康、文明的行为习惯和生活方式”以及“丰富、充实、积极向上的生活，身心健康，抗挫能力的意识”和学生的“自我认识，自我管理，自我提升”。
Unit1 介绍了贝蒂在火车站与父母告别的情况。贝蒂的父母因工作需要不得不出差，而贝蒂要独自在家生活两周左右，这对她来说是一个很大的挑战。贝蒂的父母不断地叮嘱她要注意安全、吃好睡好等等。Unit 2 语篇讲述了少年郑晨宇独自在家生活了几天的故事。从郑晨宇的身上，读者可以看出一些青少年对大人们“过度”的悉心照顾表现出的厌烦态度，他们往往觉得大人们对他们的生活干涉过多。然而，实际上他们常常缺乏独自生活、自食其力的能力。通过这样的生活实例分析，青少年应该有所感悟：今后，要注意培养自己的独立生活能力，多参与实践，早日成长为能够自食其力、有担当、有生活技能的人。Unit3 在前面两个单元学习的基础上，进一步归纳总结谈论独立生活所涉及的要素，结合让步和结果状语从句的使用表达转折和因果的逻辑关系，通过完成模块任务提升学生综合运用语言的能力。本模块的任务要求学生围绕如何管理时间、如何做饭和如何保障安全三个主题进行讨论，反映了学生需要培养和发展独立生活能力的需求。
结合学生所处的新冠疫情背景，“居家隔离”是会偶尔发生在学生身上的真实情境。因此，本模块创设的模块任务就是，假如学生面临独自居家隔离七天，结合本模块所学以及自己的生活实践提出建议，制作出“独自居家隔离指南”。这个任务有助于培养学生的生活能力，既具有真实性，又极富教育意义。
Unit2 内容分析
[What] 本节课是一节阅读课，主题是独自在家的记叙文，讲述了少年郑晨宇独自在家生活了几天的故事。第一段讲述了故事发生的背景和原因，从郑晨宇的身上，读者可以看出一些青少年对大人们“过度”的悉心照顾表现出的厌烦态度，他们往往觉得大人们对他们的生活干涉过多。第二段讲述了第一天父母离开之后的喜悦，通宵打游戏以及没有完成作业。第三段讲述了第二天，起晚了迟到，饿着肚子上课，又疲惫又累。第四段讲述回到家中，做饭的经历，让他瞬间感受到独立生活的不容易，从而开始理解父母。第五段讲述了郑晨宇在这件事情之后的收获。阅读过程中，学生通过捕捉文章中描写人物感受的细节信息，早日成长为能够自食其力、有担当、有生活技能的人。</td>
</tr>
</table>

续表

背景分析	［How］本文是一篇独自生活的经历，语篇是记叙文，文章为总分结构，以时间为线索，文章主要以一般过去时态为主，一般现在时为辅，从总体概括到细节描述，以时间顺序梳理经过和作者的情感变化。本文关于故事的讲述中使用丰富准确的动词加强了生动性。 ［Why］通过本课的学习，通过这样的生活实例分析，青少年应该有所感悟今后，要注意培养自己的独立生活能力，多参与实践，早日成长为能够自食其力、有担当、有生活技能的人。同时，体会父母为学生付出的辛苦，并感恩父母为自己所做的事。 学情分析 1. 自然情况 本课授课对象为我校九年级 2、3 班，共 57 人。学生的语言能力处于丰台区中等水平，英语基础两极分化较大，一部分学生有较好的阅读理解能力，能够获取并记录一定量的信息。一部分学生基础差，词汇量和阅读理解能力有待提高。 2. 话题认知程度和语言基础 本模块话题契合学生生活实际，学生能够说出独自生活时吃饭、学习、休闲的一些做法，例如 cook noodles by myself/do homework/wash clothes/play computer games/sleep all day 等。学生在七年级下册第三模块 Making plan 中，学习了一般将来时描述对周末的计划，并采用表格的形式，以时间为线列出计划。比如：I am going to check my email and do my homework on Saturday morning. 3. 存在问题和解决措施 学生对于独居生活的计划信息零碎，不能够有条理的形成居家生活手册。解决措施学生可以通过阅读文章，看到主人公 Zheng 在第一天短暂的放纵后带来的不好后果，引以为戒，反思自己的行为。根据对郑晨宇提出的建议，进行合理归类，引导学生从“managing time”“food”等给出针对性建议，再进行头脑风暴，拓展出更多方面的合理规划，如 study/entertainment/exercise 等方面。
学习目标	本节课后，学生能够： 通过阅读并圈画关键信息，获取 Zheng 独居生活的主要事件和感受，完成表格填写； 根据表格内容，分析 Zheng 情感变化的原因； 根据得出的原因，为 Zheng 的独居生活提出有针对性的建议。
问题框架	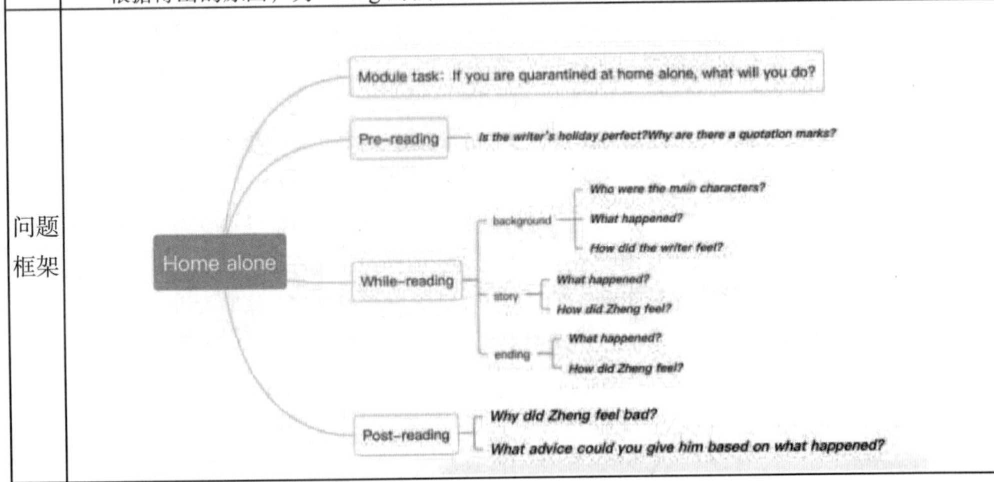

续表

方法策略	通过心情变化折线图，直观地感受到主人公情感发生的变化。通过腾讯文档，以表格的形式进一步概括出作者行为存在的问题，并提出建议，同时反思自己独自居家时的行为，从而为之后制作“独居生活指南”作铺垫。		
教学过程	活动目标	活动支持材料（名称、材料格式，用途）	活动步骤
	通过调查问卷，引导学生关注独自在家话题，了解学生关于居家生活的想法，说明本节课任务，使学生带着任务完成本节课的学习。	调查问卷	Lead-in If you are quarantined at home alone, what will you do? At the end of this module, we will make a leaflet for those who are quarantined at home. Before we make it, let’s enjoy a storyto find out what can we do.
	通过阅读全文，获取文章的主要信息，理解大意。	学生学案 PPT	Pre-reading Look at the title and predict the answers Is the writer’s holiday perfect? Why are there quotation marks（引号）? Read and answer the questions
	阅读第一段，根据问题引导学生发现记叙文中的要素：who，what happened, feelings, 了解故事发生的背景和原因。 阅读第2至第5段，根据问题引导学生发现记叙文中的要素：when，what happened, feelings, 以时间为线索的事件和情感两条主线，提炼出表格中的重要信息，并填写表格。	腾讯文档 学生填写表格 学生们及时将他们的写作内容填写到Excel的表格中，由于文档是实时编辑的，学生们可以即时查看各自的答案。在写作完成后，及时地展开评价。以此作为板书，教学内容即学生的输出内容。	While --reading Read Para 1 and answer the questions.. Q1：Who are the main characters？ Q2：What happened？ Q3：How did the writer feel? Read Para 2-5 and answer the questions,then complete the table. Q1：When and what happened to Zheng on the first day/the next day/when parents came back？ Q2：How did the writer feel? 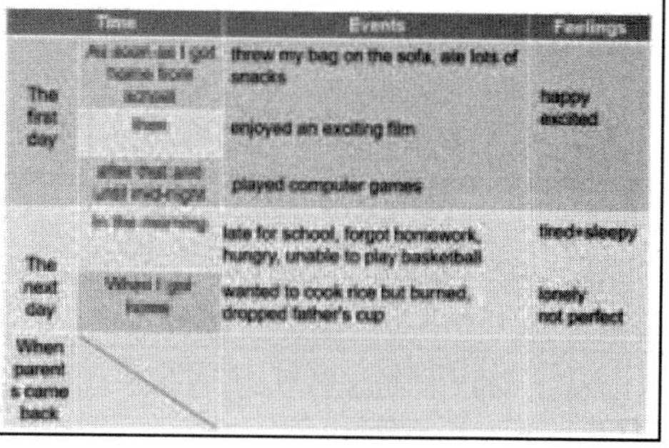 Time | Events | Feelings The first day | As soon as I got home from school | threw my bag on the sofa, ate lots of snacks | happy excited then | enjoyed an exciting film after that and until midnight | played computer games The next day | In the morning | late for school, forgot homework, hungry, unable to play basketball | tired+sleepy When I got home | wanted to cook rice but burned, dropped father's cup | lonely not perfect When parents came back

续表

	通过梳理文章的情感变化，分析情感变化的原因，意识到郑晨宇独自生活中的问题。根据郑晨宇的问题，能够给他提出合理的建议。 学生能够意识到今后要成为自食其力、有担当、有生活技能的人，理解父母。	腾讯文档 学生填写表格	Post--reading 1）Further understanding:Why did Zheng feel happy first but then feel bad? 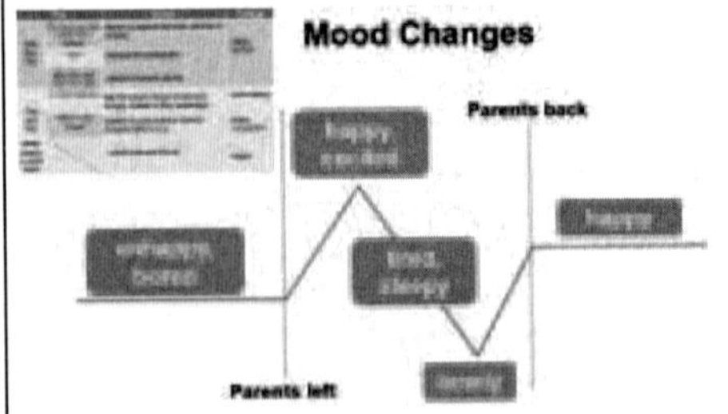 What advice could you give him based on what happened? Events / Feelings threw my bag on the sofa, ate lots of snacks / happy excited enjoyed an exciting film He isn't good at managing tim
评价设计	建议要求： 1.organized 条理性：划分问题种类，依据问题种类进行建议； 2.targeted 针对性：针对郑晨宇的问题。 3.reasonable 合理性：建议合理。 进行班级分享，同伴互评。		

“农业区位因素”教学设计

安静

1.教学设计模板

学习主题	农业区位因素				
学科	地理	年级	高一	时长	线下：45 分钟
背景分析	分析课标、教材、学情、教学重难点 1. 课标分析 本教学设计，对应的课程标准是“结合实例，说明农业的区位因素”。“结合实例”是手段，可以与初中区域地理有机结合，将空间分析思维与区域视角结合起来，体现“区域认知”的				

续表

<table>
<tr><td>背景分析</td><td>核心素养。"说明"不是简单的罗列，需要学生结合案例将自然地理要素和人文地理要素，按照内在的逻辑联系有机结合起来，关注因果关系和时空发展变化，体现"综合思维"的核心素养。"农业的区位因素"，一是指农业生产所选定的地理位置；二是指农业与地理环境(包括自然环境和社会环境)各种因素的相互联系。本条课程标准不仅包括农业区位因素的知识，还蕴含了"区域认知"（地理位置）和"综合思维"（要素的相互关系）等地理核心素养。通过人类活动（农业）与地理环境的关系是否协调的案例，帮助学生形成人地协调的初步意识即"人地协调观"。
2. 教材分析
本课内容对应人教版教材第三章第一节的"农业区位因素及其变化"。"区位因素"是人文地理的核心概念之一。区位因素分析，必须基于区域背景与情境，常用地理推理判断思维方法。区位因素相关内容的学习，需要综合人文地理与区域地理等高中地理的主干知识。
从年级衔接的角度看，初中区域地理中产业结构与产业布局等内容的学习，为产业区位因素的学习奠定了一定基础。同时，区位因素的学习也是学习选择性必修二区域发展的基础。
从本章内容在全书中的编排位置来看，本章被安排在全书的中间，既是第一章"人口"和第二章"乡村和城镇" 学习的延续，又为后面第四章"交通运输布局与区域规划" 和第五章"环境与发展" 的学习做好铺垫，起到承前启后的作用。人是产业活动的主体，乡村和城镇是产业活动的主要平台。在第一、二章学习后安排产业区位因素学习，能加深学生对产业区位选择的理解。
本章共三节内容，农业、工业和服务业区位因素及其变化。农业是工业和服务业发展的基础，所以本章的第一节以农业活动作为产业区位因素学习的开始。同时，农业区位因素的学习，也是工业、服务业区位因素学习方法和思路的导引。关于农业区位因素的学习，教材通过核心原理概念图展示了农业主要区位因素。教材再从自然因素和人文因素两个方面，结合案例介绍农业区位因素及其对农业区位选择的影响。
3. 学情分析
教学对象为高一年级的学生。
（1）知识储备
产业的相关知识在初中曾涉及过，如我国农业分布特点，因地制宜发展农业；我国工业分布特点；我国高新技术产业发展状况。气候对农业和工业的影响。学生对农业、工业有初步的感性认识，但缺乏相关理论基础，如区位因素。
（2）认知特点
学生基本具备读图、析图、分析材料、提取信息的能力，能够运用地理学科语言进行简单描述；但缺乏多种尺度、多种类型图文资料叠加之后系统的解释地理现象和地理事实的能力。地理 2 主要涉及人文地理相关知识，该章产业地理又是人文地理中全新的一个模块，对其学习既需要学生对区域自然人文有充分认知又需要对自然和人文因素综合分析，同时还需要学生掌握分析人文地理的思路和方法。对高一的学生而言，相对陌生，学习难度较大；产业知识与人们实际生活息息相关，在教学过程中应充分调动学生的生活体验，案例的选择要贴近学生生活经验，联系生活实际，解决现实问题，提升实践力，加强培养人文地理学的空间思维习惯，强化人文地理信息的运用。</td></tr>
</table>

续表

<table>
<tr><td></td><td colspan="3">4. 教学重难点分析
结合实例，说明影响农业区位选择的自然因素和人文因素，并分析各因素相互之间的关系。</td></tr>
<tr><td>学习目标</td><td colspan="3">1. 了解生活中常见的农业生产活动，能够说出农业的概念、分类；
2. 能够结合实例，解释农业区位的概念，说出影响农业区位选择的自然因素和人文因素，并能分析各因素之间的关系。</td></tr>
<tr><td>问题框架</td><td colspan="3"> 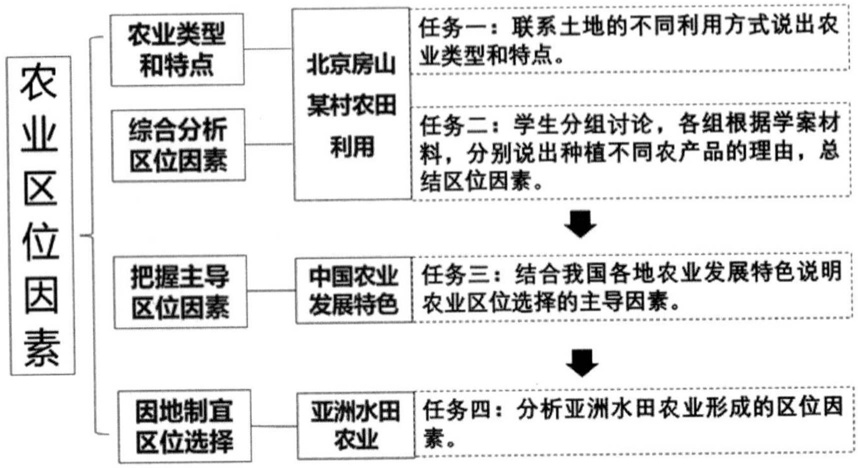农业区位因素
农业类型和特点 — 北京房山某村农田利用 — 任务一：联系土地的不同利用方式说出农业类型和特点。
综合分析区位因素 — 北京房山某村农田利用 — 任务二：学生分组讨论，各组根据学案材料，分别说出种植不同农产品的理由，总结区位因素。
把握主导区位因素 — 中国农业发展特色 — 任务三：结合我国各地农业发展特色说明农业区位选择的主导因素。
因地制宜区位选择 — 亚洲水田农业 — 任务四：分析亚洲水田农业形成的区位因素。</td></tr>
<tr><td>方法策略</td><td colspan="3">本课采用了情境式教学、问题式教学、合作探究学习法等教学策略。
1. 采用情境式和问题式教学相结合的策略：创设贴近生活实际的情境，围绕“北京房山某村农田利用的选择”的问题设计不同层次的问题链条，让学生在情境中“发现问题”和“解决问题”，为学生搭建知识阶梯，以问题为导向，引导学生运用地理学科思维方式，建立与“问题”相关的知识结构。
2. 合作探究学习：农业区位因素的分析环节是本节课的重难点内容，由于“农业区位因素”对于学生是一个新概念，学习难度较大，故采取小组合作的形式进行，在生生互动中帮助学生提升区域认知和综合思维能力。启发学生探究式学习，调动学生积极性和主动性，发挥学生主体作用，培养了学生的探究能力。</td></tr>
<tr><td colspan="4">教学活动设计</td></tr>
<tr><td rowspan="2">课前学习活动</td><td>活动目标</td><td colspan="2">学习要求</td></tr>
<tr><td>回顾初中学过的农业发展的相关知识。</td><td colspan="2">学生在课前回顾初中所学知识，说出农业的概念和类型。
联系生活思考体会美食与地理环境的关系。</td></tr>
<tr><td rowspan="2">课堂教学活动</td><td>活动目标</td><td>支撑材料</td><td>步　骤</td></tr>
<tr><td>联系生活，激发学生探究兴趣；帮助学生对农业生产活动行成初步感知。</td><td>1. 风味人间剪辑视频，MP4 格式，情境导入。</td><td>【展示材料】出示风味人间剪辑视频，导入本节课学习主题。
【提出问题】美食与地理环境的关系。
【回答问题】观看视频并思考体会美食与地理环境的关系。</td></tr>
</table>

续表

	培养学生阅读、分析提取图文信息的能力，增强小组合作探究能力，提高表达能力，学会分析农业区位选择的思路与方法。	2. 农业区位因素学案（北京房山地理背景及三种作物生长习性），Word 格式，为学生探究问题提供素材。 3. 农业区位因素课件（关键词），PPT 格式，为学生展示汇报提供素材。	活动 1：北京房山某村的农田利用 【活动背景】 教师出示活动材料，学生熟悉资料。学生自主阅读学案材料，并从材料中发掘有用信息，标出材料中的关键信息。 【问题引导】 ·你认为这片西瓜地可以进行哪些农业生产活动？ ·这片西瓜地可以种植什么？为什么？ 【活动要求】 教师组织学生分组讨论，各组学生根据学案材料中提示的植物习性和当地的地理环境条件，分别找出种植柿子树、葡萄、玉米的理由。 【汇报展示】 教师组织学生代表阐述各组观点及理由。 【汇报总结】 村民老张做出最终决策，并进行总结。（归纳影响决策的自然、人文因素）。 【点评总结】 1. 农业区位；农业区位因素 2. 理想条件希望考虑尽可能多的区位因素，但是现实只能考虑主导因素。
	通过情景迁移，巩固阅读、分析提取图文信息和地理语言的表达能力，因地制宜把握主导区位因素。	4. 农业区位因素课件（中国地形气候专题地图），PPT 格式，为学生探究问题提供素材。	活动 2：中国农业发展特色 【出示资料】 中国地形气候专题图及我国各地农业发展特色。 【问题引导】 探究图中标注地区农业生产的主导区位因素。（海南熟制、新疆优质长绒棉、千烟州立体农业、河西走廊灌溉农业、浙江茶叶、上海近郊农业、杂交水稻等） 【完成学案】结合我国各地农业发展特色说明农业区位选择的主导因素。
	学以致用	5. 农业区位因素课件（水稻生长习性、亚洲水稻分布图、亚洲气候类型分布图、亚洲人口分布图、亚洲地形分布图），PPT 格式，为学生探究问题提供素材。	【归纳总结】总结分析农业区位因素的一般思路和方法。 【自主探究】分析亚洲水田农业形成的区位因素。

续表

	板书设计	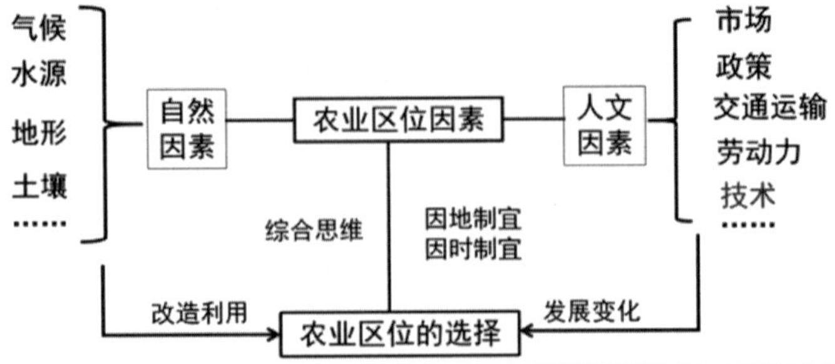 气候 水源 地形 土壤 …… 自然因素 农业区位因素 人文因素 市场 政策 交通运输 劳动力 技术 …… 综合思维 因地制宜 因时制宜 改造利用 发展变化 农业区位的选择		
	评价设计	评价目标 （根据赋分情况累计）	表现	赋分（按照完全没掌握到完全掌握的程度从 1-5 赋分）
		1. 你能否完整叙述本节课所学习的知识点？（解释） 低（1~3） 中（4~6） 高（7~10）	通过课堂学习，复述 / 说出农业生产活动的概念和分类。	
			列举课堂所提到的主要农业区位因素并举例说明。	
		2. 你能否自主归纳本节课的相关结论？（阐明） 低（1~5） 中（6~10） 高（11~15）	能够结合学案资料，在活动探究中做出农业区位选择。	
			运用图表、实例等资料，向他人阐述你进行某种农业区位选择的理由。	
			根据图文资料，说出农业区位选择中的主导因素。	
		3. 你能否迁移应用本节课所学内容？（迁移应用） 低（1） 中（2~4） 高（4~5）	结合亚洲水田案例，分析农业形成的区位因素。	
		4. 你能否通过参与小组活动更高效的推导出相应的结论？ 低（1~5） 中（6~10） 高（11~15）	你在讨论问题中发表观点的时长？	
			你认为你的组长（组员）在活动中，能否倾听，并批判性地看待他人的观点？	
			其他同学的观点（即使不正确或无法得出结论），能否给你启发和帮助？	
		（　/45 分）		

续表

课后作业（活动）	活动目标	作业（活动）要求
	通过设计开放性的问题，巩固复习农业区位的选择方法。	通过北京市房山种植农产品发生改变的案例，思考北京房山某村土地利用发生变化的原因，探究农业区位因素的变化。（提问：要解决此问题需要运用什么知识？需用什么素材？素材怎么获取？）

"海——气相互作用"教学设计

安静

教学基本信息					
单元（或主题）名称	水的运动				
学科	地理	学段	高中	年级	高二
其他相关领域或学科	水的三态变化；水循环；海水的性质和运动；河流地貌				
主要教材	书名：普通高中教科书 地理选择性必修一自然地理基础 出版社：人民教育出版社　　出版日期：2020 年 6 月				

教学设计参与人员			
	姓名	单位	联系方式
设计者	安静	北京市第十八中学	
实施者	安静	北京市第十八中学	
指导者	张丽丽	北京市第十八中学	
课件制作者	安静	北京市第十八中学	
其他参与者			

单元（或主题）指导思想与理论依据
本单元依据普通高中地理课程标准围绕大概念构建学习单元，进行单元主题教学，培养地理核心素养，最终落在立德树人的根本目标上。"水的运动"强调水的空间存在形式及其运动，注重引导学生结合特定区域，综合分析水体运动形式及其对自然环境和人类活动的影响，突出对自然地理过程的培养，从而落实综合思维、区域认知、人地协调观等地理学科核心素养。

单元（或主题）教学背景分析
一、教学内容分析及课时分配 "水的运动"对应教材选择性必修一第四单元，属于"地理过程(人地关系)"核心概念下的内容，其教学实质是以水为载体进行的物质运动与过量交换过程为主线，并应用前面水循环、大气运动等原理解释不同空间水的运动过程，为自然环境整体性做铺垫。 （一）课程标准 1."绘制示意图，解释各类陆地水体之间的相互关系。"重点在于陆地水体的相互关系上，从整体水体的视角看待某一种水体类型，体现综合思维，掌握绘制示意图的技能要求。

续表

2. “运用世界洋流分布图，说明世界洋流的分布规律，并举例说明洋流对地理环境和人类活动的影响。”重点是读图并归纳世界洋流分布规律，可利用世界洋流分布图、世界渔场分布图、世界气候分布图等，从多个方面分析洋流对自然环境的影响。

3. “运用图表，分析海—气相互作用对全球水热平衡的影响，解释厄尔尼诺，拉尼娜现象对全球气候和人类活动的影响。”重点是分析和解释厄尔尼诺和拉尼娜现象的表现及其影响。

（二）课程内容的衔接

本模块内容以自然地理环境系统与要素及其发展演变过程对人类活动的影响为主干，关注自然地理要素的特征和演变，以及自然地理环境的整体性和差异性。从年级衔接的角度看，初中阶段已经对四大洋、水系、河流等概况有所学习，初步感知地理事实，为该模块的学习奠定了知识基础，而高中必修 1 开始着眼于要素间的联系，把握地理规律，高中选择性必修一在此基础上进行拓展，深化水循环等原理的应用、建构模型、解释现象，走向要素综合。实现了从地理现象到地理规律的学习进阶。从本单元内容在全书中的地位来看，本单元是物质运动和能量交换内容之一，并应用前面水循环、大气运动等原理解释不同空间水的运动过程，为自然环境整体性做铺垫。

（三）课时分配

本单元教学约需 4 课时，从水的运动展开，基于水与气候、自然地理环境的关系，侧重介绍水体的类型、特征及水体间相互关系，以及洋流的分布规律和地理意义、海—气相互作用的影响等知识。具体分配如下：

第一课时：通过分析阿塔卡马地区绿洲的水从哪来，说明陆地各种水体之间的相互关系。

第二课时：通过观察海雾的常见海域，结合全球风带模式图和世界洋流分布示意图，归纳世界洋流的分布规律。

第三课时：通过分析阿塔卡马沿岸海雾的成因，结合南美科隆群岛和秘鲁渔场等案例，总结洋流对气候和海洋生物的影响。

第四课时：通过分析阿塔卡马地区不同景观的成因，说明海—气相互作用及厄尔尼诺和拉尼娜现象对自然地理环境和人类活动的影响。

二、学生情况分析

前期调研情况：单元教学的前期调研从如下两个方式进行。

方式一：分析课前任务布置情况

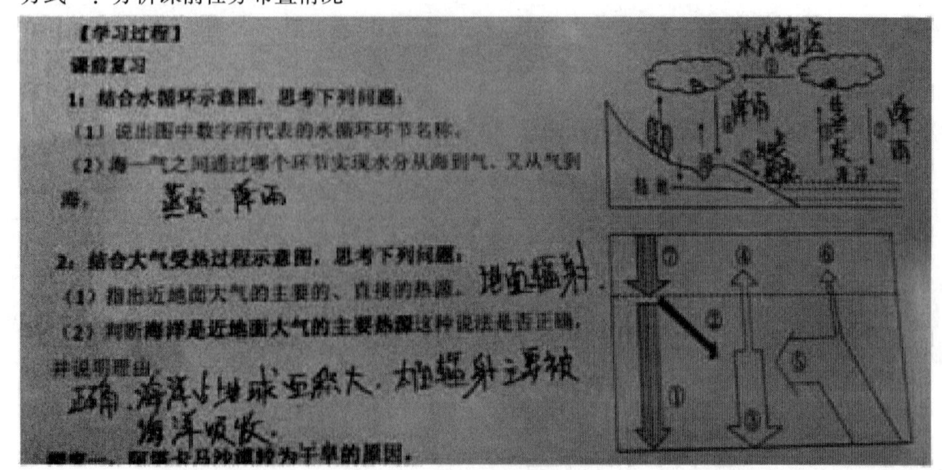

【学习过程】

课前复习

1：结合水循环示意图，思考下列问题：

（1）说出图中数字所代表的水循环环节名称。

（2）海—气之间通过哪个环节实现水分从海到气、又从气到海。蒸发、降雨

2：结合大气受热过程示意图，思考下列问题：

（1）指出近地面大气的主要的、直接的热源。地面辐射

（2）判断海洋是近地面大气的主要热源这种说法是否正确，并说明理由。正确，海洋占地球面积大，地面辐射主要被海洋吸收。

续表

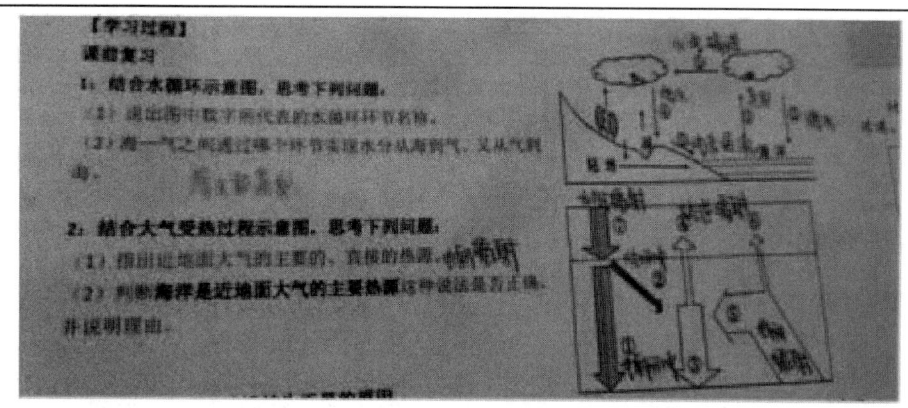

【学习过程】

课前复习

1：结合水循环示意图，思考下列问题。

（1）说出图中数字所代表的水循环环节名称。

（2）海—气之间通过哪个环节实现水分从海到气，又从气到海。

2：结合大气受热过程示意图，思考下列问题：

（1）指出近地面大气的主要的、直接的热源。

（2）判断海洋是近地面大气的主要热源这种说法是否正确，并说明理由。

方式二：访谈、课上提问等方式。

通过课前调研，对本单元的学情分析如下：

（一）知识储备

学生初中阶段已经对四大洋、水系、河流等概况有所了解。高中必修一初步介绍了水圈、水循环、海水运动形式等主干知识以及河流地貌景观等辅助知识。通过之前的学习学生初步感知了地球上的水，建立起宏观地理规律，但缺乏相关理论基础，如大气环流和大洋环流的相关内容。

（二）思维认知

"水的运动"是高二年级上学期的教学内容，经过高一年级的学习，学生已经具备学习自然地理的基本思维和方法，在能力水平和知识储备上产生了一定程度的分化。但是高二学生空间思维能力不够强，对于模型的建构会有难度。此外，洋流及海气作用部分的内容对于常年生活环境距海较远的学生来说，很难有生活体验，在情境设置和原理迁移运用方面会有难度，需要引导学生将原理与解释现象相衔接，实现递进和拓展。

单元（或主题）教学目标

单元主题：水的运动

核心概念

- 地理过程：水是怎么在不同空间运动的？
- 人地关系：不同水体的运动对自然环境和人类活动有什么影响？

核心问题

地理过程：
- **陆地不同水体之间**是怎样联系的？
- 世界**洋流**的分布有哪些规律？
- **海-气相互作用**对全球水热平衡有怎样的影响？

人地关系：
- **陆地水体**对自然环境和人类活动有哪些影响？
- **洋流**对自然环境和人类活动有哪些影响？
- **厄尔尼诺和拉尼娜现象**对全球气候和人类活动产生哪些影响？

单元学习目标

1.结合实例，绘制示意图，解释陆地各种水体之间的相互关系及其区域差异。（区域认知、综合思维）

2.运用世界洋流分布图，建构世界洋流分布模式图，说明世界洋流的分布规律。能够从不同空间尺度举例说明洋流对自然地理环境和人类活动的影响。（地理实践力、综合思维、区域认知、人地协调观）

3.运用图表资料，分析海-气相互作用对全球水热平衡的影响。（综合思维）

4.结合实例，说明陆地水体的相互关系、厄尔尼诺和拉尼娜现象对自然地理环境和人类活动的影响。（人地协调观）

续表

单元（或主题）教学过程设计

单元（或主题）的作业设计及学习效果评价设计

一、作业设计

（一）基础习题类（15 分钟）

结合三级跳，精选基础类习题印制在学案上。基础类作业可以根据分层难度，课前或者课中布置[基础巩固练]，让学生在预习的基础上完成或者进行课堂训练，预计用时 3 分钟，课后布置[能力提升练]、[综合拓展练]时可以根据不同层次学生学习程度选择，预计用时 7~12 分钟。主要用于巩固课堂上学习的地理基础知识、基本技能，提升地理学习的方法。

（二）技能拓展类（15~30 分钟）

1. 绘制单元思维导图，图文并茂总结学习内容；

2. 绘制本单元涉及的示意图（如水循环示意图、洋流分布模式图、海—气相互作用示意图、热带太平洋大洋环流和大气热力环流示意图等）。

（三）地理实践类作业（拓展选做）

1. 模拟水体相互转化实验，探究水体的相互转化过程，学生观察实验，绘制示意图，说明降水、河水和湖泊水的相互补给过程；

续表

2. 设计洋流模拟实验，探究洋流的成因及分布规律。

3. 针对身边的地理现象提出相关地理问题，完成探究报告（如运用所学解释德雷克海峡海冰数量增加数年后又减少的现象。）

课前布置，课后小组协作推进（在进行教学的这周六、周日完成）。

二、学习效果评价设计

（一）评价目标

单元评价目标	课时 1	课时 2	课时 3	课时 4
解释不同空间水的运动过程及其对自然环境和人类活动的影响	能够解释陆地水体之间的相互关系	能据图说出全球主要洋流的名称，并能比较它们的性质差异	举例说明洋流对地理环境和人类活动的影响	说出海洋和大气之间水热交换过程，分析海—气相互作用对全球水热平衡的影响
	能判断河流补给以及径流量特征，归纳影响河流水情的因素	归纳世界洋流的分布规律，说明全球风带模式和洋流模式的关系	能够设计简单的实验模拟洋流的运动，能够探究洋流与地理环境的关系	解释厄尔尼诺和拉尼娜对全球气候及人类活动的影响

（二）评价内容及工具（以海—气相互作用为例）

<table>
<tr><th>课时</th><th>评价目标</th><th>评价内容</th><th>评价量规（自我评价 30%+ 小组互评 30%+ 教师评价 40%）</th></tr>
<tr><td rowspan="2">海—气相互作用</td><td>运用图表说出海洋和大气之间水热交换过程。</td><td>【活动 1】绘制海—气相互作用示意图，说出海—气之间水分和热量交换过程。</td><td>
<table>
<tr><td colspan="4">评价量规</td><td rowspan="2">自我评价</td><td rowspan="2">小组互评</td><td rowspan="2">教师评价</td></tr>
<tr><td>水平 1（0~2）</td><td>水平 2（3~5）</td><td>水平 3（6~8）</td><td>水平 4（9~10）</td></tr>
<tr><td>能够画图表示海气水分交换和热量交换的过程，但有缺失。</td><td>能够完整画出海气水热交换的各环节，但无法准确解释。</td><td>能够完整画出海气水热交换的各环节，并指出海洋是大气的主要热源和水源。</td><td>能够完整画出水热交换的各环节并运用示意图说明海洋和大气之间水热交换过程。</td><td></td><td></td><td></td></tr>
</table>
</td></tr>
<tr><td>分析海—气相互作用对全球水热平衡的影响。</td><td>【案例】结合北大西洋暖流对卑尔根气候的影响，说明大洋环流和大气环流对全球水热平衡的影响。</td><td>
<table>
<tr><td colspan="4">评价量规</td><td rowspan="2">自我评价</td><td rowspan="2">小组互评</td><td rowspan="2">教师评价</td></tr>
<tr><td>水平 1（0~2）</td><td>水平 2（3~5）</td><td>水平 3（6~8）</td><td>水平 4（9~10）</td></tr>
<tr><td>能够说出卑尔根气候特征。</td><td>能够解释卑尔根纬度高但是海水终年不结冰。</td><td>能够说明大洋环流和大气环流驱使全球水分和热量在不同地区进行传输。</td><td>能运用示意图以及大气环流和大洋环流相关知识分析海——气相互作用对全球水热平衡的影响。</td><td></td><td></td><td></td></tr>
</table>
</td></tr>
</table>

续表

<table>
<tr><td></td><td>解释厄尔尼诺和拉尼娜对全球气候及人类活动的影响</td><td>【活动2】分析太平洋中东部海水温度变化对气候产生的影响。</td><td>
绘制热带太平洋上空的大气运动示意图，并说出太平洋东西岸的气候状况。
<table>
<tr><td colspan="4">评价量规</td><td rowspan="2">自我评价</td><td rowspan="2">小组互评</td><td rowspan="2">教师评价</td></tr>
<tr><td>水平1
(0~2)</td><td>水平2
(3~5)</td><td>水平3
(6~8)</td><td>水平4
(9~10)</td></tr>
<tr><td>能用箭头表示垂直方向或水平方向的气流，但未能画出环流。</td><td>能按顺时针方向画出环流。</td><td>能用热力环流原理说出对太平洋东西岸降水的影响。</td><td>能用热力环流原理说出对太平洋东西岸气候的影响。</td><td></td><td></td><td></td></tr>
</table>
画图说明赤道附近太平洋东海岸海水温度上升对环流的影响。
<table>
<tr><td colspan="3">评价量规</td><td rowspan="2">自我评价</td><td rowspan="2">小组互评</td><td rowspan="2">教师评价</td></tr>
<tr><td>水平1
(0~2)</td><td>水平2
(3~5)</td><td>水平3
(6~8)</td></tr>
<tr><td>仅能说出环流减弱，方向甚至发生改变</td><td>能说出环流方向改变，也能根据太平洋表层水温异常示意图判断出赤道附近太平洋东海岸海水温度上升。</td><td>能用热力环流原理解释环流的变化情况，同时也能简要说明这种现象所带来的影响。</td><td></td><td></td><td></td></tr>
</table>
分析环流变化对赤道附近太平洋东、西岸气候的影响。
<table>
<tr><td colspan="4">评价量规</td><td rowspan="2">自我评价</td><td rowspan="2">小组互评</td><td rowspan="2">教师评价</td></tr>
<tr><td>水平1
(0~2)</td><td>水平2
(3~5)</td><td>水平3
(6~8)</td><td>水平4
(9~10)</td></tr>
<tr><td>能用热力环流原理对东部水温异常升高做简要分析，说明其对太平洋东西岸降水的影响。</td><td>根据问题（2）能用热力环流原理对正常年份和东部水温异常升高做简要对比分析，对气候的描述局限于降水。</td><td>能运用热力环流的原理对正常年份和东部水温异常偏高年份及异常偏低年份对比分析，能分析三种情况对气候的影响。能尝试分析[illegible]地区[illegible]的原因。</td><td>能运用相关原理对正常年份和异常年份对比分析，能分析各种情况对太平洋东西岸气候的影响。能尝试分析不同地区[illegible]异常现象的原因。</td><td></td><td></td><td></td></tr>
</table>
</td></tr>
<tr><td></td><td colspan="2">通过学习共同体能否更高效的推导出相应的结论</td><td>你在讨论问题中发表观点的时长？
你认为你的组长（组员）在活动中，能否倾听，并批判性地看待他人的观点？
其他同学的观点（即使不正确或无法得出结论），能否给你启发和帮助？</td></tr>
</table>

（三）评价方式

1. 纸笔测验（课前小测，课后作业，章节测试）。

2. 结合评价量表对课上任务完成情况进行过程性评价（自我评估，生生互评，师生评价）。

3. 完成建构思维导图等拓展类作业或地理实践类作业。

（四）评价结果及分析

1. 纸笔测验操作简单，学生完成时间不长，教师还能做出及时的评价，所以一般学生压力较小，反馈的效果也比较好。

2. 在课上完成任务时，学生可借助评价量表对自己的表现进行定量评价，及时查漏补缺，实施效果较好，关键在于量表的针对性还可不断改进。

3. 技能拓展和实践类作业学生需要投入大量精力，具体实施中学生可能存在敷衍的心态，降低了评价的准确度。但是完成作业的学生无疑得到了锻炼，地理实践力得到了提升。学生也希望自己的成果得到认可与肯定，教师可采取多种手段激发学生积极性。首先，要选择合适的展示方式，教师需要提前安排展示的时间给学生展现自我的机会，可以由教师选择优秀的作业进行展示，也可以由学生自行展示。其次，要注重作业评价，教师可根据课后作业的整体情况确定评价方式，利用课堂时间由教师进行总结评价，或者提前发放评价量表和评价的细则，让学生自评或互评，使学生了解作业的重要性也能对自己进行查缺补漏。最后，教师和学生都需要对整个作业实施过程进行反思，整理、收集、保存此次作业实施的材料，总结作业的成果和反思不足之处，以及评判作业是否达到了预期效果和目标，为下次作业布置提供宝贵的经验。

续表

本单元（或主题）教学特色分析 (300—500 字数)
教学过程中大量使用各类型示意图让学生得到感性认识，教师适时点拨，随着教学过程的展开有条理的结构板书，关系明了，帮助学生由感性认识上升到理性认识，逐步建构知识体系。 首先，采用创设地理情境的教学策略突破重点难点。引导学生以学习者为中心，构建学习共同体，以问题为导向，启发学生探究式学习，发挥学生主体作用力。通过以案析理，以理剖案，学生能对地理规律的认识由感性上升为理性，真正做到在“做中学”，让地理知识来源于生活，又回归生活。 其次，渗透地理核心素养。通过体会水体的运动形式对自然环境和人类活动的影响，体现人地协调观要求；以空间作为线索展开，从水循环出发，在陆地、海洋、大气三大空间中探讨水是如何在不同空间运动的，体现综合思维要求；陆地分成了地上和地下，海洋分了不同的海区，影响具有空间尺度差异，海 - 气相互作用则从全球和区域两个空间尺度体现，体现区域认知要求。通过对当地的调查，让学生获得知行统一、因地制宜的实践性体验，体现地理实践力要求； 最后，注重教学评一体化。在教学前展开调研，科学分析学情；在教学过程中既有具有指导具体学习活动作用的评价量规，也有宏观考察学科素养的评价目标，针对不同的学习任务，设计多样的评价方式，包括小组互评、自我评价与教师评价等。本节课设计类型多样的课后作业，包括基础类、拓展类、地理实践类作业。 作业分层设计以及评价量表的针对性还有很大改进空间。

海—气相互作用的教学目标、教学重点和难点
教学目标： 1. 运用图表，绘制海—气之间水分和热量交换过程，说出海—气的相互作用。 2. 依据表层海水温度分布图和热力环流原理，绘制赤道附近太平洋海域正常年份和厄尔尼诺年份的洋面大气环流，说出相关海区气流升降、天气状况。 3. 能用全球水热平衡原理分析厄尔尼诺对世界各区域带来的影响，提高综合思维能力。 4. 能比较分析厄尔尼诺和拉尼娜现象的异同点，指出两种现象对赤道太平洋东西气候的影响。 教学重点：结合景观图等资料，解释厄尔尼诺现象、拉尼娜现象对全球气候和人类活动的影响。 教学难点：能用全球水热平衡原理分析厄尔尼诺对世界各区域带来的影响，提高综合思维能力。

海—气相互作用的教学过程			
教学阶段	教师活动	学生活动	设计意图
课程导入	【出示视频】：阿塔卡马沙漠位于智利北部，世界上最干旱的地区，与火星地表相差无几，却是最浪漫旅行目的地。 【核心任务】分析阿塔卡马地区的奇特景观。	观看视频，体会阿塔卡马地区景观的独特魅力并生疑。	联系生活，激发学生探究兴趣；帮助学生形成阿塔卡马地区的初步感知。

续表

<table>
<tr>
<td>新课探究一：
海—气相互作用与全球水热平衡</td>
<td>【探究一】：阿塔卡马地区干旱的原因。
出示材料一：阿塔卡马沙漠的气候特征的文字介绍；气压带风带分布图；南美洲地形图；南美洲气候类型图。
过渡：海气之间存在水热交换
提出思考 1：海水和大气之间具有怎样的关系，什么是海气相互作用？
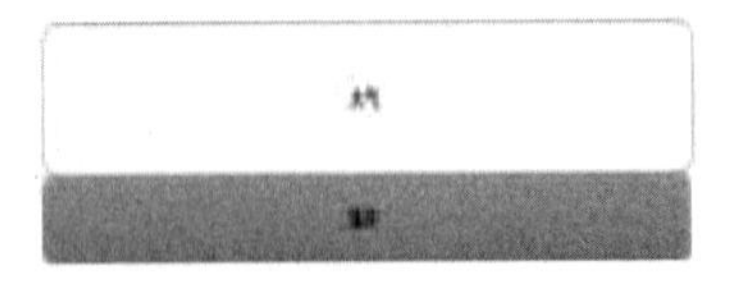
点拨：通过全球水平衡示意图，引导学生据图估算大气中约 87.5% 的水汽是由海洋提供的，进而得出海洋是大气中水汽的最主要来源。通过回顾大气的受热过程及海陆面积占比，引导学生得出海洋是大气的主要热源。
出示材料二：卑尔根与北大西洋暖流的关系；北大西洋暖流沿岸分布图；卑尔根气温曲线与降水柱状图。
提出思考 2：不同地区水热差异明显，从全球来看水热如何实现平衡？
材料：世界洋流分布图；大气环流图。
点拨：海—气相互作用通过大气环流和大洋环流，驱使水分和热量在不同地区进行传输，维持地球上水分和热量的平衡。
过渡：一般情况下全球水热平衡可是有的时候局部地区也会出现水热失衡的情况。</td>
<td>根据材料分析阿塔卡马地区干旱的原因，说出洋流对沿岸气候的影响，认识到海气之间存在水热交换。
【活动 1】绘制海气相互作用的示意图
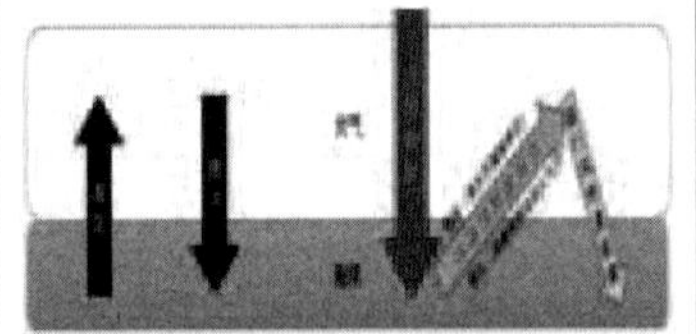
【案例】学生结合案例说出北大西洋暖流对卑尔根气候的影响，即北大西洋暖流携带赤道地区的热量到达极地地区，塑造了卑尔根温暖湿润的气候特点。
思考大洋环流和大气环流对全区水热的关系。</td>
<td>培养学生阅读、分析提取图文信息的能力，提高表达能力；
引导学生运用图表，建构知识体系，说出海—气之间水分和热量交换过程；
学会分析海—气相互作用对全球水热平衡的影响。</td>
</tr>
</table>

续表

<table>
<tr>
<td>新课探究二：

厄尔尼诺和拉尼娜现象</td>
<td>【探究二】阿塔卡玛沙漠突变花海的主要原因。
出示材料三：阿塔卡马沙漠突现花海的景观图片；阿塔卡马地区位置图。
出示思考 3：太平洋中东部海水温度变化会对气候产生什么影响?
（1）绘制热带太平洋表层大洋环流示意图，比较该海区东西岸表层海水温度。
（2）绘制热带太平洋上空的大气运动示意图，并说出太平洋东西岸的气候状况。
点拨：正常年份沃克环流的形成及其对气候的影响。
过渡：介绍圣婴的由来。
（3）画图说明赤道附近太平洋东海岸海水温度上升对环流的影响。
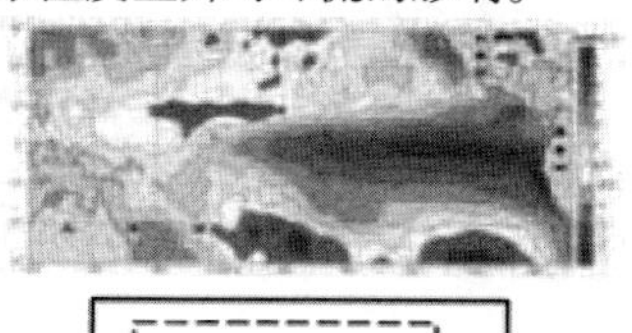

（4）分析环流变化对赤道附近太平洋东、西岸气候的影响。
点拨：厄尔尼诺现象发生时沃克环流减弱及其对气候的影响。
总结：厄尔尼诺现象形成的过程及其对其他地区的影响。
提问：今年是拉尼娜年，我们去阿塔卡马地区可以看到花海吗?</td>
<td>【活动 2】分组讨论阿塔卡玛沙漠突变花海的主要原因，回答学案思考 3 相关问题。
绘制热带太平洋表层洋流示意图及其上空大气运动示意图，说出太平洋东西岸气候。

归纳总结拉尼娜现象的形成过程及影响</td>
<td>结合景观图等资料，培养学生阅读、分析提取图文信息的能力；
增强小组合作探究能力，提高表达能力，学会分析大洋环流和大气环流的相互作用下影响气候的思路与方法。

构建知识结构，体会内在联系，实现知识迁移。</td>
</tr>
</table>

续表

应用	思考：南极海冰的融冻与太平洋东部海水温度的关系。	比较总结：通过解释海冰融冻的现象，对比分析厄尔尼诺和拉尼娜现象的影响。	通过情景迁移，巩固阅读、分析提取图文信息和地理语言的表达能力。
总结	通过分析阿塔卡马地区的特殊现象，了解海—气水热交换过程，而海—气之间的这种作用可以通过大气环流和大洋环流实现全球水热平衡，难免出现异常，使得失衡出现。局部的异常范围扩展之全球，进而对气候和人类活动产生深刻的影响。	回顾本节课所学，构建知识联系。	梳理知识结构，构建思维导图，总结升华。
课堂板书	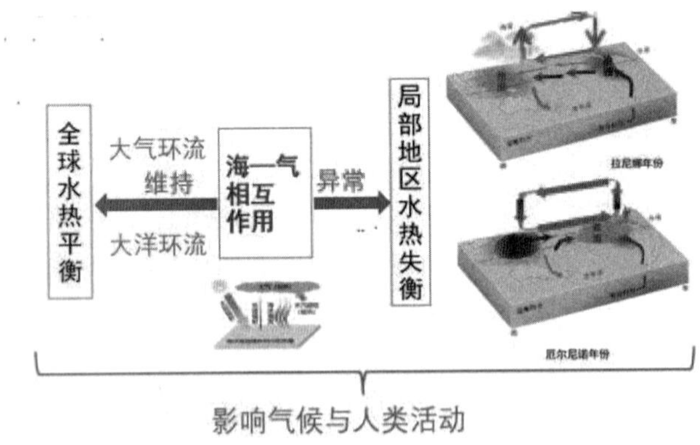 全球水热平衡 ← 大气环流 维持 大洋环流 ← 海—气相互作用 → 异常 → 局部地区水热失衡（拉尼娜年份；厄尔尼诺年份） 影响气候与人类活动		
作业设计	一、基础巩固类 1. 能用自己的话描述海—气相互作用； 2. 绘制沃克环流、厄尔尼诺、拉尼娜环流图，并能说出这三个环流对气候的影响； 3. 利用所学原理完成习题巩固，正确率达 80% 以上。 二、技能拓展类 1. 今年去阿塔卡马地区能看到花海吗？请绘制示意图进行说明。 2. 绘制本节课思维导图。 三、地理实践类 近几十年来，德雷克海峡海冰数量呈现“多→少→多→少”的周期性变化。研究表明，该海峡海冰周期性变化的原因主要是海冰数量的变化直接影响表层洋流流量，而洋流的强弱又对海冰数量产生影响。（说明德雷克海峡海冰数量增加对秘鲁寒流及其沿岸气候的影响；解释德雷克海峡海冰数量增加数年后又减少的现象。） 结合材料和问题撰写德雷克海峡海冰周期性变化的科研报告。 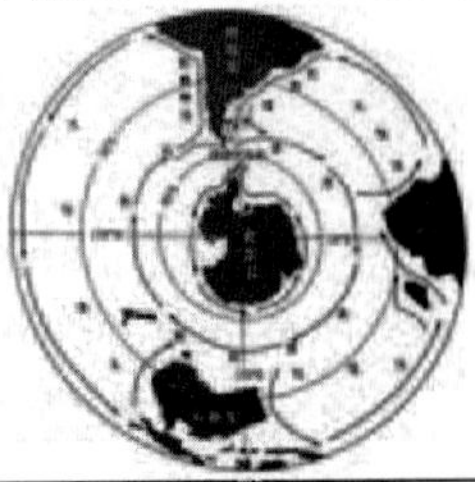		

“Unit 7 Art --- Writing Workshop” 教学设计

佐安

<table>
<tr><th colspan="5">Unit 7 Art
Writing Workshop 教案</th></tr>
<tr><td>课题</td><td colspan="4">Unit 7 Art --- Writing Workshop</td></tr>
<tr><td>学科</td><td>英语</td><td>学段：高中</td><td>年级</td><td>高一</td></tr>
<tr><td>教材</td><td colspan="4">书名：普通高中教科书英语必修 第三册
出版社：北京师范大学出版社
出版日期：2019 年 8 月</td></tr>
<tr><th colspan="5">教学目标及教学重难点</th></tr>
<tr><td colspan="5">教学目标：
本节课结束时，学生能够：
选择一个感兴趣的艺术节活动，提出符合逻辑的咨询问题；
通过精读解构范文文本，明晰正式邮件写作的要求及应用场景；
通过阅读与讨论，提炼、概括并掌握正式询问电子邮件格式、写作结构和询问信息的有用表达；
写出一封有关咨询校艺术节报名事项的正式的电子邮件，通过互审互评表做出修改。
教学重点：
帮助学生从邮件文本中提取正式的询问电子邮件写作格式和写作结构，梳理出询问信息的礼貌表达。学生根据本节课所学的知识写出一封正式的询问电子邮件（格式，结构，语言正确，语气得体）。
教学难点：
帮助学生创设主题语境，将文本与实际生活需求联系起来，进行有效且有逻辑的提问；
让学生通过范文阅读，厘清、总结并归纳正式的询问电子邮件的写作格式，写作结构和询问信息的礼貌表达。</td></tr>
</table>

续表

教学过程			
教学环节	主要教学活动与步骤	设置意图	评价要点
1. 课堂内容引入以及写作背景铺垫。	Step 1: Lead in(Activate and share) 5' 1. T play a videoandshow aposter of Art Festival to introduce today's topic. 2. T asks Ss to share in groups: We have already written an email to ask for the information, whatquestionsdidyouask? *When will it be held?* *How can I apply for the dance/music/film/painting festival?* *Can I take part in more than one festival?* …… *Time/place/ways to apply*	话题导入 通过播放校艺术节回顾视频，唤醒学生兴趣与个人经历的回忆，导入学校艺术节的活动宣传海报，引入本节课的话题，调动学生参与艺术节的积极性，创设“人与社会—艺术”的主题语境；让学生思考列举咨询问题；引入“询问邮件”的写作主题。	学生能够根据展示海报缺少的信息，结合已有的艺术节相关活动报名经历、自身兴趣与需求，思考、讨论并分享应咨询哪些问题。
2. 阅读文本，获取写作信息，体会正式信件书写模式与情境。	Step 2: Focus on aformal email's content & structure8' 1. Through reading the email on P19, let Ss know the main content of the email. ☆ Why does Liu Ze introduce himself? *Because the receiver doesn't know him.* ☆ What is paragraph 2 about? *It is about asking detailed information.* ☆ What is the purpose of writingparagraph 3? *To express thanks and expectations.* 2. Ss go over the content of each part again and know clearly how to organize their email. **Focus on content & structure** **5. Know clearly the content of each part.** Part 1 Part 2 Part 3	范文引领 引导学生阅读范文文本，获取文本大意及风格特点；理清一篇有效询问邮件的结构与内容的特点；了解正式邮件的具体表现及具体使用情境。	学生能够在文本中找到相应细节信息回答问题并归纳询问邮件各要素及语篇特点，了解正式邮件的应用场景及对象。

续表

3. 获取文本内容，同时分析文本信息，明确正式书信的语言内容和语言构成。	Step 3: Focus on aformal email' s language and format 10' 1. T lets Ss read the email and invite a student to underline the polite language on the PPT. Focus on language 6. Read the email and underline the polite language. polite language 2. Ss read and use the polite language to ask questions in groups. 7. Use the polite language to ask questions in groups. polite language I' m writing to ask information about... I would like to ask about... Could you tell me if... I wonder if you could give me more information about... Would it be possible to tell me about... I appreciate your help and look forward to hearing from you. 3. Ss need to pay attention to the format in order to make their writing more complete and formal. 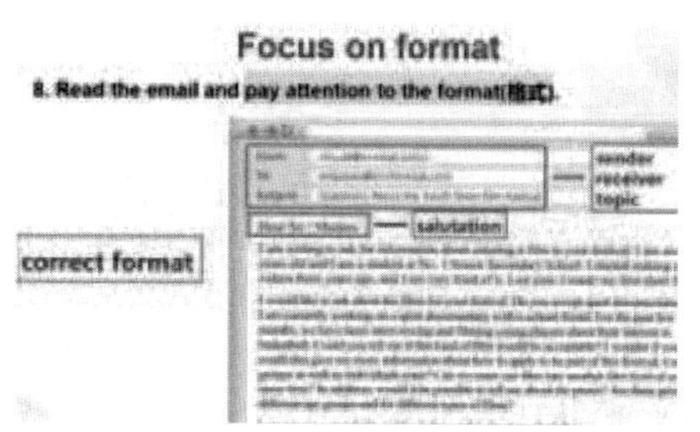 	提炼总结 通过进一步分析范文，总结文本格式与结构，找出与本体裁和话题相关的功能性语言，并激活学生已有语言知识，拓展语言储备。帮助学生在语言内容与结构间建立联系，内化知识，提高写作中语言运用能力。	学生能够通过小组讨论，总结出询问邮件的格式及语篇结构，并用白纸和记号笔总结记录好，在班级内展示。 学生能够通过范文分析掌握展开询问的技巧。 学生能够从文本中提取功能性语言，并适当补充已有相关语言表达。

续表

运用所学正式邮件格式和语言结构完成自己的艺术节申请询问邮件。	Step 4: Focus on writing a formal email12' 1. After reading the sample, T lets Ss discuss in groups: ☆ Compared to your writing, is the style of the email formal or informal? Give examples. *The style is formal.* *·clear content &structure* *·polite language* *·correct format* ☆ When do we write a formal email? 1. When the relationship between people is not close. 2. T lets Ss review the writing tips and try to improve their first writing on worksheet 1. *·clear content &structure* *·polite language* *·correct format* To sum up, how to write a formal email? ✓ Polite language ✓ Clear content & structure ✓ Correct format Task: · Improve your first writing on worksheet 1. · Choose the best writing of your group according to the evaluation form. 3. T shows the evaluation form to Ss to make sure Ss can establish a sense of standardization. Write and evaluate Evaluation Form Content & Structure Language Format Handwriting 4.Ss read each other' s writing in groups and choose the best writing of each group to present in class.	构思写作 引导学生回顾上课初同伴讨论交流中拟定的写作话题和信息，激活学生头脑中与写作任务有关的知识网络，为高质量完成修改写作任务奠定基础。 通过给学生展示评价表，评价文章格式、结构是否合理、问题设计是否精彩、内容顺序是否恰当等，引导学生尝试在正式邮件中正确称呼收件人、表明写信意图与原因并清楚地提问等技巧、使用恰当礼貌的语言提出要求。让学生建立标准化写作的意识，帮助学生改进文章，保障写作的良好效果。	学生能够根据个人对于课堂导入话题的兴趣构思出写作主题，依据所归纳的结构和技巧列出写作所需要的关键信息。

续表

Home-work	Step 5: Focus on improving the formal e-mail Ss read the application email and underline more polite language for writing. Ss rewrite the email on worksheet 2 by what they have learned today.	通过让学生完成作业，帮助学生运用所学知识进一步改善正式电子邮件，有礼貌地进行申请并询问信息。	学生能够运用本节课所学，在本单元"艺术"主题下完成正式询问邮件写作，在今后的学习、生活中应用本节所学知识书写正式邮件。

"具体问题具体分析"教学设计

杨郑

丰台区2021年新教师"春苗杯"教学风采展示

中小学组 教学设计模板

学科：政治　　单位：北京十八中　　姓名：杨郑

展示主题	具体问题具体分析				
学科	政治	年级	高二	时长	6-8 分钟
背景分析	主题内容："具体问题具体分析"是高中政治必修四《哲学与文化》第三课第三框《唯物辩证法的实质与核心》第三目《用对立统一的观点看问题》中的内容。新课标要求：依据普通高中思想政治课程标准（2017 年版 2020 年修订），该主题内容相关课标为模块 4《哲学与文化》：4 描述世界是普遍联系、永恒运动的，领会全面地、发展地看问题的意义，学会运用矛盾分析法观察和处理问题。 教学重点：理解为什么坚持具体问题具体分析的原因。 教学难点：在认识事物和解决矛盾的实践中坚持具体问题具体分析。				
学习目标	能够结合历史和现实生活中的典型事例，理解具体问题具体分析是正确认识事物的基础，正确解决矛盾的关键，在实践中坚持具体问题具体分析。				

续表

<table>
<tr><td>问题框架</td><td colspan="3">十八洞村和兰考脱贫面临的问题及解决方案分别是什么?
十八洞村和兰考脱贫过程体现了什么哲学道理?
具体问题具体分析
十八洞村脱贫经历了怎样的步骤
十八洞村的脱贫经验能否给兰考脱贫提供启发?

兰考脱贫经历了怎样的过程?

(正确认识事物的基础)认识世界　改造世界(正确解决矛盾的关键)

请就下一步如何开启乡村振兴工作,写一篇建议稿</td></tr>
<tr><td>方法策略</td><td colspan="3">1. 通过十八洞村和兰考脱贫过程,引导学生分析十八洞村和兰考脱贫面临的问题及其解决方案,认识十八洞村和兰考县脱贫是在中国共产党的脱贫政策统一指导下,具体分析其特殊性,一切从实际出发,因地制宜解决问题实现脱贫,理解坚持具体问题具体分析的原因,从而突破教学重点。
2. 针对十八洞村和兰考脱贫面临的问题,鼓励学生分析并提出有针对性的解决方法,同时,学生为乡村振兴出谋划策,有助于学生在解决实际问题中坚持具体问题具体分析,由此突破教学难点。</td></tr>
<tr><td rowspan="2">教学过程</td><td>活动目标</td><td>活动支持材料</td><td>活动步骤</td></tr>
<tr><td>1. 呈现十八洞村脱贫前后情况对比,为后续分析十八洞村成功脱贫作铺垫,引导学生快速“入课”。</td><td>《十八洞村的幸福蝶变》MP4视频导入,引入十八洞村脱贫过程,辅助教学。</td><td>1. 十八洞村的脱贫之路
——导入
教师:播放视频,并引导学生认识十八洞村脱贫面临的问题和脱贫后的改变。
学生:观看视频并思考。
2. 比较别人的路
——如何坚持具体问题具体分析
教师活动:(1)提供十八洞村和兰考县脱贫面临的问题及具体解决办法的材料。(2)十八洞村和兰考脱贫面临的问题及解决方案分别是什么?
材料一:十八洞村位于湖南省湘西土家苗族自治州花垣县。该村森林资源丰富,生态环境优美,气候宜人。但人均耕地少、交通设施落后等,制约了该村的经济社会发展。2013年,习近平总书记在十八洞村考察时,首次提出“精准扶贫”的重要理念。在扶贫工作者和村委会成员带领下,经过充分调研,大家把目光投向当地特产猕猴桃,采用“飞地经济”模式,异地流转1000亩</td></tr>
</table>

续表

	2. 培养学生综合分析材料的能力和小组合作探究能力，引导学生理解具体问题具体分析与矛盾普遍性、特殊性的关系，并明确如何坚持具体问题具体分析。 3. 通过回顾十八洞村和兰考的脱贫之路，引导学生理解具体问题具体分析是正确认识事物的关键，是正确解决矛盾的基础，掌握认识矛盾和解决矛盾的正确方法，理解中国共产党的脱贫政策，认同中国共产党的领导。	学案（关于十八洞村和兰考脱贫的相关文字材料）A4 纸辅助教学。	土地，成功发展了猕猴桃经济。当地羊肠小道也变成了双向通行的大道。该村结合实际，还发展了黄牛养殖、乡村旅游和苗绣等产业。2017 年，十八洞村成功脱贫摘帽。 材料二：兰考县属河南省开封市，历史上兰考承受了风沙、内涝、盐碱的摧残。直到焦裕禄带领人民抗“三害”，种下一颗颗泡桐树，才阻碍了大自然的肆虐，但却没改变这里的贫穷面貌。2014 年，习近平曾两度来到兰考指导脱贫工作，之后三年兰考进行了脱贫攻坚战。兰考县扶贫人员经过调研，发现当地泡桐资源丰富，而泡桐又是做乐器的好材料，因此乐器产业在这里扎根。不仅如此，兰考县还大力推进畜牧产业化，带动广大群众增收。兰考吸引恒大家居联盟产业园、正大食品产业园等入驻，为当地经济提供强大动力。2017 年，兰考正式脱贫，成为河南首个摘帽的贫困县。 学生活动：结合视频及文字材料思考，小组讨论并派代表发言。 教师活动：（1）归纳学生回答并补充，ppt 呈现针对两地不同问题的不同解决方式。 （2）提问：十八洞村和兰考脱贫过程体现了什么哲学道理？ 学生回答：具体问题具体分析 教师活动：总结：两个贫困地区有其特殊性，具体分析不同的贫困问题，从而找到正确的解决方法，即具体问题具体分析。 3. 回看走过的路 ——为什么坚持具体问题具体分析 教师活动：（1）再次呈现十八洞村脱贫材料，引导学生回顾十八洞村的脱贫之路，理解为什么要坚持具体问题具体分析。（2）我们再进入材料看看，对于十八洞村这样一个贫困的地方要脱贫，我们首先是怎么做的？ 学生活动：分析材料并回答问题。 教师活动：（1）首先是充分了解当地具体问题，掌握其有利条件和不利因素，通过调研具体分析特殊问题。总结：通过具体分析矛盾的特殊性，从而正确认识事物。（2）提问，是不是调研了知道了问题所在，就止步于此了？ 学生活动：回答问题，从材料得出，针对具体问题具体分析，从而找到正确的解决办法。 教师活动：（1）总结：十八洞村脱贫不仅是基于对当地实际情况的具体分析，更重要的是针对具体问题，提出了有针对性的解决办法并实施，从而实现脱贫。马克思说“哲学家们只是用不同的方式解释世界，问题在于改变世界”。不论是正确认识事物还是正确解决矛盾，都离不开具体问题具体分析，这是马克思主

续表

	引导学生为农村下一步发展建言献策，培养学生公共参与意识，增强学生社会责任感。学生运用矛盾分析法提出建议，不仅有利于学生回顾巩固本节课知识，还有利于培养学生的辩证思维。	学案（关于十八洞村和兰考脱贫的相关文字材料A4纸辅助教学。	义的活的灵魂。（2）追问：十八洞村的脱贫过程能否给兰考脱贫提供启发？ 学生活动：回答问题。 教师活动：（1）总结：十八洞村作为精准扶贫首倡地，同时也是全国第一批脱贫的贫困地区，对其他贫困地区脱贫有借鉴意义，但其脱贫办法有其特殊性，由此应具体问题具体分析。 （2）呈现兰考脱贫材料，引导学生再次巩固为什么坚持具体问题具体分析。 4. 远眺前行的路 ——为乡村振兴建言献策 在精准脱贫政策指引下，经过全党全国各族人民共同努力，我国取得了脱贫攻坚的全面胜利。如今我们已迈上全面建设社会主义现代化国家新征程、向第二个百年奋斗目标进军。在这关键时刻，在中国共产党二十大召开之际，让我们一起为国家发展建言献策。结合十八洞村的脱贫故事，运用矛盾分析法，就下一步如何开启乡村振兴工作，写一篇建议稿。 5. 小结 十八洞村和兰考县的脱贫故事令人印象深刻，两个原本贫困的地区，在中国共产党的带领下，在党精准扶贫政策的指引下，发生了翻天覆地的改变。党始终坚持以人民为中心，到群众中去，具体分析贫困地区的特殊性，借鉴脱贫地区的经验，找到有针对性的解决措施，具体问题具体分析。正因如此，党和人民取得了脱贫攻坚战的胜利，顺利踏上了第二个百年奋斗目标新征程！

续表

<table>
<tr><td rowspan="11">评价设计</td><td colspan="5">过程性评价量表</td></tr>
<tr><td>评价目标
（根据赋分情况累计）</td><td>表现</td><td>学生自评</td><td>组内互评</td><td>教师评价</td></tr>
<tr><td rowspan="2">1. 你能否完整叙述本节课所学习的知识点
低（1~3）
中（4~6）
高（7~10）</td><td>能够结合十八洞村和兰考脱贫案例，阐述具体问题具体分析的含义和地位。</td><td></td><td></td><td></td></tr>
<tr><td>能够通过回顾十八洞村和兰考脱贫实践，解释为什么要坚持具体问题具体分析。</td><td></td><td></td><td></td></tr>
<tr><td rowspan="2">2. 你能否自主归纳本节课的相关结论？
低（1~3）
中（4~6）
高（7~10）</td><td>能够面对一般情境问题，举例说明具体问题具体分析在实际中的运用。</td><td></td><td></td><td></td></tr>
<tr><td>能够面对复杂情境问题，剖析若干实例，阐释坚持具体问题具体分析的意义和价值，解析坚持具体问题具体分析的途径和方式。</td><td></td><td></td><td></td></tr>
<tr><td rowspan="2">3. 你能否迁移应用本节课所学内容？
低（1~3）
中（4~6）
高（7-10）</td><td>能够面对具有挑战性的复杂情境问题，用辩证思维独立思考，以建设性批判的态度，会用社会转型的复杂变化，有所作为。</td><td></td><td></td><td></td></tr>
<tr><td>能够针对不同事件，能够理性澄清有关信息和观点，创造性地提出解决的方案。</td><td></td><td></td><td></td></tr>
<tr><td rowspan="2">5. 你能否通过参与小组活动更高效的推导出相应的结论？
低（1~3）
中（4~6）
高（7~10）</td><td>你认为你的组长（组员）在活动中，能否倾听，并批判性的看待他人的观点？</td><td></td><td></td><td></td></tr>
<tr><td>其他同学的观点（即使不正确或无法得出结论），能否给你启发和帮助？</td><td></td><td></td><td></td></tr>
<tr><td>总分</td><td></td><td></td><td></td><td></td></tr>
</table>

"设计"校园寻宝"活动方案"教学设计

胡天林

学习主题	项目学习：设计"校园寻宝"活动方案				
学科	数学	年级	初一	时长	45 分钟

续表

<table>
<tr><td>背景分析</td><td colspan="2">指导思想与课标分析
项目学习为培养核心素养的“育人”目标，提供了一个落地方法和实施途径。项目学习指学生通过经历事先精心设计的项目和一连串任务，在复杂、真实和充满问题的学习情境中持续探索和学习。对接 2022 版课标：
1. 能够在实际情境中发现和提出有意义的数学问题，进行数学探究；
2. 能根据指定参照点的具体方向和距离描述物体所处位置；
3. 项目学习评价以教学目标为依据，关注解决问题的实施方案、思考、交流与创意表现；
4. 适当采取主题活动或项目学习的方式呈现，通过综合运用数学和其他学科的知识与方法解决真实问题。
项目本体分析：
本项目是设计一个“校园寻宝”方案，它要考虑的方面非常多，比如活动时间、活动地点、活动资金、活动目的及意义、活动规则等等，鉴于学生的学习基础和认知水平，以及有限的时间内，想要考虑得面面俱到几乎不可能，所以我们将目光聚焦在最关键的活动内容上，像活动时间、活动地点等内容，无需学生探究。在活动内容中，尤其以宝物的定位最难确定，那么我们就将宝物的定位拆解成几部分知识，层层渗透，逐步解决。
学生情况分析：
学生已有一些平面几何的基础，学习过程中初步形成了转化思想、数形结合思想和分类讨论思想，能够运用点、线、面描述物体的形状、大小、位置关系。七年级学生在数学、地理、体育等学科具备一定的学科知识和学科素养，例如平面图绘制、平面直角坐标系、方向、距离等。本班学生的数学学习热情高涨，但知识基础相对薄弱，学生差异性较大，需充分利用学习共同体的力量进行教学。
教学重点：学会设计活动方案的思路
教学难点：提炼项目的核心任务</td></tr>
<tr><td>学习目标</td><td colspan="2">1. 学会设计活动方案的思路，模仿方案体例，探究活动内容，聚焦活动规则和道具；
2. 应用两种方法表示物体的实际位置：点的坐标或方向和距离；
3. 体会数学抽象、数学建模的数学思想，培养乐学善学、勤于反思的核心素养。</td></tr>
<tr><td>问题框架</td><td colspan="2">核心任务：如何设计寻宝图</td></tr>
<tr><td>方法策略</td><td colspan="2">围绕问题展开讨论，充分发挥学习共同体的作用，形成活动规则的方向，进而确定项目的核心任务：设计寻宝图。</td></tr>
<tr><td colspan="3">教学活动设计</td></tr>
<tr><td rowspan="2">课前学习活动</td><td>活动目标</td><td>学习要求</td></tr>
<tr><td>1. 使学生初步了解定向运动，为接下来拆解方案提供思路和方向；
2. 学情调研。</td><td>1. 查找并观看视频，初步了解定向越野运动。
2. 与班长沟通班级分组情况以及了解学生参与定向越野运动的经验。
3. 下发小组学案和长方形卡纸。</td></tr>
</table>

续表

课堂	活动目标	步　骤
教学活动	课前导入：开门见山，明确学生身份、项目目标及成果，引导学生进入设置好的情景进行探索。 活动一：以项目目标为核心，头脑风暴，借助教师的活动经验共同拆解方案，梳理方案结构，聚焦活动内容。 以另一份活动方案书为例，使学生模仿着学会设计方案书中的大致体例，并明确设计活动内容才是本项目的重点。 活动二：围绕问题展开讨论，充分发挥学习共同体的作用，形成活动规则的方向。 活动三：重点探究活动规则和道具，通过整合学生提出的基本规则明确项目核心任务：设计寻宝图，而规则的完善将在长周期作业中完成。 活动四：通过一道例题使学生回顾可以用两种方式描述平面内点的位置，并进行选择。并让学生认识到在本次项目实践中，通过我们仅有的工具，测量角度要比测量距离困难得多，进而确定选用点的坐标表示宝物位置。 活动五：对导引课全部内容进行小结，对所有环节进行归纳，使学生明确本项目的目标和核心任务，为探究课做铺垫。个人评估表根据UbD理论中的理论六侧面（解释、阐明、应用、洞察、神入、自知）进行设计，涉及到自评、他评多个维度的评价水平。	课前导入：观看视频，引入主题 由定向运动简介视频出发，带领学生进入情景，转变身份，成为学生会成员，明确项目目标：设计“校园寻宝”活动方案。 活动一：转变身份，拆解方案 思考：作为策划人（主办方），你认为活动方案的体例中需要确定哪些内容？ 教师给出拟定的活动目的及意义，并展示在大学期间举办过的《数科院辩论赛策划书》，从中提炼方案体例，与学生分享模仿。 环节二：小组讨论，头脑风暴 围绕问题：作为策划人（主办方），你认为设计活动规则需要确定哪些内容？ 小组讨论： 1. 将讨论结果用黑色马克笔书写在彩色卡纸上，举手经过老师审核后粘贴在黑板进行展示； 2. 时间10分钟。 环节三：拆分活动，明确重点 明确活动基本规则，用一句话概括：以小组形式，通过寻宝图，依次找到宝物，用时最短者获胜。 进而确定项目的核心任务：设计寻宝图． 和所需数学知识：如何表示宝物位置。 环节四：知识回顾，强化概念 思考：如何表示平面内点的位置。 追问：我们在本次项目中更倾向于选取哪种方法？ 环节五：总结归纳，评价反思 教师引导学生梳理策划活动的整体流程，并做总结，为探究课做铺垫。 先个人练习，再小组讨论： 结合教材第81页内容，体会用点的坐标表示物体实际位置的优势。 练习后，进行个人评估表的填写。

续表

	支撑材料	《法制宣传月法言部活动策划》,word格式,用途:以另一份活动方案书为例，使学生模仿着学会设计方案书中的大致体例，并明确设计活动内容才是本项目的重点。 《学案》，word 格式，用途：推进课堂进度，提取学习重点。
	板书设计	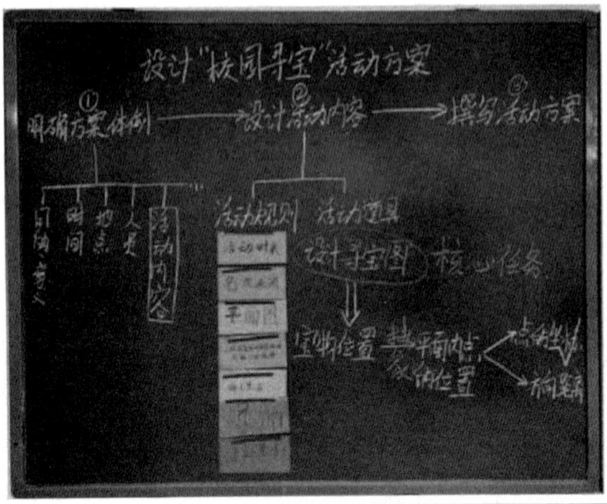
	评价设计	《学案》第二页为个人评估表。
课后作业（活动）	活动目标	作业（活动）要求
	由基本规则发散思考，形成各组的特色规则，而收集来的校园平面图资料则为探究课活动做好数据支撑。	作业：完善活动规则，收集校园平面图的相关资料或数据。

六、项目式学习教学案例

项目学习在初中数学教学的实践与思考

作者：北京市第十八中学　　胡天林

【摘要】项目学习是以学习者为中心的学习，是当下最热门的学科教学话题。数学作为基础学科之一，数学学科的项目学习在实施过程中并不轻松，如何确立项目主题，如何链接任务与知识，培养学生自主学习能力，提升数学学科素养，这是一个值得尝试和探讨的方向。

【关键词】项目学习；初中数学；教学设计；跨学科；教学实践

一、理论学习

1.1政策学习

《国务院办公厅关于新时代推进普通高中育人方式改革的指导意见》（国办发，2019）中明确要求教师们要积极探索基于情境、问题导向的互动式、启发式、探究式、体验式等课堂教学，注重加强课题研究、项目设计、研究性学习等跨学科综合性教学，认真开展验证性实验和探究性实验教学。

这一举措不仅对普通高中的教学改革提出了具体要求，也为义务教育阶段的教师们提供了变革的方向，在部分地区率先开始了项目学习的尝试——《上海市义务教育项目化学习三年行动计划（2020—2022年）》中发布了可实施的三类项目：活动项目、学科项目、跨学科项目，以此为载体，促进义务教育学校教与学方式变革。经过一段时间的探索与实践，终于《义务教育数学课程标准（2022年版）》（以下简称《新课标》）在“综合与实践”模块明确指出：综合与实践的教学可采用课题研究、项目学习，以小组合作的方式进行。要注意对学生设计方案的思路、解决问题的策略方法进行指导，要关注活动过程的评价，指导学生对问题解决的过程及结果进行检视和反思。

1.2项目学习

《新课标》中指出：综合与实践领域的教学活动，以解决实际问题为重点，以跨

学科主题学习为主，以真实问题为载体，适当采取主题活动或项目学习的方式呈现，通过综合运用数学和其他学科的知识与方法解决真实问题，着力培养学生的创新意识、实践能力、社会担当等综合品质。一切伊始，我们要了解什么是项目学习。

项目学习是以做中学、建构主义、情境学习、社会交互等为理论基础，以数学核心知识为载体，学生通过探究性等数学学习实践，对真实、具有挑战性的驱动性问题进行探究，运用问题解决等高阶认知策略，创造性地解决问题，形成公开成果，提升数学核心素养，促进深度学习的学习模式。美国巴克教育研究院对“项目学习”进行过如下定义：“项目学习（Project-based Learning，简称PBL）是一种系统的学习组织形式，学生通过经历事先精心设计的项目和一连串任务，在复杂、真实和充满问题的学习情境中持续探索和学习。”（《Buck Institute for Education》，2003）。2021年，美国非营利性组织“project tomorrow, 明日项目” 发布项目化学习白皮书。白皮书整理了2019—2020年覆盖13.7万数据的项目化学习报告。报告中指出，项目学习创造的学习环境扣人心弦，紧密关联当今学生的学习偏好；项目学习有助于培养大学和职业生涯所需技能；项目学习能够推动学生的学业进步。

同时，巴克教育研究院也通过对已实施的项目进行评估分析，于2003年提出了项目学习的6A级评价标准：Authenticity—真实、Academic Rigor—学术规范、Applied Learning—应用学习、Active Exploration—主动探究、Adult Connections—成人生活的关联、Assessment Practices—实践的评价，(Markham, Larmer, & Ravitz, 2003)，目前教师们仍然通过这六项标准来评价自身的项目是否完整，是否符合项目学习的模式。另一方面，对于任何一个项目学习来说，都需要以真实的作品物化知识的学习。项目成果尽可能实物化，也可以是报告、小论文，在学习知识的同时，提高学生的动手操作能力，写作能力和表达能力。然而，在不严谨的项目学习课程设计中，经常会出现：项目和该项目中的任何作品或成果都不能严格规定学习内容以及衡量的标准。这个问题可以通过逆向设计的方法得到解决。例如，与其让学生设计一个花园作为项目的核心，然后决定哪些学习目标和理论标准适合这个构思，不如先规划学习目标和理论标准，然后集思广益，提出项目构思和项目的各个组成部分（受众、目的、持续时间等）。这有助于确保在完成项目的过程中，学生确实学到了预期的东西。

回归到学科，数学学科的项目学习首先是“数学”的，体会、运用不同学科领域之间的相互联系，旨在深化学生对于数学本质的理解，建立数学与其他学科的联系，体会数学的科学价值，发展应用数学的意识与数学素养。在项目学习过程中，教师要关注情境真实性、任务挑战性、过程完整性、成果创造性，基于核心素养开展项目学习，最终指向学生核心素养的培养与发展。基于项目学习的数学课程教学的步骤大体可以分为四步：

（1）确定核心概念/项目——以核心知识为载体，设计项目主题；

（2）厘清认知要求，确定目标——以任务推进为明线，以知识发展为暗线；

（3）梳理知识序列，任务序列——注重情境、任务的真实性和连贯性，以及知识的综合性；

（4）以产品/方案物化知识的学习——凸显数学的能力以及素养要求。

二、案例介绍

2.1设计“校园寻宝”活动方案

2.1.1项目介绍

本项目主题灵感来源于体育活动中定向越野这一项目，结合平面直角坐标系和方位角的相关概念进行设计。项目背景：本校学生会想要策划一次“校园寻宝”活动，是一项以定向越野为主体的综合互动性活动。利用学生熟悉的校园，进行探宝活动，现向全年级同学征集活动方案。从项目背景中可以发现，本项目与《新课标》附录1课程内容中的实例：例50《我的教室》、例56《寻找“宝藏”》、例60《校园平面图》联系紧密。而本次设计“校园寻宝”方案与做定向越野运动不同，更强调整个方案的环节设计。期待学生不仅能综合运用各学科所学知识设计出相对完善的活动方案，还能在参与此次活动中学会方案设计、学会分工合作、学会查找资料、学会整合信息等能力。项目主要面向七年级同学，目前学生在数学、地理、体育等学科具备一定的学科知识和学科素养，如平面图绘制、平面直角坐标系、方向和距离等。

“校园寻宝”项目整体分成三个环节完成：导引课上明确学生身份、项目目标，介绍活动主题和意义，使学生初步了解《定向越野》，复习确定点的位置的方法；探究课上聚焦藏宝图的绘制方法研究和活动规则的制定，生成明确且相对完善的藏宝图绘制方法和活动规则；实地操作时小组分工合作进校园进行实测数据收集、确定比例尺、绘制藏宝图，制定活动规则中需要的相关材料；展示课上分小组展示本组方案，其他同学对方案的科学性、可操作性进行评价，小组成员负责释疑解惑。以下为项目规划：

	驱动问题	核心知识	核心素养	计划课时
导引课	设计校园寻宝方案都包含哪些环节？	活动时间、地点、任务、目的	乐学善学 勤于反思	1
探究课	如何绘制藏宝图？	平面直角坐标系、方位角	勇于探究 理性思维	1
实地操作	怎样分工合作？	比例尺、图上距离、实际距离	劳动意识 技术运用	1.5
展示课	怎样才能评价出一份好的活动方案？	展示、分享、评价、质疑	问题解决 审美情操	1

2.1.2项目意义

本项目是北京市丰台区项目学习课型推进过程中，在数学学科的首次尝试，难度之大可想而知。但在校内领导和区教研员老师们的指导下，大家对项目学习的概念和框架有了更加深刻的认识。尽管是初次尝试，但是达到了张卓玉教授所说的1.0版本“形似”。从导引课的拆解方案拆解活动，到探究课的核心任务关键问题，再到设计出的展示课评价优化改进措施，都完成了数学学科在项目学习课型推进上的第一步，也是一大步。在一次次磨课和研讨过程中，老师们对项目学习的框架和目标也越来越明确，对教学设计的方向也越来越清晰，迈出数学学科项目学习艰难的第一步。

该项目基于课标中“学科大概念”的指导思想建立而成，项目的核心任务为“设计寻宝图”，而导引课上的关键是引导学生指出用点的坐标来表示物体的地理位置，这也对应数学学科大概念中的“定位”。在小学阶段学生便学习过用长度、角度来表示大致位置，七年级上学期接触到用方位角来表示地理位置，本学期从平面直角坐标系到方向加距离的不同形式，都可以表示物体的地理位置。而随着不同学段的学习目标和效果的变化，学生对于学科大概念“定位”也有了更多的方法和思想，也慢慢体会到如何减小误差，应用数学知识来解决生活实际问题，更加深刻地体会数学思维的应用能力。

2.1.3评价特色

本节课的评价量表是基于UbD理论进行设计。UbD理论即揭示理解的一种方式。在《追求理解的教学设计》中定义了六种不同的理解:解释、阐明、应用、洞察、神入和自知。一个人是否真正理解了,可以通过他是否具有以下能力来判断:

能解释:提供关于现象事实和数据的彻底的、支持性的及合理的叙述。

能阐明:叙述有深度的故事;提供合适的转化;从历史角度或个人角度揭示观点和事件的含义;通过图片、趣闻、类比和模型等方式达到理解的目的。

能应用:在各种不同的真实情境中有效地使用和调整我们学到的知识。

能洞察:批判性地看待、聆听观点;观其大局。

能神人:能从他人认为古怪的、奇特的或难以置信的事物中发现价值;能在先前直接经验的基础上进行敏锐的感知。

能自知:察觉诸如个人风格、偏见、预测和思维习惯等促成或阻碍理解的因素;意识到哪些地方我们不理解,及为什么理解这些内容有困难。

本项目个人评估表的设计也是从以上六个维度进行区分,结合导引课课堂内容和教学目标进行阐述,让学生从知识、方法、应用,合作、素养、思维角度进行思考,进而掌握学生对本节课的理解程度。从最后收集上来的评价量表的结果来看,大部分学生可以实现从“方案设计”到“知识获取”等不同角度的收获。

2.2我为北京中轴线申遗助力

2.2.1项目介绍

本项目的灵感来源于目前社会上对于北京中轴线相关宣传,日前,国家文物局确定,推荐“北京中轴线”作为我国2024年世界文化遗产申报项目。据此,我们从历史、数学与英语三个学科围绕北京中轴线的主题进行项目设计,共同完成一次跨学科项目学习。本项目的数学探究部分与《新课标》附录1课程内容中的实例:例31《生活中的轴对称图形》、例58《制订旅游计划》、例73《尺规作图:垂直平分线》联系紧密,主题吻合。作为生活、成长在北京的中学生,有责任与义务参与到助力北京中轴线申遗的行动当中,参与推介北京中轴线。“文化传承”便是这个项目的核心大概念。

本项目借由北京电视台《最美中轴线》节目组在微博发布的“我为北京中轴线申遗助力”活动,带领十八中学子利用现代媒体平台,制作游览攻略,为中轴线申遗助力,传播北京中轴线文化。项目的背景包括:(1)结合时事背景,创设真实情境,激发学生学习的内驱力;(2)落实新课标,关注各学科所体现的学生素养,实现跨学科教学;(3)以学生为主体,注重学生自主探究的学习活动,鼓励教学方式的创新;(4)综合运用多种评价方式和方法,发挥评价促进学习和改进教学的功能。项目的整体目标在于:

(1)认识北京中轴线历史、数学价值:通过教师讲述、研读材料获取北京中轴线遗产点的历史价值;通过小组探究了解中轴线及相关建筑所体现的数学之美;

(2)探究北京中轴线文化宣传方式:以小组为单位,基于中轴线价值,探究北京中轴线宣传主题和骑行路线;

(3)述说北京中轴线文化:使用英语解说的方式完整描述北京中轴线的游览

指南；

（4）立德树人：理解尊重、发展传承北京中轴线文化的精粹，坚定文化自信。

项目规划：

	本质问题	驱动性问题	核心知识	核心素养	计划课时
导引课	利用现代媒体，十八中学子如何传承中轴线文化，助力中轴线申遗	如何制作北京中轴线文化带主题骑行宣传视频	任务拆解、小组分工		0.5
探究课		子项目一：如何确定与主题相关的中轴线建筑点	进行学法指导；运用历史主题的学习方法将零散的历史知识形成知识结构	唯物史观、史料实证，家国情怀	1
		子项目二：如何规划视频脚本中的游览路线	探究数学问题；根据北京中轴线上各景点的最佳游览时间和各景点间距离、骑行时间等特征，建立数学模型，给出最佳游览线路的方案	推理能力、模型意识、应用意识	1
		子项目三：如何描写脚本中英文解说词	中外名胜古迹的相关知识和游览体验	介绍熟悉的事物，能够理解和感悟中国传统文化的内涵	1
展示课		如何提升视频的宣传效果	项目反思		1

值得一提的是，本项目的产品是根据项目进程的不同阶段逐步形成的：在项目前的暑假便由历史学科率先布置实践活动，生成手抄报、解说词、游记短文、PPT、遗产点讲解视频等产品。回到课堂上，由历史、数学、英语老师共同承担项目的探究课，形成视频拍摄脚本以及游览攻略。最后经过三个老师的共同指导，小组内完成展示课的宣传视频的制作和展示。

2.2.2 跨学科特色

本项目的最大特色和难点在于跨学科实施，为了突破这个困难，老师便在项目准备时反复剖析项目目标：申报世界文化遗产要用精准的内容传播中华传统文化。本项目中历史、数学学习是为了更好地了解与宣传北京中轴线，英语学习对于“中国走向世界，世界了解中国”具有重要作用，走近北京中轴线，借助英语向世界展现中轴线的魅力，最终加深学生对于中华文化的理解和认同，坚定文化自信。数学、英语学科作为工具性学科，需要面对解决一系列生活情境问题，立足素养导向、学科实践、综合学习、因材施教，以中轴线申遗的事情为现实背景，在社交媒体上如何向世界展示中学生眼中的中国传统文化也是英语学科需要解决的实际问题。

在项目准备和实施的过程中，三个学科老师无不是第一次尝试，甚至三个学科的北京市教研员也是第一次坐在同一空间对同一项目进行指导，而跨学科项目最难的不是把三个学科整合在一起，而是如何将三个学科融合在一起。作为课程设计者要攻克的难关是将三个学科“搅拌”在一起，做出“成品菜”。并且最终，项目在实施时依旧要体现三个学科的学科特点。以培养核心素养为导向进行实践，充分发挥学生的主观能动性，在项目中联动三个学科，实现跨学科的高度融合，如《新课标》中所提到的“综合运用所学过的数学知识，跨学科整合数学知识与其他学科知识与思想方法，感受数学与科学、技术、工程、经济等学科领域的深度融合，用数学的眼光分析现实生活情境、科学情境中遇到的问题，体会数学学科价值，发展应用意识和能力。”

2.3设计微型停车场

2.3.1项目介绍

本项目是笔者目前做过的数学学科项目学习中最满意的一个。《新课标》中指出：数学课程的设计要以问题解决为导向。沈奕老师在《关于“问题导向”的初中数学教学设计的思考与研究》一文中指出：“问题导向是指在新课标的引领下，教师结合学情，二度消化并开发教材，以问题的‘发现、提出、分析与解决’为主线，引导学生在思考与交流中探究，实现自主学习，提升数学思维品质”。本项目的问题完全取材于本校左安门校区的实拍实景，通过对疫情结束回校以来连续五周的校园停车平面图分析，发现随着我校集团规模的扩大和社会经济的飞速发展，许多教师拥有私家轿车已不算稀奇，但是校园停车场规划滞后，尤其是左安门校区的停车位相对短缺，停车位置紧凑，由此所导致的“乱停车”“停车难”已成为比较严重的问题。通过与学校后勤部门沟通了解到，左安门校区主教学楼中央有一小片空地闲置，由于出入口只有一个，鲜有学生或老师在此活动，但对于车辆停放而言空间又不宽敞，不满足车辆停放的条件。因此希望同学们针对此片区域进行重新规划，在尽可能少占用绿地资源的前提下，扩张空闲区域，满足停车需求，以此缓解校园停车位短缺、停车随意的现状。整个项目问题的设计来源生活，解决问题，回归校园，得到了教师和学生的一致好评，项目开展过程中也是热火朝天，所有人都期待着校园微型停车场的建立。

本项目与《新课标》附录1课程内容中的实例：例39《调查研究》、例90《绘制公园平面地图》联系紧密，主题相似，并结合《新课标》中综合与实践模块内容，“综合运用所学过的数学知识，跨学科整合数学知识与其他学科知识与思想方法，感受数学与科学、技术、工程、经济、地理等学科领域的深度融合”整合设计。

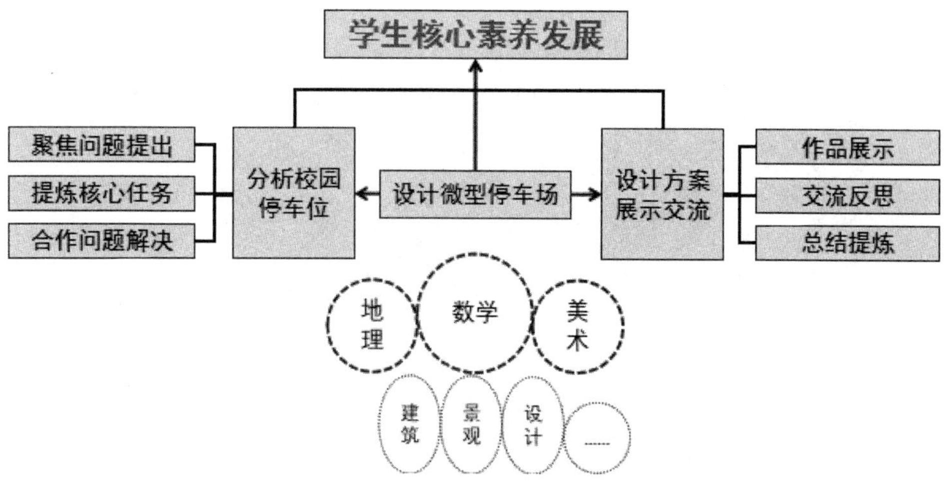

上图为以学生核心素养发展为导向的项目规划，不公可以看出本项目数学学科的主导作用，还涉及中学阶段的地理和美术两学科。另外，“设计停车场”这一主题也是大学中建筑学、景观设计专业的必修课，有利于将项目的作用放长远，指向学生未来专业方向的发展。

从教师准备和学生查找到的文献可以看到，社会对于停车位的规划和设计有具体严格的要求，在此参考由中华人民共和国住房和城乡建设部于2015年发布的《车库建筑设计规范》为准。

三种停车泊位方式：

1.平衡式车位：长度标准为6米，宽为2.5米。

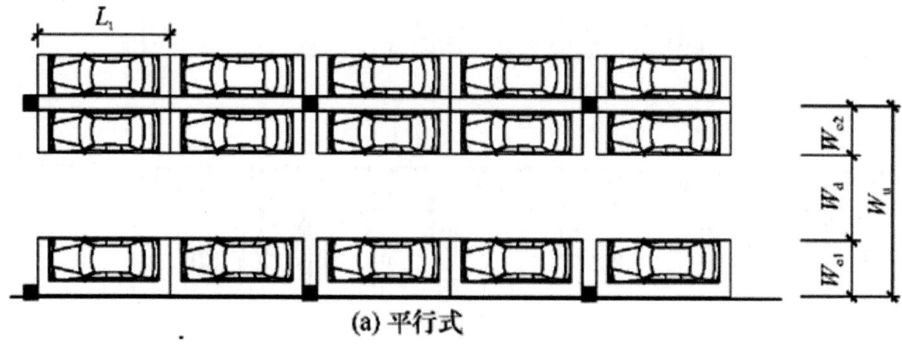

(a) 平行式

2.倾斜式车位：斜长度达到6米，宽为2.8米，两斜线垂直距离应保持2.5米的标准。

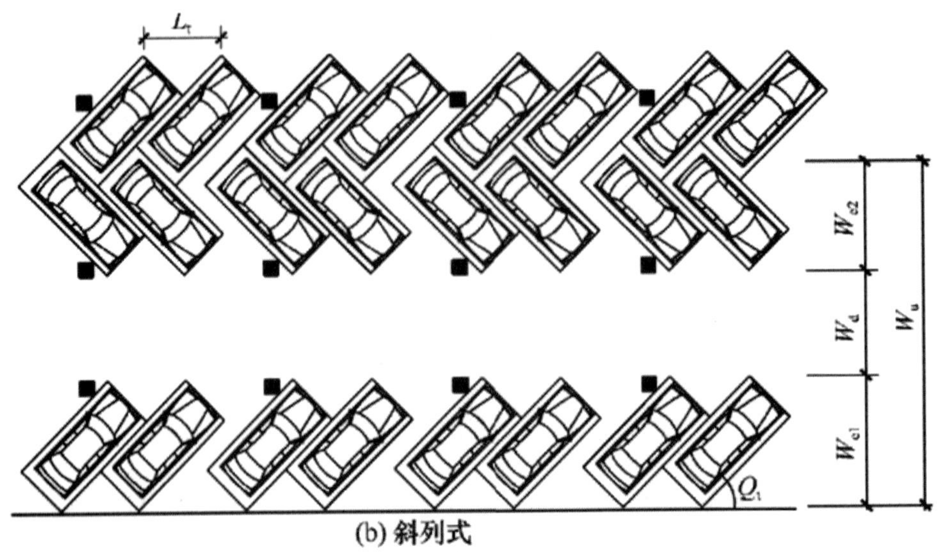

(b) 斜列式

3.垂直式车位：长大于等于5米，长度通常设置为6米，宽为2.5米，一般2.5x5.3m为最佳标准停车位尺寸。

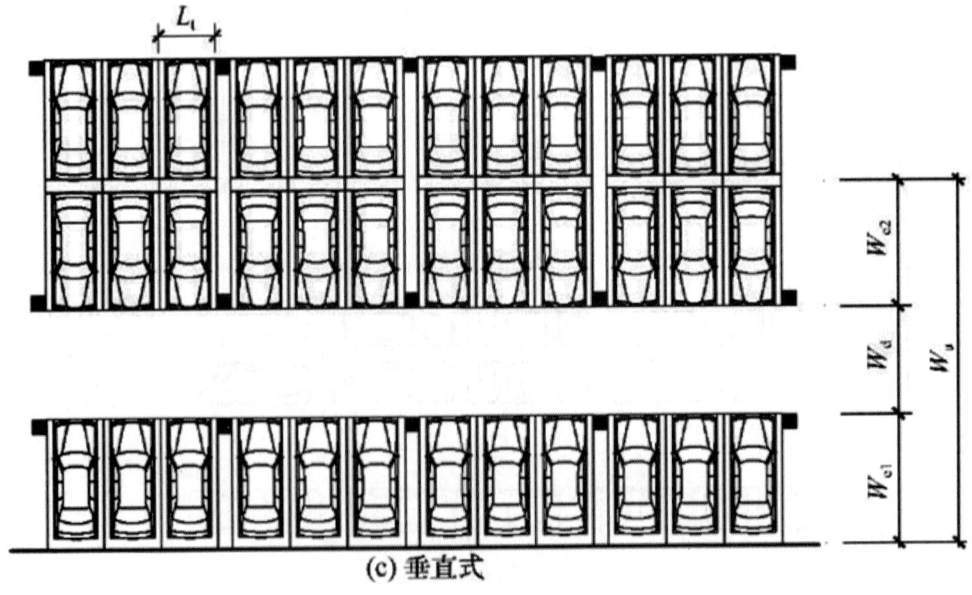

(c) 垂直式

2.3.2实地探究

探究课上的的实地考察也是本项目的一大特色。当学生们真正投入到项目的实践中去，对停车场场地的实地测量便成了重中之重，也是激活整个项目的最核心的部

分。在探究课上，笔者邀请了同组其他数学老师共同参与，在与学生确定好测量场地条件的内容后，由另一位数学老师带领各组的两位学生下楼展开考察，其他学生在教室绘制平面草图。待考察员们测得精准数据后，全班共享一组数据，统一尺寸进行规划与设计，保证同一个班级所用数据一致。《新课标》中指出综合与实践的教学可采用项目学习，以小组合作的方式进行。要注意对学生设计方案的思路、解决问题的策略方法进行指导。邀请其他数学老师进行辅助的同时，也对学生解决问题的策略方法进行了指导，以保证数据的真实性和准确性。

2.3.3成果展示

最终成果的展示由小组合作绘制停车场设计图，制作小组汇报课件。我们经常会看到这样一个事实：在项目的执行过程中，教师有时可能会在项目的严谨性上做出妥协，最容易被忽略和妥协的便是展示课——作品报废了。学生们只是简单地上交了他们的项目作品以获得一个分数。这样做是不利的，因为这会让项目作品的真实性和制作项目作品应有的责任感缺失，从而导致部分学生觉得项目学习是没有意义的，失去一些（或很多）制作高质量作品的动力。因此，笔者也一改往常项目学习虎头蛇尾的情况，在展示课前与学生再次实地考察，反复修改课件，不断完善设计图，最终形成了近乎完美的项目成果，也让整个项目的结尾有个圆满的句号。以下是其中一个小组的设计图汇报：

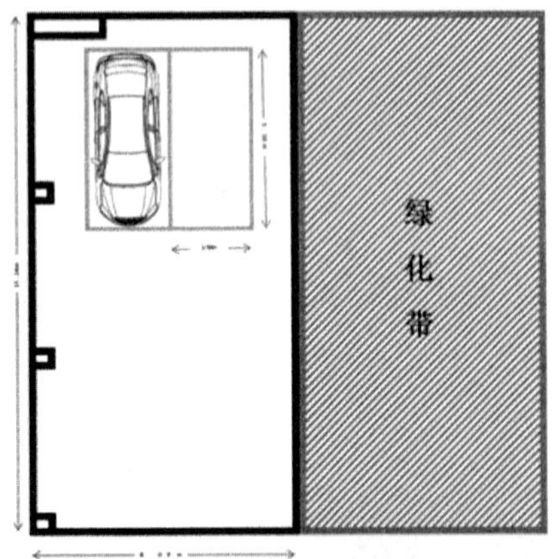

方案一：采用《直停车位划线标准》，即：长5.3m，宽2.5m。

劣势：这样只能停两辆车；

优势：符合标准，且可以减少占用绿地面积，甚至不占用。

注：纵向排列的话一定不占用绿地面积，但挑战老师的停车技术。

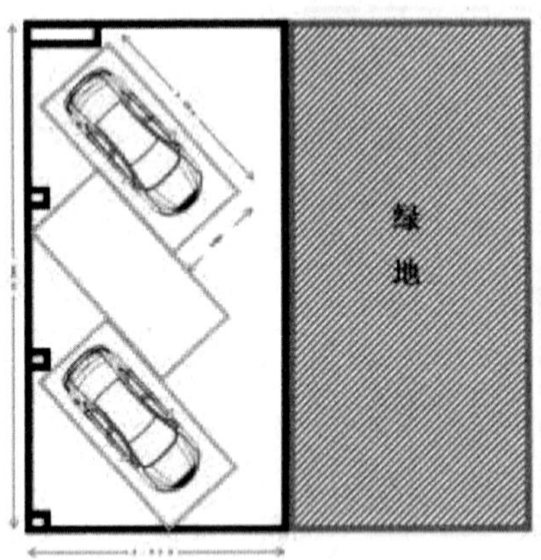

方案二：采用《斜停车位划线标准》，即：长6m，宽2.8m，倾斜角度45度。

劣势：这样只能停三辆车；车位前的空间刚好可以使一辆车通过，但挑战老师驾驶技术，且停车必须尽可能接近墙，否则将会影响停车及通行；有较大概率发生事故。为了安全，有扩占绿地的必要性。

优势：符合标准。

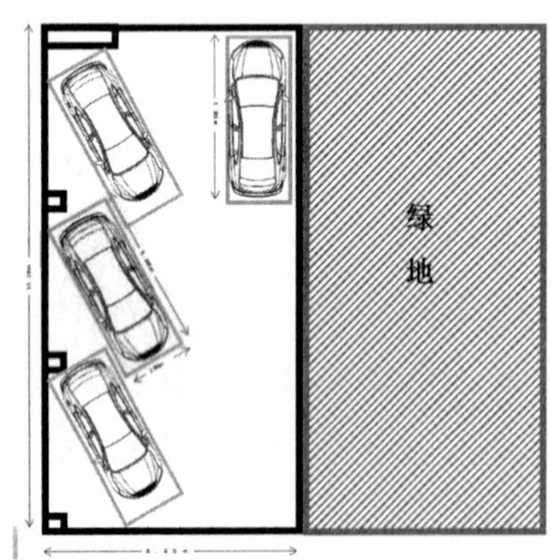

方案三：尽量缩小车位划线并采用直、斜停车位划线相结合的方式，

即：斜停车划线：长5m，宽2m，倾斜角度30度。直停车划线长5m，宽2m。

劣势：比标准车位小；需要老师严格按照左图停车（斜车位倒入，直车位正入，否则老师不能以正常姿势上下车）

优势：车位数量最大化，出入通道最大化，安全性较高，发生事故概率较低，占用绿地面积较小。

《义务教育数学课程标准（2022年版）》提出：项目学习教学以用数学方法解决现实问题为主，其目标是引导学生发现、解决现实问题的关键要素，用数学的思维分析要素之间的关系并发现规律，培养模型观念，经过发现、提出、分析、解决

问题的过程，培养应用意识和创新意识. 因此，“设计微型停车场”是一个优质的可供大家参考、借鉴的项目学习案例。

三、反思展望

3.1对项目学习的再思考

项目式学习越发流行，这很鼓舞人心，但流行也可能带来问题，人们对项目式学习兴趣激增会导致项目设计和课堂实施的质量出现巨大差异。约翰·杜威（John Dewey）的思想一直贯穿于我们对项目式学习的思考，他写道：“我们不是从经历中学习，而是从反思中学习。”北京市初中数学教研员主任康杰老师曾经在笔者的说课上提出过两个关于项目学习的问题，希望引发广大教师思考：

1.数学应用与项目学习的区别是什么?

2.如何看待数学学科本位在项目学习中被弱化?

想要回答这两个关于项目学习的灵魂发问，便一定要经过多次不同类型的项目学习的实践，才能有所感悟和体会。而对于大多数教师而言，首先要对项目学习持有敢于尝试的态度，去接受这样一种新的教学形式，从自身课堂开始尝试项目学习，在此也有以下几点忠告：

1.教师观念的转变是前提；

2.梳理项目学习的教学特征及其流程；

3.合理地开发项目学习的评价工具；

4.采取分步走的路径。

在复习课，综合与实践内容，数学建模、作业设计等方面进行微项目的开发。

3.2感恩致谢

2021 年 7 月 13 日，在北京师范大学中国教育创新研究院的召集下，北京丰台携手北京海淀、上海黄浦、山西晋中、浙江温州等区域，率先成为首批“指向核心素养的项目学习区域整体改革”先行试验区。2021年也是我入职的第一年，学校和校领导对我百般信任，推荐我与寇燕华老师共同承担丰台区数学学科项目学习的首个项目，我抱着满怀的热情与好奇开始了项目学习的实践。从2022年3月份开始便反复研读《PBL项目化学习设计：学习素养视角下的国际与本土实践》《PBL项目化学习的实施：学习素养视角下的中国建构》（夏雪梅著）两本指导书籍，与我的两位学科师傅张艳铭老师和刘元媛老师共同学习理论知识。除了阅读书籍，教研组长刘元媛老师也推举我和寇老师参与丰台区第一批项目学习种子教师的培训，在北京教育学院丰台分院教研员刘青岩老师的带领下，跟随北京师范大学綦春霞教授与首都师范大学王瑞霖教授学习理论知识和优秀案例，一遍遍对自身课例进行打磨，一个月试讲七次，次次有修改，回回有变动，最终呈现了张卓玉教授所说的项目学习1.0版本的“形似”，结果不尽如人意。

自从2022年4月起，每个学期我都会主动承担和实施一次完整的项目学习，有时会借用短假期或长假期进行微项目的尝试。譬如2022年6月暑假布置的《从数据谈节水——制作节水视频》的项目作业，2022年8月实施的《制作倡议减少家庭白色垃圾的电子海报》，2022年12月9日承担的市级项目展示课《我为北京中轴线申遗助力》，以及2023年4月完成了《设计微型停车场》项目的全部环节。每一个项目都离不开身边老师的鼎力相助，项目学习从不是一个人的任务，在不同项目的实施过程中，寇燕华老师、陈瑞老师、齐智霞老师与闫娟老师作为合伙人共同承担项目的，我们共同学习共同进步；张艳铭老师、刘元媛老师不论从备课组长教研组长还是师傅的角度都给了我极大的帮助和指导；区教研员柳晓青老师、俞京宁老师、刘青岩主任，与市教研员黄炜老师、康杰主任对我耐心指导，他们渊博的学识、严谨的态度、高瞻的视野、敏锐的眼睛，无不促使着我不断学习、不断进步。

可能对其他老师而言项目学习还是个新理念新模式，但对我的教学生涯来说，项目学习已经成为每学期的必修课，不断地学习，不断地尝试，不断地设计，好像自己更加享受与学生参与项目的过程，也慢慢体会到了项目学习在一线教学上对于学生的帮助，对于教师成长的帮助。2023年的3月和5月，受学校教学处孙衍明主任的邀请，我围绕着自身两年来的项目学习实施经验，为河南郑东新区、河南濮阳的骨干教师团队做了两次项目学习的微讲座，每一次讲座的准备都是对自身经历的回顾与反思，从众多前辈教师们的眼神中也能看到大家对项目学习的渴望与好奇。就在一次次试错、修改、感悟与总结的过程中，我慢慢体会到项目学习真正的魅力。与其说新课标是为指导教学方向而编撰的，不如说是为教师们终身学习提供了深造方向，项目学习的魅力驱使我继续尝试与实践，我相信，它也会贯穿我的整个教师生涯。再次感谢所有老师的帮助，师恩难忘，定将铭记于心！

参考文献：

张欢欢.(2023).深度学习理念下的初中数学教学策略的探究——以“轴对称与坐标变化”的教学设计为例. 数学学习与研究(05),71-73.

聂浩.(2021).在初中数学教学中开展项目学习的案例研究(硕士学位论文,新疆师范大学).https://kns.cnki.net/KCMS/detail/detail.aspx?dbname=CMFD202201&filename=1021861718.nh

梅海霞.(2023).基于深度学习理念的初中数学教学设计——以“二元一次方程组”为例. 中学数学(02),35-36.

沈奕.(2023).关于“问题导向”的初中数学教学设计的思考与研究. 数学教学通讯(11),67-69+85.

吴秋菊 & 刘生贵.(2022).STEM教育理念下初中数学教学设计——以“相似三角形应用——为学校旗杆量身高”为例. 数学教学研究(05),26-30.

倪晓阳,陈宇 & 盛伟敏.(2022).初中数学项目学习案例设计——探寻日晷中的数学. 中国数学教育(17),33-41.

张中华.(2019).项目式学习助力初高中数学衔接教学——以“键盘中字母排列的奥秘”教学设计为例. 数学之友(06),56-58+62.

中华人民共和国教育部制定. 义务教育数学课程标准 （2022年版）［M］. 北京：北京师范大学出版社，2022.

夏雪梅. 项目化学习设计：学习素养视角下的国际与本土实践［M］. 北京：教育科学出版社，2018.

巴克教育研究所. 项目学习教师指南———21 世纪的中学教学法［M］. 北京：教育科学出版社，2007.

项目学习常态化实施的实践探索

初中化学教研组 张银屏 任慧英 郭俊雅 王瑾

1.与项目学习的偶遇

2018年暑期，学校进行新一轮课程改革，初中化学教研组需承担设计初二科学课程的任务。在研读各版本科学与化学教材的过程中，北京师范大学王磊教授主编的《项目学习实验教材》，引起了大家的极大兴趣。单元主题教学和学习共同体教学改革的实践已经在我校开展多年，所以老师们非常认同项目学习所倡导的：在真实的情境中完成挑战性任务，使学生像科学家一样去思考，树立解决真实问题的教学理念，并希望能够将项目学习理念融入日常教学进行尝试和改进。

2.对项目学习的误解

老师们以“项目学习”为关键词，在知网上搜索文献进行阅读和学习的过程中，“做中学”、“项目产品”等词语反复出现，这些让老师们觉得项目学习和化学学科像榫卯一样契合。化学是一门以实验为基础的，在分子原子层次上研究物质性质、组成、结构与变化规律的自然科学。那么带着学生做实验，产生的新物质不就是“项目产品”嘛。我们选择了水的净化这一程序性知识，以“家庭洗菜水的再生”为驱动性问题，开始了我们的第一次项目学习设计。学习活动包括了解自来水的生产过程，练习过滤操作，设计洗菜水的再生步骤并处理污水。学生特别喜欢第三课时的学习活动，2018年10月展示课也获得了较高评价，老师们觉得项目学习的“入门”很顺利。

3.专家引领走进项目

2018学年10月，北京师范大学和北京教育学院丰台分院的专家团队莅临我校，进行《基于必做实验的概念形成教学——溶液大单元项目》的教学研究与实践，这次活动及时把我们从错误的道路上拉回正途。老师们通过聆听专家讲座和阅读专著、论文，及时了解项目学习的研究现状；在专家的指导下设计并实践微项目教学，掌握相关教学策略；设计并实施了《溶液的形成》《海水提盐》《物质的量浓度概念形成与溶液配制》等多节研讨课，构建溶液的浓度、物质的溶解度等概念性知识。

随着教学研究的深入开展，老师们越来越清晰地认识到，进入项目学习的第一步应该重构教师的知识观。在做中学的特点，很容易造成程序性知识最适合开展项目学习的误解。但以核心素养为导向的教学清晰指出了化学观念是主要学习内容，采用科学思维以探究实践为学习途径才能实现素养落地。教师应该以事实性知识为内容，以程序性知识为方法，支持概念性知识的生成；项目设计要聚焦真实事件，整合核心问题，引领学生参与到科学探究、工程设计、社会实践与自主学习的活动中，从而使学生实现与科学家的共鸣。

我们之前对《水的净化》项目的设计缺乏概念性知识的生成，更像是常规的知识点教学加上一个“应用的尾巴”，或者是浅项目学习。再次实施该项目时，老师们将驱动性问题设计为“在空间站实现水的重复利用”，以物理变化与化学变化、物理性质与化学性质等概念性知识的生成作为项目学习的目标，重新整合了爱护水资源、水的净化、必做实验等教科书内容，取得了较好的教学效果。

4.项目设计四个水平

在专家团队的悉心指导下，我们经历了一次真正的、全要素的、高水平的项目学习设计过程。除了满满的收获，更多的感受是震撼与敬畏。在解决了学习什么知识之后，老师们面临的问题是：如何运用高阶认知策略带动学习？怎样让学生经历有意义的学习实践？特别容易产生的误区有只有活动没有目标、学生只动手不动脑、只看结果不看过程、先学习知识再运用等。

面对全新、庞大的项目学习理念，理解与策略应用都不可能一步到位，所以要允许老师们不断尝试，逐渐深入。我们早期开展的实践探索由低到高大体分为四个水平。首先是让学生做事，这一水平的项目设计很像是常规教学中的单元复习课，学生只是在利用已有认知模型解决或解释实际问题；其次是让学生自主做事，这一水平的设计和常规教学中的元素化合物性质实验探究课较为相似，学生根据已有模型进行假设、论证活动，或修改已有模型；再次是让学生外显问题解决思路，这一水平的设计类似于中考复习阶段的专题复习课，知识方法建模的学习活动占据大部分学习时间；最后是独立思考与抽象反思，这一环节的设计才是真正的项目学习，进行的学习活动多为概括抽象与建模，解决核心概念原理生成的问题。

5.数据支持教学改进

在刚开始尝试项目学习的阶段，调查问卷和学生访谈提供的反馈数据给教师的教学策略改进提供了很多帮助。

比如，学生在项目学习的几乎所有环节都投入了极大的热情，却唯独不喜欢评价他人的作品。原因是孩子们在长期的合作学习中养成了赞赏和倾听的习惯，更愿意发现同伴的闪光点，也谦虚地认为自己的学业水平并不足以对他人做出准确的评价。在之后的项目学习活动中，教师更多采用了自评或教师评价的方式进行学业水平评价。

比如，学生们普遍认为自己在项目学习全程中出现了预测解释比较类表达、独立处理信息、实验设计与操作、作品反思改进、使用评价量规、自主提问等中等水平的学习行为，却普遍觉得小组的内部管理有问题。在之后的项目学习活动中，教师改变了分组策略并增加了项目计划书和中期汇报，以此来调控指导小组活动。

比如，学生对自己在建立化学视角、建模、评价论证、用模、设计验证、系统分析等高阶学习策略应用方面的行为表现不太满意。究其原因，学生习惯的跨学科认知方式，使系统分析难以聚焦，化学视角建立缓慢不一定是坏事。教师对导引课和展示课的功能认知不到位，如没有认识到制定评价标准是从建模到评价论证的降难度处理，产品迭代是评价论证已有模型的行为表现，更多验证反思活动才能促使建模完成……这些认知上的不足，导致设计的学习活动没有全面落实核心素养目标。

6.微项目的常态实施

项目学习形成课程需要打破现有教材的单元，进行学习内容的重新整合。如果项目是以大概念为统领的，那么首先要进行的是大概念统设下的知识结构分析。我们要将学科的大概念分解为次级大概念，基本概念，并且去关联它所涉及的基础知识。我们要在众多的事实性知识中寻找一个经典的情境，统摄项目全程。我们可以对情景做育人价值的分析，哪个情景能够涵盖更多的化学核心素养，能够更好地应用技术与工程方法开展科学探究，利于跨学科的融合，构建跨学科的大概念，我们就去选择这样的一个情景。

程序性知识的拆解要比概念性知识简单一些，例如化学上最常见的程序性知识是解决物质制备的一般思路与方法。它主要包含着情境需求分析、原理选择、装置设计、装置制作与实验验证这样几个环节。常见的物质中，氧气是最适合承载物质制备这一程序性知识教学的，因为氧气是人类生存必需的，它的情景需求非常的丰富，而且氧气的制取原理多样，原理多样必然导致装置的多样。多样化不仅有利于归纳形成程序性知识，还刺激对比、批判、创新等高阶思维的应用。为月球基地设计氧气的制备原理，涵盖矿产资源综合利用、新能源利用、成本核算等其他情境很难涉及的内容。

在教学内容重构的过程中，有一部分事实性知识很难跟学科的概念性知识和程序性知识相关联。那么这一部分事实性知识，我们则把它设计为综合实践活动，主要落实核心素养中态度与责任部分。这一部分的项目，它的拆解较为自由，主要以事实性知识的涵盖为主。如《低碳生活》《健康饮食》这样的综合实践活动可以直接设计为项目式长作业，利用假期完成。

7.项目学习目标确定

项目学习的开展，要达到怎样的效果？学生将达到怎样的状态？一般情况下，教师应先按照大概念来梳理项目的相关学业要求，再将学业要求中描述学生学习后状态的行为动词详细想象成思维类产品和实物类产品。比如，在学习完《微观世界探秘》之后，能形成的各种产品的具体形态有：学生能够从微观的视角解释宏观的现象；能够将看不见的微观世界画成合理的示意图或制作微观模型；能够角色扮演科学家，解释事实，并抽象为概念；能够用新的视角去解释自己感兴趣的宇宙起源等问题，并撰

写成说明文；也可以将知识构画为思维导图。再比如学生在学习完《应急蜡烛的设计与制作》之后，不仅能以化学反应的认识与调控为主题构画思维导图，更能设计并亲手制作出应急蜡烛、彩焰蜡烛、吹不灭的蜡烛等真实的产品；书写标准的实验报告；尝试制定应急蜡烛国家标准等。

8.评价量规生成策略

伴随各类产品形成的评价量规，也是学生重要的项目学习成果。评价量规的出现，可以有效地促进原认知知识的形成。学生始终在调控自己的学习的过程朝着更好的方向去发展，这样就能够有效地保障学生的课堂参与程度和学习深度。

一些常见的成果类型，如项目工作计划、思维导图、小组展示的评价量规，可以在不同项目中通用。通用量规的评价维度，可以由学生迭代生成。具备不同产品各自特征的专用量规，比如从海水中提取的食盐的评价量规、自制应急蜡烛的评价量规等，这些量规需要学生在阅读相关产品的国家标准之后，再提出自己的建议制定。需要注意的是，真实商品的国家标准，如果涉及等级描述都是非常详细的，附带严格的测定方法。在现有的学校实验室环境下很难实际操作，不推荐设计制作真实商品的时候应用含等级的量规；即使不是真实的商品，等级的划分，也不容易保证其科学性。

除了纸笔测试，学生的学业水平也可以通过行为评价量表进行等级自评。教师在试讲的过程中，要详细地观察并且记录学生的各种行为，尽量详细地描述出来。再将这些行为归纳为三个到四个水平层次。多数学生能够达到的水平定为次高层。这一类量表因为阅读量较大，所以最好也是以学习活动的时间顺序排列。

9.项目拆解程度定位

教师总是希望学生能够拆解出每个环节的挑战性问题，但这样的效果是很难达到的。学生面临陌生、复杂的真实问题，要边解决问题边学习新的知识。此时，如果学生能将问题拆解到通用思路的步骤就已经非常难得了。挑战性问题的提出，需要学生在探究过程中遇到问题后再进行第二轮拆解。

比如，一个具体的化学大概念的形成，需要遵循模型构建的通用思路。首先了解问题背景；其次进行系统分析，明确影响因素；在各影响因素中建立关联，形成模型；用模型去解释实际问题；对模型的适用性进行评价；进行模型修正；最后用新模型去解释实际问题。六个环节紧密相关，在这样的循环中，模型逐渐被优化。元素周期表是认识无机元素化合物的模型，学习环节的设计必须要满足模型构建程序。如果项目学习核心内容为程序性知识，它的学习路径遵循的是一般的问题解决程序，也就是明确目标、目标拆解、寻找思路、设计解决方案、权衡优化统整、实施方案与反思交流这七个步骤。

很多的老师都喜欢用头脑风暴的形式收集学生的想法，然后在这些问题中找到挑战性问题。对于学生来说，这样的学习过程，很难形成能够迁移到其他项目中的问题拆解思路。我们缺少了关键的一环，即将学生提出的大量问题进行分类，回到我们的通用思路中去。

10.项目学习作业设计

首先，项目学习作业要尽量进行多样化的呈现，如思维导图、产品制作、演示文稿或视频制作等。这就需要学生在小组内合作的基础上，分别承担一项任务，了解体验学习过程的全貌，避免合作分工造成的学习内容碎片化。

其次，短作业设计逻辑最好是呈现学科大概念、核心知识、关键思路方法；关注丰富的实践领域，充分发挥拓展延伸和素养提升的功能。常见的纸笔测试类课后作业，应采用分层作业的形式。设置以课堂原型知识复现和变形水平的必做题，题型多为选择、判断和填空；设置有新情境且知识跨度较大的选做题，题型多为生产实际分析和探究性实验类的填空题，属于迁移创新水平的任务；设置解释真实复杂情境的挑战题，题型多为论述题，答案具有开放性，解题过程需从多个角度作出猜想。

最好能应用作业蓝图，避免学业要求的遗漏。作业蓝图包含课时、任务、学业要求、能力表现、测试题与参考答案五个维度；所选测试题应该是质量较好的成题或改编题；同一学业要求下应准备多道测试题，具有进阶性，学生能根据水平进行选择；题目应具有多样性，除了常规的选择题，填空题力求让学生去解释原因、答案具有一定开放性、呈现思维路径。题目应及时更新，关注科技前沿和先进工艺。

最后，长作业设计应至少包含以下内容：创设作业情境；设计作业活动，作业类型可以是书面表达、调查研究或实验制作等；提供项目资源，如知识类、工具类、场所类；明确评价要求，如说明展示形式、提供评价量表等。

基于项目式学习的高中音乐与戏剧教学探微

——以中国歌剧《白毛女》为例

北京市第十八中学 米秋梅

摘要：项目式学习是落实学生核心素养、实现学科育人价值的有效途径之一。本文从项目式学习的教学要点出发，提出高中音乐与戏剧项目式学习的教学策略。以中国歌剧《白毛女》为例，从设计项目流程、任务及实践活动、驱动性问题、项目评价和学习支架等方面，对高中音乐与戏剧教学中如何实施项目式学习进行了探索。

关键词：项目式学习 音乐与戏剧教学 驱动性问题 学习支架

随着2022年义务教育阶段艺术课程标准（以下简简称“标准”）的颁布，我国音乐基础教育课程改革已全面进入以发展学生核心素养为目标的新阶段。作为一线音乐教师，应转变教学观念，从以传统知识为本转变为以核心素养为本，从以讲授为中心转变为以学习者为中心，在教学中培育和发展学生的音乐学科核心素养。那么，如何全面培育学生音乐学科核心素养，调动学生学习的积极性，使学生更好地完成学习任务？面对这些问题，笔者通过理论学习和实践，认识到基于建构主义学习理论的项目式学习是落实音乐学科核心素养的最佳教学策略之一。

巴克研究所将项目式学习定义为：学生在一段时间内通过研究并应对一个真实、有吸引力和复杂的问题、课题或挑战，从而掌握相关的知识和技能。项目式学习的重点是学生的学习目标，包括基于标准的内容以及批判性思维、问题解决、合作和自我管理等技能[①]。笔者结合苏西•博斯和约翰•拉尔默在《项目式教学：为学生创造沉浸式学习体验》一书中提出的项目式教学要点——建立课堂文化、设计与计划、与课标对应、管理教学活动、评估学生的学习、搭建学习支架以及参与和指导[②]，在高中音乐与戏剧教学中进行项目式学习实践研究。现以人民音乐出版社2019年版普通高中音乐《音乐与戏剧》第五单元中国歌剧《白毛女》为例，谈如何实施项目式教学。

一、结合音乐学科特点，设计项目流程

笔者根据项目式学习的教学要点，针对音乐学科特点，确定了高中音乐与戏剧教学项目式学习的设计原则：明确项目中音乐与戏剧核心知识和能力点；设计具有挑战性的艺术表演任务；要有对学习任务持续性的探究；项目设计要有真实性和可行性；在学习过程中要不断进行评价；要有最终成果展示分享。

笔者根据以上原则，将高中音乐与戏剧项目式学习的设计流程分为五步。

（1）在明确项目主题后，为更好地制定项目式学习的挑战性任务，让学习指向学生核心素养的全面发展，教师首先要对项目主题涉及的核心音乐知识与技能和戏剧相关知识与表演能力等进行提炼。（2）根据提炼的核心知识与能力确定项目最终成果展示形式，即挑战性任务（问题）。音乐与戏剧项目的成果展示形式应以表演型成果呈现，如话剧台词片段独白、经典唱段演唱、歌剧唱段舞台表演和剧目片段排演等。这类任务对于普通高中学生具有真实性和挑战性，教师根据学习的具体剧种进行项目最终成果展示形式的设计。（3）根据具体学情，将挑战性任务拆分为子任务，为每个子任务设计学习的主要实践活动，如剧情梗概探究、角色分析、经典片段赏析、主题学唱、剧目排练实践和唱段表演展示等，其目的为：一方面是为学生搭建学习支架，引领学生逐步完成项目最终成果展示；另一方面也确保这些实践活动能够较为全面地提升学生的学科核心素养。（4）精心设计项目最终成果展示的方案（如提前设计好成果展示表演的地点、服装、音响伴奏和舞台背景等），以使学生产生更大的学习驱动力，并更好地帮助学生完成项目成果展示。（5）依照项目任务的目标设计评价方案，包括过程性评价、最终成果评价、个人学习评价以及小组学习评价。通过项目学习过程中不同类型的评价，完成高质量项目成果展示。整个项目设计帮助学生构建起音乐与戏剧学科核心素养框架。

二、精研教材内容，设计任务实践活动

“梳理教材、吃透教材”是教学设计的必备环节。对于音乐与戏剧项目式学习的设计，教师更需要对项目主题涉及的剧目、剧本与音乐进行分析，提炼出学生应了解和掌握的音乐与戏剧知识和能力点，以便明确学生能掌握哪些学科知识与能力，最终指向学生核心素养的发展，引领学生形成正确的价值观、必备的品格与关键能力。

以人音版普通高中《音乐与戏剧》教材第五单元“中国歌剧的形成及初步繁荣”一节为例，教师在确定歌剧《白毛女》项目主题后，从剧目梗概及作品价值，剧中主要人物，经典唱段如《北风吹》《十里风雪》《扎红头绳》和项目主题中涉及的核心

知识与能力点，音乐方面如歌剧音乐知识、唱段音乐结构、唱段表现力和识谱视唱等，戏剧方面如歌剧概念及构成要素、角色分析与构思创作、角色形象、舞台调度和如何欣赏歌剧等进行了梳理与提炼。

教师在梳理上述核心知识与能力点之后，根据音乐学科特点确定了歌剧《白毛女》项目式学习的最终成果展示形式——表演歌剧唱段《扎红头绳》。由于学生没有演唱过歌剧唱段，更鲜有公开表演歌剧的经历，因此对于学生是一项挑战性任务。教师根据音乐学习的内在逻辑与知识能力梯度，结合戏剧表演的特征，从学习最终成果和目标逆向进行项目学习的整体构思，初步构建了歌剧《白毛女》项目式学习的整体教学思路。项目设计包含歌剧创作背景、剧情梗概、主要人物特征分析、经典唱段赏析、了解戏剧表演知识、唱段学唱、表演体验等多个学习子任务，最终完成唱段表演展示。

具体设计思路为：子任务一，欣赏歌剧《白毛女》主要唱段。学生实践活动有查找剧目资料，了解创作背景、剧情和主要人物，欣赏经典唱段，初步分析杨白劳和喜儿的性格特征。指向的素养目标是认识到歌剧是一门综合性的舞台艺术表演形式，了解《白毛女》是中国歌剧形成的标志，感受歌剧的艺术表现形式，并在初步体验歌剧唱段中感受歌剧音乐丰富的表现力。子任务二，体验探究学唱《扎红头绳》唱段。女生和男生分别体验喜儿与杨白劳的人物性格特点，在欣赏中进一步结合剧情和唱词内容，分析、理解角色的外部和内部形象特征。这些实践活动使学生提高了集体艺术表现中的合作协调能力，积累戏剧表演的感性经验，在作品鉴赏中体验歌剧音乐丰富的表现力，并对戏剧排演做出较为客观的评价。子任务三，通过有表现力地演唱《扎红头绳》和角色表演动作的编创与体验等实践活动，完成项目的挑战性任务。学生在实践活动中增强与他人沟通、交流、合作的能力，积累歌剧表演经验，享受歌剧表演的乐趣，提高综合艺术表演才能。三个子任务中的实践活动全部指向学生的艺术素养和音乐学科核心素养，有效实现音乐学科育人目标。

三、对照实践活动，巧设驱动性问题

项目式学习理论将学习问题划分为挑战性问题（任务）和驱动性问题。夏雪梅博士认为，这两种问题都是必要的。挑战性问题带有抽象性和智力上的认知冲突，如果没有挑战性问题，项目式学习就变成了华而不实的活动。驱动性问题则将学习中的抽象概念和本质问题转化为学生感兴趣的问题，同时将问题嵌入学生感兴趣的情境，让学生有足够的代入感，通过与学生亲和的方式驱动学生更加主动地投入项目式学习。

好的驱动性问题既能引发高阶思维，又能提供问题化的组织结构，为信息和内容提供有意义的目的[③]。

笔者依据高中音乐与戏剧学科特点，设计项目式学习的挑战性任务和驱动性问题。首先，教师对照课程标准，明确学习目标指向学生音乐学科核心素养，将项目最终成果设定为表演型的挑战性任务。然后，教师根据学生已有音乐知识与能力，将挑战性任务拆分为子任务，为每个子任务的主要实践活动设计相应的驱动性问题，以更好地激发学生的学习兴趣和投入感，引发学生的高阶思维。正如巴罗斯和坦布林（Barrows和Tamblyn）所说：知识的获取来源于对问题的认识和解决过程，学习开始时遇到的问题本身推动了解决问题和推理技能的应用，同时也激发了学生自己查找信息，学习关于此问题的知识结构以及解决问题的方法[④]。

例如，歌剧《白毛女》子任务二的实践活动之一是欣赏探究角色形象。这个实践活动的本质问题（任务）是使学生掌握分析和理解角色的方法。教师设计了两个驱动性问题："喜儿和杨白劳的外部形象和内部形象有哪些特点？为什么会具有这些特点？"这两个问题依次递进，第一个问题引导学生观察和分析角色形象，是一个具有代入感的情境化问题，能够与学生的个人经验相联系，引起学生的兴趣和主动探究；第二个问题在学生观察和分析角色基础之上进一步调动学生的高阶思维，能引发学生对作品内容和时代背景进行更细致深入的探究，有利于提高学生理解角色和体现角色形象的能力。

四、指向核心素养，关注全程评价

项目式学习中的评价是多元且丰富的，要求设计者同时运用过程性和总结性评价策略及多元主体参与的评价方法来促进学生真正投入学习。项目式学习评价应包括四种类型：过程性评价、最终成果评价、个人学习评价以及小组学习评价。

项目过程性评价通过多元主体参与的方式对学习进行持续的总结和反思，以实现深度学习，帮助学生建立正确的学习方式。过程性评价主要考察学生的认知水平和实践能力。例如在歌剧《白毛女》项目式学习中，教师对每个子任务都有明确的评价标准，如能够完整演唱唱段，交流唱段表达的情感与人物主要特征，分析角色内在和外部形象和舞台调度等。教师根据学习任务设计小组交流与展示、个人分享、师生问答、表演编创等多种评价方式，并设计学生自评、同伴互评和教师评价的多元主体评价。

对于项目最终成果评价，教师在设计时要根据具体成果形式制定指向学科核心素

养的评价标准。例如教师依据《普通高中音乐课程标准（2017年版）》中音乐与戏剧和戏剧表演模块的学业质量要求对《扎红头绳》唱段表演进行成果评价。如等级A要求学生能够积极参与表演，根据歌剧表现要求和排练指导提示进行歌剧表演，演唱情感投入声音优美，并能较生动的运用动作和语言，形象地表现人物身份和性格；等级B、C的要求依次降低。教师在评价设计中还要注意评价是否考察了学生获得的核心知识和能力点；最终学习成果是否达成了项目学习的总目标；任务实践活动的效果如何。

五、搭建支架，助力项目式学习

项目式学习中教师的角色不再是负责传授知识的专家，而是见多识广的指导教师、学习的引导者以及整个探究过程的向导。教师在项目过程中会鼓励学生积极地发问、保持好奇心和进行同伴学习，而不是做无所不知的权威[⑤]。如何使学生在项目化学习过程中始终保持探究的学习状态是一个最为关键的问题。为此，教师需要给学生提供支架，以支持和鼓励他们持续进行探究和实践。在音乐与戏剧项目式学习的设计和实施过程中，针对学生可能遇到的不同的挑战和问题，教师可以提供任务型、思维型、文化型和资源型等不同类型的支架[⑥]。

在歌剧《白毛女》项目学习中，教师通过拆分子任务，设计任务驱动性问题，搭建起项目学习的任务型支架。教师带领学生观看艺术家的精彩表演，启发学生进行模仿，同时又通过亲身演唱示范和表演指导，为学生提供发现、分析和解决表演问题的思维方式，搭建起思维型支架。教师尊重学生、鼓励学生的展示分享，创造交流与合作机会，为学生营造良好的学习氛围，搭建起文化型支架。最后，教师为学生准备剧本背景资料、剧本片段、剧目表演视频、唱段谱例、推荐中国经典歌剧剧目，同时提前储备有关项目学习的知识与技能，以应对学生学习过程中提出的疑难问题，搭建起资源型支架。这些学习支架帮助学生高质量地完成项目学习的挑战性任务，最终达成培养学生音乐艺术核心素养的目标。

结语

项目式学习作为指向核心素养的有效教学策略，是音乐学科核心素养落地的必由之路。通过高中音乐与戏剧项目式学习，学生不仅享受戏剧表演乐趣，更能提高集体艺术表现中的合作协调能力，增强对戏剧的兴趣，积累戏剧表演的感性经验，巩固戏剧表现与编创技能，增强艺术表演活动中与他人沟通交流、合作、协调的团队意识，成为学习的真正主人[⑦]。而教师在项目式学习中则成为学习的引领者、学生的好伙伴。项目式学习为音乐教学提供了新的途径，让我们共同探索，让它生根、开花、结果!

注释

①夏雪梅《在学科中进行项目化学习：国际理解与本土框架》，《教育研究与评论》，2020年第6期。

②[美]苏西•博斯、约翰•拉尔默著，周华杰等译《项目式教学:为学生创造沉浸式学习体验》，中国人民大学出版社2020年版，第14页。

③夏雪梅《项目化学习设计：学习素养视角下的国际与本土实践》，教育科学出版社2021年版，第55-56页。

④Barrows, HS, Tamblyn, RM.(1980). Problem-Based Learning: An Approach to Medical Education. Berlin: Springer Publishing Co Inc.

⑤同②，第13页。

⑥浙江省教育厅教研室组织编写；张丰主编《重新定义学习：项目化学习15例》，教育科学出版社2020年版，第7页。

⑦中华人民共和国教育部制定《普通高中音乐课程标准（2017 年版）》，人民音乐出版社2018年版，第23页，第28页。

作者附言：本文系北京市教育学会“十四五”教育科研课题“提升中学生音乐学科核心素养的教学方法研究”（课题编号：FTYB2021-055）的阶段性研究成果。

项目式学习融入技术课程营造良好课堂氛围提升学生高阶思维能力

——以十八中课堂为例

张霄宇

摘要：通用技术项目式学习的理念是从真实情景出发引导学生在完成任务的同时，掌握学科核心知识，提升学科能力，增进科学态度和情感认知，形成学科核心素

养。对于评价的主体我们不仅要对学生、对课堂进行评价更应该对自己的教学进行反思评价，且保持教学方向的正确性，更有利于教师的“教”和学生的“学”；运用评价系统厘清评价实施过程中评价主体与客体间的相关联系，这样更有利于改善教学实施过程中活动流于形式的不足，有利于学生理清学习目标和要达到的程度，教师教学要突破的难重点，教师的“教”与学生的“学”相辅相成，从而使学生实现基于标准的学科核心素养的学习，营造良好课堂氛围，提高学生高级思维能力。

关键词：课堂表现　项目式学习　高阶思维

引言：《通用技术课程标准(2020年版)》(简称新课标)明确指出课堂教学是发展学生学科核心素养的主渠道，通用技术课程是一门具有立足实践、注重创造、体现科技和人文相统一特点的课程，是引领学生适应高等教育、职业发展和社会生活所必需的技术课程。通用技术的学科核心素养包括技术意识、创新设计、工程思维、图样表达、物化能力五个方面。为了更好贯彻通用技术核心素养，有些地方重组原有课程章节的框架，将必修模块各章节相关部分进行拆解和融合形成新的课例，利用课堂中就可以进行的小型实验、巧妙制作，让更多学生参与到课堂中来，进一步落实“做中学、学中做、做中思”，以提高学生的认知能力、创新能力、合作能力和职业能力。项目式学习是在真实情境下开展的问题解决活动，引导学生通过小组合作、实验探究、讨论交流等多样化方式解决问题，充分体现了“做中学、用中学、创中学”，对学生学科核心素养的发展具有很好的促进作用。然而，在以学生为主导、小组合作为主要学习形式的项目式学习活动过程中，往往活动体验进行得很热闹，但却忽视了核心知识的落实、方法的体验、必备品格的习得，教师也可能面对核心知识落实不好、课堂学习易流于形式、过后还需要进行核心知识的“回炉再造”等现实困境，给项目式学习的实施造成了障碍。反思此问题的出现，即是没有落实好教学评一体化的要求，因此需要在项目式学习过程中运用能够将教师的“教”与学生的“学”以及评价统一起来的过程性评价工具作为引导，通过观察、诊断实时反馈评价信息来促进教师的“教”和学生的“学”。只有深入挖掘新课标，并用新课标指导设计过程性评价，尤其是活动表现性评价，才能更好地将过程性评价与项目式学习充分结合，促进项目式学习的实施，从而使学生达到从低阶思维向高级思维能力转换的缔造。那么我们如何合理地引入项目式学习来改善课堂，营造出良好的课堂氛围、增强学生课堂的参与度、培养学生在课堂中思考方向从低阶思维向高阶思维的缔造就是本论文要研究的重点。

(1)什么是项目式学习

项目式学习是探究式教学模式的一种教学方法，是一种建立在建构主义教学理论基础上的新方法，建构主义学习理论认为，知识不是通过教师传授得到的，而是学习者在一定的情境下，借助他人的帮助，利用必要的学习资料，通过意义建构方式获得。建构既是对新知识意义的建构，同时又包含对原有经验的建构和重组。和传统的教学相比，项目式学习能更大地激发学生的学习热情和求知欲望，充分调动学生的学习积极性和主动性从而培养学生自动学习、分析新问题、解决新问题的能力和协作、创新、探索的精神。

(2)项目式学习融入课程，营造良好课堂氛围

在教学过程中，教师们如果一味地讲解，达不到激发学生的学习积极性，调动学生主观能动性的目的，也就更不能营造出积极的学习氛围了，而学习积极性是指主体在学习活动中表现出的一种积极的心理状态。通常由对待学习的注意、情绪与意志状态构成。项目式学习，基于学习方式兴趣的指引，学生抱有一种积极的心理状态，从而激发兴趣，融入其中。融合了人工智能的教学方式同以往的教学方式相比，为课程注入了更多的元素，有利于激发学生们的创新欲望，培养学生们养成良好的创新精神和创新意识，更加激发了学生们深层次的探究欲望。例如在讲解《产品初步设计》从真实情景出发，本节课始终围绕垃圾分类问题如何有效解决展开探讨，每组同学在展示中都有自己的方法，在交流前学生经历了收集资料、结合项目真实情景进行权衡设计找到主要问题，小组讨论形成有效的设计方案，而教师的教学行为应该本着尊重文本的前提下， 能够恰如其分地给予肯定、褒奖， 对那些有失偏颇的看法，能够给与适度的帮助。而在中文提出问题随着北京市垃圾分类条例的推出，为什么小区中垃圾分类还存在很大问题，我们如何解决，而随着整体项目不断细化，使学生真正地像工程师一样，能够自主地去发现生活中真实的问题、去探究设计，一步步学会用多种多样的方式去解决问题，从而营造出良好的课堂氛围。

(3)项目式学习融入课程，大数据观察课堂

基于S—F分析法教学过程是一种特殊的认识过程，也是一个促进学生身心发展的过程，在教学中，我们应该有目地、有计划地引导学生从多元化、多角度去解决问题，我通过深入反思还有教学过程的实际观察或观看录像资料，以一定的时间间隔，通过提问、布置任务等活动（T）与学生的活动等反馈（S）跟原有的讲授课程进行对比发现，通过项目式学习，学生展现自己的想法更加多元化了，而不再是千

篇一律的。

1“. S—T”分析方法

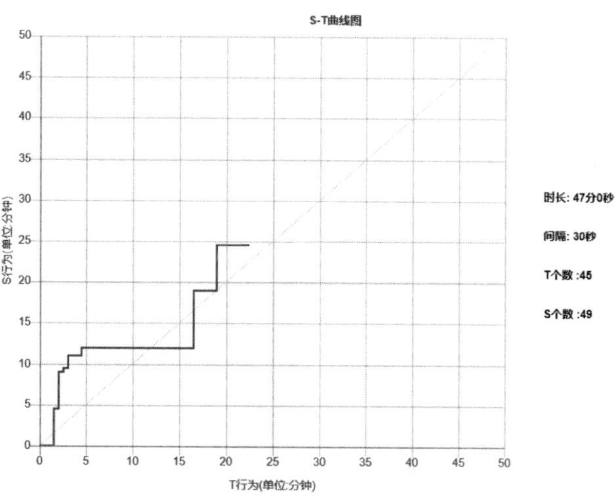

图 1　S—T 图

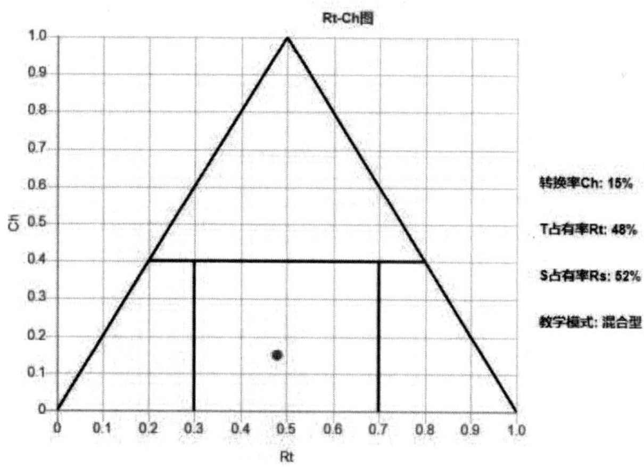

图 2　Rt—Ch 图

该组数据反映出本堂展示课是混合型教学模式。“S—T”曲线图 倾斜角接近 45 度，可见师生的时 间分配较为合理；纵向出现断层， 说明能给予学生较为充分的独立思考和讨论时间；“S”个数 49 个， “T”个数45个，学生行为多于教师 。

行为：师生行为转换率（Ch 值）为 0.52，高于临界值可见课堂中学生乐于分享自己的设计理念，活动占主导位置也符合新课标理念以学生为中心，教师能较好地捕捉生成资源，从而推动教学进程； 从“唤起学生记忆”到“引导学生梳理归纳”再到“指导学生学以致用”，三大环节环环相扣，体现出教师在课堂上能较为恰当地当好组织者与引导者，把课堂时间还给学生，也体现了在项目式学习的课堂上学生心情是放松的，乐于去分享自己的设计理念，然而Ch值低于临界值说明师生的互动程度有待提高，在课程中学生对于课堂参与度来源于教师有效提问分析、四何问题（见图5）这两个维度观察到的数据。

教师有效性提问分析

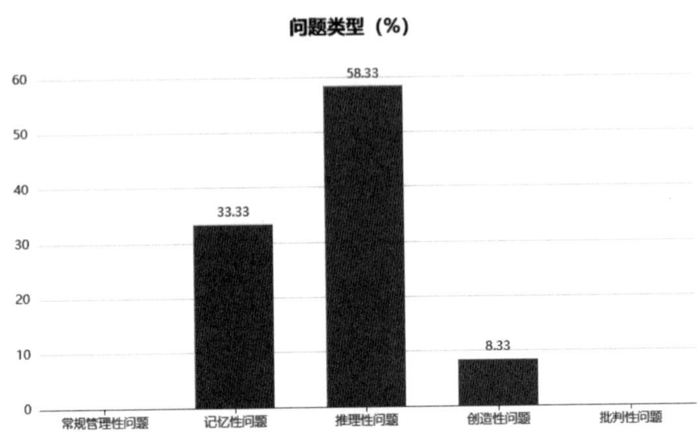

图3　问题类型

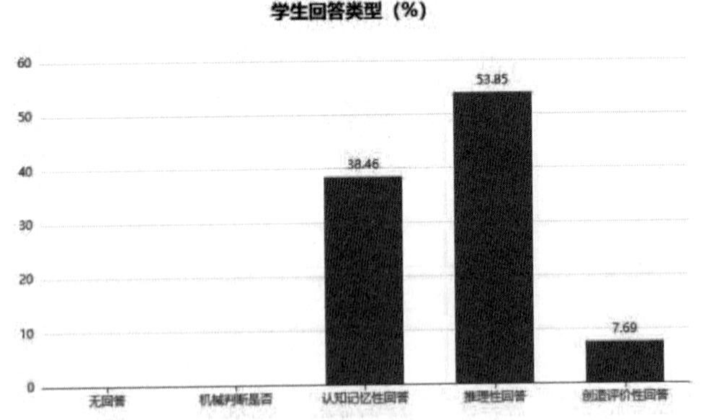

图4 学生回答类型

通过以上数据分析发现本节课记忆性问题（是教师梳理出的与本节课的新知识学习密切相关的学生已有知识、生活经验方面的问题）为33.33%，高于全国常模数据；推理性问题（是能引起学生依据一个或几个已有的知识或经验，经过思维的加工，推导出带有学习者个性化特征的概念、判断或推理的问题）为58.33%，高于全国常模数据；创造性问题（是围绕学生创造力的开发而设计的问题，要求学生致力

于原创性和评价性思考，主要表现为要求学生能做出预测，解决生活中的问题）为8.33%，低于全国常模数据；教师的有效提问以推理性提问为主学生的回答也以推理性回答为主，占回答类型数量的58.33%占回答问题类型，可见对学生推理思考的训练是到位的。且在本堂课前，我对所教班级的学情分析为：通过本单元的学习，以“智能垃圾收集装置”的初步设计为载体，通过分析“脚踏式垃圾桶”的技术过程、垃圾桶的使用活动流程、基本功能结构图，引导学生完成从智能垃圾分类装置制作的雏形设计图到确定详细技术原理、功能结构设计和内部布局设计等的跨越。

本节课记忆性问题，学生已有知识、生活经验方面的问题为33.33%，也有助于学生知识体系的构建，也不只是简单地机械记忆，更有助于学生创新思维的开启。可见，推理性问题占多数这一教学行为有助于教学目标的实现，体现出本堂课教学目标明确，学生对于项目式学习的参与度和热爱程度还是非常认可的。

（4）项目式学习融入课程，存在缺陷部分的反思

结合教学情境对数据的解读中发现个别问题设置欠妥，使得本能激发学生高级思维的提问反馈到学生那很茫然。如下：

师：你能告诉我刚才展示的设计方案哪组比较合理?

学生：第二组比较合理。

师：里面有什么功能?

学生：破袋的功能。

师：结构是什么结构?

学生：不清楚。

启发引导方式

师：从功能结构角度刚才哪组展示的设计方案比较合理?

师：为了更好的实现破袋功能，都需要包含那些构件?

所以我也只能在此处不断追问来补足问题明确问题指向，纵观本堂课，我先通过合作学习让学生展示、归纳、总结， 获取经验之后，发现问题，引导学生通过生活中的经验对垃圾收集装置进行功能结构的细化、评价，通过教师讲解获取经验，最后学以致用，从智能垃圾分类装置制作的雏形设计图到确定详细技术原理、功能结构设计和内部布局设计等的跨越取得经验的创造性应用（可借此增加创造性问题）。教学设计与教学情景都有增加批判性问题和创造性问题的时机，但因为设计不太合理而错失了。

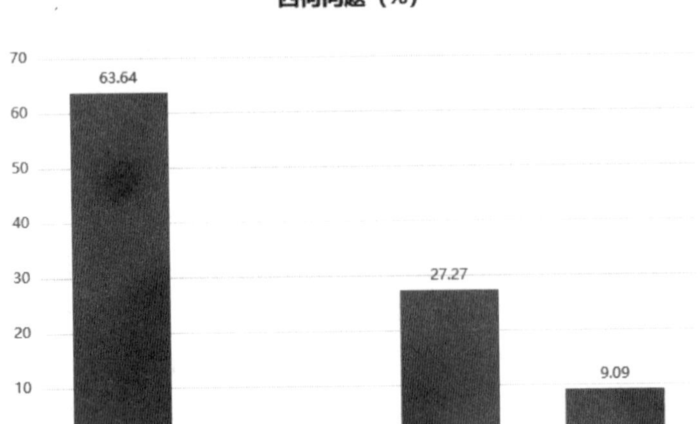

图5 四何问题

从四何问题来看，本节课的四何问题评分等级为A，得分超过全国80%的同类型课程得分。本节课中采集到的是何问题（指向事实性问题，如定义性问题等，该类问题的解决意味着学习者事实性知识的获取）为63.64%，低于全国常模数据；为何问题（指向原理、法则、逻辑等问题，如推理性问题等，该类问题的解决意味着原理性知识的获取）为0%，低于全国常模数据；如何问题（指向表示方法、途径与状态，如技能与流程性问题等，该类问题的解决意味着策略性知识的获取）为27.27%，高于全国常模数据；若何问题（条件发生变化可能产生新结果的问题，如假设性问题等，该类问题的解决意味着创造性知识的获取）为9.09%，高于全国常模数据。四何问题在采集的时候要求问题中有明确的引导词。

推理性问题多为“如何”与“为何”类问题，创造性问题和批判性问题多为“若何”类问题。将这两个维度的数据 进行关联。首先，“如何” 类问题高于全国常模，这与上文在“教师有效提问”中推理性问题占多数有关，训练学生的推理能力、归纳梳理能力、迁移能力，设置问题合理，使得这一训练数据达到了由浅入深。其次，“若何”类问题无。“若 何”类问题意在迁移已学知识到新 的条件或者情境下的创造应用。增加“若何”类问题，可以弥补“教 师有效性提问”中创造性问题与批判性问题的不足，且对于科学课程， 完全可以增加“若何”类问题来深化学生对所获取经验的应用，提升知识迁移能力，实现引导学生从低阶认知目标逐渐上升至高阶认知目标。

综上所述，技术课程是一门以应用技术为基础，解决生活中实际问题为导向，提

高学生动手能力，创新能力的学科，具有时代特征。项目式学习能为技术课程提供了很多情景创设条件，从而打造寓教于学的教学风格。为了达成教学目标，适合学习主体，激起学习主体的学习兴趣，营造良好的学习环境，在本节课中学生们采用学习共同体的形式，小组合作学习的方式进行，首先要了解不同学生的学习情况，设计开放性问题情境，从而驱动学生自动探究学习，不同层次的学生互助，可以达到更好的学习效果，使每一个学生在课堂上都能得到“最近发展区”的提升。在本节课中学生通过设计方案展示开始，到黑板展示修改功能结构图止，在这过程中经历了发现问题学会方法在展示的过程，学习小组在活动中通过交流、共享、展示等活动，每个组员团结协作、攻坚克难，在讨论过程中不断修改、权衡、批判，在以学习共同体的形式参与学习的过程中，营造出良好的课堂氛围、增强学生课堂的参与度，最终提高了学生的高阶思维能力。

他山之石，可以攻玉。在课堂观察数据的助力下，教师对课堂教学行为的反思有了更加清楚的依据，从而“碰撞”出更明确的改进方向。相信长此以往，再加上通过对不同阶段的课堂观察数据的比对，定能不断助力完善自己的课堂教学行为，使课堂更加生动多彩，为学生的良好表现搭建起一片炫彩的舞台。

参考文献

[1]王陆，张敏霞. 课堂观察方法与技术[M]. 北京：北京师范大学出版社，2002：80～92.

[2]通用技术课程标准（2020年版）人民教育出版社

[3]张向众，叶澜.“新基础教育”研 究手册[M]福州：福建教育出版社，2015：162.

[4]肖川. 教师的幸福人生与专业 成长[M]. 北京：新华出版社，2008：78.

[5]王迎.借课堂观察数据审视教学对话的有效性——以一堂复习课为例，2017.10.008

“我为北京中轴线申遗助力——北京中轴线文化带主题宣传视频制作”项目学习教学案例

陈瑞 胡天林 齐智霞

项目学习教学设计

《我为北京中轴线申遗助力——北京中轴线文化带主题宣传视频制作》

项目学习教学案例

基本信息

学科	跨学科项目化学习	设计者	陈瑞 胡天林 齐智霞	指导者	教研员：王耘（历史）黄炜（数学）赵文娟（英语） 丰台分院课程中心：刘婧 贺凯强 王志强
实施年级	初二年级	版次	第6版	学校	北京第十八中学
课程标准模块	通过了解北京中轴线，传承传统文化，体会中国古代人民的智慧和创造力，形成文化认同和文化自信				
使用教材（材料）	《我为北京中轴线申遗助力——北京中轴线文化带主题宣传视频制作》学案				
项目名称	我为北京中轴线申遗助力——北京中轴线文化带主题宣传视频制作				
课时安排	4.5课时				

一、项目背景

北京中轴线是构建明清北京城营造体系的基准线，展示了明清时期以及中华人民共和国的城市规划。它的位置和设计不仅体现了中国传统文化中的“中心价值”，也凸显了中国哲学对自然的尊重和对人与自然相互存在的欣赏，是传统中国政治与传统礼制的物质载体。全长7.8公里的北京中轴线北起钟鼓楼，向南经过万宁桥、景山、

故宫、端门、天安门、外金水桥、天安门广场及建筑群、正阳门、中轴线南段道路遗存，南至永定门；太庙和社稷坛、天坛和先农坛东西对称布局于两侧。依据规划，这15处建筑及遗存是中轴线遗产构成要素【参见《北京中轴线保护管理规划（2022年—2035年）》】。北京中轴线申遗工作，取得了一系列成果，日前，国家文物局确定，推荐“北京中轴线”作为我国2024年世界文化遗产申报项目。

作为生活、成长在北京的中学生，有责任与义务参与到助力北京中轴线申遗的行动当中，参与推介北京中轴线活动。申报世界文化遗产要用精准的内容传播中华传统文化，本项目中历史、数学学习是为了更好地了解与宣传北京中轴线，英语学习对于中国走向世界，世界了解中国具有重要作用，走近北京中轴线，借助英语向世界展现中轴线的魅力，最终加深学生对于中华文化的理解和认同，坚定文化自信。

数学、英语学科作为工具性学科，需要面对解决一系列生活情境问题，立足素养导向、学科实践、综合学习、因材施教，以中轴线申遗的事情为现实背景，如何在社交媒体上向世界展示中学生眼中的中国传统文化也是英语学科需要解决的实际问题。

跨学科项目式学习弥补单一学科的知识网络无法解决跨学科项目化学习中的问题，在跨学科项目式学习过程中，既能够关注北京中轴线项目的社会意义、学生学习价值，又帮助参与者培养其家国情怀。通过本课程的学习，学生能够在感知、体验、积累和运用北京中轴线项目的语言实践活动中发展语言能力，进行有意义的沟通与交流。培养学生的文化意识。加深学生对于中华文化的理解和认同，坚定文化自信。

项目所处的教学阶段、与课标、教材的关系

为了进一步发展学生核心素养，促进学生数学、历史、英语学习方式的转变，加强学生运用多学科知识与技能进行综合探究的能力，引导学生围绕北京中轴线文化带的主题旅游宣传视频，将所学的数学、历史、英语学科的知识、技能、方法以及课题研究等结合起来，开展深入探究，解决问题的综合实践活动。

本项目为初中八年级第一学期项目内容，数学学科方面学生有了构建坐标系，认识轴对称图形、解决现实生活中的数学应用问题能力；历史学科方面了解了中国古代通史、中国近代历史知识（1840—1919），有一定的史料研读、辩证分析问题、结合社会实践分析历史问题的能力，形成了一定的唯物史观、史料实证、家国情怀的学生素养；本项目充分利用博物馆、历史遗址、古代建筑、历史文化名城、革命遗址遗迹、纪念馆、展览馆等社会资源，尽量发掘和利用网络资源以及古代、近代乡土历史资源，通过探究与讨论，强化国家认同、民族认同、文化认同。英语学科内容的撰写北京中轴线的游览指南，属于人与社会主题语境下的中外名胜古迹的相关知识和游览体验与人与自然主题语境下，中国主要城市及家乡和世界主要国家的地理位置与自然景观的子主题。学生在七年级下册学习了介绍路线与景点，八年级上第二模块学习介绍了我的家乡，比较不同地方的地理特点，第四模块中描述并比较了不同交通方式，第五模块中了解老舍茶馆的相关传统文化知识等。以上教材内容均能够为本次项目任务提供支撑。通过整合教材内容，学生利用其在真实情境中解决问题，从而实现跨文化沟通与交流，增强学生身份认同与文化自信。

二、项目中承载的核心知识及其知识结构

课标分析

【历史课标（2011）】

明清时期（至鸦片战争前）通过北京城的建筑，体会中国古代人民的智慧和创造力。

【历史课标（2022）】

在新课标理念的引领下，要关注学科大概念，即：中国古代史的大概念是统一多民族国家的形成与发展；中国近代史的大概念为争取民族独立、人民解放的历程。

能够知道中国古代遗留至今的各类史料是了解和认识中国古代历史的证据，能结合语文、地理、艺术等课程的学习，初步理解古代史料的含义（实物史料）。

通过了解中国古代文明的辉煌成就，认识中华优秀传统文化的独特价值和突出优势，提高民族自尊心、自信心和自豪感，增强民族凝聚力，以实现涵养唯物史观、家国情怀的学生核心素养。

以“正阳门”为例的历史价值分析，贯通中国古代、近代、现代历史变迁，尤其课程中以革命寻迹之旅主题的选择贴近初二学生学情，北京中轴线文化带主题的学习有助于学生感悟民族民主革命的艰巨性。面对民族危亡，中国人民在屈辱中不断反省和觉悟，奋起进行反抗斗争。在英语视频中向外国人展现，中国新时代少年能够正视历史发展进程，有充分的中国特色社会主义道路自信、理论自信、制度自信、文化自信。

【数学课标（2022）】

图形的轴对称：①通过具体实例理解轴对称的概念，探索它的基本性质:成轴对称的两个图形中对应点的连线被对称轴垂直平分；②能画出简单平面图形(点、线段、直线、三角形等)关于给定对称轴的对称图形；③理解轴对称图形的概念；④认

识并欣赏自然界和现实生活中的轴对称图形。

理解轴对称这类基本的图形运动，知道轴对称的基本特征，会用图形的运动认识、理解和表达现实世界中相应的现象;理解几何图形的对称性，感悟现实世界中的对称美，知道可以用数学的语言表达对称。在这样的过程中，发展几何直观和空间观念。

统筹规划：在解决实际问题的过程中，会选择合适的方法进行估算。能运用常见的数量关系解决实际问题，能合理解释结果的实际意义，初步形成模型意识，提高解决问题的能力。主题活动设计中，指向综合数学知识、融合其他学科知识的实际情景和真是问题，设计具有操作性的活动。

数据分析：强调从实际问题出发，根据问题背景设计收集数据的方法，经历更加有条理地收集、整理、描述、分析数据的过程，形成和发展数据观念。

【英语课标（2022）】

语言能力：能在教师引导和协助下，围绕北京中轴线的的主题，理解日常生活中的简单语言材料，具备一定的获取和归纳特定信息或关键信息的能力，抓住要点，分析、推断隐含的信息;运用所学语言与他人交流，描述现象与经历，介绍熟悉的事物，表达观点和情感态度等，表达基本准确、连贯、顺畅。

文化意识：能在教师引导和协助下，能通过语言简单、主题相关的语篇材料获取并归纳中外文化信息;能基于已有经验和知识，用所学英语描述熟悉的文化现象和文化差异；具备比较、判断常见的中外文化差异性和相似性的基本能力；能理解与感悟优秀文化的内涵，有正确的价值观、健康的审美情趣和良好的品格。

思维品质：能在教师引导和协助下，自主采用合适的方式、方法，观察和理解所学语篇中语言和文化的各种现象;通过比较，识别关键信息，区分事实性和非事实性信息，分析和推断各种信息之间的关联和逻辑关系;能根据获取的信息，尝试归纳、概括主要观点和规律，发现问题、分析问题并逐步创造性地解决 新的问题;能从不同角度认识和理解世界，对各种观点进行独立思考，判断信息的真实性，作出正确的价值判断，尝试提出合理的疑问。

学习能力：能在教师引导和协助下，认识到英语学习的重要性;进一步激发英语学习的兴趣；能主动利用图书馆和其他资源进行拓展学习，初步具备自主学习、合作学习、探究学习的能力，养成良好的学习习惯。

项目内容与教材关系分析

【历史】历史学科知识以史料的方式呈现，作为实物史料，北京中轴线恰好反映着八年级学生所熟悉的中国史知识，北京城作为元明清的三朝古都，其与七年级下册《明清时期：统一多民族国家的发展与巩固》有着十分密切的关系。自商朝以来的都城营造理念在明清都城，即北京城的营建上有继承与延续。北京见证了近代史上的屈辱史、探索史，见证了新文化运动、五四运动等新民主主义革命，中国历史沿着北京中轴线左右铺陈开来。

【数学】到了初中阶段，图形与几何主要侧重学生对图形概念的理解，以及对基于概念的图形性质、关系、变化规律的理解，要培养学生初步的抽象能力、更加理性的几何直观和空间想象力。

学生在经历图形分析与比较的过程，学会关注事物的共性、分辨事物的差异、形成合适的类，会用准确的语言描述研究对象的概念，提升抽象能力，会用数学的眼光观察现实世界;要通过生活中的或者数学中的现实情境，感悟基本事实的意义。

【英语】本项目的写作任务是完成北京中轴线的游览指南。游览指南的写作框架支撑来源于外研版九年级上册第五模块，该模块以Museums为话题，第二单元阅读课文章The Science Museum in London，首段是对博物馆进行基本的介绍，其中包含对游客的欢迎，博物馆与其他博物馆的不同之处；第2~4段主要介绍了科技馆二至五层可以分别参与的不同主题的展厅，以及通过博物馆可以参与的活动，最后一段主要是博物馆的其他信息，包含适合人群，开放时间，门票价格等方面凸显科技馆的与众不同，以及作者Tony对于这个博物馆的赞美和喜爱的表达。作者写作意图是吸引读者去参观伦敦科技博物馆，与学生完成北京中轴线的游览指南的意图不谋而合。本文是一篇由Tony执笔的介绍英国伦敦科学博物馆文章，总分总结构清晰，文章段落根据科技博物馆不同楼层功能区进行分化，每段主题句清晰明确，有助于学生迅速获取段落主题意义以及细节信息。文章主要以一般现在时开展，多为描述介绍语言，清晰明了，易于学生理解。另外，作者通过一些形容词及形容词最高级的表达，和一些功能性的话语，吸引读者来到博物馆参观，易于学生仿写。

学生的写作内容支撑来源于外研版七年级下册第四模块中，学生主要学习了如何介绍方位，及描写路线；在八年级上册第二模块中，学生学习介绍了我的家乡，比较不同地方的地理特点，第四模块中描述并比较了不同交通方式，第五模块中了解老舍茶馆的相关知识，描述中国传统文化。在第九模块结合家乡实际提出旅游建议。基于教材，学生通过整合所学知识，描述现实中的地理位置，提出相关旅游建议。实现跨

文化沟通与交流，增强身份认同与文化自信。

学生通过历史课与数学课的学习，整体认识北京中轴线，了解北京中轴线文化。通过介绍北京中轴线的基本信息、景点及路线和自己的感受，使用英语向外国人宣传北京中轴线文化。

内容分析

北京中轴线以其独特的中国传统城市设计理想在百年古都中熠熠生辉。在北京中轴线保护管理规划中以保护并传承北京中轴线遗产价值，维护遗产完整性、真实性，带动北京老城整体保护与复兴为规划目标。以“老城保护”替代“旧城改造”，呈现“完整”“真实”的历史文化遗迹和文化底蕴，在北京的城市发展过程中始终遵循全面保护文物建筑、肌理格局和景观风貌理念。北京中轴线的申遗与保护，充分结合推动社会可持续发展的理念，需要实现公众的广泛参与，通过相关的纪录片、展览、线上线下相关活动，以申遗为手段，激发公众关心与关注，引导公众关注中国传统文化，传承中华文明，讲好新时代的中国故事。

学情分析

初二年级学生以七年级一学年至八年级一个学期以来通过历史课、美术课、语文课、数学课所获得的事实性知识（指学生通晓一门学科或解决问题所必须了解的基本要素）为基础，进一步在项目式学习过程中完成概念性知识和程序性知识。学科项目化学习是对核心知识的深度理解，是对教材单元教学的转化和优化。

【历史】在一年多的历史学习中，学生学习了中国古代史和中国近代史，有了一定的中国史知识。历史学科的专题与主题教学发挥了重要作用，帮助学生实现能够把若干孤立的事实按一定的观念和逻辑组合在一起；并且进一步拓展专题的现实意义和社会意义，借此实现历史学科意义和历史教育意义。在课程的具体活动中体现历史学科学习方法，涵养历史学科所培养的学生素养，注重历史学法指导，将高阶问题变成“低阶问题+高阶问题”的问题组合，通过教师的讲述带入历史情境，用低阶问题唤起学生的已有知识，全程更是为学生设置示例，创设具体情境给学生一定的指引，将教学活动变成小组讨论和生生互评。

【数学】经过初一一学年的学习，学生对于几何直观和空间观念有了更深刻的认识，尤其是关于平面直角坐标系的学习让学生更多掌握了数形结合的数学思想，这都是对于本项目绘制平面图，描绘物体实际位置的有力知识保障。对于测绘和论证中轴线偏移事实，能力较强的学生可以自学三角函数、勾股定理等知识，深刻体会数学的奥秘。另外，初二学生的方案解决能力，数据收集能力初具雏形，在综合完成项目过程中进一步应用所学知识，贯穿体会用数学的思维思考现实世界的核心素养。

【英语】学生通过历史课和数学课的学习，已经具有对北京中轴线的基本信息、景点和路线的知识，但是通过课前预习发现，学生将各部分零散的信息整合起来是比较困难的，另外在对于描写的语言表达上也缺少相应的语言支撑，因此在预习阶段，采用了预习学案的形式，整合课内外的资源，解决学生的结构支撑语言支撑。此外，学生基本具备自主学习、合作学习的能力，可以通过教师提供的资料卡、网络搜集北京中轴线的相关英文表述。综上所述，学生基本具备描述北京中轴线的游览指南的写作知识与储备。

三、项目本体解读项目所包含的实际（综合复杂）问题的本体分析、问题解决过程分析

北京中轴线是传统城市规划的体现，是中国理想都城秩序的杰作，以中轴线为中心形成的北京中轴文化带，以中轴线为经，以长安街为为纬。

目前，社会上具有丰富的有关中轴线申遗的活动。

如：北京卫视与微博携手开展的“为北京中轴线打call！”的活动

征集活动：征集各行各业的TOP人物/组织为北京中轴线申遗助力！

【活动规则】活动时间：2022年11月12日—2023年1月7日

参与方式：带双话题#我为北京中轴线申遗助力#最美中轴线#发布博文、图文、视频等应援作品，分享你的中轴线老照片、生活中的对称美、音乐作品等内容，一同为北京中轴线申遗助力。

活动福利：优质的助力内容有机会在节目正片中上屏示噢！

本质问题：利用现代媒体平台，传播北京中轴线文化

驱动问题：十八中学子利用现代媒体平台，制作游览攻略，为中轴线申遗助力，传播中国中轴线文化。

问题解决过程分析：

随着时代的发展，当今社会年轻人多选用社交媒体，以图片、短视频等形式表达自己的喜好、观点等内容，无论是关注的内容还是宣传的途径等选择多样，人文学科为学生提供认识问题的新角度。北京中轴线申遗成为政府、社会、学校、个人关注社会发展的重要话题，这一热点事件已经对我们形成了影响。

为了更好地传承中华传统文化，立足于认同文化和传播文化，从历史学科和数学

学科的角度去剖析中轴线的核心价值，依托于轴对称的美感、中国传统都城营建理念、北京城中现存文化遗存对于中轴线进行一定的了解，改变以往对于中轴线的印象仅停留在体现中国的传统智慧，而是能够进一步在打卡景点的过程中，了解其文化内涵。为进一步宣传中轴线做好铺垫，以便更好地传承中华传统文化。

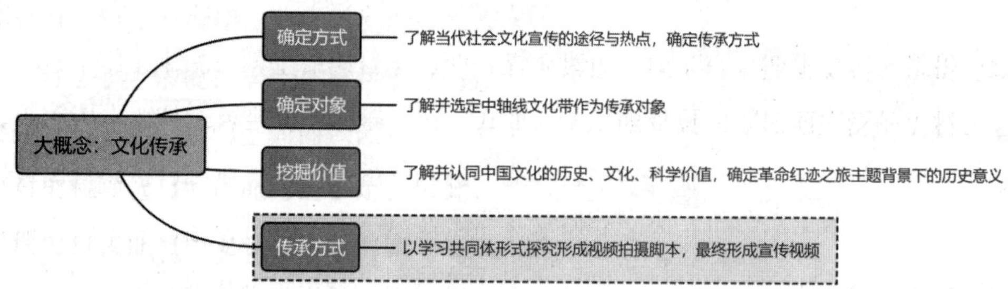

四、项目学习目标(用条目形式呈现)

聚焦核心素养(包含物理观念、科学思维、科学探究、科学态度与责任 等不同层面的目标)

项目学习目标：

- 认识北京中轴线历史、数学价值：通过教师讲述、研读材料获取北京中轴线遗产点的历史价值；通过小组探究了解中轴线及相关建筑所体现的数学之美
- 探究北京中轴线文化宣传方式：以小组为单位，基于中轴线价值，探究北京中轴线宣传主题和骑行路线
- 述说北京中轴线文化：使用英语解说的方式完整描述北京中轴线的游览指南
- 立德树人：理解尊重、发展传承北京中轴线文化的精粹，坚定文化自信

子项目一学习目标【历史】：

课时总目标：撰写中文“北京中轴线”主题游览解说词。

1.能够通过整体感知中轴线所反映的营城理念，理解中国古代都城的规划所反映的价值体系，感受中国传统营城理念。（史料实证、家国情怀）

2.能够通过分析得出中轴线上遗产点的历史价值，能够运用所了解的中国古代史、近代史发展线索和知识，形成中轴线十五处遗产点的价值联系。（时空观念、史料实证、历史解释）

3.能够通过探究中轴线相关建筑的历史史料，结合中国古代史和近代史的历史知识，概括提炼中轴线文化价值，进行主题分类，理解不同历史时期的时代主题。（历史解释、史料实证）

子项目二学习目标【数学】:

通过在北京城地图上描绘中轴线的活动，应用垂直平分线的尺规作图与实际地图对比，发现北京中轴线的“轴”发生了偏移的事实，增强学生学习数学的兴趣，培养学生几何直观与空间观念的核心素养。

通过分析游览线路,考虑景点停留时间和景点间距等因素，寻求最“优”的脚本路线，运用数形结合的数学思想，从路线到方案整理，寻求路线最简洁，方案最优化，培养学生统筹规划的数学思维。

经历数据检索、收集和整理过程，了解用表格收集数据的方法，会呈现数据整理的结果。通过对数据的分析，感受数据蕴含着信息，体会运用数据进行表达与交流的作用。

子项目三学习目标【英语】:

课时总目标：撰写英文版“北京中轴线”参观指南。

预习目标：通过阅读，获取伦敦科技博物馆的描写信息，梳理文章的结构框架，总结能够引读者参观的功能性话语。（学习理解）

通过复习课文，总结描述路线、景点、提建议等方面的句型。（学习理解）

课上学习目标：利用结构框架，梳理撰写“北京中轴线”参观指南的结构框架，包括三部分：整体介绍、路线及景点介绍、其他信息。（应用实践）

基于结构框架，合作探究并调动已有知识储备，整合到结构框架当中，并撰写三个部分的具体内容。（迁移创新）

体会北京中轴线的历史价值，表达对“北京中轴线”的热爱之情和自豪之情。（价值引领）

五、项目作品规划(作品内容、形式、完成的时间安排)

实物、设计方案、项目报告等

作品内容	形式	完成的时间安排
北京中轴线游览路线平面图与脚本规划	电子版路线图；完成拍摄脚本（蓝色）	1课时
北京中轴线主题中文游览解说	完成拍摄脚本（绿色）；小组展示	1课时
北京中轴线主题英文游览指南	完成拍摄脚本（橘色）；小组展示	1课时
北京中轴线主题宣传视频	以视频形式进行展示（录制PPT英文配音；录制视频；视频制作软件；为纪录片配音）	2周时间，课下完成 1课时进行展示

视频制作的脚手架——视频拍摄脚本；对应关系：蓝色：子项目一；绿色：子项目二；橘色：子项目三

镜头	拍摄方法	地点路线	视频时间	游览节点	画面内容	中文解说	英文解说	音乐	备注
1	远景俯拍	网上搜索	25s		无人机从永定门往北，快慢交替，直至钟鼓楼。最后呈现视频主题：北京中轴线	一座见证了明清24位帝王成败荣辱的都城，一幅展现华夏文明的历史画卷，一条串联起中国古代辉煌建筑的中轴线。这里是：北京中轴线.	A capital that witnessed the success and failure of 24 emperors of Ming and Qing Dynasties, a historical picture of Chinese civilization, and a central axis connecting the glorious ancient Chinese architecture. This is: the central axis of Beijing.	Intro-王备-央视纪录片《航拍中国》(2017)	剪辑掉水印，标明片段出处
2	中景，固定机位	永定门	3s	8:40	小组成员集合于永定门启程合照				
3									
4									
12	中景，固定机位	钟鼓楼	3s	13:00	小组成员于骑行终点钟鼓楼合照				

六、项目评价方案

包含对项目成果和项目学习过程的评价，重要的评价量规等

1.课上核心活动评价

导引课：评价标准

学生自评表（评价标准说明：十分符合2；基本符合1；不符合0）

序号	项目	评价内容		自评	师评
1	课前准备	假期认真了解了中轴线的某一方面知识			
2		认真阅读了《中轴线文化带遗存》，提炼了关键词			
3	课堂参与	积极参与小组讨论，发表自己的想法			
4		聆听别人发言，能够认可或质疑他人的观点			
5		在组内发表了建设性意见			
6	学科能力	能够对中轴线上的十五个遗产点进行主题分类			
7		根据已有历史基础能够形成部史事件之间内在联系，能够进行知识整合			
8		对最佳方案的设计考虑周全，例如：时间规划、路线规划、资金规划……			
9		路线规划具有合理性和逻辑性			
10	课堂收获	完成了课堂的全部任务			
11		课堂上自己的参与真实有效			
12		形成了宣传视频拍摄的基本路线			
13		学习了中轴线相关的知识			
	等级		汇总		

（等级说明：A：24~28；B：18~23；C：13~17；D：8~12；E：8 以下）

2.项目作品及展示的评价

评价内容(核心知识的理解与应用、解决问题的思路方法、价值观念的发展)

探究课：

子项目一评价标准：

序号	评价任务（核心活动）		能做到	基本做到	部分做到	未做到
1	内容	主题与所选的游览地点相匹配				
2		完整地介绍了“主题”游览路线及推荐理由				
3		历史信息表达准确				
4		历史意义表述准确				
5		表达了自己对于北京中轴线所蕴含文化的认同与热爱				
6	宣传	文字连贯，表述清晰，语言得体，逻辑合理				
7		激发了听众想要完成这条游览路线的兴趣				

子项目二评价标准：

序号	评价任务（核心活动）		能做到	基本做到	部分做到	未做到
1	内容	提出验证中轴线偏移的具体作图操作				
2		绘制路线时为小组提供建设性意见，积极思考，积极讨论				
3		数学语言用词严谨准确				
4		完整介绍游览路线的设计理念				
5	宣传	文字连贯，表述清晰，语言得体，路线合理				

展示课：评价标准

成果评价表（定量积分）

内容	评价内容	小组自评	组间互评	师评
准备环节	中轴线假期作业			
	小组分工			
实施环节	筛选出符合主题的地标			
	设计出完整、合理、具有逻辑的游览路线			
实施环节	编制出具有历史意义和价值的中文解说词			
	撰写出内容准确、文字连贯的英文解说词			
视频制作	整体观感和谐			
	宣传效果显著			
展示交流	语言得体、表达流畅			
总评				

成果评价表（定性等级）

小组自评（60%）+组间互评（20%）+师评（20%）=评价总分

≥总分*85%评为等级A;总分的70%~84% 评为等级B;总分的60%~69% 评为等级C；总分的60%以下评为等级D

3.课时作业的设计，包含以下要素：

(1)课上活动的总结反思

(2)课上核心知识及解决问题思路方法的巩固与应用

(3)为下一节课的准备活动(例如：设计方案、查找资料等)

导引课：作业（二选一）：

暑期作业《乡土人文，感悟北京中轴线》作业成果：①为未来到北京的参观游客设计一张中轴线观光图，以手抄报或PPT形式呈现；制作5道有关中轴线的题目，附带答案解析。②文字解说稿（不少于500字）、手抄报、PPT、（短）视频的形式之一进行介绍。（这项作业可以以学习共同体小组或者自由组合的方式完成，做好分工署名。）

探究课：

作业：完善拍摄脚本，根据拍摄脚本，在家长的陪同与教师、小组成员的合作下，完成视频拍摄。

七、项目活动整体规划

以流程图的方式呈现，包含任务线索、问题线索、知识线索、活动线索、能力素养发展线索及课时安排

	驱动问题	核心知识	核心素养	计划课时
导引课	如何制作北京中轴线文化带主题骑行宣传视频	任务拆解、小组分工		0.5 课时
探究课	子项目一：如何确定与主题相关的地点	进行历史主题学习，将零散的历史知识形成知识结构	唯物史观、史料实证，家国情怀	1 课时
	子项目二：如何规划视频脚本中的游览路线	根据北京中轴线上各景点的最佳游览时间和各景点间距离、骑行时间等特征，建立数学模型，给出最佳游览线路的方案	推理能力、模型意识、应用意识	1 课时
	子项目三：如何撰写英文游览指南	中外名胜古迹的相关知识和游览体验	介绍熟悉的事物，能够理解和感悟中国传统文化的内涵	1 课时
展示课	如何提升视频的宣传效果	项目反思		1 课时

八、具体课时设计

1.项目导引课

课前准备：根据历史、数学、英语学科的具体情况，组建项目小组。

分组原则：

1.参考学生意愿和教师建议。

2.异质分组：各组综合学习能力；历史、数学、英语学科能力均衡；小组长组织能力强。

实施过程	活动内容、形式及其组织	活动意图（知识、素养）	教师的准备（活动形式的设计、素材的准备、对学生要说的活动要求）
课前活动	暑假学习任务二选一 1. 自主观看央视纪录片《北京中轴线》，补充了解自己感兴趣的建筑背景和历史文化、事件等，为未来到北京的参观游客设计一张中轴线观光图。 2. 自主或以学习共同体的方式选择一个或几个保护对象中提到的建筑进行拍照合影打卡，关注所参观建筑的文字介绍、采访参观游客、拍摄参观视频等。 导引课课前任务： 3. 课前自主阅读《中轴线文化带文化遗存》，了解文化遗存，为每个遗存提炼关键词，尝试自己提出一个或几个较为合适的主题。	1. 初步了解北京中轴线文化带的事实性知识，为进一步了解与宣传北京中轴线文化带做准备。 2. 通过实践，了解文化宣传的关键要素。 3. 熟悉《中轴线文化带遗存》，为导引课小组探究做好准备。	布置作业要求： 1. 以手抄报或 PPT 形式呈现；制作 5 道有关中轴线的题目，附带答案解析。 2. 最后以文字解说稿（不少于 500 字）、手抄报、PPT、（短）视频的形式之一进行介绍。（这项作业以学习共同体小组或者自由组合的方式完成，做好分工署名。）

<table>
<tr>
<td>课上活动：环节一：项目导入设置真实情境</td>
<td>假期的时候我们已经完成了中轴线的相关任务，形成了成果，对北京中轴线有了一定了解。
问题思考：
北京中轴线正在申请世界文化遗产，我们要将北京的中轴线展现给世界，作为中学生，我们能做什么？
呈现课前问卷调查结果，选择骑行视频的方式进行宣传是合适的选择之一。
视频一：北京中轴线的英语骑行视频。</td>
<td>发现新的情境，能够产生新情境中进行知识迁移的需求。
情境：对于北京传统文化的关注；生活中的北京文化；现代化生活中的传统文化；传承传统文化……激发学生对于传统文化宣传的兴趣。
坚定文化自信，弘扬中华优秀传统文化，做中华文明的传播者是新时代中国青少年的责任与使命。</td>
<td>1. 准备视频。
【北京中轴线宣传视频】
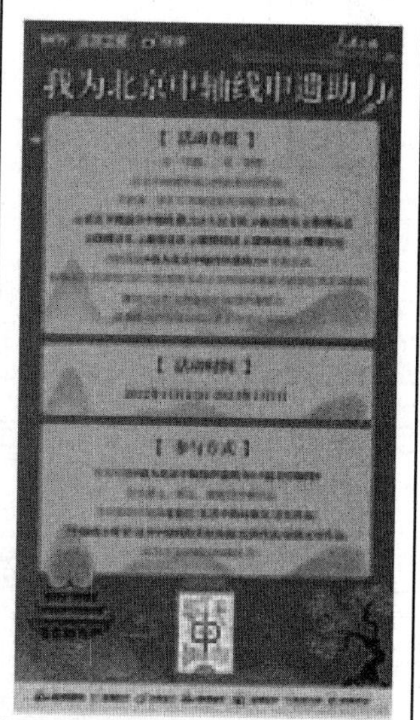
</td>
</tr>
<tr>
<td>环节二：拆解项目任务。</td>
<td>课堂上拆解“北京中轴线文化带主题宣传视频”任务。
根据任务拆解情况，各小组进行任务分工。形成宣传视频制作的流程和任务。按要求制定出项目实施具体方案。</td>
<td>明确本次项目式学习的学习目标和最终产品。
明确解决问题的途径，以学习共同体小组为依托，设计解决问题的可操作性方案。</td>
<td>确定项目需要最终形成的产品是中轴线的宣传视频。
布置任务要求
问题：如何完成北京中轴线主题宣传路线视频的制作。
如何制作视频？我们的困难：时间、规划、路线、手法……，为了更有效地宣传中轴线，视频价值在哪？
问题：如何完成北京中轴线主题旅游宣传视频的制作。
1. 将讨论结果用记号笔写在卡纸上，举手示意教师后粘贴在黑板进行展示
2. 将考虑内容按照方案流程进行初步分类，形成有效的操作流程。
3. 时间 5 分钟。</td>
</tr>
</table>

环节三：明确本次项目任务	教师活动： 提出以竞标的形式，会经过投票选出拍摄脚本设计最好的一组，由教师组队，联合信息技术专业的教师共同拍摄视频。	学生通过查看阅读学案，了解学案对于形成项目产品的指导作用，明确知道项目每一环节应该解决的问题。 预想视频拍摄的组成内容以及可能出现的问题。 提供解决方案，需要形成视频拍摄脚本。	视频拍摄脚本形式的学案。 教师在教学过程中有计划地指导具体的操作环节。

2.项目探究课：子项目一

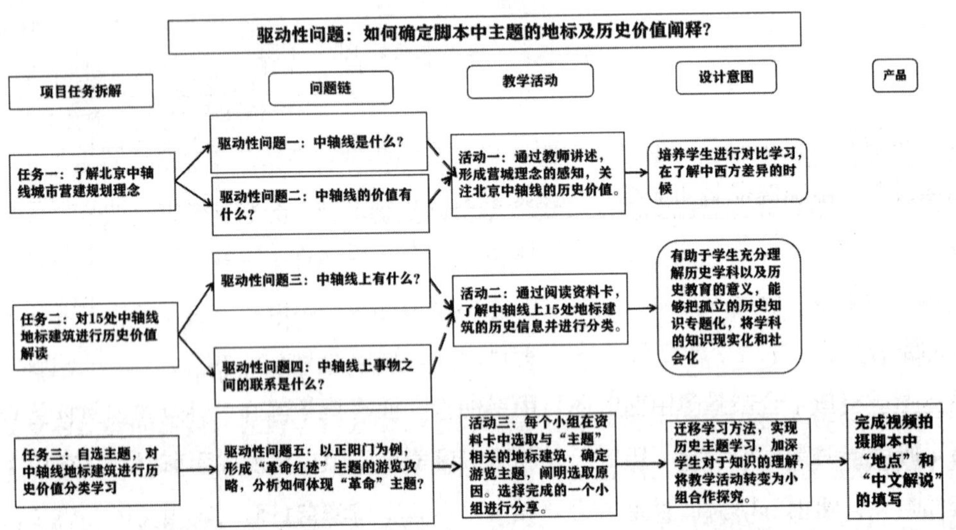

实施过程	活动内容、形式及其组织	活动意图 （知识、素养）	教师的准备 （活动形式的设计、素材的准备、对学生要说的活动要求）
课前准备	每个小组通过课前自主阅读"资料卡"，确定本组所要宣传的主题，在资料卡中选取与"主题"相关的地标建筑，确定游览主题，阐明选取原因。遗存数量不少于4个。分别撰写文字说明，体现遗存点与主题的关联。各组将选择的地标建筑资料卡的关键信息和推荐理由填写到学案上，完成选定主题表格。	教师参与指导各小组的课前任务，指导学生如何使用资料卡，如何确定主题和选取地点。 学生自主完成选取地点的历史价值阐释以及游览路线设计意义的说明。	十五处中轴线上遗产点的资料卡；中轴线文化带地标建筑资料卡。（共计6套）。 准备中国古代史和中国近代史的时间轴。各组需要提前阅读十五处遗产点的资料卡。 指导学生初步提取不同遗产点的历史信息。教师不明确提示，但是在各组有意识分析"遗产点价值"的时候要进行指导。

课上活动环节一：认识中轴线——俯瞰轴线 中轴线是什么？	热身活动：观察古罗马城市、古代中国都城营造平面图，从布局上对比分析差异。 播放录制的“中轴线是什么？”视频，讲解中轴线是“中国理想都城秩序的杰作”。 教师说明与申请世界文化遗产标准 III 的关系。	从布局来看： 古代中国城市整齐对称；古罗马布局比较随意。 由学生发现中西方城市设计理念的差异，感受东西方城市规划理念的不同。 认识到北京中轴线是中华民族都城规划的杰出典范，是北京城市布局的脊梁骨。 对于申遗标准有初步认识。	古罗马城市图片、中国都城营建平面图。材料：“匠人营国，方九里，旁三门；国中九经九纬，经涂九轨；左祖右社，面朝后市”。 ——《周礼·考工记》 录制的“中轴线是什么”讲解视频。
环节二：认识中轴线——纵览轴线 中轴线上有什么？	任务一：据导引课及课前预习内容、借助资料卡，回忆遗产点所蕴含的历史信息，为学案表格 1 中的遗产点归类。完成后，在小组内讨论答案，教师根据讨论结果以随机抽签的形式，展示分类情况。 根据分类情况，适当讲解如何对于端门进行分类，强调要尽可能多角度关注历史信息。 铺垫“礼仪与防御性建筑”的类别，为下文以“正阳门”获取历史信息做准备。	对中轴线遗产点位形成初步了解。 通过小组分享，教师引出如何探究北京中轴线的历史价值与意义。 根据资料卡所提供的信息，依据前期积累和历史课堂所学的中国古代史和近代史的历史知识，将遗产点按照不同主题进行分类。 学生将现实生活中的历史建筑与所学的历史知识、历史意义进行联系，理解北京中轴线申遗遗产点的历史价值。	提前下发学生学案。 教师需要与学生同步在 PPT 课件上呈现出十五处遗产点的分类。为下一教学环节做好准备。

环节三：认识中轴线——揭秘中轴中轴线上"看"什么?	播放视频。 任务二：以正阳门为例，从材料中获取历史信息。 在教师讲述的帮助下，学生研读材料，提取历史信息，引导学生探究正阳门所反映的历史信息：历史变迁，定位正阳门关联的历史事件，理解其蕴含的历史意义。分析历史信息所反映的历史价值。实现以正阳门为例，初识正阳门的文化价值、政治价值、对外关系价值、经济价值等。	视频导入增加趣味性，视频中使用的旧正阳门箭楼和城楼的手绘图能够清晰地讲述正阳门建筑的价值。 依据学生已有知识储备，能够提升学生提取历史信息的能力。强化近代史历史知识的学习。	活动一要求： 1. 阅读材料四至六，完成学案填写。 2. 小组微信群内分享答案。 活动二要求： 1. 阅读材料八至九，完成学案填写。 2. 小组微信群内分享答案。 教师需要准备学案：正阳门相关材料。 以"革命红迹"为主题，以正阳门为例，在中轴线文化带遗存中选取正阳门东车站（中国铁路博物馆）、天安门、人民英雄纪念碑、正阳门箭楼、前门大街、大栅栏为例，进行遗存点与"革命红迹"之间的主题联系。
环节四：认识中轴线——揭秘中轴中轴线上"看"什么?	任务三：小组展示本组课前任务中完成的"中文游览指南卡片"。 其他小组在聆听过程中记录优点及待改进建议。 选择小组进行评价分享。	学生的主题设计能够明确清晰体现设计思路。迁移学习，完善设计构想。学生能够把孤立的历史知识专题化，将学科的知识现实化和社会化。按照解决途径进行实际问题解决。	教师在学生的主题设计中有意识地引导学生形成古代、近代、现代的历史变迁时序。 教师出示示例： 教师出示评价量表：
课下任务（包括作业）	以小组合作的方式继续修改游览指南卡片。 课下反思： ①任务拆解环节、主题设计环节、以及语言表达上的优点与待改进内容。 ②形成总结。	学生在课堂上初步完成中文游览指南卡片的初稿展示，根据学生和教师点评，找到主题说明和路线设计的意义待进一步的完善的地方，	课下历史老师会再予指导，学生也可以寻求语文老师进行润色，直到内容的表述符合"主题说明"能够成为脚本的中文解说。 收集学生反思，进行有针对性的指导。 了解学生的学习情况，改进教学设计。

项目探究课：子项目二

实施过程	活动内容、形式及其组织	活动意图（知识、素养）	教师的准备（活动形式的设计、素材的准备、对学生要说的活动要求）
课前活动	各小组根据导引课筛选出的建筑，描绘在北京旅游路线地图中。	会用数学的眼光观察现实世界。	搜集中轴线附近的北京城旅游地图，真实地图和抽象图形都要准备，并根据上节历史课生成，预设游览线路。
课上活动	导入：观看视频，提出问题 提取视频中的数学元素;（记） 联想北京中轴线所涉及到的数学知识；（想） 针对视频，你能提出什么数学问题？（问） 活动一：分析中轴地图——发现偏移事实。 通过对视频中“不偏不倚”的咬文嚼字，引发学生对中轴线是否与子午线重合提出质疑，并通过尺规作图的方式进行验证与发现，并充分运用线上课堂便利的信息检索工具进行探究，并展示各组发现。 活动二：绘制脚本路线——寻求最优方案。	导入：通过视频中的数学元素，启发学生用数学的眼光观察现实世界，从数学的角度思考北京中轴线。 活动一：绘制路线的前提即绘制出北京中轴线，通过百度地图的软件进行绘制，将北京中轴线简图描绘在地图上。 进而从视频中的问题出发，以“中轴线偏移事实”提高学生探索兴趣，鼓励学生探索查找相关知识，运用尺规作图、信息检索、勾股定理、三角函数等知识进行发现、验证与表达。	导入：剪辑视频，预设学生可能产生的数学问题，并逐步引导联想至项目主线。 活动一：应用不同设备实现在软件上绘制中轴线简图，学习应用希沃白板的尺规作图功能进行绘图。查找“中轴线偏移事实”相关文献，切身实验“立竿见影”、“尺规作图”、“勾股定理”以及“三角函数”的论证方式。

	思考： 1. 绘制脚本路线的标准是什么？ 2. 什么样的路线才是最“优”的？ 3. 我们的依据是什么？ 驱动性任务：绘制脚本路线 要求： 1. 应用百度地图软件，绘制本组脚本路线； 2. 寻求最优方案。 3. 阐述本组的设计理念。	活动二：在绘制线路时要关注路线最优化的标准，通过小组讨论给出路线的“优”的依据。 在进行路线绘制时，结合历史探究课的知识进行设计，结合百度地图的软件进行绘制，最后将体现在脚本表格的内容上。	活动二：预设学生可能提出的路线标准：路线合理性，游览全面性，方案人性化 ……了解每一组对历史建筑的选择和顺序，对路线的绘制提出建议，并提供信息技术辅导。
课下任务（包括作业）	完善脚本规划 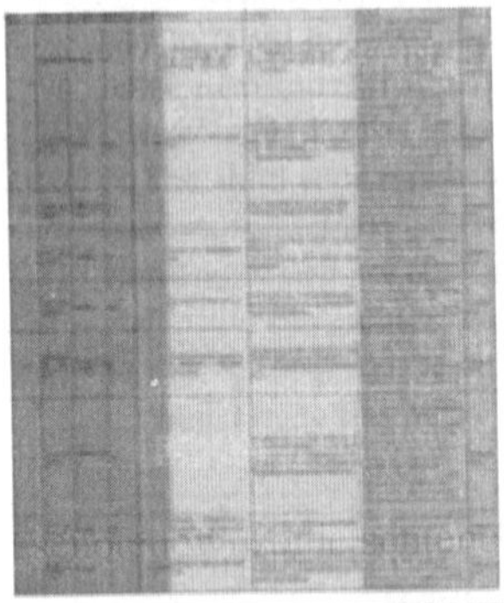	数形结合、数据收集、整理、描述。	通过查阅分析北京城旅游平面图。提前量好各个标志物的坐标以及彼此之间的位置关系，做到心中有数，设计规划多条游览线路，了解各景点的英文名称。

项目探究课：子项目三

实施过程	活动内容、形式及其组织	活动意图（知识、素养）	教师的准备（活动形式的设计、素材的准备、对学生要说的活动要求）
课前活动	1. 依据学案任务要求，回顾“The Science Museum in London”文章结构及作者写作意图，勾划出文章中作者想要读者来参观的语言，分析探讨这些语言对清晰准确生动表达主题意义的作用。 2. 学习课文语言，在教师引导性问题的帮助下，学生阅读并挑出范文中有用的句型和表达，总结如何介绍路线，如何介绍景点，如何介绍交通方式等不同句式。 3. 根据历史课主题与数学课旅游线路，解决生词困难，进行自主写作。	（获取与梳理） 子项目三采用“翻转课堂”形式，课前根据项目总任务，学生发挥主观能动性，利用已有资源，搜集北京中轴线相关英文表述。同时在介绍游览指南时，自主整合有关话题内容，培养迁移应用能力。通过整合课内外资源，完成接下来写作上的结构与语言支撑。	活动形式：学生自学；小组讨论 素材的准备：资料卡、外研版七年级下、八年级上教材，学生预习学案 对学生要说的活动要求：为了完成北京中轴线游览指南的任务，我们需要复习并整合相关知识。因此需要大家首先完成对于基础知识的复习。请同学们完成学案，并结合大家搜集的资料，自主复习相关知识。

导入环节	理解、明确写作任务： 明确本节课任务，撰写“北京中轴线”游览指南。 学生头脑风暴所学知识，哪些可以包含在内。	（感知与注意） 1. 提出真实任务，驱动学生思考：如何撰写“北京中轴线”游览指南 2. 以头脑风暴的形式激活背景知识，激发学生的好奇心和求知欲。	通过前两节课的学习，我们这节课要完成的是英文游览指南部分。 How to write a travel guide to the Central Axis of Beijing? Pleaseshareyourideaw-ithus.
写前环节	梳理结构，列出写作要点： 构建“北京中轴线”参观指南的思维导图，并确定三部分主要内容及具体要描述的方面。 小组交流展示。 通过自评、互评，修改自己的写作框架。	（概括与整合） 通过构建思维导图，明确写作结构。调动学生已有知识储备，整理归纳并运用到接下来的写作环节当中。	活动形式：个人和小组活动 对学生的活动要求： How to write a travel guide to the Central Axis of Beijing? Which aspects（方面）should we introduce？ What detailed information are included in each parts? 追问：What ‘s the biggest difference between these groups?--Feelings.
写中环节	完成初稿写作：学生基于思维导图，借鉴课文当中有效的语言表达，独立写出自己的文章的初稿。 第一部分：整体简介。北京中轴线的基本信息、骑行是游览北京中轴线最合适的方式之一。 第二部分：综合运用所学以及借助资料卡，描写路线、景点以及游览建议。 第三部分：描写资料卡上的其他信息，以及表达自己对于“北京中轴线”的感受。	（内化与运用想象与创造） 培养学生在实际情境中应用相关语言知识，以及整合相关景点的综合能力。 指导学生自主建构和内化新知，发展独立思考和合作解决问题的能力。以英语学习活动观为指导组织教学，学会在零散的信息和新旧日知识之间建立关联，自主建构基于语篇的结构化新知。重视内化环节的作用，利用个人自述、同伴互述和小组分享等活动形式巩固学生的结构化新知。逐渐形成对问题的认识和态度。通过语言、内容和思维融合的学习方式，引领学生在真实情境中，利用结构化新知完成写作。	活动形式：学生个人；小组讨论 素材的准备：资料卡、外研版七年级下、八年级上教材、学案 对学生要说的活动要求： PleasefinishthetourguideofBeijing Central Axisaccording-toyourmindmap. Remember-tousethepreviewworksheetto-helpyou. 追问： What do you think of the Central Axis of Beijing? Which part is the most important?

写后环节	学生进行班内展示，自评和互评,改进初稿的结构、内容和语言。	（批判与评价想象与创造） 引导学生反思和评价自己的游览指南的表达效果，提升写作质量，实现以评促学。	活动形式：小组展示；个人评价 素材的准备：评价表 对学生要说的活动要求： Let'sinvite ...group-tosharetheirworkwithus . Therestofusneedtolistentothemcarefullyandgradethem.
课下任务	学生自评、修改初稿，根据评价修改完成二稿。 继续修改课堂上完成的二稿，形成最终的作品。学习其他小组作品，将作品上传到作文批改网，进行至少3次的修改。 再根据最终文字稿调整脚本前部分相应的内容。	（批判与评价想象与创造） 作文批改网给学生作文自动打分，并且提供作文的整体评语，以及“按句点评”等重要的反馈信息。并在有语法、用词、表达不规范的地方给予反馈提示，给学生修改的建议。	

3.成果展示课

实施过程	活动内容、形式及其组织	活动意图（知识、素养）	教师的准备（活动形式的设计、素材的准备、对学生要说的活动要求）
课前活动	视频录制和制作		课前指导学生完成视频制作。
课上活动	活动一：播放学生制作好的宣传视频。师生评委进行观看。 活动二：小组学生代表介绍视频的精彩亮点，如何起到宣传作用。总结本次制作视频脚本和录制视频的经验分享，本次活动你有什么收获? 活动三：历史、数学、英语三位教师评委和学生对于展示的作品进行评价，负责同学进行表现汇总。 活动四：现场颁奖	公开成果，学习成果反映了对整体问题情境探索的结果，在成果中包含对所有涉及知识的理解分析。 评价：体现出对学生所作出的成果和过程中的各类实践活动（技术性、探究性）、口头和书面、展示成果等评价	准备好评分表格，分发给相关评委。 征集学生需要对于评分表进行完善。 指导学生完成活动感受的撰写，并且在学生总结之后进行总结与鼓励，肯定学生的表现，并且有一定的指导性。 分配任务，学生完成汇总。 奖项设置：最佳参与奖；最佳文本奖；最佳呈现奖；创新奖；小组最佳合作奖；最佳作品奖。
课下任务（包括作业）	进行活动总结。 上传展示视频。		

九、核心活动的实施实录（项目实施后填写，需要跟前面的教学过程一致，核心活动）

子项目一：

课前活动：每个小组通过课前自主阅读“资料卡”，确定本组所要宣传的主题，在资料卡中选取与“主题”相关的地标建筑，确定游览主题，阐明选取原因。遗存数量不少于4个。分别撰写文字，体现遗存点与主题的关联。各组将选择的地标建筑资料卡的关键信息和推荐理由填写到学案上，完成选定主题表格。

活动一：据导引课及课前预习内容、借助资料卡，回忆遗产点所蕴含的历史信息，为学案表格1中的遗产点归类。完成后，在小组内讨论答案，教师根据讨论结果以随机抽签的形式，展示分类情况。

活动二：以正阳门为例，从材料中获取历史信息。

活动三：小组展示本组课前任务中完成的“中文游览指南卡片”。

课后活动：根据点评结果，以小组合作的方式继续修改游览指南卡片。

子项目二：

活动一：分析中轴地图——发现偏移事实。通过对视频中“不偏不倚”的咬文嚼字，引导学生对中轴线是否与子午线重合质疑，通过尺规作图的方式进行验证与发现，并充分运用线上课堂便利的信息检索工具进行探究，并展示各组发现。

活动二：绘制脚本路线——寻求最优方案.

要求：

1.应用百度地图软件，绘制本组脚本路线。

2.寻求最优方案。

3.阐述本组的设计理念。

4.班级内进行小组展示。

5.课后活动：完善脚本规划

子项目三：

课前任务：

①依据学案任务要求，回顾“The Science Museum in London ”文章结构及作者写作意图，划出文章中作者想要读者来参观的语言表，分析探讨这些语言对清晰准确生动表达主题意义的作用。

②学习课文语言，在教师引导性问题的提示下，学生阅读并挑出范文中有用的句

型和表达，总结如何介绍路线，如何介绍景点，如何介绍交通方式等不同句式。

③根据历史课主题与数学课旅游线路，解决生词障碍，进行自主写作。

活动一：梳理结构，列出写作要点：构建“北京中轴线”参观指南的思维导图，并确定三部分主要内容及具体要描述的方面。小组交流展示。

活动二：根据思维导图，介绍北京中轴线，表达出自己对于“北京中轴线”的感受。学生进行班内展示，自评和互评，改进初稿的结构、内容和语言。

课后活动：将所写上传作文批改网进行多次修改，形成完整游览指南。

十、该项目教学中的典型问题与解决对策

学生的典型表现与关键教学问题分析(项目实施后填写，共性问题、需要呈现学生表现的具体描述)

（一）解决问题

本次《我为北京中轴线申遗助力》的跨学科项目从萌生想法到落实，面对各种挑战，跨学科、跨年级、跨校区，为了实现创新的情境与教学环节设计，三个学科在探索过程中不断协调。

本次的跨学科项目式学习需要解决的问题有三个：一是新课标落地的项目式学习的设计；二是跨学科项目式学习的设计；三是线上项目式学习探究课的设计。本次教学设计不断修改，结构经过了从线下到线上的转变，其中子项目之一历史探究课在具体的活动设计上前后进行了多次调整。而课程结构依旧保持先从宏观认识中轴线，再从建筑入手，明确自己在写导览解说词时会面临的问题。帮助学生自发探究出如何完成以历史学科作为能力、知识支撑的解说词。在前期线下历史探究课上给学生提供了丰富的资料卡，在分类这个环节，学生会以小组形式利用学习资料卡完成，难度较低。但是线上这个环节花费的时间较长，因为学生在准备课前活动的时候进行了初步的学习，这个环节设计目的变为了让学生发现自己对十五处遗产点的了解依旧没有进入到历史角度，引出用正阳门获取历史信息的环节。类似于这样设计的转变还有几处。

英语作为工具性学科，为了更好地形成项目产品，更是整合多册教材中模块内容及课外资源，整合多册教材中模块内容及课外资源，学生广泛参与。得益于教师助力搭建的舞台，学生在课堂体现出知识建构和学习发生的过程。学生最大化参与课堂，活动和展示的舞台都是属于学生的。

（二）如何体现“用以致学”的小组探究活动

在线上授课中，由于小组活动、学生自主探究是项目式学习的重要环节，原本课

前和课上都组织了学生活动，但是在进行探究的时候，线上学习的小组活动效率比较低，效果一般，历史课采取的方式是在展示视频中把小组活动时间替换成了最后小组作品的展示，而这正是课下小组探究活动的重要成果。为了更好地实现项目式教学的学生活动，可以将课上活动转到课下，教师能够进入每一个学习小组，参与、指导，对于学生困惑点有一个把握，时间灵活，各个同学可以随时分享想法，分享作品。英语课则以小组腾讯会议的方式逐一呈现了各小组的展示活动，三个探究课都体现了子项目产品的成果展示，学生点评基本达到了教学目标，学生能够有效地使用评价量表进行点评，点评也有一定的参考性，体现了学生的思考。

另外，为了能够帮助学生开展线上活动、探究，为学生提供了多样的支架，在线下课的基础上进行了调整，设计了更为细致、辅助性强的学案，同样进行了微课录制、评价量表的设计、提供了产品的示例模板。

（三）教研员高屋建瓴的点评

市级历史教研员王耘老师针对我们的项目提出中肯的评价，用跨学课项目式学习的标准，帮助我们梳理了项目的优点与不足。“作为整体学习的一部分，植根于历史思维，运用相关学科方法、观念，产生并发展跨学科理解。历史课程与其他科交叉结合，提供开阔的历史学习视野，运用学科交叉的方法寻找知识与能力间恰当的平衡点，进而产生、发展跨学科理解，用不同视角审视一般事物。”从历史课堂上可以看到核心问题驱动：情境引导；课程专题统整：合作探究；情感共建共生：体验建构；但是在“运用学科交叉的方法寻找知识与能力间恰当的平衡点”这一点上存在不足，三个学科融合不是十分充分。

尤其是王老师提出的捕猎式学习具有启发性，我们的课堂在“学以致用”向“用以致学”的转变上仍旧存在欠缺：如何自主生成问题？如何提出解决方案？如何选择工具和捕猎路径？如何进行跨学科知识整合？由于受到线上教学方式的局限，这些问题没有在课堂展示中进行呈现。

英语教研员赵文娟老师建议跨学科项目突出跨学科素养，为了呈现一个完整项目成果，克服线上教学的局限，加入更多的科技手段，例如云游中轴，补充学生的亲身体会。

十一、项目学习资料(项目学习的主要支持材料的清单，可分类呈现，重要资料的完整内容附在清单后)

教师阅读的资料

夏雪梅：《项目化学习设计：学习素养视角下的国际与本土实践》（第2版），

北京：教育科学出版社，2021年3月

朱祖希：《北京中轴线文化游典·营城：巨匠神工》，北京：北京出版社，2021年10月

高申：《北京中轴线文化游典·建筑：鸿图永驻》，北京：北京出版社，2021年10月

谢荫明、董更然：《北京中轴线文化游典·红迹：绵延赓续》，北京：北京出版社，2021年10月

宗春启：《北京中轴线文化游典·庙宇：和风穆雨》，北京：北京出版社，2021年10月

北京中轴线官网：https://bjaxiscloud.com.cn/web/index.html

《北京中轴线保护管理规划（2022年-2035年）》

发给学生的资料

《我为北京中轴线申遗助力——北京中轴线文化带主题宣传视频制作》学案

《中轴线文化带遗存》资料文件

中轴线十五处遗产点资料卡

北京城区地图

十二、教师的反思与成长

该项目教学与原有教学的区别：

在推进此项项目式学习的过程中，首先需要对于这一跨学科项目有一个较为清晰的概念定位，本项目属于“运用一种真实的综合方法，整合来自不同学科的知识和方法”的范畴。该项目基于历史、数学和英语学科的核心概念与能力，涉及地理、语文、信息技术等相关知识，在所跨学科课程中开展。关注的是真实世界中的真实情境，指向真实学习，学生通过合作探索真实世界中的复杂问题的项目。

备课阶段教学改进：

该项目学习的设计过程中教师要做充足的知识准备，北京中轴线申遗是一个正在进行中的现实情境，需要在筹备项目过程中时刻关注最新的动态信息，例如北京中轴线申遗的遗产点位从十四处到十五处的变化等。

子项目一历史课教学反思：

1.充分考虑学生学情，贴合学生知识水平，聚焦学生能力

本次课程在试讲环节分别使用了初二和初三的学生，相同的情境与驱动性任务

下，两个年级学生均表现出浓厚的兴趣，但是学生情况的不同，对于学习活动的需求也不同，例如初三年级学生有世界史基础，所以能够形成一定中西方营城理念的区别，初二学生对于传统文化本身更感兴趣且初二学生正在学习近代史，所以教学设计中所涉及的近代史知识掌握情况更为理想，初三年级学生的近代史知识有所遗忘，较薄弱。所以项目式教学侧重能力的同时也要考虑学生的学情，选取贴合学生学习阶段的知识。

2.细化教学设计，删繁就简

跨学科项目实施过程中，各学科有一定能力要求，但是又局限于课时，没有办法深入的展开，这就需要各个学科独立形成一个项目方案，导引课中一定要注意要为学生设置情境，学生能够产生驱动性任务，这样有利于学生进一步自发地完成探究课任务。导引课上可以给学生思考的角度，作为学科思想方法的引导：中国古代人与自然和谐共处的理念、中华民族大一统的政治理念；文化、政治、经济、教育和生态等多种角度。辅导学生进行前期的事实性知识学习，并且要求学生具备一定的学科能力，教师还要对每一个项目小组跟进指导，成为学生学习的小助手。

3.注重学法指导，在项目式学习中形成有效的能力提升

在本次历史课课前任务中，需要充分发挥学生自学、小组合作的模式，尝试进行主题提炼与概括，形成中文导览词的初稿。但是在小组活动中，既局限于线上的模式，挑战性任务又确实有一定难度，学生无从下手，不会使用辅助的学习材料和示例模板。整个过程反映了学生确实缺少一定的历史学科的方法指导，促使我也重新思考开展项目式学习的初衷。由此，课堂上依旧坚持保留以正阳门为例进行的主题分析，起到学法指导作用，学生经过初稿写作、小组展示与组间互评后，需要学生进一步修改完善自己的中文导览词，形成历史解释，借此形成方法迁移。不过以上设想在线上教学过程中，依旧存在很大难度。

专家指导意见：项目学习目标要体现跨学科的融合；上位指导目标要简洁，最多三个。第一个带有贯通感，“认识”带有“跨”，写成综述；第二个目标为学生目标，以学生为主体，做什么？跨学科体现对数学内容或方法的沿袭；最后一个目标为生成收获或感悟，表达成果解说词。

学习目标的逻辑性问题：构建大线索与视野➢核心点位的价值理解（营城&点位文化）➢概括提炼中轴线文化价值

子项目三英语课教学反思

英语课是基于历史课、数学课的产出，继续深入带领学生认识北京中轴线的一节探究课。除了上述提到有关跨学科的方式方法以外，以下两点是我的个人收获反思与改进之处。

1.信任学生 敢于放手 翻转课堂达目的

英语学科承担本项目学习中的最后一项探究性任务—北京中轴线英文游览指南的写作。那么教师对学生七年级下册八年级上册，八九年级上册教材之间的一个内容整合，为学生对北京中轴线游览指南写作和结构的支撑，最终帮助学生形成写作产品。在设计教学环节的过程当中，这个复习的环节是否要放到课堂上来进行，经过两次试讲以后发现，复习占用了课堂上大量的时间，导致学生没有充足的时间完成思维导图以及写作产品，因此在最后一次试讲之前把学生们会用到相关的课文整合到了课前，作为预习学案部分内容课下展开。于是就形成了一个明确的翻转课堂的形式：学生在课下将语言基础以及结构基础打扎实，作为输入，那么在课堂上，学生就可以通过交流与思维碰撞，将思维导图产出。于是课上的大量时间都是交由学生讨论，学生自主完成思维导图及写作任务。所以我反思自己在设计教学活动的过程当中，要给予学生充分的信任，前面相信学生可以在课下做好语言积累，相信学生在课上可以完成基础性与挑战性的两项任务，将课堂的时间交还给学生自主去完成任务。

2.明确重点 突出重点 情感输出是关键

在对于整个导图当中的重点内容的划分。这个是需要联系到跨学科的整体活动的角度来看的，落到子项目三的任务上，实际上最主要的就是深化落脚点，引导学生表达出来他们对于北京中轴线的感受和观点，落到“热爱与自豪”。所以要将这一点在课堂上特别的突出强调，会有小组能够把这个feelings加入到自己的思维导图当中，但是有的小组不能够将这个feelings明确作为自己写作的一部分，因此可以通过对比的形式把这个feeling，对于北京中轴线的热爱自豪之情，重点突出强调达成项目是学习的最终目的。

附录：历史学科学案；英语学科预习学案；英语学科上课学案

我为北京中轴线申遗助力

课前任务一：

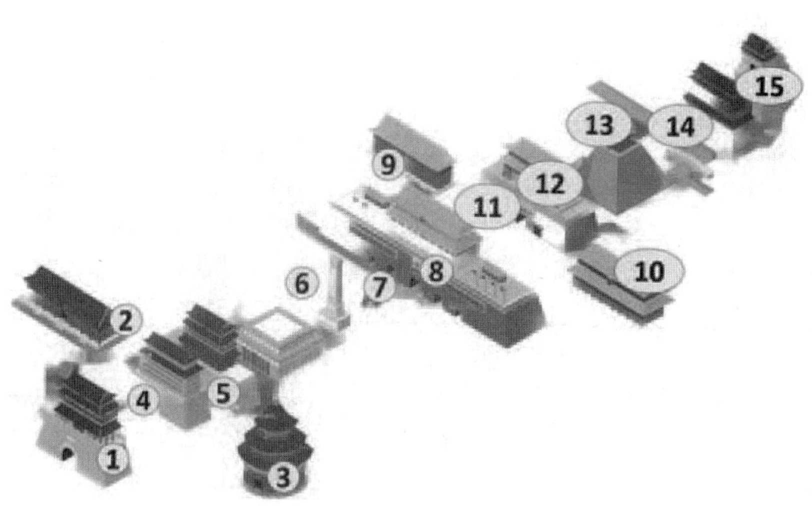

表格 1　图中对应“遗产点”名称的序号

1. 永定门	2. 先农坛	3. 天坛	4. 中轴线南段道路遗存	5. 正阳门
6. 天安门广场和建筑群	7. 外金水桥	8. 天安门	9. 社稷坛	10. 太庙
11. 端门	12. 故宫	13. 景山	14. 万宁桥	15．钟鼓楼

自评表：

1. 我知道了中轴线上的 15 处遗产点是什么	
2. 我知道了 15 处遗产点的位置分布	

课前任务二：仿照示例，每个小组自主确定游览主题，在资料卡中选取与“主题”相关的地标建筑，阐明选取原因。

自评表：

1. 我知道了中轴线文化带上地标的突出价值	
2. 我能够表述中轴线地标的价值	
3. 我能够以主题游览指南的方式介绍中轴线文化带的部分地标	
4. 我认同中轴线的历史价值	

示例:

小组主题：感悟近代革命抗争之旅

选取的文化遗存：正阳门东车站（中国铁路博物馆）、天安门、人民英雄纪念碑、正阳门箭楼、前门大街、大栅栏

主题说明（历史价值阐释）：在北京中轴线上，京奉铁路正阳门东站（中国铁路博物馆）自清光绪三十二年建成至今已有百余年历史，经历了清王朝、辛亥革命、新中国的历史变迁；“受命于天，安邦治国”，天安门见证了皇权至上、五四运动、中华人民共和国的成立，从古至今俯瞰风云变幻；让我们在天安门广场仰视人民英雄纪念碑，献上崇高的敬意，祭奠为争取民族独立、人民解放斗争中牺牲的先烈，一起看一次天安门广场的升旗仪式，感受自五四运动以来，从3000人的抗议到30万人的欢庆，再一同唱一首《我爱北京天安门》。走过正阳门，箭楼感受过八国联军的骄横，日本兵皮靴的嚣尘，中国人民解放军王者之师的全副武装，中国人民站起来了。与朋友约好一同在前门大街集合，逛逛大栅栏、尝尝北京老酸奶和糖葫芦，珍惜这来之不易的烟火气息。

路线设计的意义：铭记民族耻辱，重温志士仁人追求自由、进步奋斗的足迹，感怀先烈，奋发图强、珍爱和平。

中文游览指南卡片	
小组主题	
选取的文化遗存（标序号即可）至少4个	
主题说明（历史价值阐释）	
路线设计的意义	

课堂学案:

任务一：根据导引课及课前预习内容、借助资料卡，回忆遗产点所蕴含的历史信息，为表格1中的遗产点归类。（填写序号）

1. 永定门	2. 先农坛	3. 天坛	4. 中轴线南段道路遗存	5. 正阳门
6. 天安门广场和建筑群	7. 外金水桥	8. 天安门	9. 社稷坛	10. 太庙
11. 端门	12. 故宫	13. 景山	14. 万宁桥	15．钟鼓楼

古代皇家宫苑建筑:

古代礼仪祭祀建筑:

现代公共建筑和公共空间（政治纪念地）:

历史道路遗存（交通要道）:

古代城市管理设施（礼仪与防御性建筑）:

自评表:

1. 我了解了中轴线遗产点的突出价值	

任务二：以"正阳门"为例，从下列材料中获取历史信息。

材料一：正阳门箭楼建成于明正统四年（1439年）。由正阳门箭楼、城楼和瓮城组成。

材料二：正阳门箭楼与瓮城的修建主要作用是保卫内城，守城的士兵可以通过箭楼上的射孔向下放箭，瓮城则可以作为出兵或撤退开启城门时的防御缓冲地带。

从上述材料中获取的历史信息是：

建筑名称：正阳门箭楼、瓮城、城楼
建筑建造时间：明朝（1439 年）
建筑功能（作用）：保卫内城
建筑体现的文化内涵：……
建筑所见证的历史时期：……
建筑所见证的历史事件及事件的意义（历史影响）：……
建筑所见证的事件反映了什么时代特征：……

材料三：清代皇帝祭祀天坛或先农坛回宫时经过正阳门，正阳门箭楼上的正门只有皇帝出入时才开启，日常官员百姓出入正阳门则只能通过瓮城东西两侧的闸门。

从上述材料中获取的历史信息是：

建筑名称：正阳门箭楼正门
建筑所见证的历史时期：清朝（封建社会）
建筑体现的文化内涵：封建君主专制中央集权制，封建统治下的统治秩序，体现皇权至上。

活动要求：

1.阅读材料四，完成学案填写。

材料四：明代，大运河的码头迁移至正阳门附近，人口激增，成为了北京重要的商业中心。清代，京城内城多由满人居住，汉民迁至外城，这也在一定程度上促进了外城商业的发展。

康熙、乾隆年间，正阳门外已是店铺林立，各式店铺招牌可见当时商业的繁华景象。正阳门附近著名的商业街主要有正阳门大街（今前门大街）、鲜鱼口、大栅栏等等，这些街道上聚集了众多店铺，其中有全聚德烤鸭店、同仁堂药铺、瑞蚨祥绸布店等等。

从上述材料中获取的历史信息是：

建筑名称：正阳门外商业街
建筑所见证的历史时期：明代；清代前期（康乾盛世）；清代中后期
建筑所见证的社会发展（哪一领域）：________________

2.①阅读材料五至八，完成学案填写。②小组微信群内分享答案。

材料五：但，正阳门的建筑群自建成后屡经劫难。正阳门建筑受损最为严重的一次是在光绪二十六年（1900年），这一年义和团为了扶清灭洋，抵制洋货，火烧正阳门大栅栏的西药房，大火殃及了正阳门外大街和箭楼。两个多月后，八国联军攻入北京，又炮轰了正阳门的箭楼和城楼，驻扎在瓮城内的英军所雇印度军还不慎失火，烧毁了城楼。

从上述材料中获取的历史信息是：

建筑名称：正阳门建筑群
建筑所见证的历史时期：晚晴，步入近代（由具体年份定位历史时期）
建筑所见证的历史事件：________________
建筑所见证的事件的意义（历史影响）：
____ ________________

材料六：建筑残损后，为了迎接逃往西安的慈禧太后和光绪帝回銮，工部只得暂时“正阳门大楼箭楼拆平余址上施彩架，以壮观瞻”。后续的修复工程由于经费不足，只能从各省筹措银两，最终耗时3年才将正阳门楼修缮完毕，用银超过了40万两。

从上述材料中获取的历史信息是：

建筑名称：正阳门箭楼
建筑体现（象征）的文化内涵：________________
建筑所见证的历史时期：________________________________
建筑所见证的事件反映了什么时代特征：

材料七：正阳门西车站：八国联军占领北京后，天坛成了外国军队的兵营。为了便于运输军用物资，法国侵略军在永定门的城墙上开洞，擅自将卢汉铁路从卢沟桥延展至北京正阳门（前门），建立正阳门西车站。

正阳门东车站：英国侵略军也擅自将津卢铁路终点从马家堡车站延展至北京永定

门内，至1901年，签订了《辛丑条约》。同年11月，英国侵略军为了军事运输需要和加强对北京城的控制，又将车站移至正阳门，建立正阳门东车站（前门东站）。

之后，为了改善正阳门附近交通状况，瓮城被拆除，原瓮城外侧修建了马路。（此句不分析）

从上述材料中获取的历史信息是：

建筑名称：正阳门西车站、正阳门东车站、瓮城
建筑所见证的历史时期：__________（由具体年份定位历史时期）
建筑所见证的历史事件：__________；__________
建筑所见证事件的意义（历史影响）：__________
建筑所见证的事件反映了什么时代特征：__________

材料八：1949.1.31，北平宣告和平解放。2月3日，中国人民解放军举行隆重的入城式。林彪、聂荣臻等登上正阳门箭楼，检阅入城部队，受到北平市民热烈欢迎。

从上述材料中获取的历史信息是：

建筑名称：正阳门箭楼
建筑所见证的历史时期：__________（由具体年份定位历史时期）
建筑所见证的历史事件：北平和平解放（平津战役的胜利）
建筑所见证事件的意义（历史影响）：__________
____

任务三：

自评表：

1. 我知道了中轴线文化带上地标的突出价值	
2. 我能够表述中轴线地标的价值	
3. 我能够以主题游览指南的方式介绍中轴线文化带的部分地标	
4. 我认同中轴线的历史价值	

小组互评和建议表

序号	评价任务（核心活动）		能做到	基本做到	部分做到	未做到
1	内容	主题与所选的游览地点相匹配				
2		完整地介绍了“主题”游览路线及推荐理由				
3		历史信息（建筑名称；建造时间；功能、作用；文化内涵；所见证的历史时期、历史事件或影响）表达准确				
4		历史意义表述准确				
5		表达了自己对于北京中轴线所蕴含文化的认同与热爱				
6	宣传	文字连贯，表述清晰，语言得体，逻辑合理				
7		激发了听众想要完成这条游览路线的兴趣				

子项目三：撰写“北京中轴线”英文游览指南

通过前面两节课的学习，我们完成了脚本中的相应任务。下面让我们一起来完成“北京中轴线”英文游览指南吧！

Section A 预习任务单（课前完成）

Task1:请你复习M5U2课文，并绘制文章结构的思维地图。

Pleasereviewand draw a mind map of the structure of the article.

The Science Museum in London

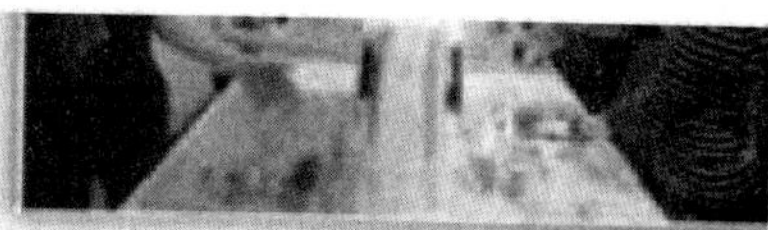

By Tony Smith

Welcome to the most friendly museum in London. In most museums, there is no shouting and no running, and you must not touch anything. But the Science Museum is different... It is noisy! People talk about what they can see and do here, and there are some very noisy machines as well. If you want answers to all your questions about science, this is the right place for you.

I like to visit the rooms on the second and third floors. You can learn about communications and the environment as well as maths, physics and chemistry. For example, you can find out how people dig coal from the ground and use it to create energy. And in one room they even explain how X-rays let you see inside your body.

The Launchpad on the third floor is the most popular room, and it is my favourite too because there are lots of physics experiments. For example, if you want to fill a bag with sand, you have to control a kind of truck on wheels and move it into the correct place. You can also find out how people travel into space and back again.

On the fourth and fifth floors, you can learn about what medicine was like in the past. If you compare the medicine of the past with the medicine of today, you will feel very lucky next time you visit a doctor!

The Science Museum is interesting for people of all ages. You can always find something new and have a wonderful time there. The museum is free to enter, so you can go in for a few minutes or stay all day. It is open daily from 10 am to 6 pm. So if you ever go to London, make sure you visit the Science Museum. It is my favourite museum in the whole world!

The Science Museum

In London

Howdoesthewriterattractustovisitthe Science Museumin London?

Pleasenotedownsomekeywordsorexpressions.

____

____

____

Task 2: 请你复习M4U2课文，如何介绍出行方式?

Review Grade8 Module 5 and think: how to introduce the way to travel?

Question: What is the best way to travel from London to Amsterdam?

I am planning to travel from London to Amsterdam. How long does the journey take and what is the best way to travel? Could you please tell me about the trains or ships to get there? The more information, the better. Thanks!

Best answer: There are four ways to travel.

A journey by train is more relaxing than by coach, but a lot more expensive. When you go by train, buy your ticket a long time before you travel. It is usually cheaper.

You can go by car and by ship across the North Sea. This is the most comfortable way to travel but also the most expensive. Book your ticket before you book your hotel. Remember that parking in Amsterdam is very expensive, so stay outside the city centre and travel in by bus or by train.

The third choice is by coach. This is usually the cheapest, but in summer, the coaches sometimes get crowded! And it takes you about twelve hours to get there. However, it will not cost as much as going by train.

Finally, you can fly. It is the fastest and the second cheapest, but you may have to wait for hours at the airport because of bad weather.

Well, I hope this helps! Have a great trip!

Pleasenotedownsome sentence patterns orexpressions.

____

____

____

Task 3: 请你复习七年级下M6，如何介绍路线?

Review Grade7 Module 6 and think: how to introduce the route?

Man: I need to go to the post office. Can you tell me how to get there?

Woman: Yes, of course. Turn left and walk up Green Street. Go past the bank. It's the big building on the left. Turn right after the bank, at the cinema. The post office is opposite the cinema and the supermarket.

Man: Thanks. I also want to buy some books.

Woman: Well, there's a good bookshop near the market. From here cross Green Street and turn right. Go past the market on your left. Then turn left and go down the street to the bus stop. The bookshop is next to the bus stop.

Man: Thank you!

N
Cinema
Green Street
Bus stop

Pleasenotedownsome sentence patterns orexpressions.

____

____

____

Task 4: 请你复习M2U2课文，如何介绍家乡的景点？

Review Grade7 Module 6 and think: how to introduce the spots in our hometown?

Cambridge, London and England

By Tony Smith

I come from Cambridge, a beautiful city in the east of England. It is on the River Cam and has a population of about 120,000. My home town is especially famous for its university. Many famous people studied here, such as Isaac Newton and Charles Darwin. There are lots of old buildings and churches to visit. Students and tourists enjoy trips along the river by boat.

Cambridge is 80 kilometres from London. London is in the south of England and it is on the River Thames. It has a population of about seven and a half million, so it is bigger and busier than Cambridge. It is about 2,000 years old, and it is famous for Big Ben, Buckingham Palace and Tower Bridge.

England itself is part of an island, and you are always near the sea. The small villages and beaches on the coast are popular for holidays. Tourists like the areas of low mountains and beautiful lakes in the north, and the hills and pretty villages in the south. Everywhere in England, you will notice how green the countryside is.

It is never very hot in summer or very cold in winter. So come and see England any time of the year, but bring an umbrella with you. You will need it most days.

Pleasenotedownsome sentence patterns orexpressions.

____

____

____

Task 4: 请你复习M5U2课文，作者是怎么介绍景点“老舍茶馆”的？

Review Grade7 Module 6 and think: how does the writer introduce LaoShe Teahouse?

1 ____________

Teahouse is one of Lao She's most famous plays. He wrote it in 1957. The play has three acts and shows the lives of common people in China from the end of the nineteenth century to the middle of the twentieth century. It tells us the story of Wang Lifa and the customers of his teahouse in Beijing. It describes the changes in Chinese society over fifty years.

2 ____________

Lao She was born in Beijing in 1899. His mother sent him to a teacher's school in 1913. After finishing school in 1918, he became a head teacher of a primary school. In 1924, Lao She left home and went to England. He taught Chinese at a college in London and returned to China five years later. He wrote many plays, novels and short stories about people's lives, and was named "the People's Artist". Lao She is one of the greatest Chinese writers of the twentieth century.

3 ____________

At Lao She Teahouse today, customers can drink tea and eat delicious Beijing food. If you like the Beijing Opera, traditional music or magic shows, you can enjoy them at the teahouse. Lao She Teahouse gives a warm welcome to everyone from all over the world.

Pleasenotedownsome sentence patterns orexpressions.

____

____

____

Beijing's treasures line up

词数 300 建议阅读时 6min

中轴线：北京壮美秩序之源

What comes to your mind when you think of Beijing? The Forbidden City? Tian'anmen Square? The Temple of Heaven?

These famous landmarks(地标) are all located along the central axis(中轴线).

As the best-preserved(保存最完好的) core area of the old city of Beijing, the central axis is now under consideration for UNESCO's World Heritage status.

The central axis refers to(指) the "line" that separates the eastern and western parts of Beijing. At 7.8 kilometers long, it runs from Yongding Gate in the south to the Bell Tower and Drum Tower in the north. Its building started in the Yuan Dynasty(1271-1368), and continued during the Ming and Qing Dynasties.

The central axis is like the backbone(脊梁) of Beijing. It smartly organized the palaces, temples and altars(祭坛), markets and streets in ancient times, UNESCO noted.

The central axis shows the traditional Chinese concept of "respecting the center". This stressed the importance of imperial power(皇权), as the royal palace(皇家宫殿) would be in the central spot. Other important buildings were placed around it. For example, the Imperial Ancestral Temple was to the east of the Forbidden City, while the Altar of Land and Grain lay to the west.

The central axis also shows traditional Chinese ideas like harmony between man and nature(天人合一) and following order. It runs from the south to the north, the same as the direction of ameridian(子午线). The ritual(礼) culture that started from the Zhou Dynasty(11th century-256 BC) stressed balance, symmetry(对称) and order. There are lots of symmetric buildings along the axis. The Forbidden City is the most well-known.

"The unique,sublime(壮丽的) and magnificent spatial order of Beijing was generated(产生) by this central axis," said Liang Sicheng, a famous architect.

第 691 期

"乾坤方圆"

——中国钱币展导览册制作项目学习教学案例

文东明 李丹阳 郭嘉欣

《"乾坤方圆"——中国钱币展导览册制作》项目学习教学案例

基本信息

学科	历史	设计者	文东明 李丹阳 郭嘉欣	指导者	郭秀平 杨书田
实施年级	高一、高二	版次	人民教育出版社	学校	北京市第十八中学
课程标准模块	中国古代史、中国近代史				
使用教材	《中外历史纲要上》《选择性必修一》《选择性必修二》				
项目名称	"乾坤方圆"—— 中国钱币展导览册制作				
课时安排	4 课时				

一、项目背景

1.指导思想：2022年4月25日，习近平在中国人民大学考察时的讲话中说到"加快构建中国特色哲学社会科学，归根结底是建构中国自主的知识体系。要以中国为观照、以时代为观照，立足中国实际，解决中国问题，不断推动中华优秀传统文化创造性转化、创新性发展，不断推进知识创新、理论创新、方法创新，使中国特色哲学社会科学真正屹立于世界学术之林"。因此，教学应以培养有理想、有本领、有担当的新时代人才为依据。

2.学术意义：中国钱币有着悠久的历史和独特的传统,品种之繁,数量之巨,殊为惊人，并形成古钱、纸币、铜元、金银币等门类。钱币在封建社会中发展进程缓慢，近代中国经历了一系列的币制改革，但始终没有摆脱半殖民地半封建社会钱币紊乱的状态，而步入现代，人民币的诞生则成为一个新的里程碑。钱币学涉及古文字学、历史地理学、冶金学、货币文化、货币理论、科技、政治经济法律背景等材质、发行背景、种类、钱币形制、流通情况、钱币文字及书法、如何称量、质量变化、铸币工艺、铸币权；反映的商业经营、赋税制度等政治制度、民族关系与国家关系等，着眼点虽小，但涵盖历史学科知识丰富，研究所需的学科能力层级广泛。

3.教学意义：目前各地已经有许多将中学历史课程与博物馆资源相结合的尝试，因此该主题具有一定的实践基础。但是这些尝试大多是教师作为主体展示，学生的自主研究、展示讲解相对较少。因此，应开展项目式学习，让学生在实践中学习历史，在问题中运用历史知识。

二、项目中承载的核心知识及其知识结构

学情分析

项目所承载的核心知识及其内容框架，以思维导图方式呈现

学情分析：本课项目式学习的实践主体是高一年级和高二年级的学生。

高一学生已具备基础史实，对历史脉络有初步认识，但对于历史学中一些概念的比较陌生，并且缺乏进行深入研究的方法；

高二学生在之前的学习中，已经掌握了历史学习的基本方法，但视野还不够开阔，古今贯通的把握能力有待提高。

同时，高一、高二的学生虽有一定的思维能力，但对事件的认识还不够全面，广度和深度还有欠缺，需要老师引导学生深层思考和理性探究，注意在活动中培养学生的价值观。

核心知识：

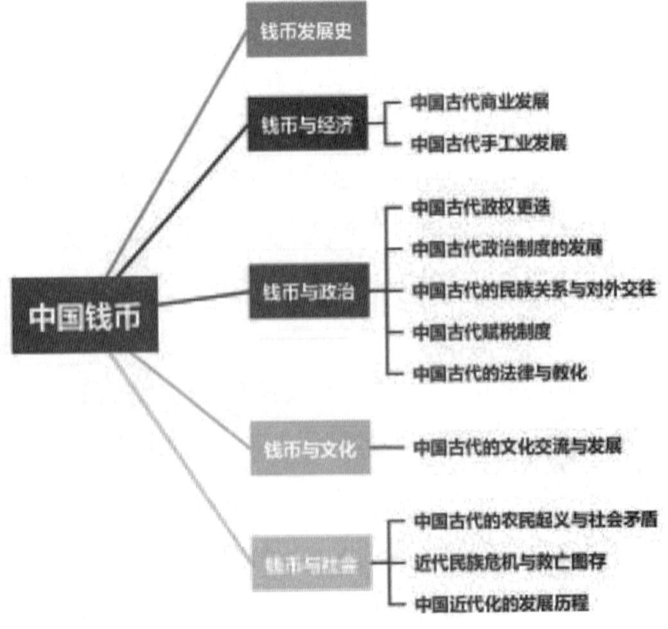

三、项目本体解读

问题解决过程分析：

1.依据学情，设计项目式学习主题

学习活动的对象是高一年级和高二选择历史学科的学生，经过初中及高一的学习具备一定的历史知识和学习历史的能力，因此，设计研究性学习项目引导学生挖掘、了解博物馆展览呈现的历史。设计了可选择性的研究学习主题，并说明其调查研究的方法和路径。

2.利用假期，完成调研，形成研究性学习成果

学生根据自己的选题，收集、浏览相关资料，实地参观，整理相关研究资料，梳理研究主题的发展历程，结合时代背景，分析形成原因，探究其作用和影响。最后，总结撰写研究性学习报告。

假期中教师对学生在完成假期作业过程中可能遇到的困难及时了解、跟进并作出指导。

3.分类指导，完善并展示研究性学习成果

教师将上交的学成成果，根据学生的选题内容分类，依次进行分类讲解和指导，同一选题的学生之间，进行分享和交流，在此基础上学生对自己的研究性学习成果进行修改和完善。

四、项目学习目标(用条目形式呈现)

1.发布探究任务，为学生提供自主搜集史料的机会，提升史料搜集能力。

2.通过对已收集的史料进行分类、辨析，提高学生对史料的判断能力。（史料实证）

3.梳理某一阶段钱币的演变过程，绘制钱币发展脉络示意图。（时空观念）

4.结合时代背景，通过具体的钱币故事，解读钱币与社会发展演变的内在关系，理清钱币与时代政治、经济、文化、社会之间的联系。（唯物史观、历史解释）

5.通过参观展览、聆听讲解，感悟钱币发展演变过程中体现的东方文化特征。（家国情怀）

五、项目作品规划(作品内容、形式、完成的时间安排)

实物、设计方案、项目报告等

作品内容:

1.钱币介绍PPT

2.研究性主题手抄报

3.校园钱币展

4.“乾坤方圆”——中国钱币展导览册

六、项目评价方案

包含对项目成果和项目学习过程的评价，重要的评价量规等

1.课上核心活动评价

序号	评价内容	评价任务（核心活动）	评价标准（学生活动表现水平）	评价与反馈方式
1	对核心知识中核心历史概念的初步理解与整体认识。	制作货币介绍 PPT	1. 能够以时间轴的形式梳理中国货币制度演变的时空逻辑 2. 能够从史料中概括各个时间段货币制度的基本特征，通过对比，总结中国货币制度的变化趋势。 3. 能够认识不同的史料类型并说明其研究价值及研究方法。 4. 能够从所选货币的历史地位出发，阐释货币研究的价值。 5. 能够从货币产生的历史背景、货币的特点、货币制度的影响等角度阐述基本研究框架。	教师评价 自我评价 小组互评
2	探究货币制度与社会政治经济文化背景的联系。	完成研究性手抄报	1. 能够使用不同的史料类型，结合社会政治经济背景展示货币研究成果。 2. 能够通过历史概念分类，建构货币制度与政治经济文化发展的联系。 3. 能够辨析不同的史料类型，提炼研究主题，能够从货币制度与中国社会发展之间的联系角度阐明选题意义。 4. 讨论确定展览主题、展览的顺序、展品、展览形式、讲解方式、小组分工。	教师评价 自我评价 小组互评
3	项目成果展示与反思	以 PPT 的形式展示小组研究报告	能够阐述选题的基本内涵与研究目的 能够提出明确的主要观点 能够运用文物及其他史料证明自己的观点 能够在探究过程中总结小组收获，发现小组问题	教师评价 自我评价 小组互评

2.项目作品及展示的评价

评价内容(核心知识的理解与应用、解决问题的思路方法、价值观念的发展)

项目作品:

1.制作表现类成果：校园钱币展、“乾坤方圆”——中国钱币展导览册

2.解释说明类成果：PPT展示、研究性手抄报

评价维度	评价标准	学生自评	组内评价	小组互评	教师评价
核心知识	能够以时间轴的形式梳理中国货币制度演变的时空逻辑				
	能够从史料中对比总结中国货币制度的变化趋势				
	能够认识不同的史料类型并说明其研究价值及研究方法				
	能够认识货币制度与政治经济文化发展的关系				
问题解决	能够通过走访博物馆、网络搜索、查阅书籍、论文等形式自主搜集史料，以丰富多样的史料为依据展开研究。				
	能够甄别、选择不同类型的史料，辨析其可信度并多角度认识史料的研究价值。				
	能够从史料中提取有效信息，通过对比等方式评析货币制度的发展演变，提出新颖的观点，并运用史料证明自己的观点。				
合作探究	能够合理分工基础上完成货币展示与各项任务				
	能够倾听他人想法，在充分沟通的基础上拓展研究的视野，启迪他人多角度对史料展开探究。				
	能够从学习共同体的合作探究中反思自身研究方法、研究成果上的不足之处，并提出改进办法。				

3.课时作业的设计，包含以下要素

(1)课上活动的总结反思

(2)课上核心知识及解决问题思路方法的巩固与应用；

(3)为下一节课的准备活动(例如：设计方案、查找资料等)。

（一）导引课作业

钱币作业：

1.请通过上网、实物考察、阅读书籍搜集史料，围绕所选钱币进行解说。

2.可以从多种角度进行介绍，如货币的材质、发行背景、种类、形制、流通情况、钱币文字及书法、发展变化、铸币工艺、历史影响等。也可以深入研究钱币反映的当时的商业经营、赋税制度、民族关系与国家关系等；还可以讲述与钱币有关的故事、成语、与前后发行的钱币的衔接与比较……

3.上交形式：每组上交一份PPT须包含图片、文字等，不得少于3页。

（二）探究课作业：历史手抄报要求

1.内容：内容包含

（1）选题名称

（2）选题意义

（3）研究提纲

（4）概念界定

（5）本选题国内外研究述评

（6）研究目标

（7）研究主要内容

（8）研究方法和史料类型

（9）最终研究成果

2.设计

兼具学术性与艺术性，择优进行展览。

3.分组

根据兴趣两两结合组成小组，填写在腾讯文档中，共同参观博物馆，完成手抄报。

4.上交

国庆开学之后交给课代表。

（三）展示课作业

总结反思。

七、项目活动整体规划

以流程图的方式呈现，包含任务线索、问题线索、知识线索、活动线索、能力素养发展线索及课时安排。

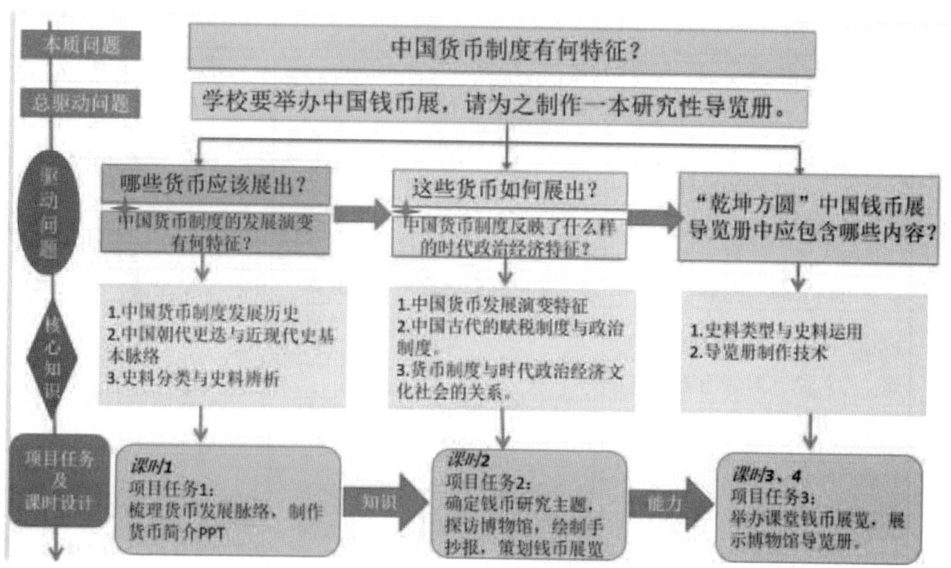

	驱动问题	核心知识	核心素养	计划课时
导引课	哪些货币应该展出？（中国货币制度的发展演变有何特征？）	中国货币制度发展历史 中国朝代更迭与近现代史基本脉络 史料分类与史料辨析	唯物史观 时空观念 史料实证	1 课时
探究课	这些货币如何展出？（中国货币制度反映了什么样的时代政治经济特征？）	1. 中国货币发展演变特征。 2. 中国古代的赋税制度与政治制度。 3. 货币制度与时代政治经济文化社会的关系。	唯物史观 时空观念 史料实证 历史解释 家国情怀	1 课时
展示课	“乾坤方圆”中国钱币展导览册中应包含哪些内容？	史料类型与史料运用 导览册制作技术	唯物史观 时空观念 史料实证 历史解释 家国情怀	2 课时

八、具体课时设计

1.项目导引课

实施过程	活动内容、形式及其组织	活动意图（知识、素养）	教师的准备（活动形式的设计、素材的准备、对学生要说的活动要求）
课前活动	阅读《中外历史纲要（上）》找与出货币发展相关的内容。	初步了解货币的变化，认识“什么是货币”。	1.素材:《中外历史纲要(上)》教材及相关文字材料。 2.活动要求
课上活动	1.根据所学，结合史料，梳理货币演变的历史脉络。	认识中国古代至近现代货币发展的史实。	素材：不同类型的代表性史料
	2.绘制表格，分析中国钱币及货币制度演变趋势	总结货币变化的趋势，理解其与政治制度、经济发展等的联系。	讲解：历史概念 引导学生思路
	3.对不同的史料类型进行归类，并总结其对货币制度的研究价值。	认识史料类型及其特征，教师提供方法指引，引导学生认识实物史料的研究价值及文物研究方法。	讲解：史料类型；如何利用二重证据法研究实物史料。
	4.画廊漫步——同学们就所选货币进行交流，自由分组，初步阐明选题原因及研究基本框架。	1.以学习共同体形式自主选题并展开探究，尊重学生主体性。 2.加深历史概念的理解与概括。	1.教师宣读活动要求 2.个别指导，小组展示。
课下任务（包括作业）	请通过上网、实物考察、阅读书籍搜集史料，围绕所选钱币进行解说。	1.初步理解核心历史概念的内涵，认识其联系。 2.搜集史料，提取有效信息进行探究。	1.讲解课下任务及活动要求。 2.素材：见附件《博物馆探究任务要求》、《博物馆参观手册》

2.项目探究课

实施过程	活动内容、形式及其组织	活动意图（知识、素养）	教师的准备（活动形式的设计、素材的准备、对学生要说的活动要求）
课前活动	学生完成导引课作业，制作钱币介绍PPT	自主搜集史料、充分分析史料，初步探究某一种货币与社会历史之间的联系。（唯物史观、史料实证、历史解释）	素材： 活动表格 推荐书目 彭信威《中国货币史》 白秦川《钱币史与钱史币研究》等
	学生反馈与教师指导： 在制作ppt过程中，学生在课下反馈遇到的问题，与教师进行交流。	增强师生互动，引导学生自主发现问题、解决问题。	评价与反馈表（见探究课表1）
课上活动	“币展春秋”——以PPT的形式展示小组研究的初步成果，展开小组互评。	1. 在小组互评的过程中，初步建立货币发展与社会背景之间的整体联系。（时空观念、史料实证、历史解释、家国情怀） 2. 尊重学生主体性，兴趣导引，引导学生发现问题，建构历史概念联系。	活动形式：展示与互评 素材准备：互评表（见探究课表2）
	“币中社会”——史料探析 教师根据学生课前反馈的部分问题展开课堂探究。 学生根据“研究指南”自由结合成小组，阐释选择主题。	1. 引导学生以唯物史观的角度探究货币发展的时空背景与原因。（唯物史观、史料实证、历史解释） 2. 培养高阶思维，充分合作探究，引导学生对货币制度形成上位认知。	活动设计及素材： 教师根据学生课前反馈的部分问题，提供史料，展开课堂探究（史料及问题见探究课材料）。 教师分发《研究指南》（见探究课表3）及《博物馆活动手册》（见探究课表4）。 学生自由结合成小组，从选题原因、选题意义、研究方法等角度初步阐释选题。
	策划“乾坤方圆”——中国钱币展		师生讨论确定展览方式 素材：策划分工表（见探究课表5）

课下任务（包括作业）	历史手抄报要求： 一、内容：内容包含 1. 选题名称 2. 选题意义 3. 研究提纲 4. 概念界定 5. 本选题国内外研究述评 6. 研究目标 7. 研究主要内容 8. 研究方法和史料类型 9. 最终研究成果 二、设计：兼具学术性与艺术性，择优进行展览。 三、分组：根据兴趣两两结合组成小组，填写在腾讯文档中，共同参观博物馆，完成手抄报。 四、上交：国庆开学之后交给课代表。		教师依据活动进度展开个别指导

探究课表 1　课前师生评价与反馈表

组别	研究货币	学生问题	教师解答	评价与反馈
1	唐代通宝	为什么两税法改革后会引发钱荒？		进一步深入思考货币价值与商业经济及赋税制度的关系。
2	交子	为什么交子会率先出现在四川？而非商业繁荣的江浙地区？		深入探究货币与商业活动及国家政策的关系。思考货币制度变动的根本原因是什么？
3	白银	摊丁入亩后，人口大量增加，社会治理出现了什么样的变化？		在不同时空背景下认识货币制度与社会治理。
4	贝币	为什么作为货币的不能是河贝？		思考货币的本质是什么？
5	……	……		……

探究课表 2 ppt 展示小组互评表

组别	货币	主要内容	评价标准	评分
1	秦半两		能够提供多种类型的史料 能够结合时代背景阐释货币的产生及流通状况 能够多角度阐释货币的历史地位及影响	
2	五铢钱		能够提供多种类型的史料 能够结合时代背景阐释货币的产生及流通状况 能够多角度阐释货币的历史地位及影响	
3	开元通宝		能够提供多种类型的史料 能够结合时代背景阐释货币的产生及流通状况 能够多角度阐释货币的历史地位及影响	
4 ……	交子 ……		能够提供多种类型的史料 能够结合时代背景阐释货币的产生及流通状况 能够多角度阐释货币的历史地位及影响	
思考与亮点				

探究课表 3　研究指南

货币研究分组		
研究方向	选题参考	研究组1
钱币的历史	中国古代钱币的发展规律	
钱币与赋税制度	赋税改革下的"钱荒"	
钱币与商业发展	商业发展对钱币形制的影响	
钱币与政治制度	货币与官员的俸禄制度　货币的"防伪"与集权	
钱币与民族关系	钱币中的民族交融	
钱币与文学艺术	钱币文化的发展　货币中的文字文化	
钱币与法律	铜钱与货币立法	
钱币与对外关系	从货币交流看对外贸易	
货币与社会	货币是社会经济文化变迁的反映　货币制度的混乱是分裂动荡的真实写照	
货币铸造	钱币的铸造流程与手工业	

币种分类研究					
时代	钱币种类	名称	朝代	参考选题	
先秦	贝币	贝币	夏		
		铜贝	商		
	铜币	布币	商末西周		
		刀币	春秋战国		
		圜钱	春秋战国	钱币系统的"百家争鸣"	
		蚁鼻钱			
		爰金			
秦至隋	铜币	半两	秦	从半两的流通看秦的统一	
		五铢钱	西汉、东汉	五铢钱是汉朝强盛的象征	
		白金币	西汉		
		麟趾与褭			
		金错刀	王莽改制		
唐宋	铜币	开元通宝	唐	开元通宝在钱币史上的重要地位	
		乾封泉宝	唐		
		乾元重宝			
	纸币	交子	宋	纸币是宋代商品经济发展的产物	
		关子			
		会子			
辽夏金元	铜币	天赞通宝（辽代年号钱）	辽		
		福圣宝钱（西夏年号钱）	西夏		
		至元通宝（元代年号钱）	元		
	贵金属币	元宝	元		
	纸币	交钞	金、元		
明清民国	铜币	明代铜钱（如洪武通宝、永乐通宝等）	明		
		农民起义军铜钱	明末清初	货币与农民起义	
		清代铜钱（如乾隆通宝等）	清	货币是经济变迁的反应	
		新疆红钱	清		
	纸币	宝钞	明		
		钞票	清		
	贵金属币	银两	明清	"第一货币"白银衡中的中国与世界	
近代		大钱		近代银行的发展与钱币流通	
		银元			
		铜元			
	纸币	宝钞	清		
		法币	蒋介石政府	从法币看国民党统治的瓦解	
	革命种	银币	共产党领导		
		边币			
		人民币		人民币的产生是中国革命胜利的见证	

探究课表 4　博物馆活动手册

展品照片	
展品信息	
初探记录	
补充资料（搜集资料研究后填写）	

调研人：

调研时间：

探究课表 5　　展览策划分工表

展览意义		
展览内容		
展览环节		
展览布置		
展览分工	任务一	
	任务二	
	任务三	

史料:

材料1：应当说，“钱荒”之出现于唐中叶不是偶然的。魏晋南北朝时期，北朝的自然经济居于绝对的支配地位，有些时候甚至不用货币交换，倒退到以物易物的状态。南朝则与北朝有所不同,“仍崇关廛之税”,工商税在政府财政收入中占一定比重，商品经济仍有某种发展。此后，经过初唐百余年的休养生息，尽管安史之乱给北方地区带来严重的破坏，但广大江南地区的社会生产有了极其显著的发展，商品交换也日益扩大。一个明显的趋势是，自然经济向商品经济转变。在这一转变过程中，作为当时流通领域的主要货币——铜钱，便具有极其重要的作用了。然而，正是在这个转变的关键时刻，流通的铜钱量与商品交换的需要量却完全不相适应。

——选自乔幼梅《从中唐到北宋“钱荒”问题的考察》

材料2：“李顺作乱，遂罢铸。民间钱益少，私以交子为市”

“初，蜀民以铁钱重，私为券，谓之交子，以便贸易，富民十六户主之。”

——李焘《续资治通鉴长编》卷101

材料3：元代规定一切赋税征收都可使用纸币“丁钱田赋，皆可以钞纳也 ”。实行以纸币纳税保证了纸币的信誉，维护了纸币的权威性，从而自上而下承认了纸币的法定地位。……纸币本身是没有价值的，关键在于具有与纸币所等同的准备金。元政府在发行纸币初期，曾储存有足够的准备金。自至元十三年以后，存储于各处的金银，逐渐被移作他用。导致“物重钞轻，谓如今用一贯，才往日一百文，其虚至

此，可谓极点。究其所以，法坏故也（据各处平准行用库倒到金银，并无发下钞本课银）”。

——选自杨德华《元朝的货币政策与通货膨胀》

材料4：明代中期，大明宝钞严重贬值退出流通领域，白银以体积小、价值高、易于分割熔铸、便于携带等天然属性，于天顺以后逐渐成为流通中的主要货币……万历年间，张居正在全国推行“一条鞭法”，标志着白银货币化的最终完成。

——摘编自伊伊《浅论明代白银货币化》

教师提问：结合材料及所学知识，任选角度谈谈你的认识。

（参考角度：货币的本质是什么？从两税法“钱荒”看货币与商品经济发展；从交子的发行看货币与商业、国家政策的关系；从元代通货膨胀看货币政策的实质……）

3.成果展示课

实施过程	活动内容、形式及其组织	活动意图（知识、素养）	教师的准备（活动形式的设计、素材的准备、对学生要说的活动要求）
课前活动	制作导览册并策划展览活动		教师依据活动进度展开个别指导
课上活动	趣味钱币展： 1. 学生导览册展示 2. 学生家长参与鉴别真伪教程。	在游戏中能够从政治经济政策、商品经济发展、货币信用、通货膨胀与钱荒对社会生活的影响等多种角度全面认识货币制度特点。	素材： 1. 学生导览册成品 2. 家长钱币鉴别视频
	钱币游戏 预设： 1. 参与人员：教师及班级学生 2. 游戏形式： （1）学生设计“大富翁”游戏规则 （2）参与后根据不同时代的货币政策提出修改意见。		素材：学生设计钱币“大富翁”游戏说明书
	反思总结： 以 PPT、视频、vlog 等形式展示小组研究过程与研究成果，反思研究过程中的得与失，展开小组互评。	能够充分反思研究过程中的得与失。丰富问题研究方法，提升合作研究能力。	素材：展示评价问卷（见下表）
课下任务（包括作业）	书写小组活动反思	能够合理分工，在合作中倾听、沟通自己与他人的想法。 能够在合作中充分总结、反思，提升自身历史学习能力与学科素养。	形式：教师根据反思内容展开个别指导

抽卡系统之正面卡

1. 商鞅变法：令一座城市赋税提高 10%，并可以获得 100 标准币
2. 摊丁入亩：该玩家全体的城市赋税提高 10%
3. 大丰收：本轮令全体玩家赋税额外上升 20%
4. 下西洋：额外获得一次抽卡机会
5. 两税法改革：可以上调自己货币与标准币之比一点（仅下次赋税和升级有效）
6. 推恩令：削藩成功，获得 50n 标准币（n 为城市数和等级数之和）
7. 王安石变法：获得自己总财产的 5%的标准币
8. 休养生息：获得 200 标准币
9. 改革开放：大赦天下，所有在坐牢的玩家出狱
10. 万国来朝：选择并获得一名玩家总财产的 5%

抽卡系统之负面卡

1. 兵役：□
2. 土地兼并：该玩家全体城市赋税下降 10%
3. 农民起义（兵变）：己方开发等级最高的一座城市等级减一（若没有大于 1 的则无效）
4. 旱灾：损失 200 标准币（北方首都乘以 150%）
5. 洪涝：损失 200 标准币（南方首都乘以 150%）
6. 贪污腐败：选择己方一座城市赋税降低 20%
7. 蒙古入侵：失去总财产的 20%
8. 合肥大败：损失 100m 标准币（m 为城市数之和）
9. 小冰期：全体玩家赋税降低 10%
10. 通货膨胀：下调自己货币与标准币之比一点（仅下次赋税和升级有效）
11. 诸侯纷争：全体玩家服兵役

南京 古称江宁、应天、金陵、建康、建业

钟山龙蟠，六朝古都

南京山水环绕，钟灵毓秀，向来有江南佳丽地，金陵帝王州的美誉。

银元俗称"大洋"、"洋钱"或"花边钱"。银元起源于 15 世纪的欧洲，是银本位制国家的主要流通货币。大约在明万历（1573 年—1620 年）年间银元流入中国。

货币：白银（银元）
基本运行：
每次行动结束贡献 400 标准币
城市特性：
1.火耗：效果每次消耗资金多 50%
2.流银：由于明清时期以来欧洲大规模殖民，导致白银大量内流中国，效果每次获得赋税多 50%
3.海禁：明代实行海禁清代实行闭关锁国，由于正面卡获得的资金减少 20%

咸阳

秦半两是秦统一后发行货币。在秦统一六国之前，各国钱币的形状不一，如铲币、刀币、环钱等，且只能在各自统辖的范围内流通。秦始皇在统一六国后，确定统一法律、度量衡、货币和文字，废止了战国后期六国旧钱，在战国秦半两钱的基础上加以改进，圆形方孔的秦半两钱在全国通行，结束了我国古代货币形状各异，重量悬殊的杂乱状态。

货币：秦半两

基本运作：

每次行动结束贡献 100 标准币

城市特性：

1. 焚书：秦始皇焚书，任何消耗标准币时消耗减半
2. 重役：由于秦朝兵役过重，服兵役多暂停一轮游戏（即每次暂停两轮）
3. 法治：秦法严明，甚至可以说是严苛。

效果是抽到兵变直接回到首都。

洛阳 古称洛

洛水之阳，日出东方

五铢钱重五铢，上有"五铢"二字，故名。五铢钱是我国钱币史上使用时间最长的货币，先后有 10 多个王朝和政权，20 多个帝王铸行过五铢钱。汉朝西汉元狩五年，五铢钱率先在中原发行，至唐武德四年前五铢废除，五铢钱历经沧桑 700 多年。

货币：汉五铢钱
基本运行：
每次行动结束贡献 200 标准币

城市特性：

1.修养：由于汉初休养生息，轻徭薄赋政策，效果消耗标准币时需额外消耗 10%

2.大一统：汉武帝实行盐铁专卖等等措施，最终形成大一统。

效果：不受贪官卡牌影响，同时赋税收益增加 50%

3.军费开支：每次服兵役需额外缴纳 300 标准币

殷 殷墟

悠悠殷墟，玄鸟天命

货币，是指先秦时期以海贝壳当原始货币，出土发现早在夏晚期，贝币已得到使用，商周时代则更为普遍了。商代常见的是一种齿贝，背面往往磨平，或钻一穿孔，便于携带，学名为货贝。
基本运行：
每次行动结束贡献 500 标准币
城市特性：
1.开荒：前不见古人的远古时代，第一次占地盘所需资金减 80%
2.生产力落后：第二，三次升级时所需资金加 50%
3.奴隶制："都不能说是赋税了，你们这是在抢钱" 赋税增加 50%

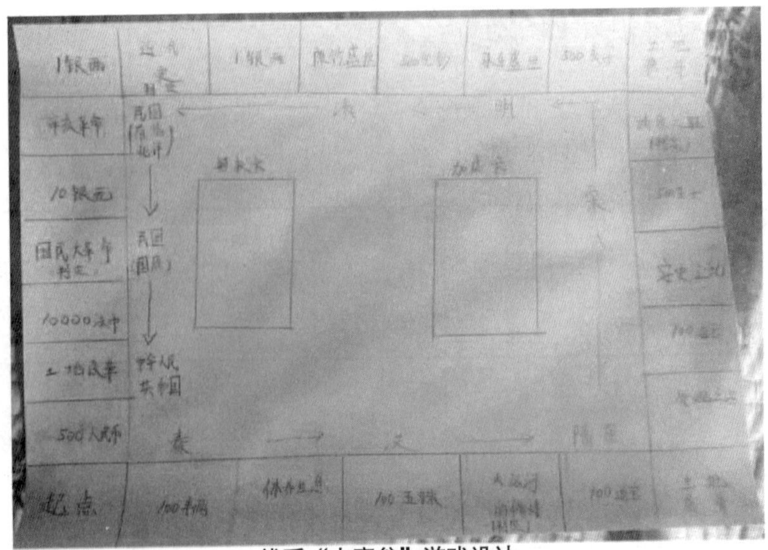

钱币"大富翁"游戏设计

九、核心活动的实施实录

表格及核心活动已附于各课程之后。

十、该项目教学中的典型问题与解决对策

典型表现1：问题意识提高，见讲解PPT及研究性手抄报制作的过程中教师与学生的反馈记录。

组别	研究货币	学生问题	教师解答	评价与反馈
1	唐代通宝	为什么两税法改革后会引发钱荒？		进一步深入思考货币价值与商业经济及赋税制度的关系。
2	交子	为什么交子会率先出现在四川？而非商业繁荣的江浙地区？		深入探究货币与商业活动及国家政策的关系。思考货币制度变动的根本原因是什么？
3	白银	摊丁入亩后，人口大量增加，社会治理出现了什么样的变化？		在不同时空背景下认识货币制度与社会治理。
4	贝币	为什么作为货币的不能是河贝？		思考货币的本质是什么？
5	……	……		……

典型表现2：参与度高：见游戏设计表

抽卡系统之正面卡

1. 商鞅变法：令一座城市赋税提高10%，并可以获得100标准币
2. 摊丁入亩：该玩家全体的城市赋税提高10%
3. 大丰收：本轮令全体玩家赋税额外上升20%
4. 下西洋：额外获得一次抽卡机会
5. 两税法改革：可以上调自己货币与标准币之比一点（仅下次赋税和开放有效）
6. 推恩令：削藩成功，获得50n标准币（n为城市数乘等级数之和）
7. 王安石变法：获得自己总财产的5%的标准币
8. 休养生息：获得200标准币
9. 改革开放：大赦天下：所有在坐牢的玩家出狱
10. 万国来朝：选择并获得一名玩家总财产的5%

抽卡系统之负面卡

1. 兵役：服
2. 土地兼并：该玩家全体城市赋税下降10%
3. 农民起义（兵变）：己方开发等级最高的一座城市等级减一（若没有大于1的则无效）
4. 旱灾：损失200标准币（北方首都乘以150%）
5. 洪涝：损失200标准币（南方首都乘以150%）
6. 贪污腐败：选择己方一座城市赋税降低20%
7. 蒙古入侵：失去总财产的20%
8. 合肥大败：损失100m标准币（m为城市数之和）
9. 小冰期：全体玩家赋税降低10%
10. 通货膨胀：下调自己货币与标准币之比一点（仅下次赋税和开放有效）
11. 诸侯纷争：全体玩家服兵役

十一、项目学习资料

教师阅读的资料：

1.原典文献：

[1]文献通考[M].中华书局，(宋)马端临撰.2011。

[2]通典[M].中华书局,(唐)杜佑撰;王文锦等点校.1988。

[3]三国志[M]. 中华书局 , (晋)陈寿撰, 2005。

[4]汉书[M]. 中华书局 , (汉)班固撰, 2005

[5]续资治通鉴长编[M]. 中华书局 , (宋)李焘 撰, 1995。

[6]盐铁论[M]. 上海古籍出版社 , (汉)桓宽撰, 1990。

[7]唐律疏议[M]. 中华书局 , (唐)长孙无忌等, 1983。

[8]新唐书[M]. 中华书局 , (宋)欧阳修,宋祁撰, 1975。

[9]马克思恩格斯选集[M]. 人民出版社 , 马克思,恩格斯 著, 197。

2.研究性著作：

[1]中国货币演变史[M]. 上海人民出版社 , 千家驹,郭彦岗著, 2005。

[2] 中国通史简编. 范文澜.华东师范大学出版社.2014。

[3] 茶叶与鸦片. 仲伟民, 著.生活·读书·新知三联书店.2010。

[4] 中国经济史学论集. 叶世昌, 著.商务印书馆.2008。

3.论文：

[1]中国古代货币的演变与发展论析[J]. 陈慧. 产业与科技论坛. 2022(09)。

[2]大学历史学科跨专业方向课程建设——以《中国古代货币史》为例[J]. 刘晓满.南阳师范学院学报. 2019(02)。

[3]从雍正币制改革看前清货币制度的特点[J].肖琇文.社会科学,2002(09)。

发给学生的资料

1.书单及论文目录。

2.史料：各史料见课后附学案或史料介绍。

3.辅助表格工具：各类表格见每节课后附。

十二、教师的反思与成长

本次项目式学习的实施对教师和学生都是一次蜕变、一次考验、一次成长。

对于教师来说，项目学习的备课与传统的备课方法与思路大不相同，在备课过程中，我们更加深刻地调研学情，关注学生的知识与能力、需求与兴趣，尤其关注学生

的探究能力与合作能力；对于课程标准来说，既要以课标为基础，又要充分拓展学生探究的深度与广度，以小活动提升整体的历史学科核心素养；对于教材的处理来说，项目学习要真正实现教材的大整合，关注知识线索的梳理与核心知识的落实。此外，还要有前所未有的深入、广泛的阅读作为基础。

对于学生来说，学生在项目学习的过程中真正实现了自主搜集史料、辨析史料，突破了课堂上时间与空间的局限；另一方面，学生面对更加零散而广泛的史料，表现出对史料筛选与解读能力的不足，因此，在项目学习的过程中，在指导教师的引领下实现史料实证与历史解释素养的拔节便成为题中之义。

此外，项目学习对于培养新型的师生关系有很强的的指导作用。在学生自主生成问题，教师充分评价与反馈的过程中，学生成为学习的真正主人。

“独行月球，你准备好了吗？”
项目学习教学案例

杨萌　安静

基本信息

学科	地理	设计者	杨萌、安静	指导者	翟少洋、张丽丽
实施年级	高一	版次	2020 年 6 月第一版	学校	北京市第十八中学
课程标准模块	宇宙中的地球、地球上的大气、地球的运动				
使用教材	人教版				
项目名称	独行月球，你准备好了吗？				
课时安排	三课时				

一、项目背景

《普通高中地理课程标准(2017版)》（以下简称“课程标准”）中凸显落实地理核心素养、解决地理教学重要问题、提高地理教学育人效果等方面的导向作用。项目学习是以学生为主体，在真实情境中，学生自主发现问题，通过实践探究解决现实问题，并在解决问题的过程中获得知识和技能的学习方式，非常有利于促进学生地理核

心素养的发展。本项目创设探索月球的真实情境，尝试整合宇宙中的地球、地球上的大气和地球的运动模块的相关知识，引导学生通过观察和实验探究的方式，从地理的视角完成“独行月球，你准备好了吗”这一挑战性问题，旨在引导学生理解科学研究需要经历的一般过程，培养学生的科学精神和地理实践能力，同时引导学生关注国家重大发展战略，增强学生的民族自豪感和对社会主义祖国的热爱之情。

二、项目中承载的核心知识及其知识结构

本主题下的教学内容对应必修一教材第一单元、第二单元前两节以及选择性必修一第一单元的内容。主要包括宇宙中的地球、地球的运动及地球上的大气三个部分，其中宇宙中的地球和地球的运动属于地球科学基础，为之后月相的观察奠定了基础，主要落实课程标准“根据图像资料，结合天文观测活动，描述各类天体的特点以及天体系统的层次结构”“结合实例，说明地球运动的地理意义”这些内容。教学过程中会涉及地球与月球的比较数据、地月在太阳系中的位置图、地球本身的条件等资料。教材安排了“开展简单的天文现象观测活动”，选择了贴近学生生活、操作性强的月相观测，并提供了详细的观测步骤和观测方法供老师和学生参考。教材这样安排也加强了对学生地理实践力的培养。关于地球上的大气，可以通过地球和月球昼夜温差的变化说明地球大气的削弱和保温作用，主要落实课程标准“运用图表等资料，说明大气的组成和垂直分层，及其与生产和生活的联系”，“运用示意图等，说明大气受热过程原理，并解释相关现象”这些内容。

高一学生具有一定的自学和观察推理能力,同时好奇心也比较强。许多家庭从小就会带着学生去天文馆、科技馆，不仅使他们对宇宙星空有一定的了解，同时也极大地激发了学生的求知欲。一些兴趣广泛的同学之前通过课外科普等渠道关注过这方面的知识，有一定知识基础，更有利于接受这节课内容。但是地球在宇宙中的位置、地球的运动、大气的受热过程的具体原理等，学生很难在现实生活中感受到，需要一定的理性思维，需要借助一些多媒体和实践活动帮助学生理解。学生刚刚进入高中，逻辑思维和空间想象能力还不够成熟，对图表资料的分析归纳有一定的困难。

因此，本项目在探月的真实情境中，按照课程标准，牢牢把握项目设计要根植于课程标准的原则，深度整合地球及大气相关课标，重构学习单元，结合我国探月工程，切换思考视角，从地理的角度完成观测活动、科学实验及宇航服设计等。通过项目探究，引导学生了解我国的航天技术和探月过程，培养学生的科学精神和地理实践能力，同时引导学生关注国家重大发展战略，厚植家国情怀，增强学生的民族自豪感

和对社会主义祖国的热爱之情。

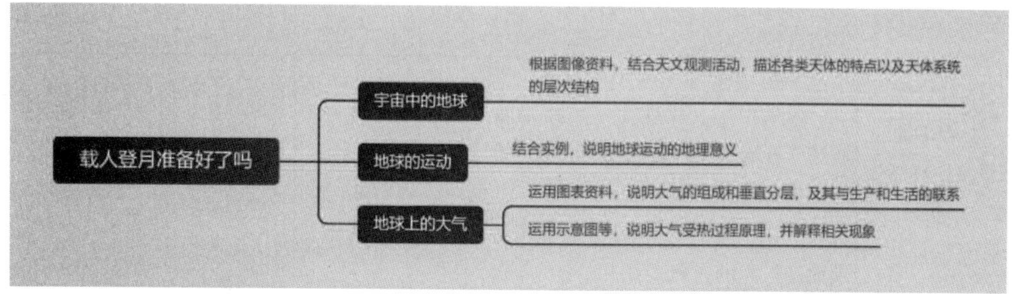

三、项目本体解读

本项目学习基于我国探月工程，创设载人登月准备计划这一情境，根据“最近发展区”理论，分析学情后，引导学生自主提出“独行月球准备计划”这一挑战性问题，也是本项目学习的主驱动问题，设置一系列次级驱动问题组成问题链，贯穿项目始终，驱动学生自主探究，躬行实践。

项目所包含的实际(综合复杂)问题的本体分析、问题解决过程分析

项目启动事件	2004 年，中国探月工程正式立项，从嫦娥一号升空，到嫦娥五号携月壤返回，中国人一步步将“上九天揽月”的神话变为现实！从 2004 年正式立项再到 2020 年实现无人采样返回，中国探月工程通过“绕、落、回”三步走实现了无人月球探测的过程，凝聚了几代航天人的艰辛付出。那么，中国探月工程接下来的重心在哪里？基于独行月球，我们是否可以通过观察和实验探究，从地理学科的视角对载人登月需要做哪些准备进行探究解读。		
主驱动问题	独行月球准备计划		
次驱动问题	学生任务	实践活动监控	监控策略
探月记录——调查我国探月工程的背景和成就。	（1）为什么要探月？ 通过课前网上检索图文资料，说出我国探月工程的背景。	课堂反馈	小组汇报
	（2）嫦娥系列探测器能探测到哪些现象？ 以示意图的方式指出月球所处的天体系统，结合所学和资料比较地月特征。	课堂反馈	小组汇报
	（3）与无人探月相比，载人登月做哪些更多的准备？ 结合地球上存在生命的条件，通过阅读图文资料进行头脑风暴，重组板书关键词，自主建构项目学习主题，制定核心问题及支持性活动，制作里程碑。	展示里程碑	小组展示

2. 登月调研——科学认识	月球上有天气变化吗？ 绘制热力环流图，结合天气系统，分析天气的成因，说明月球上有无天气变化。	绘图分析	小组调查
	（2）月球遥望地球是否也有圆缺？ 观月相——找规律——究原因：观察记录月相，通过“月球照片＋解读”“绘图＋解读”“模型＋解读”等不同作品呈现形式，分析月球、地球、太阳之间的绕转关系，解释月相的成因及其变化过程，推算能看到地球灯光的时机。	小组观测记录	小组汇报月球照片 / 绘图 / 模型＋解读
	（3）月球和地球的温度差异？ 通过检索资料，比较地球和月球昼夜温差的变化，设计实验模拟大气的受热过程，并进行记录总结。	小组实验记录 课堂反馈	小组汇报展示实验过程和结果记录单
3. 登月计划——技术准备	月球宇航服的奥秘？ 绘制示意图解释地球和月球辐射过程，说明大气受热过程原理，说出宇航服设计中不能忽视的问题。	小组分析	小组汇报绘制示意图
4. 独行计划——载人登月的调研报告。	分析观测及实验结果，解决独行月球过程中可能存在的特殊问题（与地球相比），出具调研报告，以多种形式（绘图 / 模型 / 宣传片＋解读）为独行月球提出合理化建议。	小组分析 课堂反馈 讨论、评价	小组展示调研报告及建议 心得体会

四、项目学习目标(用条目形式呈现)

1.通过网上检索资料，说出我国探月工程的时间线索和背景，透过探月问题宣传我国航空航天技术的成就。自主制定核心问题及支持性活动，增强学生的民族自豪感。

2.通过阅读图像资料，描述月球的基本特点，分析月球、地球、太阳之间的绕转关系，以示意图的方式指出从低级到高级的天体系统，说出地球和月球所属的天体系统层次，培养学生的空间思维能力。

3.通过实地观测记录，总结并绘制月亮位置和形状的逐日变化图，并结合地球自转和月球公转的知识，引导学生思考月亮对我们生活的影响，分析月相的成因及其变化过程，选择最佳登月时间，鼓励学生“实践出真知”。

4.通过设计实验模拟地球和月球昼夜温差的变化，说明地球大气的削弱和保温作用，培养学生的科学精神和地理实践力。

5.通过小组展示月相图及实验研究报告，培养学生的语言表达能力，在阐述建议方案的过程中引导学生从不同的角度分析问题，锻炼了学生的思维，培养学生解决实际问题的能力。

6.通过倾听其他小组的汇报，勇于提出疑问，对其他组进行评价和建议。

7.通过此次项目学习，用地理手段解决现实中的问题，并用地理思维分析现实中的问题，同时能提升学生的情感态度价值观。

五、项目作品规划(作品内容、形式、完成的时间安排)

作品内容	形式	完成的时间
了解探月背景，制定实践计划	导引课	9.25
收集资料、实地观测月相、绘制示意图	实践观测及数据记录单	9.26-10.24
统计、分析、绘图示意大气的垂直分层	线下交流及图形绘制	10 月中旬
实验模拟大气的受热过程	实验报告	11 月中下旬
独行月球探究报告	项目报告、ppt 并进行课堂展示	12 月上旬

六、项目评价方案

包含对项目成果和项目学习过程的评价，重要的评价量规等

1.课上核心活动评价

序号	评价内容	评价任务（核心活动）	评价标准（学生活动表现水平）	评价与反馈方式
1	月相的观察	通过实验模拟和绘制示意图，分析月球、地球、太阳之间的绕转关系，解释月相的成因及其变化过程，思考其对登月的影响。	图像内容是否齐全 核心知识是否有错误 美观度 创新性	生生互评、教师点拨
2	大气受热过程原理示意图	绘制示意图解释地球和月球辐射过程，说明大气受热过程原理，对月球求生提出合理建议。	核心知识是否有错误 建议可行性 美观性	生生互评、教师点拨

2.项目作品及展示的评价

项目学习的评价是与成果的产生、公开的成果汇报紧密相连的。完整的成果设计包含成果的量规设计。此外，项目学习还要对学习的整个过程进行评价，以引发更深层次的学习和理解。

项目学习中的评价是多元且丰富的。在这次展示课中，有课前调查任务的前测评价、有过程性评价和最终成果评价，从自我评价到生生评价再到教师评价。比传统的课堂评价考查的范围更加宽广，评价者来源与分数也更加多样性。

在本项目中，学生将地球的运动和大气的受热过程相关知识作为学习的基础，最终成果展示对于地球的运动和大气的受热过程部分有明确的评价量规，学生可根据每组完成实践过程及成果展示的效果进行多维度的评价。

表 2 评价量表

<table>
<tr><td colspan="7">评价组：　　　　　　被评组：</td></tr>
<tr><td colspan="7">评价类型：自评（ ）互评（ ）　　　　　总分：</td></tr>
<tr><td rowspan="7">过程性评价</td><td rowspan="2">评价指标</td><td rowspan="2">评价要素</td><td colspan="4">等级分值</td></tr>
<tr><td>10 分</td><td>7 分</td><td>4 分</td><td>1 分</td></tr>
<tr><td>合作态度</td><td>小组成员愿意参与团队合作，态度积极</td><td></td><td></td><td></td><td></td></tr>
<tr><td>小组分工</td><td>小组分工合理，能根据不同组员的特质分配合理的工作。小组成员能出色完成自己的任务</td><td></td><td></td><td></td><td></td></tr>
<tr><td>小组协作</td><td>小组组员在完成自己任务的同时，有团体协作意识，愿意帮助同组组员一起完成任务</td><td></td><td></td><td></td><td></td></tr>
<tr><td>小组交流</td><td>小组在团队合作的过程中交流热烈，能通过讨论得到新的方法和新的启示</td><td></td><td></td><td></td><td></td></tr>
<tr><td>合作效果</td><td>在小组组员共同的努力下，通过协作和交流完美的完成学习任务</td><td></td><td></td><td></td><td></td></tr>
<tr><td colspan="7">优势及建议：</td></tr>
</table>

<table>
<tr><td colspan="7">评价组：　　　　　　被评组：</td></tr>
<tr><td colspan="7">评价类型：自评（ ）互评（ ）　　　　　总分：</td></tr>
<tr><td rowspan="5">成果展示评价</td><td rowspan="2">评价指标</td><td rowspan="2">评价要素</td><td colspan="4">等级分值</td></tr>
<tr><td>10 分</td><td>7 分</td><td>4 分</td><td>1 分</td></tr>
<tr><td>前期资料收集</td><td>通过课前网上检索资料，说出我国探月工程的时间线索和背景，指出月球表面的自然状况</td><td></td><td></td><td></td><td></td></tr>
<tr><td>实践探究过程</td><td>1. 天体系统、大气的受热过程等示意图准确无误
2. 结合指南针、参照物及高度角估算方法等对月亮位置和形状进行详细观测和逐日记录，总结变化规律
3. 模拟大气受热过程实验过程科学精准</td><td></td><td></td><td></td><td></td></tr>
<tr><td>成果展示交流</td><td>展示内容详实，表述清晰且准确，对知识原理的解释科学精准，蕴含地理核心素养的理解，举止大方得体</td><td></td><td></td><td></td><td></td></tr>
<tr><td colspan="7">优势及建议：</td></tr>
</table>

3.课时作业的设计，包含以下要素：

（1）导引课：请利用课后时间继续完善项目实施计划，提交计划书。

（2）实践探究课：课下以小组为单位查找资料，进行实践活动设计与实施汇报，教师跟进指导。

（3）成果展示课：尝试自主发现生活中的实际问题，并用地理的智慧解决。撰写报告书，课下交流。

七、项目活动整体规划

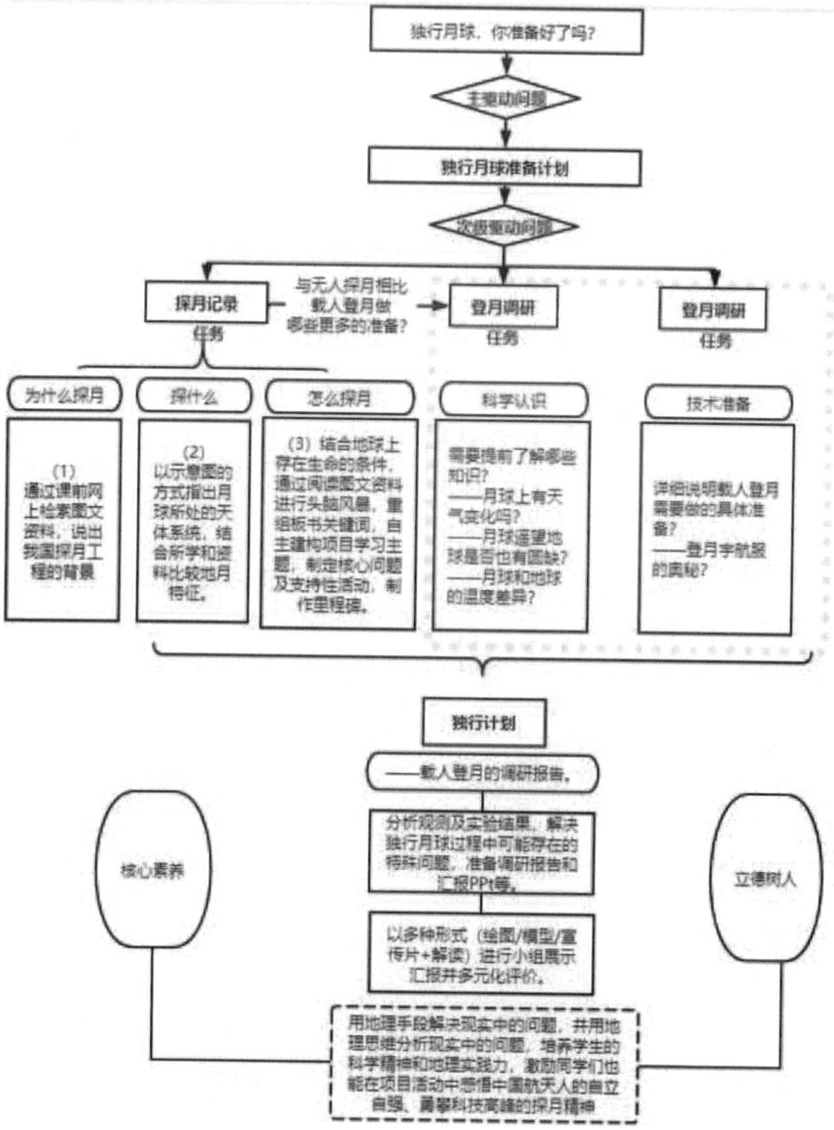

独行月球，你准备好了吗?

主驱动问题

独行月球准备计划

次级驱动问题

探月记录

与无人探月相比载人登月做哪些更多的准备?

登月调研

登月调研

任务

任务

任务

为什么探月

(1)通过课前网上检索图文资料，说出我国探月工程的背景

探什么

(2)以示意图的方式指出月球所处的天体系统，结合所学和资料比较地月特征。

怎么探月

(3)结合地球上存在生命的条件，通过阅读图文资料进行头脑风暴，重组板书关键词，自主建构项目学习主题，制定核心问题及支持性活动，制作里程碑。

科学认识

需要提前了解哪些知识?

——月球上有天气变化吗?

——月球遥望地球是否也有圆缺?

——月球和地球的温度差异?

技术准备

详细说明载人登月需要做的具体准备?

——登月宇航服的奥秘?

独行计划

——载人登月的调研报告。

分析观测及实验结果，解决独行月球过程中可能存在的特殊问题，准备调研报告和汇报PPt等。

以多种形式（绘图/模型/宣传片+解读）进行小组展示汇报并多元化评价。

核心素养

立德树人

用地理手段解决现实中的问题，并用地理思维分析现实中的问题，培养学生的科学精神和地理实践力，激励同学们也能在项目活动中感悟中国航天人的自立自强、勇攀科技高峰的探月精神

八、具体课时设计

1.项目导引课

实施过程	活动内容、形式及其组织	活动意图（知识、素养）	教师的准备（活动形式的设计、素材的准备、对学生要说的活动要求）
课前活动	课前网上检索搜集月球相关资料;观看《独行月球》影片资料。	从真实生活情境导入，引发学习兴趣。	以小组为单位，利用课前时间调查月球。 《中国航天的探月记》视频。

<table>
<tr>
<td>课上活动</td>
<td>（1）通过课前网上检索图文资料，描述月球表面的自然状况，以示意图的方式指出从低级到高级的天体系统，说出我国探月工程的宇宙环境背景。

（2）通过图文资料，说出如何为载人登月做准备？

（3）通过阅读图文资料进行头脑风暴，总结探测现象，自主建构项目学习主题，制定核心问题及支持性活动，制作里程碑。</td>
<td>培养查阅资料、提取信息并计算分析信息的能力；培养小组分工合作的学习能力，锻炼展示自我的能力。

回顾学习路径，建立项目学习思考模型。透过独行探月问题，宣传乐观求生的态度，立德树人。引导学生感受“生活中的地理”其乐无穷，鼓励学生“实践出真知”。</td>
<td>【出示】播放我国航天探月相关新闻视频。
【小结】总结引导说出我国航天探月的成就和目标。
【思考 1】为什么探月？
【小结】近 - 天体系统；资源勘测；促进科学的发展，可作为对其他星球探测和研究的平台等。
【过渡】月球是离地球最近的天体，理所当然成为空间探测的首选目标。
【出示】结合独行月球展望我国探月前景。
【思考 2】探测到什么？
【小结】陨石坑（大气）、月球背面（月相）
【过渡】
月球探测将为载人登月和建立月球基地提供依据。
【思考 3】如何为载人登月做准备？
【小结】存在生命的条件。
【活动】通过阅读学案资料先自主学习，然后小组合作学习，完成独行探测部分的内容。
【提问】针对登月可能存在的问题，提出探究问题。
【活动】组织学生分享。
【小结】引导生成本项目探究主题：科学认识类和技术设计类。
【提问】思考如何完成“独行月球的准备”这一挑战性任务。请同学们制订行动方案计划，完成表格填写。
【活动】小组合作学习。
【小结】组织小组展示，并组织师生评价
【总结】回顾本节课的思考路径“调查猜想—验证猜想—发现问题—解决问题—制定计划”，是一个从真实生活情境出发，通过调查发现问题，并制定解决问题方案的过程，我们收获了提出和解决真实问题的方法，后续期待同学们继续通过实践行动解决真实问题。</td>
</tr>
<tr>
<td>课下任务（包括作业）</td>
<td>继续完善项目实施计划，提交计划书。</td>
<td>鼓励学生通过实践行动解决真实问题。</td>
<td>请利用课后时间继续完善项目实施计划，提交计划书。
课下以小组单独汇报的形式进行指导。</td>
</tr>
</table>

2.项目展示课

实施过程	活动内容、形式及其组织	活动意图（知识、素养）	教师的准备（活动形式的设计、素材的准备、对学生要说的活动要求）
课前活动	学生梳理实践观测、实验结果及网上检索资料，小组为单位在课前完成展示素材（PPT、视频等）。	提升学生运用信息技术的能力。	提前以小组为单位对汇报 PPT 进行指导。
课上活动	（1）小组依次展示汇报 （2）其他小组进行点评发言 完成评价记录表 学生自己完成自评、小组评价的量化表 写出本活动的收获和感受 （3）项目总结	（1）通过小组展示，培养学生的语言组织、表达能力 （2）通过生生互评及教师点评，培养学生发现问题、解决问题的能力 通过多元的评价，对学生学习的过程进行综合评价。 （3）引导学生通过地理实践活动学会总结相应的学习方法并学会应用升华情感，培养科学精神。	（1）请同学们分享小组共同完成的“月有阴晴”和“月有圆缺”为主题的相关研究成果，并提出建设性意见。 小组依次汇报 要求： 每组依次展示汇报，重点展示探究过程和结果，并总结感受。最后由一个小组成员对本组活动的过程和成果进行自评。其他小组的同学认真聆听，注意思考亮点和不足，展示结束后进行互评发言。 （2）评价交流 其他组交流点评 教师给予补充点评 所有组展示完毕并互评之后，每组完成评价记录表 指导学生完成评价记录表 包括自评、小组评价的量化表和本次活动的收获和感受 （3）项目总结 请同学分享本次活动的收获：价值观 学习到了哪些知识和方法 今后在哪些方面可以进行应用? 通过本次项目学习，我们培养了科学探究精神，通过切身感受我国航天事业的成就和未来探索方向，为祖国自豪的同时也感受到了生命的珍贵，面对疫情的时艰，大家也能像做项目过程中克服困难那样调整心态，坚韧不拔的战胜困难。通过项目式的地理实践活动，学会地理知识的同时，通过学习地理实践调查的方法，在亲身实践中也感受到地理的魅力。让我们拥有一双地理人的眼睛，用地理的视角看世界，用地理的智慧解决生活中的实际问题。
课下任务（包括作业）	尝试自主发现生活中的实际问题，并用地理的智慧解决。撰写报告书课下交流。	完成深度学习，鼓励学生用地理的视角看世界，用地理的智慧解决生活中的实际问题。	尝试自主发现生活中的实际问题，并用地理的智慧解决。 撰写报告书课下交流。

附件:

学案

独行月球，你准备好了吗？

【探究目标】

1. 通过网上检索资料，说出我国探月工程的时间线索和背景，透过探月问题了解我国航空航天的成就。
2. 自主制定核心问题及支持性活动，增强民族自豪感。

【探究过程】

任务一：探月记录

材料一：从古至今，中国人对月亮有过无数浪漫想象。2004年，中国探月工程正式立项，从嫦娥一号升空，到嫦娥五号携月壤返回，中国人一步步将“上九天揽月”的神话变为现实！

2004年，探月工程正式立项；

2007年，嫦娥一号绕月探测成功；

2010年，嫦娥二号获得当时国际最高7米分辨率全月影像图；

2013年，嫦娥三号成功落月并开展月面巡视勘察，实现我国首次对地外天体的软着陆直接探测；

2018年，嫦娥四号中继星“鹊桥”发射升空，为嫦娥四号着陆器和月球车提供地月中继通信支持；

2019年，嫦娥四号首次实现人类航天器在月球背面软着陆和巡视探测，月球背面与地球的中继通信；

2020年，嫦娥五号首次实现我国地外天体采样返回。

从绕月拍摄到飞跃探测，从月背着陆到落月采样，探月工程六战六捷、连战连捷，实现了从“跟跑”到“并跑”再到部分“领跑”的扎实进步。

1.为什么要探月？

2.嫦娥系列探测器能探测到哪些现象？

材料二：探月工程，按照技术研究先易后难的过程，分为三大阶段：“无人月球探测”“载人登月”和“建立月球基地”。月球探测将为载人登月和建立月球基地提供依据。

3.与无人探月相比，载人登月做哪些更多的准备？

任务二：登月计划

需要提前了解哪些知识？

详细说明载人登月需要做的具体准备？

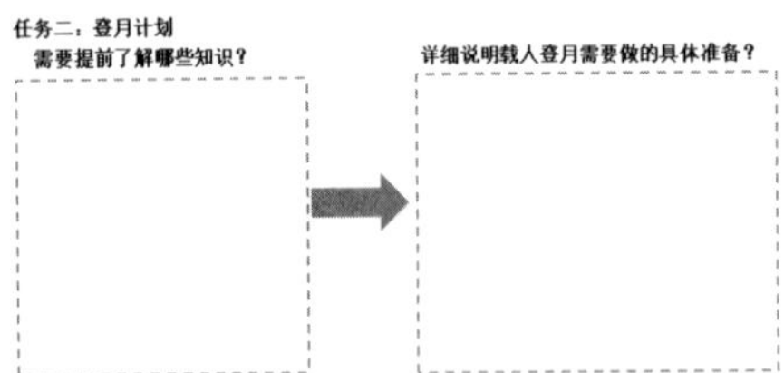

探究活动设计

研究主题			
支持性活动	具体任务内容	团队分工	时间节点

“对化学反应的认识与调控——设计应急蜡烛”项目学习教学案例

张银屏 郭俊雅 任慧英

初中化学项目式学习案例

初中化学“对化学反应的认识与调控”的项目式教学

——设计应急蜡烛

授课教师：任慧英 郭俊雅

指导教师：黄冬芳 徐敏

参与教师：张银屏（导引课教学设计）

郭俊雅（探究课教学设计）

任慧英（展示课教学设计）

1.项目内容主题分析

（1）本项目与前后教学主题的联系

物质化学变化的认识角度很多，主要包括物质变化、能量变化、反应条件、反应现象、反应类型和质量守恒六个维度，学生认识的深度需从宏观现象逐渐深入到微观、定量、符号表征的水平。多角度、大深度的特点，决定了学生形成稳定的认识化学反应的思路与方法模型的难度极大。发展变化观的教学整体设计需遵循学生的认识发展特点，采用循序渐进的方式，逐渐建构认识角度的同时，发展学生宏观-微观-符号-定量表征化学反应的能力，实现真实问题的解决。

本项目的核心内容是对化学反应的认识与调控，想要找到调控化学变化的方法，首先应对化学变化过程有深入到微观及定量水平的认识，并初步建立从反应物、条件、生成物等多角度认识化学变化的方法，所以该项目的学习时段应安排在前六个单元及燃烧条件与灭火的教学之后。

（2）本项目承载的育人价值（核心素养）

应急蜡烛是应急救援包中的必备物资之一，它具有照明、检验氧气浓度和保存火种的作用。当意外来临时候，它超长的燃烧时间可以给人们以光亮和希望，进而展开自救和互救，将生命财产损失降至最低。 在育人价值方面，新课标中明确提出核心素养是学科育人价值的集中体现。通过此项目的学习，重点发展学生以下核心素养：

- 化学观念方面：进一步发展学生的元素观和变化观；
- 科学探究方面：从化学视角对设计应急蜡烛这一项目进行功能与需求、结构与材料方面的探究，并运用物理和数学等相关学科的内容进行关于问题解决方面的探讨，还要运用简单的工程技术方法解决相关问题，最终要建构系统与模型、比例与定量的跨学科大概念；
- 科学思维方面：在整个设计应急蜡烛的过程中，学生要基于实验事实进行证据推理、模型建构并推测物质及其变化，提高质疑能力和创新精神；
- 科学态度方面，通过应急项目产品的不断迭代，学生要养成严谨求实、勇于克服困难的科学态度。

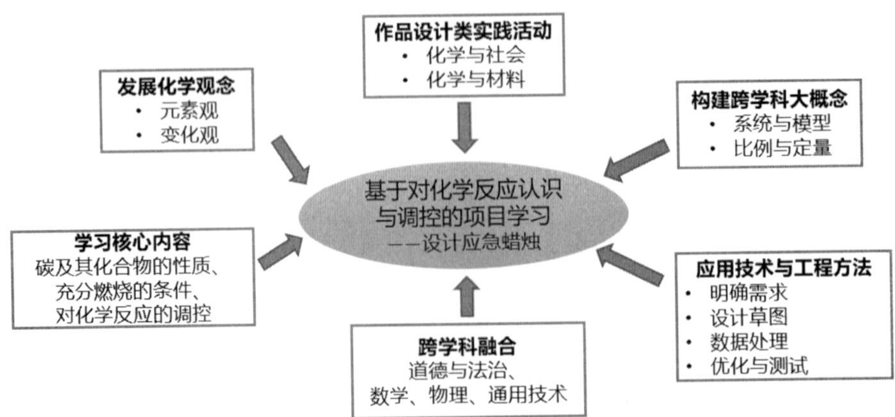

图 1 “设计应急蜡烛”项目的育人价值

（3）知识关系框架图

本项目的重要成果是根据特定需求设计应急蜡烛，这是一次跨学科实践活动。在化学学科方面，本项目涉及“科学探究与化学实验”“物质的性质和应用”“物质的变化与转化”三大主题的学习内容，化学本体知识方面，主要涉及了物质的多样性和物质的变化与转化两个大概念，其中物质的多样性包括：碳氢化合物、碳单质、碳的氧化物的相关性质和定量计算；物质的变化与转化涉及了燃烧的条件、充分燃烧的条件以及对反应的调控。在跨学科方面，它的使用目的和使用场景结合了道德与法治的相关内容，燃烧速度的测定应用了数学和物理的相关知识，设计应急蜡烛还用到了技术与工程的相关内容，通过跨学科实践活动最终要建构系统与模型、比例与定量的跨学科大概念，使学生形成整体性的认识，达到学以致用的最终目的。

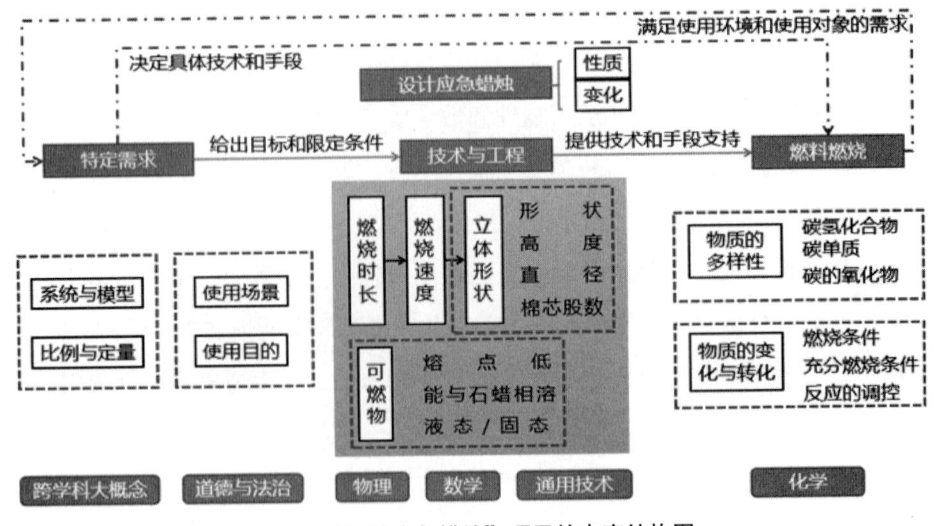

图 2 “设计应急蜡烛”项目的内容结构图

（4）学生情况分析

本项目学习之前，学生已能基于化学变化中元素种类不变、有新物质生成的特征，从宏观、微观、符号相结合的视角说明物质变化的现象和本质；能依据质量守恒定律，用化学方程式表征简单的化学反应，结合真实情境中物质的转化进行简单计算；能体会氧气、水、二氧化碳的相关化学变化在自然界、生产、生活方面的应用价值；能基于真实的问题情境，多角度分析和解决生产生活中有关化学变化的简单问题。

通过初二科学的学习学生已经知道了燃烧的条件需要可燃物、氧气、温度达到着火点，并且通过氧气性质的学习，学生知道了可以通过增大接触面积和提高氧气浓度使反应更充分，但是对于其他调控化学反应的方法，学生没有更深入的认识。

学生已经知道蜡烛的一些基本物理性质以及蜡烛燃烧产生二氧化碳和水的化学性质，但是学生不清楚反应物相同产物有可能不同。通过本项目的学习，学生要发展的认知点是：在调控化学反应方面，可以通过调控反应物间的质量比从定性到定量调控化学反应。在这个过程中学生主要的障碍点是：利用元素守恒的观点推测可能的产物，并进行实验验证再运用定量计算的方法，得到可以通过调控反应物间的质量比调控化学反应的深层次认知，从而进一步发展学生的变化观。

通过在石蜡中添加起酥油使熔点降低、"石蜡壳"熔化相关内容的学习，学生进一步发展的认知点是：还可以从改变反应物的组成、性质等方面调控化学反应，使反应进行的更充分。

（5）本项目的教学内容安排

本项目教学内容用三课时完成：第1课时是项目导引环节和探究一的内容，在项目导引环节，要对应急蜡烛进行特定情景需求分析和任务拆解，探究一主要是发展学生的元素观和变化观，并进行定量计算；第2课时是探究二，主要内容是应用跨学科知识解决实际问题；第3课时为展示课，进行教学评一体化。

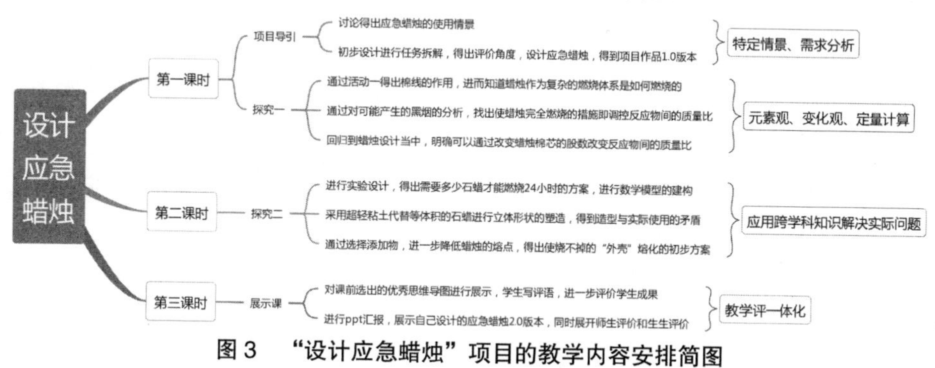

图3 "设计应急蜡烛"项目的教学内容安排简图

2.项目教学目标

（1）第一课时教学目标

从生活实际出发了解应急蜡烛的用途是照明、检验氧气浓度、保存火种等；根据应急蜡烛产品的要求进行功能需求与结构材料方面的讨论，并初步的自主设计，提高学生根据需求进行实验方案设计的能力，提高学生的想象力和创造力。

通过设计实验探究蜡烛中可燃物是棉线还是石蜡，并且通过小组讨论进一步归纳总结棉线的作用，提高学生设计并实施实验、获取证据、分析解释现象、形成结论以及表达交流等能力。

通过对黑烟是什么，为什么会产生黑烟的猜想，进一步从物质变化、反应现象、元素守恒等视角认识化学反应，初步形成认识化学反应的系统思维模型。

通过化学方程式的计算，找出蜡烛燃烧会生成不同产物的根本原因，并在此基础上明确可以通过调控反应物与氧气的质量比来调控化学反应，进一步发展变化观。

（2）第二课时教学目标

从需要多少石蜡这个真实问题出发设计实验，通过实验设计测定蜡烛燃烧速度的方法，计算出燃烧36小时需要多少石蜡，并且小组讨论得出测定蜡烛燃烧速度的具体可行操作。还要明确如果通过测定蜡烛一段时间的燃烧速度来表示整个过程的燃烧速度的话，需要讨论的问题还有蜡烛的燃烧是否是匀速进行的。通过以上活动，提高学生应用跨学科知识解决实际问题的能力。

用等体积的超轻粘土替代石蜡制作蜡烛，感受蜡烛的立体形状，思考解决蜡烛直径设计过大，燃烧产生硬壳的问题。通过此活动进一步构建系统与模型、比例与定量的跨学科大概念。

从应急蜡烛性能改进的需求出发，分析推导石蜡替代成分如起酥油的性质特点，初步形成利用化学反应探究物质性质和组成、解决物质制备等实际问题的思路。

（3）第三课时教学目标

通过整个燃烧项目的学习，体会对反应进行调控的思路与方法，能够形成学习框架，基于思维导图的形式将设计应急蜡烛和化学变化学习结合，对燃烧进行解释。课上学生讨论得出最佳思维，并制定颁奖词，对项目活动形成评价。通过此活动，进一步落实思维导图的评价标准，进行教学评一体化。

通过设计应急蜡烛作品的展示环节，对一代作品进行迭代，让学生能够积极参与小组合作，并进行师生评价和生生评价，在评价过程中勇于批判、质疑，自觉反思，

能克服困难，敢于面对陌生的、不确定性的挑战。

3.项目活动整体规划

表 1 项目活动整体规划

	核心问题	知识、技能	核心素养	计划用时
导引课（环节）	小组讨论初步得出应急蜡烛的功能与需求、结构与材料方面的内容。	明确项目研究的重要意义并且对项目任务进行拆解。	提高学生通过网络查询等技术手段获取信息的自主学习能力和提出解决实际问题初步方案的能力。	0.5 课时
探究课（环节）	对蜡烛燃烧时主体可燃物和棉线作用进行深入再探究； 探究蜡烛燃烧的可能产物； 寻找使蜡烛充分燃烧的具体措施； 实验设计 根据设计的实验同学们能够计算出若使蜡烛能够燃烧 36 小时，需要多少石蜡； 根据计算的蜡烛体积，用等体积的超轻粘土代替，设计立体形状，模拟制作应急蜡烛成品； 如何让“石蜡壳”融化？	进一步复习应用燃烧的条件，提高实验现象的观察能力和依据实验目的设计实验的能力。 初步学习碳氢化合物、碳单质和碳的氧化物的性质，进一步。从元素守恒的角度认识化学变化，并通过化学方程式的计算，初步认识可以通过调控反应物的质量比调控化学反应的进行将理论知识应用到实践当中，通过改变棉芯的股数，调控可燃物的质量，从而调控可燃物与氧气的质量比。 从跨学科角度初步分析和解决实际问题，构建蜡烛燃烧速度测定 v=m/t 模型，体会系统思维能力初步体会蜡烛模型的建构过程，建立新的调控化学反应的视角即调控物质的内在组成。	化学观念方面：进一步发展学生的元素观和变化观； 科学探究方面：从化学视角对设计应急蜡烛这一项目进行功能与需求、结构与材料方面的探究，并运用物理和数学等相关学科的内容进行关于问题解决方面的探讨，并且运用简单的工程技术方法解决相关问题，最终要建构系统与模型、比例与定量跨学科大概念； 科学思维方面：在整个设计应急蜡烛的过程中，学生要基于实验事实进行证据推理、模型建构并推测物质及其变化，提高质疑能力和创新精神。 在科学态度方面，通过项目产品的不断迭代，学生要养成严谨求实、勇于克服困难的科学态度。	1.5 课时
展示课（环节）	寻找最“美”思维导图，并给出颁奖词； 将应急蜡烛的设计理念制作成 ppt，以小组为单位进行汇报展示。	进一步明确思维导图的评价标准：完整性、相关性、层次性、精确性、深刻性、创新性； 对一代作品进行迭代，让学生能够积极参与小组合作，并进行师生评价和生生评价。	提高与他人分工协作、合作解决问题并沟通表达交流的能力； 在评价过程中勇于批判、质疑，自觉反思，能克服困难，敢于面对陌生的、不确定性的挑战。	1 课时

4.项目实施过程

4.1项目导引课（或环节）

环节		教师活动	学生活动	活动意图（知识、素养）
课前				
课上	引出项目研究的重要意义	【资料展示】应急救援包中的各种物品，并且最终聚焦到应急蜡烛。 【提问】应急蜡烛具有哪些功能？在什么情况下可能会用到？ 【小结】应急蜡烛是应急救援包中的必备物资之一，它具有照明、检验氧气浓度和保存火种的作用。当意外来临时候，它超长的燃烧时间可以给以光亮和希望，进而展开自救和互救，将生命财产损失降至最低。	【小组讨论】应急蜡烛的使用场景可能有： 停电的时候，应急蜡烛能够提供光源起到照明的作用，给人以希望和信心； 根据燃烧情况可以判断环境中氧气的含量，比如进入地窖之前先用燃烧的蜡烛放入地窖当中，如果很快熄灭，则证明氧气含量较低，进去不安全。	进行小组讨论，明确项目研究的重要意义即应急蜡烛的功能与需求方面的问题。
	进行项目拆解	【提问】如果你是设计师，来设计应急蜡烛，你还需要哪些方面的知识支撑，会如何设计？ （画出设计草图，并做出简要的说明） 【小结】要想设计出应急蜡烛必须对蜡烛的燃烧进行深入再探究，明确蜡烛燃烧时可燃物是石蜡还是棉线，除此之外，还要用很多的可燃物保证其能燃烧24小时以上。也就是说要完成本项目，必须要考虑蜡烛材料与结构方面的问题。 【板书】 任务拆解： 对蜡烛燃烧的深入再探究 可燃物的质量和体积	【小组讨论】 要想设计应急蜡烛得知道蜡烛燃烧时候可燃物是什么，需要对蜡烛的燃烧进行深入的探究； 应急蜡烛要想燃烧24个小时以上，必须用很多的石蜡，具体用多少得计算。	对本项目进行拆解，学生从应急蜡烛的功能与需求出发，初步讨论得出要设计应急蜡烛需要考虑哪些材料与结构方面的问题。
课下				

4.2探究课（或环节）

环节		教师活动	学生活动	活动意图（知识、素养）
课前				
课上	活动1：探究蜡烛燃烧的可燃物	【资料展示】蜡烛燃烧的视频 【提问】在蜡烛燃烧的过程中，你能观察到哪些现象？ 【追问】不管是普通蜡烛还是应急蜡烛燃烧燃烧的时候，我们希望看到有黑烟产生吗？ 【讲解】蜡烛燃烧有时候火焰可能会不稳定、一跳一跳的。在野外用到应急蜡烛时，由于环境恶劣，火焰更容易熄灭，所以在应急蜡烛的设计过程中，我们得考虑一些防风的措施。 【板书】 任务拆解： 对蜡烛燃烧的深入再探究； 可燃物的质量和体积； 防止产生黑烟的措施； 防风的措施。 【提问】蜡烛燃烧时主体可燃物是什么？棉线的作用是什么？如何设计实验来证明？ 【演示实验】教师演示学生所设计的对比实验。 【启发引导】没有棉线的石蜡在加热的条件下为什么只是熔化并没有燃烧呢？结合燃烧的条件试着说明。 为什么有了棉线后，蜡烛就能燃烧了呢？	【小组讨论】 蜡烛燃烧有明亮的火焰，火焰分为3层，最外层发黄、最内层发蓝； 蜡烛燃烧有时候会有黑烟产生，火焰有时候会不稳定； 石蜡燃烧会形成一个壳，里面有熔化的石蜡； 【回答】不希望。黑烟可能是蜡烛不充分燃烧产生的炭黑。 【小组合作设计实验】设计对比实验进行探究，分别是只有棉线燃烧的情况、只有石蜡燃烧的情况，石蜡和棉线都有时，蜡烛的燃烧情况。 【小组讨论】蜡烛燃烧的主体可燃物是石蜡。没有棉线时石蜡没有燃烧是因为达不到石蜡的着火点。 总结出棉线的作用就是使少量的熔化的石蜡源源不断地通过毛细作用上升到棉线的顶端（这样更容易达到着火点），进而受热气化后燃烧，为后续调控反应做出铺垫。	进一步提高实验现象的观察能力，学会从多角度、有序地观察实验现象。 进一步对任务拆解进行完善，使所要探究的任务更加具体、更加全面。 提高学生根据实验目的设计对比实验的能力。明确蜡烛燃烧的可燃物是石蜡，并且明确棉线的作用，为后续调控化学反应做铺垫。

	活动2：探究蜡烛燃烧的产物	【提问】黑烟是什么物质？既然元素守恒，除了二氧化碳和炭，蜡烛燃烧还能生成哪种含碳的化合物？ 【演示实验】将蜡烛放在密闭空间内燃烧，利用一氧化碳传感器分别测定燃烧前和燃烧后体系中一氧化碳的ppm值。 【追问】为什么反应物一样产物却不一样？ 【启发引导】假定石蜡的平均化学式为C25H52，氧气和石蜡的质量比至少为多少的时候能够使石蜡完全燃烧产生二氧化碳和水？	【小组讨论】黑烟是炭黑，因为元素守恒，除了生成二氧化碳和炭黑，还有可能生成一氧化碳。 【评价—赞赏】传感器是一种非常实用的测量仪器，在该体系中燃烧前一氧化碳的ppm值为8，燃烧后ppm值为30，所以证明了蜡烛燃烧的过程中有可能还会用一氧化碳产生。 【小组讨论】分别写出蜡烛燃烧产生炭黑和水、一氧化碳和水、二氧化碳和水的化学方程式，进而计算出氧气和石蜡的质量比大于等于1216 ∶ 352时，石蜡才能完全燃烧产生二氧化碳。	进一步从元素守恒的角度认识化学变化，进一步发展学生的变化观（化学变化过程中反应物相同，产物有可能不同），通过化学方程式的计算，初步认识可以通过调控反应物的质量比调控化学反应的进行。
	活动3：寻找使蜡烛充分燃烧的具体措施	【提问】具体到蜡烛，可以采取什么措施调控蜡烛与氧气的质量比使其完全燃烧？ 【启发引导】人们点燃蜡烛基本都在空气中，空气中的氧气的含量为20 %，火焰周围的氧气量基本保持恒定，所以氧气充足这个措施在使蜡烛充分燃烧这个情境中并不适用。那有什么具体措施使蜡烛燃烧充分不产生一氧化碳和炭黑，请大家重点关注蜡烛的结构与材料。 【演示实验】不同股数（分别为96股、48股、24股、18股、12股、6股）蜡烛燃烧的实验。 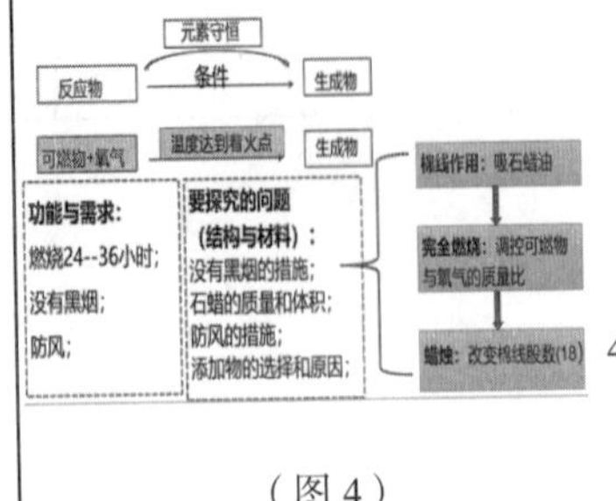 4 （图4）	【小组讨论】使蜡烛燃烧时氧气充足； 【反思】是不是可以改变棉芯的粗细使吸上去的蜡油的质量改变，从而调控氧气与石蜡的体积比使得石蜡完全燃烧。【小组讨论】观察现象得出12股、6股棉线蜡烛燃烧时火焰太小容易熄灭，96股和48股棉线蜡烛燃烧时火焰太大，容易产生黑烟，所以可以选择24股或者18股粗细棉线来制作蜡烛。	将理论知识应用到实践当中，通过改变棉芯的股数，调控可燃物的质量，从而调控可燃物与氧气的质量比。通过此活动进一步发展学生对化学变化的定量认识和推理能力。

	活动4：设计实验方案，得出蜡烛燃烧36小时所需石蜡的质量和体积。	【提问】制作应急蜡烛时，棉线的股数可以选择24股或者18股，可是要用多少石蜡才能保证燃烧36小时（按照最高标准制作）以上呢？请同学们进行实验设计，根据设计的实验能够计算出若使蜡烛能够燃烧36小时，需要多少石蜡？写出具体的实验方案。 【讲解】老师按照同学们的思路做了实验，但是是每隔30秒记录了蜡烛的剩余质量，并且用的是精确到小数点后两位的天平，精确到小数点后两位的天平使用的时候要注意：不能将蜡烛一直放在天平上进行称量，所以测定时每次读数后将燃着的蜡烛放桌面上，等待30 s后再放在天平上进行称量，最终测量得到了相应的数据。 【提问】请同学们根据数据用Excel作图，观察蜡烛燃烧是否是匀速进行的，并得到相应的燃烧速度。 【追问】蜡烛燃烧的速度得到了，请同学们计算出燃烧36小时需要多少质量的石蜡，已知石蜡的密度为0.9 g/cm^3，请同学们计算出所需石蜡的体积。	【小组讨论】测定一个小时燃烧的蜡烛质量再乘以36小时； 【评价—质疑】可是并不能确定蜡烛燃烧是匀速的啊，每个小时燃烧的质量都一样吗？ 【评价—质疑】那就把燃着的蜡烛放在天平上，每隔五分钟测一次剩余质量，看蜡烛燃烧是不是匀速进行的。 【小组讨论】演示用Excel作图的过程，并呈现最终的结果（如图5所示）。学生指出描点作出的图为一次函数，所以蜡烛是匀速燃烧的，并且根据一次函数的涵义，得出斜率即为燃烧的速度，约为0.06 g/min。 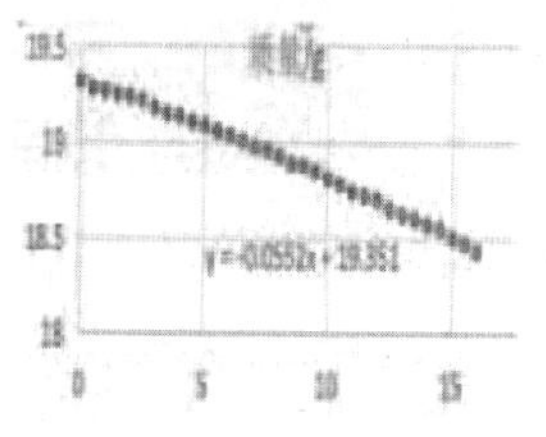 （图5） 【小组讨论】通过计算得出所需石蜡的质量为129.6 g，换算成体积为144 cm^3。	从跨学科角度（类比物理学科v=s/t的公式，自主建构蜡烛燃烧速度的计算公式； 利用数学上一次函数的知识，确定燃烧的速率即为一次函数的斜率）初步分析和解决实际问题，构建蜡烛燃烧速度测定v=m/t模型，体会系统思维能力。

	活动5：对应急蜡烛进行形状的塑造。	【讲解】所需石蜡的体积已经知道了，接下来该塑造成什么形状，多粗多高呢？因为石蜡比较硬，不好塑形，所以选择超轻粘土代替石蜡进行塑形。 【提问】根据计算的蜡烛体积，用等体积的超轻粘土代替，设计立体形状，模拟制作应急蜡烛成品，并将图形等比例画在学案上。 【讲解】蜡烛燃烧只能熔化直径为3cm范围内的石蜡，如果设计太粗或者为立方体的话，会有空壳现象产生（见图7）。 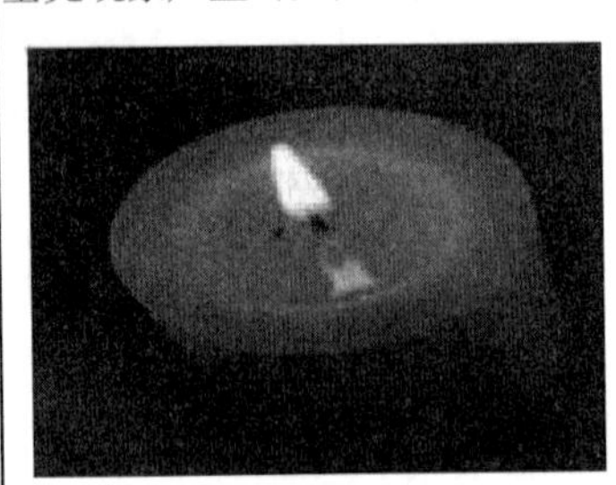 （图7） 【提问】如果直径塑造成3cm的话，长度就为20cm，非常容易折断，不利于保存。所以这个方法行不通，但是直径比较大的话，就会有空壳现象产生，会造成资源的浪费，而且燃烧时长也不达标，这个时候该怎么办呢？	【小组讨论】很多小组将等体积的石蜡设计成矮粗的形状（如图6所示）： 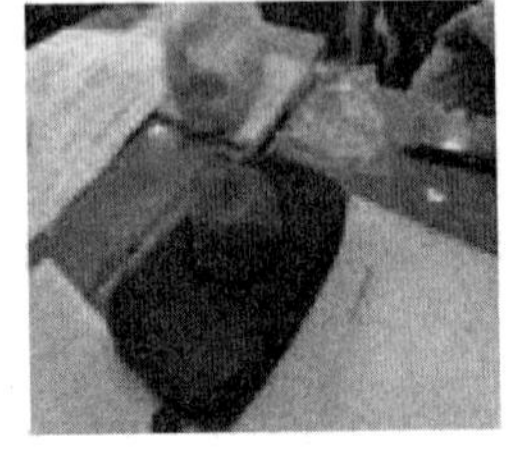 （图6） 【小组讨论】同学们重新塑形，发现如果直径固定成3cm的话，长度就为20cm，非常容易折断，不利于保存。 【小组讨论】可以加入添加物。	由于石蜡不好塑性，所以选用超轻黏土模拟出蜡烛形状，真切地感受产品比例关系，发现其中的问题。
	活动6：找出添加物	【提问】如何让“石蜡壳”融化？ 【资料展示】在设计应急蜡烛的过程中，常常会加入起酥油作为添加物，并给出熔点、沸点、着火点等相关方面的信息。 起酥油是精炼的动植物油脂、氢化油或上述油脂的混合物； 起酥油的熔点：39℃—41℃；沸点：200℃以上；着火点：约340℃；	【小组讨论】添加新物质。	通过对超轻粘土模拟蜡烛的形状进行分析，发现需要加入新物质才能解决问题，并对加入物质的性质进行思考；

	活动6：找出添加物	石蜡的熔点：50~60℃；沸点：300℃—500℃以上；着火点：约160℃； 【提问】在应急蜡烛的制作过程中为什么要加入起酥油，这可能和起酥油哪些方面的性质有关系？ 【总结】经过前面的学习，我们进一步认识了蜡烛燃烧的过程中石蜡和棉线是如何相互作用的，知道了棉线的作用，找到了使蜡烛完全燃烧的具体措施，并且设计实验测定了蜡烛燃烧的速率，得出了燃烧36小时所需要的石蜡的质量，并且进行了蜡烛形状的塑造。在这个过程中，又添加了起酥油解决了“石蜡壳”的问题。其实在真实制造应急蜡烛的过程中，还要考虑到石蜡和起酥油的质量比的问题、具体的制作步骤、包装、质检等很多问题，同学们可以课后查阅相关资料对这部分内容进行更深刻的了解和认识。 【板书设计】（见图8） 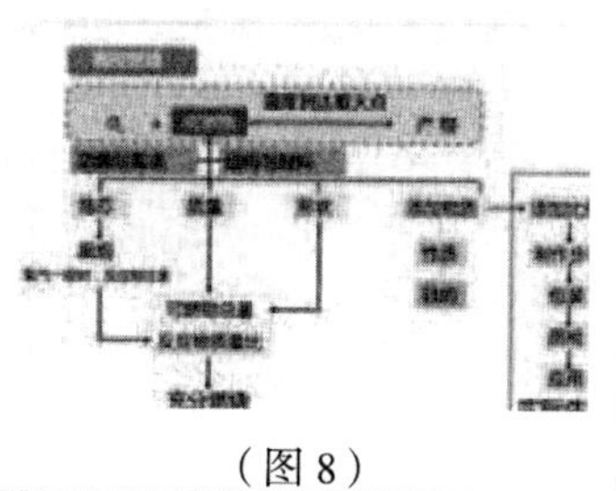 （图8）	【小组讨论】因为起酥油的熔点很低，所以加入起酥油后，混合物的熔点会变得更低，没有熔化的“石蜡壳”就有可能熔化；而且起酥油的着火点低，这样的话，和石蜡混合后，更容易被点燃。	建立新的调控化学反应的视角即调控物质的内在组成； 进一步体会化学品的选择和使用与物质性质的重要关系，形成合理使用化学品的意识。 对应急蜡烛产品制造的整个过程予以总结，同时拓展学生思路，引出还可以研究的方面，使学生明白从产品的设计到应用的过程，并不是一帆风顺的，要树立严谨求实、勇于客服困难的科学态度。
课下				

4.3展示课（或环节）

环节		教师活动	学生活动	活动意图 （知识、素养）
课前	完成思维导图和PPT的制作		【小组讨论】 以小组为单位完成有关应急蜡烛项目思维导图的制作； 以小组为单位设计应急蜡烛，将应急蜡烛的设计理念制作成PPT，在展示课上进行展示.	
课上	对所做的思维导图进行展示评价	【组织学生评价】 【教师评价】总结同学们的评价，思维导图的绘制一定要注意其完整性、相关性、层次性、精确性、深刻性、创新性。集以上特征于思维导图中，才是一张高质量的、优质的思维导图。	【作品展示】学生评价出的最美思维导图，见图9和图10  图9  图10 【评价—赞赏】 逻辑清楚、内容清晰全面、层层递进、全面展示了化学问题的思考过程。 知识框架比较清晰、对所覆盖的知识点比较全面、也有自己的思考在其中。 首先梳理了蜡烛的相关知识，为下面设计应急蜡烛打下了基础，思考通过用了箭头层层递进、体现了化学问题思考的过程，值得推荐。	以更加新颖的形式评价学生成果（思维导图），构建教学评一体化。 进一步贯彻落实思维导图的评价标准：完整性、相关性、层次性、精确性、深刻性、创新性。

	对应急蜡烛的设计理念以 PPT 的形式进行汇报	【组织学生评价】 【教师评价】在汇报过程当中，很多组已经设计了石蜡和起酥油的质量比，但是有的组石蜡的质量给的并不合适（见图 12）；有些组给出了二者混合均匀的方法，以及蜡烛制作出来后试验其性能优劣的指标和方法（见图 13）；甚至有的组还提到了应急蜡烛外壳材料的问题（见图 14），提出铁盒易生锈，铝制材料又轻又不会生锈的问题。学生设计的产品 2.0 版本与 1.0 版本相比，更加的细致，更加量化，更加的有逻辑性和说服力，同时也不乏一些新颖的设计。	【作品展示】设计的应急蜡烛示意图展示：（见图 11 和图 12）  图 11  图 12 【作品展示】制作的 PPT 部分内容展示：（见图 13、图 14、图 15）并展开组间的【评价—质疑】和【评价—建议】 图 13 图 14 图 15	进一步对项目成果进行评价，进一步建构教学评一体化的课堂教学。 通过项目成果的展示进行生生评价和师生评价，明确知识生长点，也为将来进一步制作应急蜡烛和试验蜡烛性能的优劣提供理论的支持。
课下				

5. 项目实施评价设计

5.1 课上核心活动评价

序号	评价内容	评价任务（课堂核心活动）	评价标准（学生活动表现水平）			评价与反馈方式
1	主要对应急蜡烛的功能与需求、结构与材料方面进行评价，因为这部分是项目学习的重要内容，承载了所要发展的重要的核心素养。	评价任务 / 水平	水平 1：合格	水平 2：良好	水平 3：优秀	课下填表进行自评，同时进一步厘清思路、复习相关知识的获得过程，从而培养学生相应的核心素养。
		我能说出应急蜡烛的使用场景	说出一条	说出两条	说出两条以上	
		我知道蜡烛燃烧过程中石蜡和棉线是如何相互作用的	仅知道蜡烛燃烧过程中石蜡是主体可燃物	知道石蜡是主体可燃物，并能设计对比实验从而证明棉线的作用	除上述以外，还能够准确说出棉线的作用	
		我能根据元素守恒和蜡烛燃烧的现象说出燃烧的可能产物。	仅能说出蜡烛燃烧产生二氧化碳和水。	除了知道蜡烛燃烧产生二氧化碳和水，还知道有炭黑产生。	除上述内容外，还能猜测出蜡烛燃烧会产生一氧化碳。	
		我能通过定量计算找出反应过程中反应物相同、产物不同的原因。	我能够根据所给的石蜡的化学式分别写出蜡烛燃烧生成二氧化碳、一氧化碳和炭黑的方程式	我能根据化学方程式计算出可燃物和氧气恰好完全反应时，可燃物和氧气的质量比。	除上述外，我能够分析出若可燃物完全燃烧，氧气和可燃物的质量应满足什么比例。	
		我能够想出使蜡烛完全燃烧的具体措施	我能够提出一些措施，有自己的想法，但是不太合理	我能够说出可以通过改变棉芯的粗细来调控可燃物的质量，从而调控可燃物的质量比，使得可燃物能够完全燃烧	除此之外，我还可以设计实验证明多大股数的棉线合适用于制作应急蜡烛	
		我可以运用物理等学科的知识找出测量蜡烛燃烧速率的方法	我基本能够设计出测定蜡烛燃烧速率的方法（例如：可以测定燃烧一个小时消耗蜡烛的质量然后乘以 36 小时），但是没有考虑到蜡烛燃烧是否匀速进行的问题	除上述之外，我考虑到了蜡烛是否匀速燃烧的问题，而且能够设计出具体的实验步骤来测量蜡烛燃烧的速率	除此之外，还可以将蜡烛燃烧的具体质量数据用 Excel 作图，并且能够根据一次函数斜率问题得出蜡烛燃烧的平均速率。	

		我能画出应急蜡烛的草图并用超轻黏土模拟其形状	我有自己的想法，模拟出了蜡烛的形状，并说明了相关尺寸数据	我可以等比例的将超轻粘土塑造出的蜡烛形状等比例的画在图案上	除上述外，我能够想到蜡烛直径太大的话，会有"壳"的现象出现，浪费了燃料，而且燃烧时长可能也不达标。	
		我推测出应急蜡烛中应添加熔点较低的物质	我猜测出应该在石蜡中添加新物质这一使得"石蜡壳"熔化的方法	根据老师所给的信息，我能够推测出加入的物质应该具有的性质	除此之外，我能够知道为什么加入熔点低的起酥油能够使"石蜡壳"熔化。	

5.2 项目作品及展示的评价

序号	评价内容	评价标准（学生活动表现水平）			评价与反馈方式
1	对思维导图进行评价，分别从完整性、相关性、层次性、精确性、深刻性、创新性七个方面进行评价。	水平 1：合格	水平 2：良好	水平 3：优秀	课上展示；小组展示完之后，针对思维导图的 7 个方面，展示小组进行自评，其他小组对展示小组进行评价、建议和反馈。
		内容较为完整、知识梳理具有层次性、但是具体阐述有个别错误的地方，而且缺乏自己的思考。	内容完整、无知识性错误、内容之间的层次性和相关性表述清楚、但是在深刻性和创新性方面有所欠缺，缺乏自己的思考。	内容完整、内容之间的层次性和相关性表述清楚、而且知识方面叙述准确，没有任何错误，在深刻性和创新性方面有所体现，有自己的想法。	
2	设计的应急蜡烛和 ppt 展示：	水平 1：合格	水平 2：良好	水平 3：优秀	课上展示小组展示完之后，展示小组进行自评，其他小组对展示小组进行评价、建议和反馈。
	棉线股数	仅能说出应急蜡烛制作需要棉线，并没有定量的描述。	不仅能说出应急蜡烛的制作需要棉线，而且还能说出选择的棉线股数，但并未准确表达选择 18 股股数棉线的原因。	不仅能说出应急蜡烛的制作需要棉线，而且还能够选择出使用 18 股的棉线，并且知道选择不同股数的棉线实际是在调控可燃物与氧气的质量比，使得燃烧更加充分，尽量避免有黑烟的现象产生。	

	石蜡	仅能设计出蜡烛是个圆柱体，并未说明直径和高度。	能具体写出应急蜡烛的直径和高度，并未说明原因。	能设计出应急蜡烛的直径和高度，并能够说明原因，还能和所设计蜡烛的总质量取得关联。	
	添加物	选择了起酥油这种添加物，但并未说明加入的作用和添加多少或者比例问题。	选择了起酥油这种添加物，并且说明加入的原因，同时还具体说明了加入的比例（只改变了一种比例）。	选择了起酥油这种添加物，并且说明加入的原因，同时还具体说明 了加入的比例（选择好几种不同的比例来探究）。	
	燃烧速度	知道加入了添加物要重新测定蜡烛的燃烧速度，但并未给出具体的操作步骤。	知道加入了添加物要重新测定蜡烛的燃烧速度，并给出具体的操作步骤。	知道加入了添加物要重新测定蜡烛的燃烧速度，并给出具体的操作步骤，还预测了可能出现的现象。	
	创新设计	除上述提到的方面，没有自己的创新设计。	除上述提到的方面，有自己的创新设计，包括蜡烛的外包装或者颜色、香味等等。	除上述提到的方面，有自己的创新设计，包括蜡烛的外包装或者颜色、香味等，并给出了具体的理由。	
	协同合作	体现小组合作，有简单的任务分工，成员合作完成部分任务。	分工较为明确，每个成员都能在探究活动中发挥作用，展现较为充分的合作，成员合作完成各项任务。	分工明确合理，每个成员都积极参与，互相沟通、互相帮助、共同克服困难完成任务。	
	表达交流	汇报思路不清晰，展示形式单一。	按照一定的思路呈现项目成果，展示形式比较丰富，语言比较流畅。	按照清晰的思路呈现项目过程和成果，展示形式多样，语言流畅、抑扬顿挫。	

6. 项目教学反思及改进建议

（1）该项目教学与原有教学的区别

原有教学在人教版上册第七单元的第二节，书中只是简单介绍了使可燃物燃烧更加充分的措施即充足的氧气、增大接触面积。本项目在教材原有内容的基础上进行了拓展和延伸，主要从可燃物的角度来调控化学反应。将充足的氧气通过化学方程式的计算定量为可燃物与氧气的质量比，而且具体到蜡烛还给出了通过调控棉芯的股数来调控可燃物的质量的具体措施。除此之外，还介绍了可以通过调控可燃物的组成来调

控化学反应的新视角。

（2）备课、试讲、正式讲、总结等不同阶段的教学改进

在备课和试讲的阶段，项目味并不是很浓，没有把《设计应急蜡烛》作为设计类项目教学的精髓体现出来，没有把功能和需求、结构与材料需要主要探讨的点显现化。经过两位教研员的指导，在正式讲和总结阶段，重点加强和外显应急蜡烛功能和需求、结构与材料的相关内容。

（3）教师对导引课、探究课、展示课的认识与发展

这三种课型，老师们都觉得导引课是最难上的，因为导引课有统领全局的作用，在导引课上，学生要明确项目研究的重要意义，学生又要对项目的任务进行自主拆解。如何进行项目拆解是非常重要且在课堂上比较不好实施的环节。

通过本项目的实施，我对导引课或者导引环节的实施有了深刻的体会。在具体措施方面，同种类型的项目学习，有着类似的实施策略。例如：设计制作类的项目学习，都必须明确项目产品的功能与需求、原理与装置、结构与材料等方面的问题。不管是何种类型的项目式教学，都有一定的实施规律可寻，只要掌握一定的规律，便可打通任督二脉，实施起来得心应手。

"'体心脑行，聚宽十八'——北京市第十八中学英文宣传片摄制项目"项目学习教学案例

佐安

《"体心脑行，聚宽十八"——北京市第十八中学英文宣传片摄制项目》项目学习教学案例

基本信息

学科	英语	设计者	佐安	指导者	陈新忠、付绘、宋红靖
实施年级	高二	版次	北师大版 2019 版	学校	北京市第十八中学

课程标准模块	人与社会
使用教材	高中英语教材北师大新版（2019）选择性必修二
项目名称	“体心脑行，聚宽十八”——北京市第十八中学英文宣传片摄制项目
课时安排	4 课时

一、项目背景

项目的社会意义、学生学习价值

社会意义：

北京市第十八中学与多个国家地区的学校建立了友好学校关系，且多次组织、参与了线上线下国际交流活动。随着学校国际文化交流基地的成立，十八中学子也有机会参与到学校对外交流宣传中。

2022年11月，北京市第十八中学学生代表北京市青少年参加了韩国济州教育厅主办的第13届济州青少年论坛。在此次线上国际交流闭幕式汇报展示中，来自亚洲、欧洲、美洲、澳洲的青少年代表将以自制视频的形式交流、分享校园文化。本项目学习将以此为背景，展开校园英文宣传片评选活动，学生结合利用英语学科知识，开展《“体心脑行，聚宽十八”——北京市第十八中学英文宣传片摄制项目》。本项目学习最终评选成果将为北京市第十八中学未来的国际学生交流活动提供素材支持，助力十八中国际交流基地的发展。

学习价值：

学生在“人与社会”主题下，对媒体、母校校园文化进行学习理解，核心素养可以得到全面提升，实现英语学科育人价值。语言能力方面：学生通过分析宣传片内容结构，在项目中整合性地运用语言知识撰写和翻译文案，在后期配音工作中，有效地使用口语表达意义进行展示和交流；文化意识方面：加强对母校的认识与了解，加强对我国教育事业的理解，通过此项目进一步坚定文化自信，形成自尊、自信、自强的良好品格，增强一定的跨文化沟通和传播中华文化的能力；思维品质方面：可以通过梳理、概括信息，正确评判文本中关于媒体的各种思想观点，创造性地表达自己的观点，具备初步用英语进行独立思考、创新思维的能力；学习能力方面：学生在项目学习过程中整合利用各种资源，通过走进教材、学习文本，到实地访问、动手实践，可以进一步树立正确的英语学习观，保持对英语学习的兴趣，选择恰当的策略与方法，监控、评价、反思和调整自己的学习内容和进程。

项目所处的教学阶段、与课标、教材的关系

课标倡导指向学生核心素养发展的英语教学应以主题意义为引领，以语篇为依托，整合语言知识、文化知识、语言技能和学习策略等学习内容，创设学习活动，引导学生采用自主、合作的学习方式，参与探究，借助信息技术，确保核心素养的提升。本项目所处教学阶段为高中第二学年第一学期，所用教材为高中英语教材北师大新版（2019版）选择性必修二，项目依托的主题单元为第六单元Media，话题是“人与社会”主题语境下的“社会服务、人际沟通”主题群。在此语境的引领下，学生能了解人获得信息的途径及方法，正确地认识各种媒体。从而，学生可以在学习完本单元后对已学内容梳理回顾，形成知识与主题网络，将之应用于实践，实施学校英文宣传片摄制项目，让学生通过完整真实的项目认识媒体，利用媒体，实现交流交际的目的，符合课标提出第六单元The Media“人与社会”主题中的“社会服务、人际沟通”的学习要求。

二、项目中承载的核心知识及其知识结构

课标分析

高中英语教学的基本理念之一是：优化学习方式，提高自主学习能力，高中英语课程的设计与实施，有利于学生优化英语学习方式，使他们通过利用观察、体验、探究等积极主动的学习方法，充分发挥自己的学习潜能，形成有效的学习策略，提高自主学习的能力；要有利于学生学会运用多媒体和信息资源，拓宽学习渠道，形成具有个性的学习方法和风格。对标课程标准，在项目学习中，学生可以：

主题语境：本单元的话题是“人与社会”主题语境下的“社会服务、人际沟通”主题群。在此语境的引领下，学生能了解人类获得信息的途径及方法，正确地认识各种媒体。

语篇类型：通过听取专题讨论与讲座，学习跨文化沟通、包容与合作、了解影视、媒体等领域的概况及其发展。

语言知识：

语音知识：运用重音、语调、节奏等比较连贯和清晰地表达意义、意图和态度等。

词汇知识：在比较复杂的语境中，运用恰当词汇命名事物，进行指称，描述事件发生、发展的过程，描述特征，说明概念等。根据话题、语境、场合和人际关系等各种因素，选择恰当的词语进行比较流利的交流或表达。

语法知识：正确理解和使用过去完成时、现在完成时等时态，正确理解和使用动词不定式作句子的主语和表语，正确理解和使用动词-ing形式及动词-ed形式作句子中的主语、宾语和表语，正确理解和使用由关系代词which、who、whom、whose和关系副词when和where引导的非限定性定语从句。

语篇知识：学习语篇的信息与语法结构组织方式，如：通过使用被动语态或调整主从复合句中主句和从句的位置，在句子中合理安排重要信息的位置，以提高语篇的连贯性。

语用知识：在跨文化沟通中，明确交流对象的文化背景、身份、年龄、关系等情况，正确选择正式表达，选择得体的语言形式进行有效沟通。

文化知识：了解中外文化的差异与融通，在跨文化交际中初步体现交际的得体性和有效性。

语言技能：使用文字和非文字手段描述事物特征。借助语调和重音突出需要强调的意义。根据表达意图和受众特点，有意识地选择和运用语言，设计合理的语篇结构。使用恰当的语调、语气和节奏，提高表达的自然性和流畅性。使用图像、声音、图表等非文字资源创造性地表达意义。

学习策略：在项目学习过程中，实施并监控计划实施过程，按需调整；借助多种渠道、技术、资源检索材料；阶段性反思总结，不断修正。

在摄制宣传片项目实施过程中，学生可以通过撰写和翻译文案，在此语境中整合性地运用已有语言知识，在后期配音工作中，有效地使用口语表达意义进行展示和交流；学生在摄制宣传片过程中，通过走访、拍摄、查阅学校官网等方式，会加强对母校的认识与了解，加强对我国教育事业的理解，通过此项目进一步坚定文化自信，形成自尊、自信、自强的良好品格，增强一定的跨文化沟通和传播中华文化的能力；在项目推进前期，学生通过教材相关主题文本的学习，可以进一步梳理、概括信息，正确评判文本中关于媒体的各种思想观点，创造性地表达自己的观点，具备初步用英语进行独立思考、创新思维的能力；在项目的前期、中期和后期，学生整合利用各种资源，通过走进教材、学习文本，到实地访问、动手实践，可以进一步树立正确的英语学习观，保持对英语学习的兴趣，选择恰当的策略与方法，监控、评价、反思和调整自己的学习内容和进程。通过项目学习，学生的语言能力、文化意识、思维品质及学习能力核心素养会得到进一步培养。

教材分析

本项目依托的教材是高中英语北师大新版（2019版）选择性必修二，本教材是学生必修阶段学习完成后的第二册选择性必修课程用书。这一阶段的课程与必修课程相衔接，包含了更丰富的主题内容和更多类型的语篇材料。选择性必修二册的内容包括人际沟通、文学、艺术、社会与文化、生活与学习、做人与做事、科学与技术、宇宙探索等主题。本书将继续通过听说读写看等学习活动，帮助学生学会运用英语获取中外文化知识，探究中外文化内涵，比较中外文化异同，构建跨文化意识；引导学生学会得体地运用英语进行沟通和交流，用英语讲好中国故事；促进学生学会多元思维，提升分析和解决问题的能力，养成良好的品格修养和正确的人生观、价值观。

内容分析

本项目依托高中英语教材北师大新版（2019）选择性必修二第六单元展开导引探究，标题为The Media，属于“人与社会”主题中的“社会服务、人际沟通”。本单元语篇内容丰富，形式多样，以听力、阅读、视频等多模态语篇形式围绕The Media这一单元主题展开，主要涉及影视制作、广告以及影评等，从开始的探讨媒体的类型及其优缺点，再到明确改编电影不能完全取代书籍，二者各有自身的价值，以及广告业的发展等。通过听、说、读、写、看等活动，带领学生学习、思考，以学生为主体，依托语篇，将语言和文化学习融入对主题意义的探究中，从不同角度引导学生深入探索“人与社会”这一主题，在此语境的引领下，学生能了解人类获得信息的途径及方法，正确地认识各种媒体。

学情分析

本项目学习授课对象是北京市示范性高中的高二学生，学生的词汇量、语言理解能力及语言运用能力等方面基础较好。

媒体这一话题是备受高中学生喜欢的话题，绝大多数学生能够理解单元主题内容和提取相应细节信息；绝大多数学生有关注各类媒体的习惯或摄制媒体作品的经历。但并不一定有亲自摄制英文媒体作品的经历与专业知识储备，且对于学生来说，话题须与其实际生活相关，这样学生才能在内容方面做到有效输出。学生虽有用英文介绍人物、物品、地点的语言能力，但还不能够具备用准确、丰富、具有逻辑地英语介绍学校及校园文化内涵，缺乏设置介绍模块的逻辑架构。另外，学生对“介绍学校”的理解仅停留在书面形式层面，对于宣传片字幕的写作、翻译及配音要求并不熟悉。随着交流范围的扩大，学生以后会有摄制英文短片的需求。

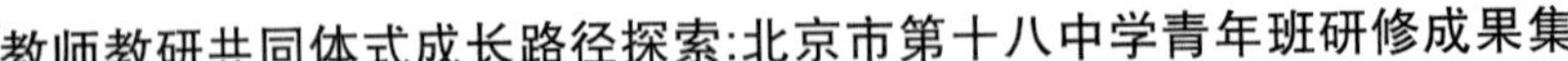

项目所承载的核心知识及其内容框架，以思维导图方式呈现

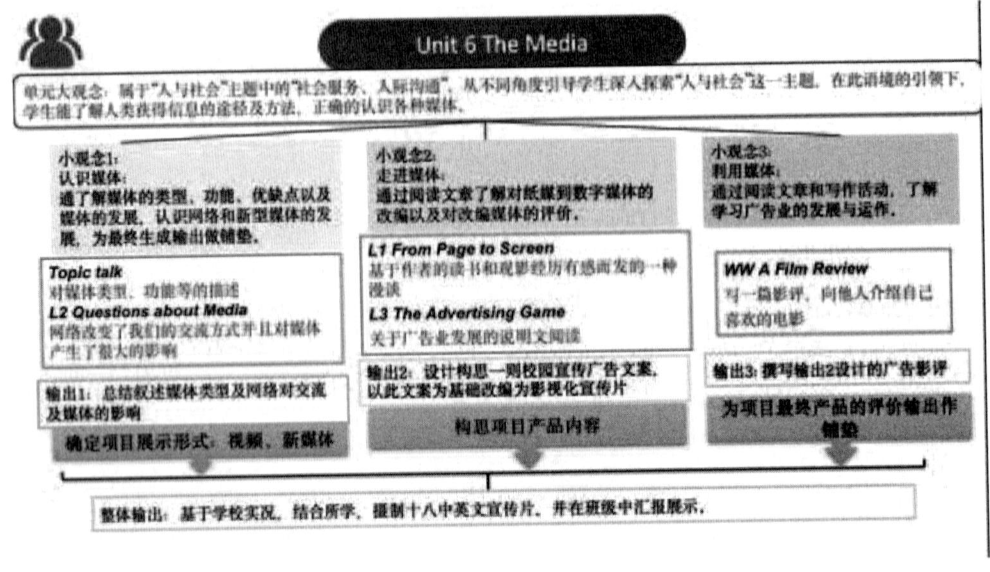

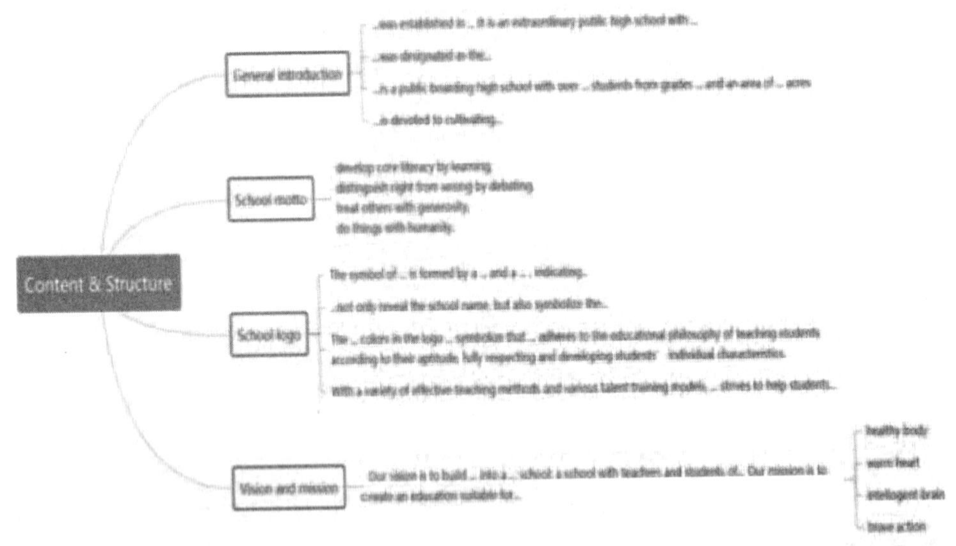

三、项目本体解读

项目所包含的实际(综合复杂)问题的本体分析、问题解决过程分析

项目的设计有一套重要的标准，包括：真实性、学术严谨性、学以致用、积极的探索、与成年人的联系，还有评价的实际应用。（《项目学习教师指南》，2008）

根据以上设计标准，结合高中英语课程标准、高二英语教材内容、学校教育理念以及学生发展需求，选择设计了"'体心脑行，聚宽十八'——北京市第十八中学英

文宣传片摄制项目”，项目成果内容以北京市第十八中学在国际交流活动中展示风采为目的，以十八中校园建设、教学特色、学生风采等为主要内容，以英语为口语配音语言，中英双字幕为书面表达语言，形成《“体心脑行，聚宽十八”——北京市第十八中学英文宣传片摄制项目》。

在项目推进过程中，学生将开展以下学习及实践活动：

1.学习理解媒体的类型、作用及新媒体发展现状；

2.设立十八中英文宣传片摄制项目，确认分工；

3.观看校园现有长版宣传片，了解校园宣传片这一媒体类型的内容和特点并思考如何拍摄短版英文宣传片；

4.以北京市某学校英文版官方网站的校园宣传介绍文案为例，学习了解校园宣传文案的写作及配音要求；

5.浏览学校官网，积累拍摄素材，进行视觉方面的后期制作；

6.展示汇报初稿，根据评价建议进行润色修改，完成终稿制作，进行展示。

四、项目学习目标(用条目形式呈现)

项目所包含的实际(综合复杂)问题的本体分析、问题解决过程分析

1.通过分析确认项目背景，解析项目任务，设计宣传片框架；

2.鉴赏分析校园宣传片，学习并掌握英文宣传片作用、结构及内容；

3.通过精读校园宣传文案范本，学习、掌握适用宣传文案特点及有效表达；

4.通过运用所学语言，根据经过整合的学校概况等信息及媒体资源，撰写和翻译宣传片文案初稿；

5.通过展示文案初稿，改进打磨初稿，按字幕语言要求，定稿后进行配音；

6.通过小组合作生成最终成片，说明宣传片摄制思路，展示评比。

通过单元整体教学活动的开展与推进，在本次项目学习后，学生的语言能力、文化意识、思维品质及学习能力、核心素养会得到进一步培养；通过撰写和翻译文案，在此语境中整合性地运用已有语言知识，在后期配音工作中，有效地使用口语表达意义进行展示和交流；学生在摄制宣传片过程中，会加强对母校的认识与了解，加强对我国教育事业的理解，通过此项目进一步坚定文化自信，形成自尊、自信、自强的良好品格，增强一定的跨文化沟通和传播中华文化的能力；在项目推进前期，学生通过教材相关主题文本的学习，可以进一步梳理、概括信息，正确评判文本中关于媒体的各种思想观点，创造性地表达自己的观点，具备初步用英语进行独立思考、创新思维

的能力；在项目的前期、中期和后期，学生整合利用各种资源，通过走进教材、学习文本，到实地访问、动手实践，可以进一步树立正确的英语学习观，保持对英语学习的兴趣，选择恰当的策略与方法，监控、评价、反思和调整自己的学习内容和进程。

五、项目作品规划(作品内容、形式、完成的时间安排)

项目所包含的实际(综合复杂)问题的本体分析、问题解决过程分析

1.探究课第1课时结束时：通过运用所学语言，根据经过整合的学校概况等信息及媒体资源，撰写和翻译宣传片文案初稿；

2.探究课第2课时结束时：通过展示文案初稿，改进打磨初稿，定稿后进行配音；

3.展示课：生成最终成片，说明宣传片摄制思路，展示评比，撰写宣传片评论。

六、项目评价方案

1、课上核心活动评价

序号	评价内容	评价任务(核心活动)	评价标准(学生活动表现水平)	评价与反馈方式
1	媒体的概念、类型与作用	学生介绍媒体的概念、类型、作用	学生能否利用所学语言合理正确介绍媒体的概念	讨论、阐述
2	校园英文宣传片的结构、内容、语言	学生分析总结英文宣传片的结构、内容与语言，浏览十八中官网，撰写宣传片文案初稿	学生能否准确分析出校园英文宣传片的结构与内容，能否根据英文宣传片的语言特点，运用有效表达撰写文案	讨论、展示
3	校园英文宣传片的语言及媒体字幕特点要求	学生根据评价改进初稿	能否根据评价标准及字幕写作特点，正确运用语法、语言知识改进文案	阐述、展示
4	校园英文宣传片的制作	学生通过调研、实践、整合所学，生成项目成果——十八中英文宣传片	学生能否围绕核心问题和主题意义全面、有逻辑地展示汇报所探究内容	阐述、小组展示

2.项目作品及展示的评价

Evaluation Form					
Key questions	Key items	Group 1	Group 2	Group 3	Group 4
How do you like the creation of the video?	general introduction of the school school motto and school logo students' school life	eg. √			
How do you like the production of the video?	a full display of the beautiful scenes suitable and beautiful music dubbing(配音): fluency, pronunciation, intonation and rhythm				
How do you like the language of the video?	grammatically correct suitable expressions				
If the group has covered the above items, please tick(√) in blanks. Discuss and share in groups: which video do your members prefer? And why?					

Homework: final task

1. Revise and improve your group videos according to the evaluation form.

2. Please upload the video to your WeChat video account and collect likes 2 **comments** from Dec.11th to Dec 18th.

Evaluation Form					
Key questions	Key items	Group 1	Group 2	Group 3	Group 4
How do you like the creation of the video?	general introduction of the school school motto and school logo students' school life	eg. √			
How do you like the production of the video?	a full display of the beautiful scenes suitable and beautiful music dubbing(配音): fluency, pronunciation, intonation and rhythm				
How do you like the language of the video?	grammatically correct suitable expressions				
If the gr... covered the above items, please tick(√) in blanks. Discuss and share in groups: which video do your members prefer? And why? What has the group improved?					

3.课时作业的设计，包含以下要素：

(1)课上活动的总结反思；

(2)课上核心知识及解决问题思路方法的巩固与应用；

(3)为下一节课做的准备活动(例如：设计方案、查找资料等)。

导引课作业：叙述媒体类型及网络对交流及媒体的影响，确定项目分组，积累拍摄素材；

探究课1作业：结合小组已有拍摄素材、成果大纲以及本节探究课所学，撰写宣传片文案初稿，初步开展宣传片视觉方面的后期制作，制成宣传片初稿或形成项目组工作过程及思路的PPT汇报；视频要求：时长1.5~2.5小时，横屏拍摄，图片、视频可结合，背景音乐建议用无歌词版曲目；ppt要求：全英文。首页：汇报主题、小组成员及分工；展示现有项目成果；详细展示制作思路及过程；重点展示视频脚本内容（每段文字有相应视频截图）。

探究课2作业：结合小组的已有准备以及本节探究课所学，当堂撰写影评，根据影评完成定稿，制成宣传片第二稿，形成项目组工作过程及思路的PPT汇报。

展示课作业：根据评价修改，将定稿上传至教师指定微信视频号，集赞评选最佳作品。

七、项目活动整体规划

以流程图的方式呈现，包含任务线索、问题线索、知识线索、活动线索、能力素养发展线索及课时安排

	驱动问题	核心知识	核心素养	计划课时
导引课	走进媒体世界	有关媒体的类型、作用的表达	语言能力、学习能力	1
探究课	如何制作校园英文宣传片	英文宣传片的内容、结构及描述性表达及媒体字幕语言要求	语言能力、学习能力、文化意识	1
	如何评价校园英文宣传片	撰写对媒体作品的评价	语言能力、学习能力、文化意识	1
展示课	展示评选十八中英文宣传片	英文宣传片的结构、内容、语言;正确、有效、得体地进行跨文化沟通	语言能力、思维品质、文化意识	1

八、具体课时设计

1.项目导引课

实施过程	活动内容、形式及其组织	活动意图（知识、素养）	教师的准备（活动形式的设计、素材的准备、对学生要说的活动要求）
课前活动	小组通过访谈调查了解学生对于媒体、十八中、对外宣传交流的兴趣与认识	铺垫话题，创设主题语境	小组代表介绍调查情况
课上活动	通过听力和阅读材料了解媒体的类型，功能及其优缺点；认识新型媒体网络和传统媒体: 1. 提取听力文本中网络对人们生活带来的变化以及网络对媒体的影响等基本信息； 2. 能够根据听力内容，归类整理问题的答案，并辨析听力文本中的事实和观点信息； 3. 通过小组合作，基于生活实际，谈论网络对媒体的影响以及人们了解新闻方式的变化，清晰阐明自己的观点。	了解人类获得信息的途径及方法；掌握核心词汇及句式表达	教师音频、视频、文本素材，基本技能练习 组织学生展开小组讨论，引导学生合作分工。
	基于上述学习与理解，发布项目任务，确定项目展示形式：视频新媒体，设立宣传片摄制评选项目。 学习共同体成立项目学习产品小组，确认项目框架及分工。	通过分析确认项目背景，解析项目任务，为项目实施作准备。	
课下任务（包括作业）	叙述媒体类型及网络对交流及媒体的影响，确定项目分组，积累拍摄素材	进一步正确认识各种媒体，为项目实施作准备。	小组合作，完成信息获取。

2.项目探究课

探究课第1课时

实施过程	活动内容、形式及其组织	活动意图（知识、素养）	教师的准备（活动形式的设计、素材的准备、对学生要说的活动要求）
课前活动	学生已有初步的素材准备，并已做好项目分工准备。	铺垫话题，激活主题意识	小组汇报现阶段的准备工作
课上活动	回顾并阐释导引课所学媒体的作用，明晰项目成果目的及重要性。	再次明确项目学习背景及目标，为本节探究课学习内容做准备。	教师准备音频、文本素材，学生即时回顾分享。
	赏析学校现有的校园中英文宣传片，解析校园英文宣传片的形式、特点、结构、内容。	学习理解：引导学生赏析范本，获取内容及风格特点；理清一部英文宣传片的结构与内容；探寻宣传片文案撰写及拍摄素材来源。	教师准备视频素材，让学生通过视听活动解析宣传片。
	通过浏览范本宣传视频及其英文官网，学习理解校园宣传文案的语言及结构。	提炼总结：通过进一步分析范文，总结文本结构，找出与本体裁和话题相关的功能性语言，并激活学生已有语言知识，拓展语言储备。帮助学生在语言内容与结构间建立联系，内化知识，提高写作语言运用能力。	教师准备视频及文本素材，让学生通过视听及精读活动学习理解语言知识。
	浏览十八中官网，提取撰写文案所需素材与内容，结合所学语言内化练习。	内化运用：由范本导向实操项目，积累文案写作具体内容。	教师提前要求学生自带电脑，学生利用小组准备好的设备，搜集素材。
	讲解媒体字幕语言的特点及要求，掌握宣传片文案评价标准，小组讨论敲定项目实施方案，构建并展示分享项目成果大纲。	迁移创新：激活学生头脑中与写作任务有关的知识网络，深入理解媒体语言特点及要求，增强标准意识，为高质量写作任务奠定基础。	展示英文宣传片文案评价标准，以及小组合作评价标准。
课下任务（包括作业）	结合小组已有拍摄素材、成果大纲以及本节探究课所学，撰写宣传片文案初稿，初步开展宣传片视觉方面的后期制作，制成宣传片初稿，或，形成项目组工作过程及思路的PPT汇报。	通过让学生完成作业，帮助学生运用所学知识有效地展示、宣传校园；积极展开共同体合作，提升学习能力。	小组合作，完成项目学习初版汇报： 视频要求：时长1.5~2.5h，横屏拍摄，图片、视频结合均可，背景音乐建议用无歌词版曲目； PPT要求：全英文。首页：汇报主题、小组成员及分工；展示现有项目成果；详细展示制作思路及过程；重点展示视频脚本内容（每段文字有相应视频截图）。

探究课第2课时

实施过程	活动内容、形式及其组织	活动意图（知识、素养）	教师的准备（活动形式的设计、素材的准备、对学生要说的活动要求）
课前活动	通过小组活动，制成宣传片初稿或形成项目组工作过程及思路的 PPT 汇报。	唤醒项目探究主题意识，反思项目实施效果。	小组合作，完成项目学习初版汇报。
课上活动	回顾并阐释探究课第 1 课时所学的语言、结构、内容层面的知识。	激活已知	展示核心知识导图，引导学生讨论并阐释。
	在最终成果展示汇报前，介绍影评的概念，通过阅读影评范文，梳理影评的文本结构，辨别影评的组成部分及具体内容： 1). What is the name of the film? 2). Who are the main characters in the film? 3). What is the film about? 4). What is the author’s opinion about the film? 内化运用影评的有效表达	检验学生探究第 1\2 课时所学成果，让学生建立标准化写作的意识，帮助学生改进文案，保障良好的交际效果。	给学生展示评价表，评价文案结构是否合理、语言是否精彩、内容顺序是否恰当等，引导学生在校园英文宣传文案中使用恰当规范的语言进行介绍、展示与文化交流。
	邀请 1 个小组展示汇报，根据评价标准，小组间互评（组内分工评价）。		
	小组讨论，整合评价结果，撰写宣传片影评，并在班内点评。		
课下任务（包括作业）	结合小组已有准备以及本节探究课所得的评价内容，制成宣传片第二稿，形成项目组工作过程及思路的 PPT 汇报。	通过让学生完成作业，帮助学生运用所学知识有效地展示、宣传校园；积极展开共同体合作，检验学习成果，提升学习能力	展示小组合作要求及评价标准，学生需准备视频素材及 PPT。

3.成果展示课

实施过程	活动内容、形式及其组织	活动意图（知识、素养）	教师的准备（活动形式的设计、素材的准备、对学生要说的活动要求）
课前活动	项目小组已制成第二版宣传片，且完成项目实施过程及思路汇报。	通过让学生完成作业，帮助学生运用所学知识有效地展示、宣传校园；积极展开共同体合作，检验学习成果，提升学习能力。	展示小组合作要求及评价标准，学生需准备视频素材及PPT。
课上活动	回顾导引课以及探究所学，重现项目学习背景及要求。	激活学生头脑中与项目任务有关的知识网络，为高质量完成项目奠定基础。	展示核心知识导图，引导学生讨论并总结。
	小组进行成果展示，根据评价标准，小组间互评（组内分工评价）； 小组讨论，结合探究2课所学的影评写作，整合评价结果，并在班内点评； 被点评小组总结并分享心得与收获。	强化小组合作意识和媒体写作规范意识，促使学生恰当地用英文宣传校园，提升学生的跨文化交流能力。	展示评价标准及小组合作任务：小组内1人记录汇总汇报，3人提供评价内容；教师观察学生合作讨论的情况；给予一对一组的定稿指导。
	根据评价结果，项目小组现场工作，生成英文宣传片定稿		
课下任务（包括作业）	将定稿上传至教师指定微信视频号，集赞评选最佳作品。	对标学习目标，学以致用，检验成果。	收集项目产品，为学生指定1个评选视频号，评选为期一周，将最佳作品推荐至学校。

九、核心活动的实施实录

(项目实施后填写，需要跟前面的教学过程一致，核心活动)

十、该项目教学中的典型问题与解决对策

学生的典型表现与关键教学问题分析(项目实施后填写，共性问题、需要呈现学生表现的具体描述)

十一、项目学习资料

(项目学习的主要支持材料的清单，可分类呈现，重要资料的完整内容附在清单后)

1.《普通高中英语课程标准（2017年版2020年修订）》，中华人民共和国教育

部，人民教育出版社，2020.

2.《项目化学习设计：学习素养视角下的国际与本土实践》，夏雪梅，教育科学出版社，2021.

3.英语项目式教学的探索与实践，胡舟涛，教育探索，2008.

4.基于项目的学习(PBL)模式在教学中的应用，高志军，电化教育研究，2009.

5.项目式学习：培育核心素养的重要途径，贺慧，张燕，林敏，基础教育课程，2019.

6.《高中英语北师大新版（2019）选择性必修二》，北京师范大学出版社，2019.

7.北京市第十八中学集团宣传片

8.北京市第十八中学集群宣传片

9.北京十一学校官网

十二、教师的反思与成长

该项目教学与原有教学的区别

备课、试讲、正式讲、总结等不同阶段，教学改进

教师对导引课、探究课、展示课的认识与发现

项目化学习区别于一般学习，这一模式强调要以学习者为中心，让学生关注真实的世界，在了解和掌握核心概念的同时，解决现实问题，完成实际成果。项目化学习的一大特色和亮点就在于它可以实现跨学科设计与合作，将两个或多个学科概念和知识进行整合重构，培养学生的多学科思维，实现多学科知识的互动创造，让学生在实施同一项目过程中，通过不同学科的角度展开学习。

纸上得来终觉浅，需要在此过程中，对项目化学习的概念提炼、分解、再分层。以本项目为例，可以以教学单元“媒体”这一话题为主题和依托，基于学生现实对外交流与生活发展需求，设立“校园英文宣传片摄制”项目化学习活动，学生在提出的驱动性问题的引导下，在学习核心知识、探究关键概念后，动手实践，解决现实中的问题，生成项目成果——十八中英文宣传片。学生可以在实施项目过程中，持续监测、评价、反思学习过程，实现合作学习，培养核心素养，提升学习能力。

“中学女生趣味篮球赛的设计与实践”项目式单元教学设计

张磊、张天奇、李冬旭

授课教师：张磊、张天奇、李冬旭　　单位：北京市第十八中学
指导教师：李忠诚　　单位：北京市基教研中心
指导教师：路媛媛　　单位：北京教育学院丰台分院
指导教师：高飞　　单位：北京市丰台区南苑中学
指导教师：朱俊　　单位：北京市第十八中学

一、设计理念与思路

《义务教育体育健康课程标准（2022年版）》要求要以培养“学科素养”为核心，坚持“健康第一”的理念，本单元依据学生的身心发展规律和课程的育人特点设计与实施教学。鉴于运动能够对神经肌肉和激素系统产生影响，在开展单元教学时，着重分析精神、情绪和生理之间的联系，进而分析身体训练和精神升华或意志品质提升之间的联系。在教学中，将裁判员手势渗透于学生在课上的各种练习过程，通过“情景教学”，引导学生在应对不同情境下能够及时识别出违例和犯规动作。教师通过不断的渗透和教授，以及在比赛过程中遇到违例和犯规动作时，及时停下进行对应的裁判员手势，使学生掌握相关的知识和判罚能力。

通过本单元的学习，学生从不同角度出发，对于篮球运动产生了不同层次的理解。在本单元的学习中，学生从篮球技术动作的学习者，到理解篮球规则以后的执裁者，再到小组为单位进行探究并设计比赛成为趣味篮球赛方案的制定者，最终按照自己设计的比赛方案开展比赛，变成比赛的执行者，不同身份的转变带给学生不同体验和不同的理解，培养学生自主学习的能力、小组合作的能力、赛事的组织能力以及语言表达和沟通能力等；通过不同能力的培养，最终达成教学目标，激发学生学习的兴趣以及坚持的动力，引导其更加关注个人身体健康，养成终身体育习惯。

整个单元教学是紧密相连、层层递进的，通过不断的练习和强化，学生运动技能得到提升，综合实践能力得到加强，伴随着老师不断提出的种种挑战，学生不断的跳出舒适圈，突破自己上限，培养学生的意志品质。整个单元计划的可行性、完整性、系统性保证了学生提升身体素质、运动表现、健康水平及整体状态的实效性，实现高效学习。

二、教学背景分析

（一）教学内容分析

1. 从运动技能的角度分析

九年级的女生在经历了七、八年级两年篮球单元的学习，已经具备一定的篮球运动基础，她们已经掌握原地单手肩上投篮、行进间双手胸前传接球、体前变向、胯下变向、背后变向、行进间单手低手投篮、后转身运球、一对一防守、传切配合、二打一配合等技战术，并对裁判规则有一定了解。本单元计划让学生们巩固掌握运用篮球技战术，加深学生对篮球规则的理解，掌握裁判员判罚手势，提高学生对篮球的兴趣。

2. 从促进健康的角度分析

通过本单元的学习，不仅让学生更加深层次的掌握篮球基本技能，将单一技术进行组合，最终用于实战，同时让学生再次熟悉和掌握篮球比赛中常见的违例和犯规的裁判手势，并在教师的引导下探究趣味篮球赛的方案制定和比赛实施。通过本单元的学习，可以让女生更了解篮球运动，每个同学都可以在篮球运动中找到适合自己的部分，喜爱篮球、更愿意参与到篮球运动中来。引导女生也可以把篮球运动作为终身体育的选择，另外也可以把裁判作为将来的职业。

（二）学情分析

本单元课程教学对象是我校九年级女生，共25人。学生身体、心理发育成熟，在初中阶段已经学习过篮球运、传、投、移动等基本技术，并对篮球战术也有一定的学习。本节课所授女生整体篮球水平较好，但也存在一些技术掌握相对较弱的同学，有比较强的认知、理解和模仿能力，自我意识增强，做事积极有热情，有强烈的表现欲。可以通过勤练、常赛的方式提高学生们对篮球运动的热情，在比赛中完善、提高、巩固所学篮球技术。九年级的学生具有很大的可塑性和易变性，在教学中采用小组合作、小组讨论的教学方法，以学生们为课堂主体，创设一个真实情景，让学生们可以积极主动的参与到学习中来，激发学生的学习兴趣，引导帮助学生增强自主学

习、团结协作、互帮互助的能力，培养学生积极向上的情感态度价值观。增强学生们的成就感及满足感。增进同学感情，增强班级凝聚力。创造一个和谐、宽松、愉快的课堂氛围，使学生能够更好地达成教学目标。

三、单元学习目标

1.运动能力

能够合理的运用所学的篮球技术及战术，进行实践比赛，并通过学习对篮球比赛的规则、编排、组织有所了解，提高学生们对篮球运动的兴趣，主动参与到篮球运动中来，提高班级凝聚力，增强学生团结协作、互帮互助、自主学习的能力。因此，如何能让所有同学都参与到篮球运动中来是我们本单元的出发点。除篮球技术技能外，还要全方位提高学生们对于篮球运动的了解及掌握，使每一位学生都能在篮球运动中找到自己擅长的部分，积极参与到篮球运动中来，并体会篮球带来的快乐。

2.健康行为

能积极、自主、安全地进行体育锻炼，营造良好的体育学习氛围，技术掌握相对较好的同学主动帮助“体困生”，形成班级自主学习的良好习惯、打造团结班级，愿意担当“小助手”“小骨干”的责任并发挥榜样力量。当在学习中遇到问题时，学生能够表现出稳定的情绪，有意识的调动自己的意志力解决问题，进行自我鼓励。了解热身及运动后放松拉伸的重要性，学会多种热身、拉伸的方法在课下练习时可以为自己所用。

3.体育品德

培养学生积极进取、顽强拼搏，勇于挑战自我的精神，在比赛中，使学生学会正确的比赛礼仪，学会在困难出现时进行自我鼓励，进行积极的心理建设。教师引导学生把体育课上的压力作为培养坚毅品格的时机，能够勇敢面对并按照老师教授的方法将注意力集中在“动作方法和技战术运用上”，逐步提高抗挫折能力。在小组合作练习中培养学生团结协作、互帮互助等良好的品质。

四、单元内容课时分配

<table>
<tr><th rowspan="2">内容概括</th><th rowspan="2">内容分类</th><th rowspan="2">具体内容（可参考课程标准的具体项目要求）</th><th rowspan="2">安排方式</th><th colspan="2">建议课时</th></tr>
<tr><th>小计</th><th>合计</th></tr>
<tr><td rowspan="5">中学女生篮球技、战术学习；
裁判方法；
趣味篮球比赛方案的探究与制定</td><td>基础知识与基本技能</td><td>1. 篮球基础知识的学习
2. 篮球基本技术的学习和复习</td><td>间断多次</td><td>3</td><td rowspan="5">16</td></tr>
<tr><td>技战术运用</td><td>1. 复习传切配合
2. 学习二打一</td><td>连续多次</td><td>3</td></tr>
<tr><td>展示与比赛</td><td>1. 运球折返练习
2. 组内半场比赛
3. 全场教学比赛</td><td>间断多次</td><td>6</td></tr>
<tr><td>规则与裁判方法</td><td>1. 裁判规则的学习
2. 裁判手势的学习</td><td>间断多次</td><td>2</td></tr>
<tr><td>观赏与评价</td><td>1. 能够看懂比赛并写感受
2. 能够设计比赛</td><td>间断多次</td><td>2</td></tr>
</table>

五、教学重点和难点

1.教学重点：

技术动作和战术中各种动作概念、动作要领、动作方法以及路线。

2.教学难点：

技术运用时上下肢的协调配合以及战术运用时机。

六、单元教学主要资源

篮球场、口哨、篮球、号坎、A4板夹、A4纸、签字笔、标志桶、课桌、篮球、标志杆、标志盘、呼啦圈、秒表等。

七、单元教学计划

学时	学习内容	学习目标	重点与难点	教与学的策略	作业建议
1	复习跨步、迈步传接球。	1. 基本掌握跨步、迈步传球的方法及传球的时机。 2. 熟练掌握跨步、迈步接球的技术动作，发展学生的速度、力量、灵敏、协调等身体素质。 3. 培养学生自主学习、团结互助、刻苦锻炼的优良品质。	重点：传球的准确性。 难点：上下肢的协调发力。	1. 熟悉球性练习（绕场运球、原地高低运球、颈、腰、腿绕环等）。2. 学生二人一组在3~5米范围内进行行进间双手胸前传接球练习。 3. 学生3人一组进行接传一个固定点的循环练习。 4. 小组比赛（看哪一组传接球持续时间长，次数多）。 5.4~5人一组接传多个固定点的练习。 6. 教师巡视指导。	1. 课下进行反复练习。

2	行进间单手低手投篮技术。	1. 认知目标：理解行进间单手低手投篮动作的基本要领。 2. 技能目标：基本掌握行进间单手低手投篮技术动作，命中率稳步提高，发展灵敏性、协调性及跳跃能力。 3. 情感目标：培养对篮球的兴趣和勇于进取的精神。	重点：充分向前上方起跳，投篮出手前保持单手低手托球的稳定性。 难点：用指腕上挑力量使球向前旋转投出。	1. 教师示范讲解行进间单手低手投篮动作。2. 单手持球反复“挑球”练习。 3. 拿固定球的行进间单手低手投篮。 4. 完整的行进间单手低手投篮练习。 5. 在比赛实践中的运用练习。 6. 教师巡回指导，个别纠正。 7. 学生展示，相互评价。	1. 课后观看相关视频。 2. 课下进行自主练习强化出手手型。 3. 以小组为单位课下讨论技术动作，共同进步。
3	复习行进间单手低手投篮。	1. 认知目标：明确行进间单手低手投篮技术在篮球运动中应用时机及方法。 2. 技能目标：基本掌握行进间单手低手投篮技术动作，同时发展学生灵敏、速度等身体素质及动作协调能力。 3. 情感目标：培养学生观察、自主学习能力，以及勇于面对和挑战困难的精神。	重点：迈步连贯，动作流畅。 难点：投篮时挑腕动作正确。	1. 熟悉球性练习。 2. 教师启发学生发现总结行进间低手上篮第二步继续加速的问题。 3. 分组行进间低手上篮练习。 4. 教师根据学生练习情况，指出错误动作并示范正确动作。 5. 教师提供学练方案，学生分组练习。 6. 小组展示交流，教师提出表扬。	1. 课下加强练习，强化行进间单手低手投篮。 2. 尝试在课下班级、年级比赛中应用技术。
4	学习运球后转身。	1. 认知目标：初步了解运球后转身的动作要领、锻炼价值及在比赛中的应用。 2. 技能目标：基本掌握运球后转身技术的脚步动作，同时发展学生灵敏性、协调性等身体素质。 3. 情感目标：培养学生善于观察，善于学习的能力，激发学习的欲望和自信心。	教学重点：确定中枢脚，拉球靠近身体。 教学难点：重心低保持不变。	1. 教师示范并讲解后转身运球完整动作。 2. 教师示范双手持球左脚为轴转 180°。 3. 学生进行左脚为轴，运球转身 180° 练习。 4. 右手运球，左脚上步后转身 180° 练习。 5. 完整动作练习。 6. 教师巡回指导并纠错。 7. 优秀学生展示。	1. 课后进行持球练习，强化左右两边转身步伐。 2. 以小组为单位课下讨论，自主练习，共同进步。

5	进一步学习运球后转身。	1. 认知目标：基本掌握运球后转身的技术动作。 2. 技能目标：能较好的完成运球后转身技术，发展学生的速度、力量、灵敏、协调等身体素质。 3. 情感目标：培养学生自主学习，团结互助，刻苦锻炼的优良品质。	重点：跨步、拉引球和后转身的连贯。 难点：拉引球和后转身的协调配合。	1. 熟悉球性练习（绕场运球、原地高低运球、颈、腰、腿绕环等）。 2. 教师示范双手持球右脚为轴转 180° 练习。 3. 学生进行右脚为轴，运球，转身 180° 练习。 4. 学生进行有球的慢速运球转身练习。 5. 学生进行运球后转身绕标志物练习。 6. 开展运球后转身绕标志物比赛。 7. 教师巡回指导。	1. 运球强化进一步后转身运球。 2. 在课后比赛，游戏中使用此技术。
6	巩固运球后转身衔接进攻动作。	1. 认知目标：掌握运球后转身动作要领，正确判断该动作技术使用的时机。 2. 技能目标：基本掌握在比赛中完成运球后转身衔接进攻动作，发展学生的速度、力量、灵敏、协调等身体素质。 3. 情感目标：培养良好的道德品质和团队精神，提高学生自主学习、合作探究学习的能力。	重点：正确判断步伐应用时机。 难点：转身后的快速摆脱。	1. 学生进行熟悉球性练习。 2. 学生开展有球的快速运球转身练习。 3. 教师进行个别指导。 4. 在消极防守情况下 一对一运球转身练习。 5. 在积极防守下进行一对一后转身练习。 6. 教学比赛。 7. 比赛过程中教师渗透简单的违例及裁判手势。	1. 尝试在比赛中应用该技术。
7	学习一对一防守。	1. 认知目标：了解一对一防守技术在篮球运动中应用时机及方法。 2. 技能目标：掌握一对一防守动作，发展学生的速度、力量、灵敏、协调等身体素质。 3. 情感目标：培养学生善于观察，善于学习的能力，激发学习的欲望和自信心。	重点：防守移动时的步伐。 难点：防守移动时的重心控制。	1. 教师讲解并示范动作要领。 2. 全场一对一防守无球队员练习。 3. 全场一对一防守有球队员练习。 4. 两人一组进行一攻 一防练习。 5. 发现问题，及时纠 错。 6. 优秀学生展示树立榜样。 7. 一对一攻防计时赛。	1. 练习滑步。 2. 课下观看视频学习防守如何选位。

8	复习一对一防守。	1. 认知目标：巩固提高一对一防守动作技术。 2. 技能目标：基本能迅速判断队员投篮意图并选择正确的防守动作，同时发展学生灵敏、速度等素质及协调能力。 3. 情感目标：培养学生观察、自主学习能力以及勇于面对和挑战困难的精神。	重点：防守姿势。 难点：技术在实战中的合理应用。	1. 教师带领学生复习一对一防守的动作要点。 2. 学生进行练习。 3. 教师巡回，个别指导。 4. 学生强化投突，正确选择防守滑步和撤步动作。 5. 学生开展全场一对一运防练习。 6. 教学比赛。 7. 比赛过程中教师渗透简单；的犯规和裁判手势。	1. 强化一对一防守技术动作。2. 回忆传切配合中动作要点。
9	复习传切配合	1. 认知目标：基本掌握传切配合的切入方法及传球时机。 2. 技能目标：传球技术动作准确，有效把握切入时机，发展学生速度、力量、灵敏等身体素质。 3. 情感目标：培养学生团队协作精神，体验成功，树立自信心。	重点：切入时的有效摆脱。 难点：传球时机的准确把握。	1. 熟悉球性练习（原地高低运球、左右手体前体后的交换运球、在横队与纵队上进行绕人的变向运球）。 2. 学生进行无人防守的传切配合练习。 3. 教师观察练习，并纠正错误动作。 4. 学生开展消极防守的传切配合练习。 5. 教师巡回指导。 6. 优秀小组展示。 7. 教学比赛。 8. 比赛过程中教师渗透用到的犯规和裁判手势。	1. 比赛中运用传切技术。
10	在一对一防守下进行传切配合。	1. 认知目标：提高学生对已学篮球技术的综合运用能力。 2. 技能目标：巩固提高传切技术动作，发展学生的速度、力量、灵敏等身体素质。 3. 情感目标：培养学生相互帮助，互相协作的集体主义精神。体验篮球运动的乐趣，激发学生主动学习的积极性。	重点：切入快速，把握时机。 难点：传切之间的默契配合。	1. 熟悉球性练习（全场的运球练习、原地的运球练习、各种绕球练习）。 2. 教师利用挂图讲解防守及传切配合的方法要领。 3. 教师示范一对一防守及传切配合的动作方法。 4. 分组练习在防守情况下的传切配合。 5. 教师巡回观察，个别指导。 6. 教学比赛。 7. 比赛过程中教师渗透用到的犯规和裁判手势。	1. 课下自主练习传切配合。 2. 在课后比赛中运用技术。

11	学习“二打一”配合。	1. 认知目标：了解二攻一配合方法、作用、运用时机。 2. 技能目标：初步掌握合理运用“二攻一”配合，提高进攻的成功率，发展分析、判断、应变能力。 3. 情感目标：培养学生战术意识和勇于进取的精神。	重点：形成二攻一时，两个队员应保持适当的距离。 难点：依据防守队员的位置和防守情况进行配合。	1. 教师通过挂图讲解示范“二攻一”的正确方法与路线。 2. 学生进行两人传球平行推进至篮下投篮练习。 3. 设消极防守的“二攻一”配合练习。 4. 全场往返“二攻一”“一防二”的配合练习。 5. 教师巡回指导，个别纠正。 6. 学生展示，相互评价。	1. 课下画出“二打一”配合的路线图。 2. 了解篮球比赛中违例的种类。
12	巩固“二打一”配合。	1. 认知目标：理解二攻一配合方法、作用、运用时机。 2. 技能目标：熟练掌握合理运用“二攻一”配合，提高进攻的成功率，发展分析、判断、应变能力。 3. 情感目标：培养学生战术意识和勇于进取的精神。	重点：形成“二攻一”时保持适当的距离。 难点：判断防守情况和防守位置。	1. 学生复习两人传球平行推进至篮下投篮练习。 2. 在消极防守下的“二攻一”配合练习。 3. 教师讲解“一防二”的防守方法。 4. 积极防守下全场往返“二攻一”、“一防二”的配合练习。 5. 教师巡回指导，个别纠正。 6. 学生展示，相互评价。	1. 课下画出“一防二”的选择路线图。 2. 了解篮球比赛中犯规的种类。
13	教学比赛与裁判规则。	1. 能在比赛中运用所学篮球技术，了解篮球比赛的简单规则。 2. 提高学生对所学篮球技术的运用能力，发展学生的速度、力量、灵敏、协调等身体素质。 3. 培养学生团结、拼搏、机智、勇敢等优良品质。	重点：遵守规则，运用所学技术。 难点：各项技术动作在场上的随机应变。	1. 教师讲解比赛中裁判号码的手势，以及常见的违例和犯规类型。 2. 学生跟随老师进行裁判号码手势的学习； 3. 教师讲解今天教学比赛要求和规则。 4. 学生自由组合进行全场篮球教学比赛； 5. 教师进行巡回指导； 6. 比赛过程中教师讲解遇到的违例和犯规的手势。 7. 赛后师生共同进行分析评价。	1. 强化裁判中队员号码的手势。 2. 自学裁判员违例和规则的手势以及宣判顺序。

14	裁判方法与教学比赛。	1. 认知目标：了解篮球规则中违例、犯规所对应的裁判员手势以及宣判顺序，培养规则意识。 2. 技能目标：基本掌握规则中的违例和犯规的手势以及宣判顺序，并能一一对应。在临场执裁时能够及时准确判罚并做出正确手势，发展学生反应能力以及手脑配合能力。 3. 情感目标：培养学生积极进取，团结协作顽强拼搏，勇于挑战自我的精神，提高学生遵守规则，尊重裁判、公平竞赛的意识。	教学重点：裁判的手势动作正确。 教学难点：判罚与裁判手势的对应。	1. 教师带领学生复习裁判中球员号码的手势。 2. 学生跟随老师进行练习队员号码的手势； 3. 3 组同学带领同学们学习比赛中常见的违例的手势及宣判顺序。 4. 小组进行练习违例 的手势及宣判顺序。 5. 4 组同学们带领大家学习比赛中常见的犯规手势及宣判顺序。 6. 小组集中练习比赛中常见的犯规手势及宣判顺序。 7. 教师描述违例或犯规，学生鸣哨进行宣判。 8. 教师整体指导。 9. 学生教学比赛，并安排同学进行执裁。 10. 教师巡回指导。 11. 课后开展自评、互评以及教师评价。	1. 观看一场篮球比赛，从裁判角度对本场比赛进行简单评价（比赛形式不限，评价字数不限）。 2. 课下以小组为单位了解趣味篮球赛方案，为下节课做准备。
15	1．中学女生趣味篮球赛的设计与实践趣味篮球赛方案制定。 2．身体素质练习。	1. 认知目标：完善趣味篮球赛方案，了解篮球规则、篮球技术及战术的运用，对篮球这项运动产生更浓厚的兴趣，能够在今后对篮球比赛进行简要评价。 2．技能目标：掌握趣味篮球赛方案的制定，在游戏及比赛中发展学生灵敏性、协调性等身体素质以及篮球各项技术，改善较为薄弱的技术环节，巩固自身优势技术，全面提高自身篮球水平。	教学重点：完善学生的趣味篮球赛方案。 教学难点：学生的趣味篮球赛方案具有可行性并达到锻炼效果。	1. 以小组为单位 4 组同时进行行进间胸前传球接上篮练习，教师巡视指导。 2. 以小组为单位 4 组同时进行运球绕杆接投篮练习，教师巡视指导。 3. 趣味篮球赛方案制定；4 个小组分别在各自球场利用器材，讨论、完善本组方案，教师实施提供建议、指导，引导学生完善本组方案。 4. 呈体操队形 4 组同时进行持球俄罗斯转体。 5.1、3 组，2、4 组分别在不同球场两组同时进行 6 次折返跑。	1. 课下以小组为单位继续完善趣味篮球赛方案。 2. 观看一场篮球比赛，对本场比赛进行简单评价（比赛形式不限，评价字数不限）。

		3．情感目标：培养学生积极进取，团结协作、顽强拼搏，勇于挑战自我的精神，增强学生的安全意识。培养学生创造力、想象力，锻炼学生自主学习、设计的能力。		6. 呈体操队形进行拉伸放松。 7. 教师进行点评，布置课后作业。 8. 课下学生针对本节课进行自评、互评以及教师评价。	
16	中学女生趣味篮球赛的设计与实践趣味篮球赛方案展示。	1. 认知目标：理解篮球比赛规则，自主创建篮球比赛方案，练习篮球过程中熟悉球性，掌握篮球裁判的手势，在比赛中熟练的运用技术。 2. 技能目标：熟练运用篮球规则，合理制定比赛方案，学生能够正确的掌握篮球的规则合理地运用到比赛当中。 3. 情感目标：培养学生探索研究，学生在比赛当中学会合作，学会评价，体验篮球运动的乐趣和成功的愉悦。	重点：趣味篮球赛方案的制定。 难点：趣味篮球赛方案的讲解。	1. 复习裁判手势 2. 趣味篮球赛方案展示 3. 各小组讲解示范趣味篮球赛的方案，分成4个小组每组出一名同学在线上进行展示。 4. 篮球球性练习。 5. 手指拨球。 6. 头腰膝绕环。 7. 单膝绕环（左右腿）。 8 体前变向拉球。 9. 原地三步上篮。 10. 进行放松拉伸。 11. 教师进行点评。 12. 课后作业。	1. 课后写一篇关于这次趣味篮球赛的参与心得。 2. 设计比赛中，借鉴其他小组比赛的方案结合参与过程的感想字数不限。

《中学女生趣味篮球赛的设计与实践》项目式教学设计

一、设计理念与思路

根据《体育与健康课程标准》（2022版）本课以以人为本，以学生为主"健康第一"为指导思想，全面落实立德树人的根本任务，以《体育与健康》课程标准为理论依据，在课堂教学过程中以学生为中心，体现学生的主体地位，关注学生的个体差异，进行分组教学，在教学过程中遵循循序渐进、因材施教的教学原则，通过学习理论知识、身体素质训练、游戏、比赛等各种形式，使学生身体素质不断提高，对篮球运动项目的兴趣提高、不断进步。通过设计比赛，组织比赛，培养学生团结合作、创新拓

展的精神。同时，注重培养学生的安全意识和责任心，养成终身体育锻炼的习惯。

二、教学内容

1.趣味篮球赛方案展示

2.篮球球性练习

三、单元课次

本单元共16次课，本课为第16次课。

四、教学背景分析

1. 教学内容分析

篮球运动作为一个竞技运动项目，本次课所采用的教材是国家教育部根据《体育与健康》教材中的篮球教学部分，基于球类运动项目的特点和学生的身心发展规律，分别在其他前置水平的基础上进行一定层次的进阶。人们为了实现自我发展和休闲娱乐而创造的以球为载体，在重视学生对多种基本动作技术和组合动作技术学练的基础上，引导学生体验技术之间的有机练习，让学生们都有机会参与班级内的教学比赛，通过比赛提高学生所学的篮球运动项目的技术水平，培养学生的团队精神，顽强拼搏、坚韧不拔等体育精神。本单元共设16次课，本课为第16次课。

2. 学生情况分析

本课授课对象为九年级1班女生和5班女生，学生运动水平良好，头脑聪明，积极性高。这个学段的学生有很强的求知欲和表现欲，组织纪律性和学习的态度有着明显的进步，也有一定的创造力，通过学习篮球提高自信心，学会调节情绪，形成顽强拼搏的意志品质。篮球运动具有竞争性强，趣味性强等特点，在体育教学中加入一些理论知识、裁判规则、游戏比赛，不仅使学生对篮球这项运动有了更深刻的了解，也会提升学生对篮球运动的兴趣爱好。

五、教学流程图

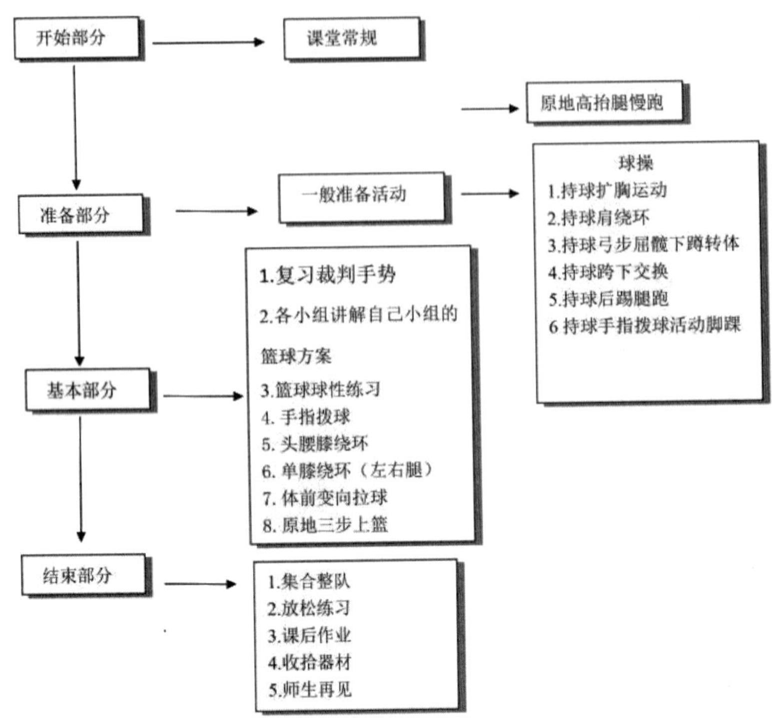

《中学女生趣味篮球赛的设计与实践》课时计划

任课教师：李冬旭　年级：九年级人数：25 人第 16 次课

<table>
<tr><td>教学内容</td><td colspan="4">1. 趣味篮球赛方案展示 2. 篮球球性练习</td></tr>
<tr><td>学习目标</td><td colspan="4">1. 认知目标：理解篮球比赛规则，自主创建篮球比赛方案，练习篮球过程中熟悉球性，掌握篮球裁判的手势，熟练的运用技术在比赛中。
2. 技能目标：熟练运用篮球规则合理安排比赛方案的制定，学生能够正确的掌握篮球的规则合理的运用到比赛当中。
3. 情感目标：培养学生探索研究、学生在比赛当中学会合作，学会评价，体验篮球运动的乐趣和成功的愉悦。</td></tr>
<tr><td>教学过程与时间</td><td>教学内容</td><td>运动负荷安排</td><td>组织教法与要求</td><td>教学策略</td></tr>
</table>

开始部分	一、课堂常规 1. 集合整队，报告出勤人数。 2. 师生互相问好，登记考勤。 3. 宣布本次课的内容和任务。 4. 安排见习生。 5. 安全教育。	1 次	组织队形：四列横队 图 1 教法：教师观察学生集合情况。 要求： 1. 在教师指定的地方集合要求快静齐。 2. 见习生随堂听课，适量活动。 3. 注意安全，防止受伤。	1. 线上课堂常规清晰可见。 2. 调动学生们学习兴趣和运动能力。
准备部分 8 分钟	一、准备活动 1. 原地高抬腿慢跑。	2 分钟	组织队形：四列横队 图 2 教法：教师讲解示范，提示动作要领。 要求：身体放松，活动充分。 目的：原地热身跑时充分活动开，提高心率防止肌肉拉伤。	1. 采用原地练习形式
准备部分 8 分钟	二、球操： 1. 持球扩胸运动。 2. 持球肩绕环。 3. 持球弓步屈髋下蹲转 体。 4. 持球跨下交换。 5. 持球后踢腿跑。 6. 持球手指拨球，活动脚踝。	6 分钟	组织队形：四列横队 图 3 教法： 1. 教师示范、提示要领。 2. 教师口令指挥，巡视提示动作标准，纠正错误和不规范的动作。 要求：动作标准、有力度。 目的：准备活动时动作到位防止受伤。	2. 进行原地球操练习

<table>
<tr>
<td>基本部分</td>
<td>一、趣味篮球赛展示
1. 复习裁判手势
方法：教师在学生面前以提问方式问篮球规则中违例手势，犯规手势。

2. 各小组讲解自己小组的篮球方案。
教学重点：趣味篮球赛方案的制定。
教学难点：趣味篮球赛方案的讲解。</td>
<td>1 次
2 分钟

1 次
13 分钟</td>
<td>组织队形：四列横队。 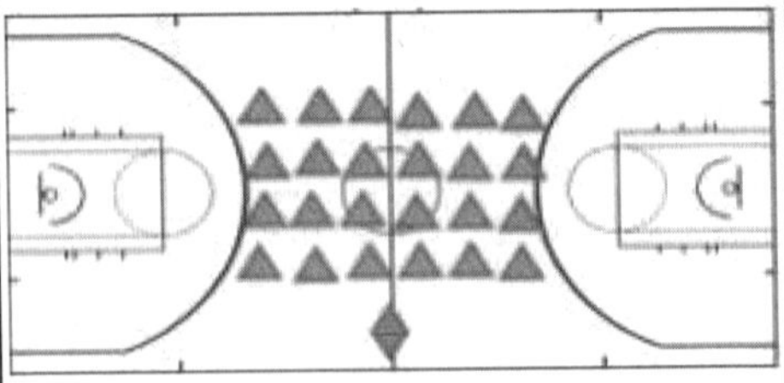
图 4
教法：教师提问，学生练习。
要求：动作标准，手势正确。
目的：加强对比赛判罚的规范。

组织队形：四列横队 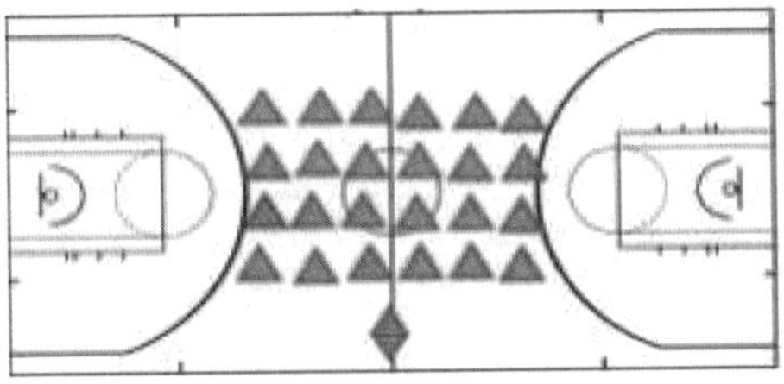
图 5</td>
<td>1. 结合单元目标，教师引导学生复习之前的一些裁判手势。

2. 学生以小组形式，在电脑上进行趣味篮球赛方案的讲解，一共分为 4 个小组。</td>
</tr>
<tr>
<td>基本部分</td>
<td>二、篮球球性练习
1. 手指拨球。
2. 头腰膝绕环。
3. 单膝绕环（左右腿）。
4. 体前变向拉球。
5. 原地三步上篮。</td>
<td>1 次
15 分钟</td>
<td>教法：学生讲解示范，进行展示。
要求：讲解趣味篮球比赛规则清晰。
目的：使学生在比赛当中熟悉比赛规则，遵守比赛秩序。

组织队形：分成四个小组 
图 6
教法：教师领做、指导学生。
要求：每位成员在练习过程中动作熟练，认真练习。
目的：能够提升学生在趣味篮球赛中比赛的技术，使其更好地运用在比赛当中。</td>
<td>3. 疫情期间，学生们不可缺少运动，加强球性练习，为接下来线下趣味篮球赛球性的提升进行练习。</td>
</tr>
</table>

<table>
<tr>
<td>结束部分
3—5分钟</td>
<td>1. 集合整队。
2. 放松练习：（活动手腕、脚踝，体前屈拉伸）。
3. 课后作业：课后写一篇关于这次趣味篮球赛的参与心得，设计比赛中借鉴其他小组比赛的方案结合参与过程的感想，字数不限。
4. 收拾器材。
5. 师生再见。</td>
<td>1次
3—5分钟</td>
<td>组织队形：四列横队，成体操队形 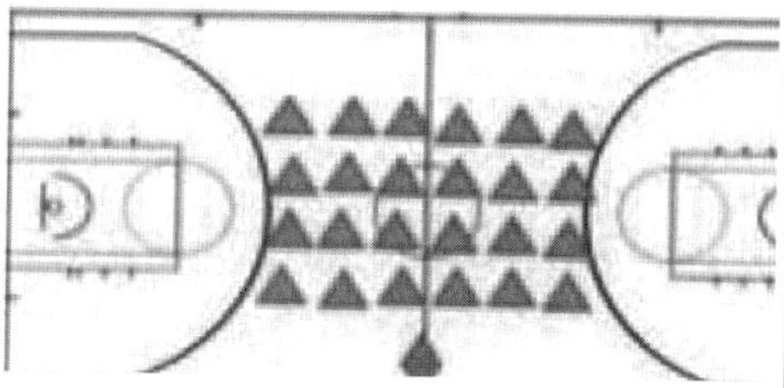
图7
放松：活动手腕脚踝，体前屈拉伸。
要求：集合整队快静齐；放松时积极主动；认真听讲评。</td>
<td>1. 教师带领学生进行放松拉伸。
2. 教师总结本课，布置课后评价和课后作业。</td>
</tr>
<tr>
<td>场地器材</td>
<td>1. 标志桶8个。
2. 小栏架10个。
3. 秒表5块。
4. 口哨25个。
5. 杆子8个。
6. 篮球26个。
7. 篮球场4块。</td>
<td>预计心率曲线</td>
<td colspan="2"></td>
</tr>
<tr>
<td></td>
<td></td>
<td>练习密度</td>
<td colspan="2">40%—50%</td>
</tr>
<tr>
<td>安全措施</td>
<td colspan="4">1. 认真做好热身准备活动，充分做好上肢下肢热身活动，防止拉伤。
2. 练习过程中，服从组织，严格听从教师安排。
3. 练习过程中，出现身体不舒服，及时告知老师。
4. 疫情期间，做好疫情防护。</td>
</tr>
<tr>
<td>课后小结</td>
<td colspan="4">本节课同学们发挥自己的想象力，思维能力，各小组进行了趣味篮球赛方案的讲解。每组组长在讲解过程中，同学们不断学习，提升自己的趣味篮球方案，做到了精讲多练，教会、勤练、常赛、创新。在练习过程中，同学们复习裁判手势，手势同学们做的非常好。吹哨的声音响亮，可以更加的自信。在球性练习过程中，同学们对篮球的球性掌握得很好，还可以有更大的进步，疫情期间同学们坚持篮球运动，不断地提升自己的球性，为今后线下篮球赛进行展示做好准备。</td>
</tr>
</table>

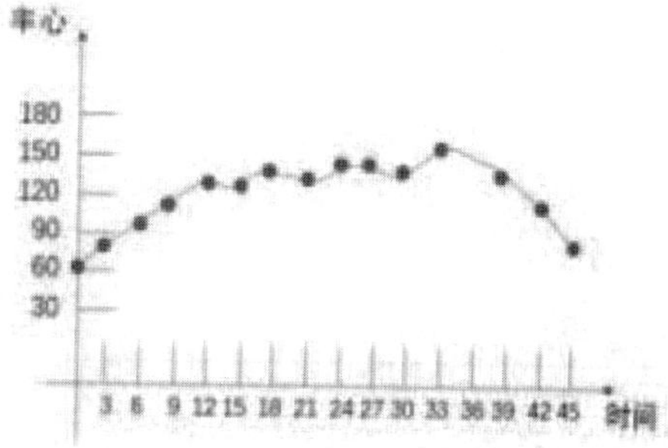

“校园英文版网站建设设计方案”项目学习教学案例

郈尧硕 李菁

《校园英文版网站建设设计方案》项目学习教学案例

基本信息

学科	英语	设计者	郈尧硕 李菁	指导者	何煜
实施年级		版次	2012 年版	学校	北京市第十八中学
课程标准模块	人与 自我：生活与学习				
使用教材	外研版七年级上				
项 目名称	校园英文版网站建设设计方案				
课时安排	4 课时				

一、项目背景

近年来，作为“丰台区国际理解教育先进校”，北京市第十八中学积极开展国际间的交流合作，与美国、荷兰、芬兰、新加坡、德国、澳大利亚、俄罗斯、韩国、英国、日本等国的多所学校均建立了友好合作关系，并定期参与和组织了多种多样的线上线下的互访交流活动，着力培养具有国际视野的创新人才。随着学校国际文化交流基地的成立，十八中的国际化发展将进一步走向深化。

作为学校对外展示的窗口，英文版官方网站能够帮助国际友人更为方便、快捷、全方位的了解学校。而目前我校网站仅有中文版本。为了更好地宣传十八中，让更多的国际友人深入的地、全方位地了解十八中，学校的英文网站建设被提上日程。

二、项目中承载的核心知识及其知识结构

课标要求

《义务教育英语课程标准 (2022 年版) 》中指出，要以英语学习活动观为指导组织教学,倡导围绕真实情境和真实问题，激活已知，通过学习理解、应用实践和迁移

创新等活动，引导学生在应用实践类活动中内化所学语言和文化知识，加深理解并初步应用，运用所学解决现实生活中的问题，形成正确的态度和价值判断。从而为学生终身学习、适应未来社会发展奠定基础。

在教学提示中指出，要结合教材内容，遵循项目学习的路径，适当运用信息化手段，开展英语综合实践活动，确立并引导学生围绕复杂的、来自真实情境的主题，自主、合作参与实践和探究，用英语完成设计、计划、问题解决、决策、作品创作和成果交流等一系列项目任务。将语言学习和内容学习有机融合，体现工具性和人文性的统一。学生运用所学语言进行有意义的思考、建构、交流和表达，呈现和展示最终的学习成果，实现学以致用、学用一体。

项目中承载的核心素养

英语学科的核心素养包括：语言能力、文化意识、思维品质和学习能力。

本项目提供了培养这些素养的平台，如围绕介绍十八中这一主题，获取和归纳关键信息，并运用所学介绍熟悉的人和事物的能力；了解并判断学校英文网站受众的需求，树立跨文化意识；通过比较、判断、反思等，提高发现问题，分析问题并创造性地解决问题的能力。

建设网站和撰写设计说明包涵的内容广泛，学生在完成整个项目的过程中，利用多种资源拓展学习，在小组中自主探究，合作互助，初步形成了自主学习、合作学习、探究学习的能力。

教学内容分析

本项目涉及的内容是外研版英语七年级上册 Module 1 MyClassmates(介绍自己→介绍同学、老师)，Module 3 MySchool(介绍学校设施、建筑方位) 和 Module 5 MySchoolDay(介绍学校科目，学校生活)，对应《义务教育英语课程标准 (2022 年版)》三级要求中的“人与自我”主题下的“生活与学习”——多彩、有意义的学校生活。三个模块的主题统一围绕“学校”展开。

但是，三个模块在教材的布局上又是分开的，特别是 Module 4 HealthyFood与这三个模块的关系并不紧密。在已经完成三个模块具体内容学习的基础上，通过本部分的学习，学生能够针对模块话题进行进一步延伸表达，并将三个模块的零散内容统一整合在“介绍学校”这一概念下，运用三个模块中的语言知识和技能，介绍学校中的人(介绍老师)、事(学校 丰富多彩的课程和活动)、物(学校的布局和地理位置)。

学情分析

本项目的授课对象是刚刚步入初中校门的七年级学生。在入学教育中，已经对学校有了初步的了解。在进入中学学习后，对于有别于小学生活的十八中初中校园生活已经有了较为清晰和直观的认识。在三个模块的学习后，能够运用目标语言，简单描述中学生活，介绍学校。

但是，学生的学习仅仅局限于单个模块的内容中，并未形成更为宏观的整体概念。在完成了模块任务的基础上，并没有更进一步的思考和延伸，对于知识和内容的灵活运用能力有待加强。

对于本项目中涉及的网站的整体设计，内容安排及设计说明的英文语言表达方面还有待提高。同时，对于实践类的学习并不熟悉，自主、合作参与实践和探究的能力有待加强。

三、驱动型问题

本项目以“一个既能够展示 十八中特色又能吸引其他国家学生的网站，可能是怎样的？”为主驱动性问题，并分解成如下问题链：Whatshouldweconsiderwhenwedesignaschool website? Whatwouldtheforeignstudentsandteachersliketolearnaboutfromourschool website? Howcantheschoolwebsiteshowtheschoolfeaturesandattractvisitors? Whatshould wetalkaboutwhenweintroduceourdesign? Howtowriteagoodintroduction?

四、项目学习目标

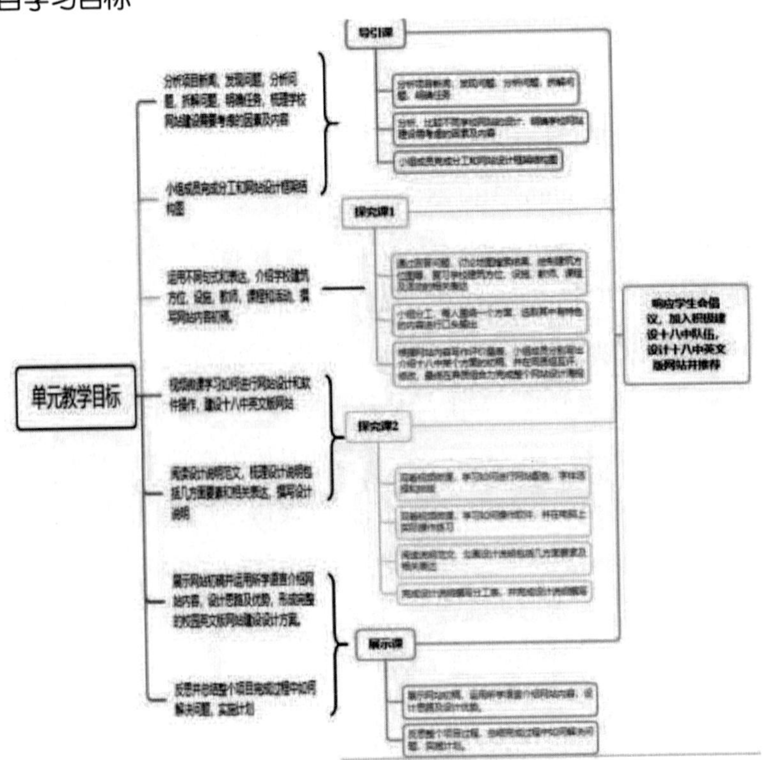

五、项目作品规划

产品 —— **十八中英文版网站** —— 未上线网站 —— 展示课

十八中学校概况，建筑方位及设施，教师，课程，课外活动的英文介绍

六、项目评价方案

小组分工表

Tasks	Names
Groupleader:supervisegroupmembers	
Proofreading(校对)	
Collectingandsortingoutpictures, videos andmusic.	
Websitedesign	
Technology	

网站内容写作分工表

Writingtasks		Names
Websitecontent (网站内容)	Abriefintroductionofourschool	
	Teachers	
	Subjects	
	Schoolactivities	
	Otheraspects:	

网站内容写作评价表

EvaluationForm	
Introduceourschool/teachers/subjects/schoolactivitiesindetails.	☆☆☆☆☆
Usethewordsandsentenceswelearnedintheclass.	☆☆☆☆☆
Usegrammarcorrectly	☆☆☆☆☆
Writeclearlyandneatly	☆☆☆☆☆

设计阐述写作分工表

Tasks	Names
Overallintroduction	
Content	
Design	
Technology	
Anythingspecial	
Summary	

设计阐述写作评价表

EvaluationForm	
Weintroducethedesign，technologyandcontentsindetails.	☆ ☆ ☆ ☆ ☆
Weshowschoolfeaturesinthedesign.	☆ ☆ ☆ ☆ ☆
Therearenogrammarmistakes.	☆ ☆ ☆ ☆ ☆
Weintroducethewebsiteclearlyandlogically.	☆ ☆ ☆ ☆ ☆

网站设计及汇报评价表

	scales	Scores	Group 1	Group 2	Group 3	Group 4	Group 5	Group 6
Content	The content includes the brief introduction of our school, teachers, subjects and activities.	20						
	The content includes other aspects that can represent school values.	10						
	Each aspect is introduced in details.	10						
Design	The overall arrangement (整体布局结构) is clear and attractive (有吸引力的).	5						
	The colors are proper for the style of our school website.	5						
	The font size or style is suitable for contents.	5						
	The pictures, videos, music are suitable.	5						
Technology	They have introduced what technology they use and why	10						
Presentation	They have good pronunciation and intonation	10						
	They have eye contact and body language	10						
Other points that impress you		10						
Scores in total		100						

七、项目活动整体规划

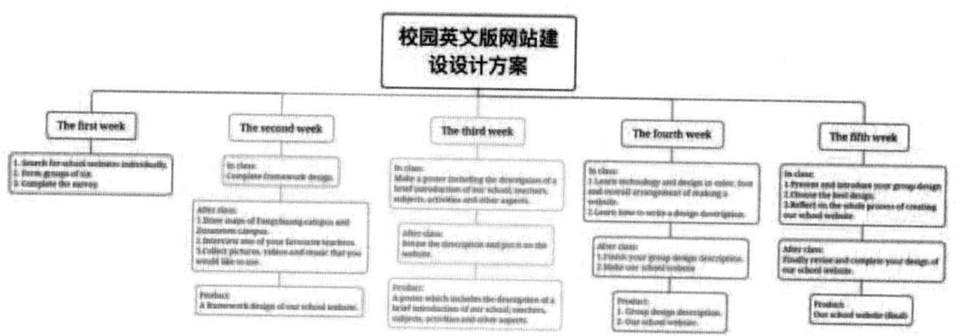

课前	主驱动问题：一个既能体现十八中特色又能吸引其他国家师生的网站可能是怎样的？ 课前准备：调查问卷、《校长带你逛校园》视频、绘制方庄校区、左安门校区校园建筑方位图、采访一位老师 网站技术学习：Wordpress, Dreamweaver，上线了，凡客网			
	驱动问题	核心知识	核心素养	计划课时
导引课	1. 一个既能体现十八中特色又能吸引其他国家师生的网站可能是怎样的？ 2. Whatkindofschool website canshowthe schoolfeaturesand attractforeignstudents andteachers? 3. Whatshouldwe consider(考虑) whenwe designourschool website?	网站设计影响因素、学校网站内容	1. 能围绕相关主题，运用已有语言知识。 2. 学生能了解并判断学校英文网站受众的需求，树立跨文化意识。 3. 学生能保持学习兴趣，学会自主探究和合作互助，学会比较和反思。	1 课时
探究课 1	1. Whatwouldtheforeign studentsandteachers liketolearnabout- from ourschoolwebsite? 2. Whatdoyouknowabout ourschool? 3. WhatisFangzhuang campus-like? 4. WhatisZuoanmen Campus-like? 5. Whatcanwetalkabout whenintroducinga teacher/asubject/an activity ?	有关学校概况、建筑方位及设施，教师，科目及活动的表达及功能句	1. 能基于已有经验和知识，根据语境的不同，选用网站正式用语完成交际任务。 2. 根据获取的信息，归纳概括主要观点和规律。 3. 利用多种资源拓展学习，初步具备自主学习、合作学习、探究学习的能力。	1 课时

探究课2	1. Howdoweusesoftware to-makeourwebsite? 2. Howdowedesignthe color, choosefontsand composewordsforour website? 3. Whatshouldwetalk aboutwhenweintroduce ourdesign?	网站说明的学习和撰写	1. 能围绕主题，获取和归纳关键信息的能力，并运用所学语言，介绍熟悉的人和事物。 2. 发现问题、分析问题并创造性地解决问题，能从不同角度认识和理解世界。 3. 能利用其他资源进行拓展学习。	1 课时
展示课	1. Whathaveyoulearned fromthewhole process(过 程) of-making ourschoolwebsite ? 2. Whichisthebestgroup? 3. Whatdoyouthinkof our-schoolnow?	展示网站设计并阐述本组网站优势	1. 运用所学语言，介绍熟悉的人和事物。 2. 通过比较、评价活动，反思整个项目实施过程。	1 课时

八、具体课时设计

1.导引课

实施过程	活动内容 、形式及其组织	活动意图	教师的准备
课前活动	1.学生自主上网搜集不同的学校网站。 2. 自由组成小组进行讨论并确定本组喜欢的学校网站。 3. 完成调查问卷。	通过学生自主搜集资料，激发学生学习兴趣，给予学生自主权和话语权。	1. 发布调查问卷。 2. 确定各组成员。
课上活动	1. 学生通过阅读学校招标文件和学生会发布的征集信息，思考建设学校英文网站的意义，引出驱动性问题。	通过阅读和分析学校招标文件及学生会的征集信息，引出现实问题，培养学生发现问题、分析问题的能力。	1. 介绍学校招标文件。 2. 介绍学生会发布的征集信息。
	2. 进一步拆解驱动性问题为：在建设学校网站时，应考虑哪些因素？ 通过小组展示、分析比较不同学校的网站，总结设计学校网站时应考虑的因素。	进一步拆解驱动性问题，激活学生已知，引导学生深入分析，比较不同学校的网站，明确学校网站建设考虑的因素：网站设计 、技术方法和网站内容。	1. 进行十八中 学校官网展示。2. 展示各组调 查问卷结果。
	3. 小组讨论并确定学校英文网站的整体设计、所用的技术方法以及网站内容，以思维导图的形式呈现，并在班内分享。	学生通过小组合作，讨论确定网站的整体设计、技术方法和网站内容。	通过 ipad 和 xmind 软件进行展示。
	4. 互评指出各组的亮点和改进建议。	通过展示和互评，思考网站设计的适切性。	制定互评量表
	5. 依据本组的网站设计、技术方法以及网站内容三方面进行自主分工，并明确组内成员的任务。了解各个阶段所需要完成的任务。	为后续各组进一步探究、展示校园英文网站建设做准备。	1. 制定小组分工任务表。 2. 制定项目计划表

课下任务(包括作业)	小组任务：1. 修改并确定学校英文网站的内容框架和设计。2. 讨论并确定采访教师的问题。 个人任务：1. 绘制方庄校区和左安门校区地图。2. 采访一位最喜欢的教师。3. 收集网站所需的图片、视频、音乐等素 材。	进一步完善学校英文网站的设计，为后续进一步探究校园英文网站的建设搜集资料。	

2.探究课1

实施过程	活动内容 、形式及其组织	活动意图	教师的准备
课前准备	1. 观看《校长带你逛校园》 2. 绘制方庄校区、左安门校区校园建筑方位图 3. 采访一位老师	进一步详细了解十八中教育集团，包括校区，地理方位的介绍，校训含义介绍等。 实地探查两个校区的地理位置，建筑分布。	搜集视频资料，准备绘制用纸
Warmup	驱动性问题：Whatwouldtheforeign studentsand-teacherssliketolearnabout fromourschoolwebsite?	学生思考驱动性问题，从受众角度考虑网站内容因素，是对真实问题和情景的探索。	
Language reviewand learning	Step1 Introducetheschool. 1. TalkaboutNo. 18 EducationGroupby answer-ingquestions: Q: Whatdoyouknowaboutour school? Q:Howmanyschoolsarethere? What arethey? Q:Whichwillyouintroducemost? Q:Where-arethey? Q: Whatelsedoyouknow? 2. Searchforlocationsofthetwo campuses-byGaodeandlearnhowto expressthemcorrectly. 3. Learnhowtodescribefacilitiesof Fang-zhuangcampusandZuoanmen campus. 1) Showdrawingmapsofthetwo campusesandin-troduce. 2) Talkaboutwhatthetwocampuses arelikean-dwhatlibrary/ concert/ meetingroomis …like. Step2Teachers 1. Brainstormwhataspectsmaybe introduced. 2. Payattentiontothelanguagestyleby readinga-passageaboutan introductionofateacher.	语言聚焦校园整体概况，并口头输出。 自主探究两个校区具体方位，学习相关表达。 根据前期绘制的建筑方位图，描述两个校区的学校设施及所处方位。 根据前期采访内容，介绍一位喜欢的教师。	相关语言支持

	3. Introduceoneofteachersaccordingto theinformationfrominterview. Step3 Subjects Talkaboutsubjects: Q: Whatsubjectsdoyouknow? Q: Whatdostudentsoftendoon… class? Step4 Activities Talkaboutactivities: Q: Arethereanyactivities? Whatare they? Q: Whatdostudentsoftendo?	展示真实课表，谈论课表里面的课程，为后面写作做铺垫。 展示特色活动图片，学习活动及相关表达。	
Writing	小组活动： 1. 根据网站内容写作分工表和写作评价量表，小组内部每人分别笔头介绍一个方面。 2. 组成新的同质组，展示和互评内容初稿，并修改，然后回到异质组。	异质组笔头介绍，同质组互评初稿，提升语言。	红笔、网站内容写作分工表、写作评价量表
Postwriting	小组活动： 1. 小组合作制作学校网站海报。 2. 组间展示。	组内整合内容，形成初稿并展示，锻炼语言表达能力。	网站框架初稿、评价量表
课下任务(包括作业)	修改完善稿件。 将修改后的稿子放到网站上。	为最终形成方案做准备	

3.探究课2

实施过程	活动内容、形式及其组织	活动意图	教师的准备
活动一	观看微课，学习在网站设计中如何配色、选择字体及排版	学习配色、字体及排版等有关网页设计的内容，为设计网站做铺垫。	微课
活动二	1. 观看微课，学习如何使用相关网页设计网站或软件 2. 小组试用设计网站和软件	学习如何操作相关软件，为最终设计网站做铺垫。	微课
活动三	撰写设计说明 1. 头脑风暴： Q: 如何向学校推荐本组的设计？ Q: 设计说明需要包含哪些内容？ 2. 阅读设计说明文本，分析设计说明包括几方面，提炼设计说明的相关表达。 3. 小组成员填写设计阐述写作分工表，根据网站设计及汇报评价表，反思设计，并撰写自己负责部分的设计说明。	学习简单的有关设计说明的语言知识，为阐述设计说明、形成最终方案做铺垫。	设计说明范文
课下任务(包括作业)	1. 组内撰写并完善设计说明，形成完整的设计说明。 2. 制作网站。		

4. 展示课

实施过程	活动内容 、形式及其组织	活动意图	教师的准备
活动一	1. 小组在班级内展示设计好的网站，并阐释设计思路，介绍本组网站优势。	学生展示网站，并对本组网站优势进行介绍，推荐本组设计。	网站设计初稿
活动二	小组活动 1. 小组间根据评价量表，给其他组网站打分，选出最优方案。 2. 教师评价，发放奖状。 3. 最优组发表感悟、心得	小组互评，评选出最优小组。最优组发表感言	产品评价量表
活动三	反思： Whathaveyoulearnedfromdoingthe wholeprocess(过 程) ofmakingourschool website ?	引导学生反思整个项目过程	
课下任务(包括作业)	网站设计方案的再优化		

“有事好商量——依托北京十八中学生模拟政协提案，探协商民主”项目学习教学设计

杨郑 周昱含

《有事好商量——依托北京十八中学生模拟政协提案探协商民主》项目学习教学设计

基本信息

学科	政治	设计者	杨郑 周昱含	指导者	米华华 马雅娜
实施年级	高二 初三	版次	高中 2017 年版 义务教育道法 2022 年新课标	学校	北京市第十八中学
课程标准模块	高中政治必修三《政治与法治》模块 初中道德与法治《法治教育》模块				
使用教材	人教版高中政治必修三《政治与法治》 初中《道德与法治》九年级上册				
项目名称	有事好商量——依托北京市十八中学生模拟政协提案探协商民主				

课时安排	三课时

一、项目背景

（一）项目的社会意义、学生学习价值

本项目立足于中学生核心素养目标，秉承立德树人的教育理念，指导学生通过项目组探究问题并完成模拟政协提案，明确协商民主是中国特色社会主义民主的特有形式和独特优势，理解协商制度保障人民当家作主。从社会意义上讲，“模拟政协提案”有助于打通青年学生融入国家大政方针、基层社区管理、学校教育的通道；从学生学习角度讲，“模拟政协提案”提交模拟政协社团，可以引导学生学以致用，培养其自主学习和研究性学习能力。撰写模拟政协提案的过程就是阅读、研究、学习、分析、调研、实践等综合作用的过程，学生可以开阔视野，更锻炼了其调研、社交、实践、信息收集与处理、课题探究等多方面的能力，提升综合能力，是全面育人、多元化育人、重能力育人的一次生动实践。通过本次项目式学习，学生将能够在模拟政协提案的撰写与实施方案设计过程中，进一步学习和感悟我国协商民主。

（二）项目所处的教学阶段、与课标、教材的关系

1.九年级学段：义务教育道德与法治课程标准（2022版）中课程内容部分的“法治教育”要求：以“中国式协商民主”为议题，查阅资料，了解政治协商的作用，了解中国共产党领导的多党合作和政治协商制度。

教材九年级上册第二单元第三课《生活在新型民主国家》中提到，“有事好商量，众人的事情由众人商量，是人民民主的真谛。发展协商民主，推动人民内部各方面在决策之前和决策实施中进行充分协商，尽可能取得一致意见。协商民主是我国社会主义民治政治的特有形式和独特优势。”

2.高二年级：高中思想政治课程标准（2017年版2020年修订）中必修三《政治与法治》模块“2.2 阐明中国共产党领导的多党合作和政治协商制度是具有中国特色的基本政治制度”的要求：以“协商民主有什么优势”为议题，探究我国政党制度的特色以及协商民主的意义和价值。理解“有事好商量，众人的事情由众人商量，是人民民主的真谛”。

本节课内容是统编思想政治必修3《政治与法治》第二单元中的内容，贯穿于第二单元每一课内容。教材通过正文、专家点评、相关链接等内容，阐述了协商民主的相关内容，主要包括协商民主与社会主义民主的关系，协商民主的多种形式、作用或

优势。

二、项目中承载的核心知识及其知识结构

（一）课标分析

1.初中：本课所依据的义务教育道德与法治课程标准（2022版）的相应内容是"法治教育"，具体对应的内容要求是："认识国家基本制度和国家机构，了解中国共产党领导的多党合作和政治协商制度，以"中国式协商民主"为议题，查阅资料，了解协商民主的内涵，增进对全过程人民民主的理解。

2.高中：本课所依据的统编思想政治必修3《政治与法治》模块"2.2 阐明中国共产党领导的多党合作和政治协商制度是具有中国特色的基本政治制度"。以"协商民主有什么优势"为议题，探究我国政党制度的特色以及协商民主的意义和价值。

（二）教材分析

1.初中：《协商民主》是部编版《道德与法治》九年级上册第二单元第三课第一框。本节课的内容是协商民主，在此之前学生已经学习了我国基本政治制度等相关知识点，这为过渡到本节课的学习起着铺垫作用。这节课，在社会主义核心价值观主题教育中，指明了人民民主是社会主义的生命，有事好商量，众人的事情由众人商量是人民民主的真谛，社会主义民主政治是全体中国人民的共同价值追求。

2.高中：本课内容是统编思想政治必修3《政治与法治》第二单元中的内容，贯穿于第二单元每一课内容。教材通过正文、专家点评、相关链接等内容，阐述了协商民主的相关内容，主要包括协商民主与社会主义民主的关系，协商民主的多种形式、作用或优势。

（三）内容分析

1.初中：本节课从"人民政协"进行导入，揭示学生生活在新型民主国家的事实，帮助学生认识协商民主是我国社会主义民主的重要形式，从而引导学生认识到有事好商量，众人的事情由众人商量是人民民主的真谛。

2.高中：本课以一份提案从提出到转变为健康福祉为线索，探究人民政协作为专门协商机构，将协商民主贯穿履职全过程，在协商制度的保障下，有利于实现人民当家作主。

（四）学情分析

1.初中：该内容属于法治教育，内容理论性较强，九年级学生受知识、阅历、经验的限制，对民主政治生活了解较少，如何从社会主义核心价值观的层面理解协商民主，还需要通过不断学习来建立认同。本课以模拟政协提案的活动，介绍人民民主的真谛，协商民主的优势，引领学生理解协商民主、参与公共生活，帮助学生认同民主的价值，引导学生做负责任的公民。

2.高中：高二学生对协商民主有一定的了解，同时也有了一定的知识基础，初步具备自主探究学习的意识和能力，能够在引导之下完成一份模拟政协提案。但高二学生参与民主生活的实践有限，对协商民主的理解有待提升。基于学生现有认知和学习能力，接近“最近发展区”，选择合适的学习方法，合理设置探究问题，使学生有能力开展项目式探究，并能进行知识迁移运用，在项目实践中加深认识和升华情感，增强认同感。

（五）项目所承载的核心知识及其内容框架，以思维导图方式呈现

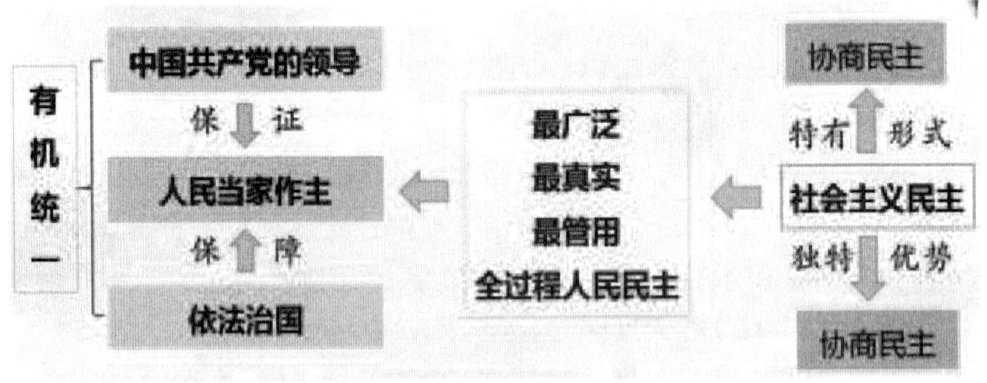

三、项目本体解读

（一）项目所包含的实际(综合复杂)问题的本体分析

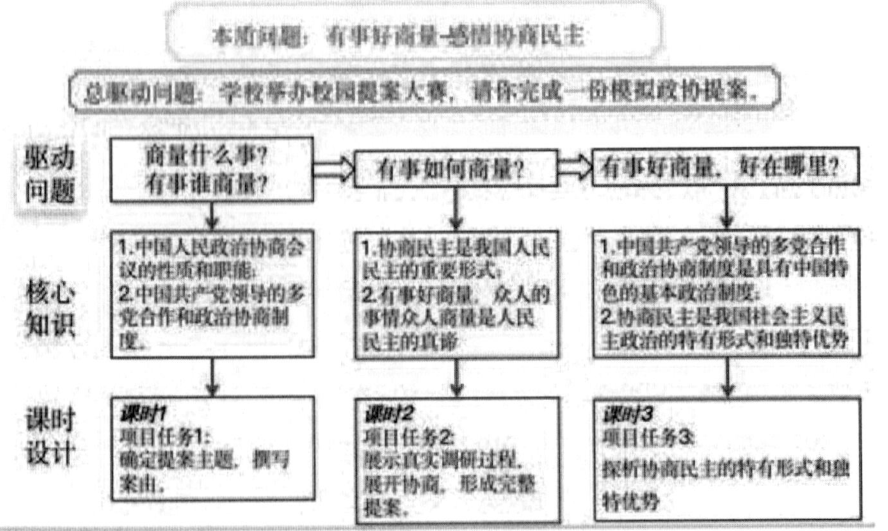

（二）问题解决过程分析

1.本项目前期需要学生组成项目组，关注时政热点和身边热点问题，选择一个问题撰写提案并设计实施方案。这一过程虽有教师指导，但问题的收集整理、撰写主体实施方案、都由学生完成或承担，受限于学生的视野、知识积累、分析理解能力、逻辑思维能力等，其表达程度不一，提案的层次也将不同，学生在项目中的收获也将不同。针对这一问题，学生的前期准备将非常重要。首先是分组的问题，组内人员应做到层次多元化、思维多元化、做事方式多元化。组内应设置组长、若干名组员，且分工应明确，组长应负责组织和领导职责，充分发挥学习共同体作用。其次，学生前期应多方收集整理热点问题，如通过官方新闻及视频、问卷调查、走访等方式收集，为提案选题方向做足准备。最后，提案的实施方案设计应尽量多方收集材料，且应与教师或联系政协委员询问后进行设计。

2.本项目是学生知与行，理论与实际相结合的过程。在前期提案撰写、提交、实施方案设计过程中，学生充分实践，感悟协商民主的优势。在后期知识升华过程中，应注重联系学生提案形成过程，完成知识升华，引导学生学会分析、总结与提升，透过现象看本质。

四、项目学习目标(用条目形式呈现)

（一）初中学段

1.通过组织撰写模拟政协提案的活动，认识我国政治协商的重要机构，探究协商民主的运行方式，理解协商民主的独特优势，感悟人民民主的真谛，形成正确的政治方向，培育政治认同核心素养。

2.基于项目的驱动问题，分析数据，提出解决问题的方法和思路，能够提升平等参与、尊重多元、学会协商、守法负责的民主意识。

3.撰写模拟政协提案提交全国青少年模拟政协提案征集活动，有利于学生积极主动参与民主生活，培育民主意识，增强社会责任感和主人翁意识。

（二）高中学段

1.能够通过模拟政协提案相关实践活动，分析协商民主优势，理解我国社会主义民主是最真实、最广泛、最管用的民主，是全过程人民民主认同中国特色社会主义制度，认同党的领导。

2.能够通过分析研究实际问题，说明中国共产党领导的多党合作和政治协商制度运行的意义，创造性地提出解决方案。

3.能够通过查阅宪法和法律，知道提案相关流程，明确政协的职能，理解人民当家作主的制度保障。

4.能够结合模拟政协提案活动说明通过民主协商解决问题的好处，积极参与学校和社会的管理，为国家治理建言献策。

五、项目作品规划(作品内容、形式、完成的时间安排)

学段	作品内容	作品形式	完成时间安排
初中	确定模拟政协提案的题目	纸质文件呈现	导引课完成
	形成一份模拟政协提案	纸质文件呈现	探究课后完成
高中	形成一份模拟政协提案	纸质文件呈现	展示课前
	制作提案展示 PPT	PPT 文档	展示课前

六、项目评价方案

（一）课上核心活动评价

序号	评价内容	评价任务（核心活动）	评价标准（学生活动表现水平）	评价与反馈方式
1	研学表现评价	对学生在收集数据和解决问题中进行引导和评价	见附件 1	《项目式学习表现评价表》
2	研学表现及展示表现	对学生在收集数据和解决问题中进行引导和评价	见附件 2	《项目式学习表现评价表》

（二）项目作品及展示的评价

1.初中学段

通过设计《项目式学习（初中学段）表现评价表》来评价小组的最终成果、团队合作能力、沟通交流能力等等。见附件1。

2.高中学段

通过设计《项目式学习（高中学段）表现评价表》来评价小组的最终展示成果、团队协作能力、发现问题、分析问题及解决问题的能力等。见附件2。

（三）课时作业的设计

课程	课前作业	课后作业
导引课	观看教师提供的纪录片《国家记忆：人民政协诞生之路》	根据老师提供的调研角度，分发调查问卷
探究课	各小组对调查问卷的数据进行分析，制作 PPT 汇报	总结课上讨论的建议，完成一份模拟政协提案
展示课	课前完成模拟政协提案及展示 PPT	针对下一步如何开启乡村振兴建言献策，完成一份模拟政协提案。

七、项目活动整体规划

	驱动问题	核心知识	核心素养	计划课时
导引课	商量什么事？	1. 中国人民政治协商会议的性质和职能； 2. 中国共产党领导的多党合作和政治协商制度。	通过收集人民政协的资料，探究人民政协行使职能的方式，理解政治协商的作用，培育政治认同核心素养	1 课时
探究课	有事如何商量？	1. 有事好商量，众人的事情由众人商量是人民民主的真谛 2. 协商民主是我国社会主义民主政治的特有形式和独特优势。	基于项目的驱动问题，分析数据，提出解决问题的方法和思路，能够提升平等参与、尊重多元、学会协商、守法负责的民主意识。	1 课时
展示课	有事好商量，好在哪里？	1. 协商民主是我国特色社会主义的特有形式和独特优势。 2. 中国共产党领导的多党合作和政治协商制度保障人民当家做主。	认同中国特色社会主义民主政治制度，是符合我国国情和我国人民根本利益的制度，有利于保障人民当家作主。能够积极参与学校和社会管理活动。	1 课时

八、具体课时设计

1.项目导引课

实施过程	活动内容、形式及其组织	活动意图（知识、素养）	教师的准备
课前活动	观看教师提供的纪录片《国家记忆：人民政协诞生之路创立伟业》	了解并回顾人民政协的产生，人民政协会徽寓意等相关内容，引导学生形成对人民政协全景式认识。	剪辑视频，提取有效片段供学生观看。
课上活动	呈现不同时期的全国政协会议上政协委员递交的提案，帮助学生理解驱动问题“商量什么事？”确定模拟政协提案的题目，《关于丰富课后延时服务形式的提案》，并制订调研计划。	了解人民政协的性质、主题和内容，通过研读材料、解读信息、展示观点，让学生了解人民政协在国家发展中的作用，初步理解政治协商。	对模拟政协提案题目的确定进行引导和指导
课下任务（包括作业）	根据老师提供的调研角度，撰写问卷，发布调查问卷	树立民主参与意识，参与民主生活实践。发现问题、分析问题、并规划分析问题的路径和思路。	提供数据分析的方法和思路建议，提出问卷和 ppt 的修改建议

2.项目探究课

实施过程	活动内容、形式及其组织	活动意图（知识、素养）	教师的准备（活动形式的设计、素材的准备、对学生要说的活动要求）
课前活动	进行实践调研，开展问卷调查，分析数据，制作汇报展示的 PPT。	信息处理、团队合作能力以及研究方法的掌握。	辅导学生 PPT 的制作和数据分析。
课上活动	分小组汇报展示《关于丰富课后延时服务形式的提案》调研成果；各方代表进行模拟议事会，讨论协商模拟政协提案中建议的部分。	在学生思考分享汇报的基础上，引导学生认识到有事好商量，众人的事情众人商量是人民民主的真谛；协商民主是我国社会主义民治政治的特有形式和独特优势。	总结学生建议，整合并引导学生感悟协商民主。
课下任务（包括作业）	根据课上讨论，提供模拟政协提案的规范格式，提交北京市第十八中学模拟政协社团。	提升参与民主生活的意识，提升责任意识和主人翁意识。	指导学生撰写规范的模拟政协提案。

3.成果展示课

实施过程	活动内容、形式及其组织	活动意图（知识、素养）	教师的准备（活动形式的设计、素材的准备、对学生要说的活动要求）
课前活动	学生项目小组合作完成一份模拟政协提案，制作展示 PPT。	认同协商民主是我国社会主义民主的特有形式和独特优势，感受协商制度的优势和价值。	引导学生确定选题、调研方式、资料搜集等。指导撰写模拟政协提案和制作 PPT。
课上活动	展示一份全国政协委员的提案，探究由提案转化为健康福祉的过程；学生利用 ppt 展示模拟政协提案，学生间提问并答复。	展示协商民主在提案转化为民生福祉中起的作用，探究协商民主的优势，理解协商民主是中国特色社会主义民主的特有形式和独特优势，协商制度保障人民当家作主。	搜集典型提案，展示其从缘起、调研、督办、落实全过程，展示协商民主的优势；指导学生制作并优化展示 PPT。
课下任务（包括作业）	就下一步如何开启乡村振兴，完成一份模拟政协提案。	引导学生持续深入探索我国协商民主，关注国家大政方针，提升建言献策能力。	搜集材料，提供学生有关乡村振兴资料，引导学生完成模拟政协提案。

附件：

附件1:项目式学习（初中学段）表现评价表

项目活动	评价维度	评价细则	自我评价 30%	同学互评 30%	教师评价 40%	平均分
导引课	前期准备表现 10 分	团队创建				
		资料收集				
		提出问题				
探究课	探究过程能力 50 分	团队协作力				
		实践参与力				
		数据分析力				
		分析讨论力				
		信息技术力				
	情感态度 10 分	集体荣誉观念				
		项目学习纪律态度				
		沟通交流表达				
	项目成果 30 分	完成模拟提案撰写				
		调研数据呈现全面				
		视频、PPT 制作质量				
总分	100 分					

附件2：展示课评价量表

	评价指标	评价要素（1~10 分由低到高）	学生自评	组间评价	教师评价
过程性评价	小组协作	小组成员有团体协作意识，倾听并理解他人看法			
	小组分工	小组成员分工合理，认真完成承担的任务			
	合作态度	小组成员积极参与活动，能够寻求小组成员帮助，主动思考，面对问题积极寻找解决办法			
成果评价	资料收集整理	通过对课前调查问卷的整理，确定自己的模拟政协提案主题，小组分工合作			
	前期调研	小组在选题前进行了调研、走访调查、查阅资料等，前期工作充分			
	模拟政协提案	模拟政协提案的案由、分析合理，所提建议有针对性、创新性、可行性			
	成果展示交流	展示内容丰富，思维清晰，有一定的知识升华			

七、日常课大单元教学优秀案例

“地貌”单元教学设计

安静

<table>
<tr><td colspan="6">第四章地貌（教学设计）</td></tr>
<tr><td colspan="6">教学基本信息</td></tr>
<tr><td>单元（或主题）名称</td><td colspan="5">地貌的观察</td></tr>
<tr><td>学科</td><td>地理</td><td>学段</td><td>高中</td><td>年级</td><td>高一</td></tr>
<tr><td>相关
领域</td><td colspan="5">岩石圈</td></tr>
<tr><td>主要教材</td><td colspan="5">书名：普通高中教科书 地理必修第一册
出版社：人民教育出版社　出版日期：2019 年 6 月</td></tr>
<tr><td colspan="6">单元（或主题）指导思想与理论依据</td></tr>
<tr><td colspan="6">本章主要呈现五大自然地理要素之一——地貌要素，在内容深度上要说明常见地貌的类型及景观特点，在内容选择上以出露地表的岩石圈形态——地貌为主要内容，引导学生辩证看待自然环境与人类活动的关系。</td></tr>
<tr><td colspan="6">单元（或主题）教学背景分析</td></tr>
<tr><td colspan="6">一、教学内容分析及课时分配
单元课程标准：通过野外观察或运用视频、图像，识别3~4种地貌，描述其景观的主要特点。——对应人教版必修一教材第四章内容。
教学内容：本单元内容的学习条件是进行野外地貌观察实践或观察地貌相关视频和图像，要求学生达到“识别”的初级知识了解水平及“描述”的知识理解水平，需要学习的具体内容为常见的 3-4 中地貌及其景观的主要特点。本主题主要包括常见地貌类型和地貌的观察两个部分，属于自然地理基础。第一节强调观察的内容，解决“看什么”的问题，第二节突出观察的方法，解决“怎么看”的问题，两节内容均以地貌与人类生产生活的联系为问题背景，相互联系、互为支撑。
课时分配：
本主题教学时间约需 4 课时，具体分配如下：
4.1 常见地貌类型（约 3 课时）；4.2 地貌的观察（约 1 课时）。</td></tr>
</table>

<table>
<tr><td>
二、学生情况分析

地貌是学生可以直接感受到的地球表面特征，切实可观。许多家庭从小就会带着学生去旅游，使他们对地貌景观有一定感性认识。此外，初中地理课程有“五种地形”的内容，学生除了比较深入地学习了五种地形之外，对一些成因型的地貌也有了感性认识，高中则可以在此基础上继续构建地貌知识体系。

通过对前几章地球圈层结构、大气运动和水循环基本原理的学习，学生已经具备一定的地理分析能力，为学生分析这节课的内容提供了知识和能力基础。但是高一学生正处于由具体形象思维向抽象逻辑思维发展的阶段，地貌方面的知识体系还没有建构起来，因此教师应借助地貌模型或图像等具体形象的工具辅助教学，在课堂中有意联系学生在生活中观察地貌景观的经验，为学生系统学习科学的地貌知识提供支撑，引导学生对地貌由感性认识上升到理性认识。
</td></tr>
<tr><th>单元（或主题）教学目标</th></tr>
<tr><td>
阶段 1：明确预期学习结果

在背景分析的基础上，需要明确单元教学的预期结果即教学目标，包括大概念、围绕这一概念需要解决的基本问题，以及所要达成的总目标等，并根据这些目标进行逆向教学设计。

大概念：地貌的观察

学生将会理解：认识和理解生产和生活中的一些常见地貌现象，简单分析少数几个或者多个自然地理要素之间的相互作用及其与人类活动的相互影响。

学生将会不断思考：（基本问题）

（1）什么是地貌？（2）常见的地貌类型有哪些？（3）如何识别地貌类型？（4）不同的地貌类型有什么不同的特点？（5）不同地貌对人类生产生活会有怎样的影响？人类生产、生活又会对地貌产生怎样的影响？（6）如何在野外进行地貌观察？

学生将能知道：

地貌的含义和主要类型划分；喀斯特地貌、河流地貌、风沙地貌和海岸地貌的定义和典型分布区；典型地貌的形态、物质组成和规模及景观颜色等。

学生将能做到：

通过视频图像，借助软件或实地考察等手段，对比不同地貌所在自然环境及其景观特点，从而区分它们的类型；从学科视角出发，观察并描述现实生活中的地貌景观。

总目标：

了解地貌基础知识和地貌观察的方法（地理实践力），理解常见地貌景观形成的过程和原理（综合思维），形成对国内常见地貌景观进行观察、识别、描述和欣赏的意识和能力（区域认知、地理实践力），培养科学探究地貌景观的精神和因地制宜的观念（人地协调观）。
</td></tr>
</table>

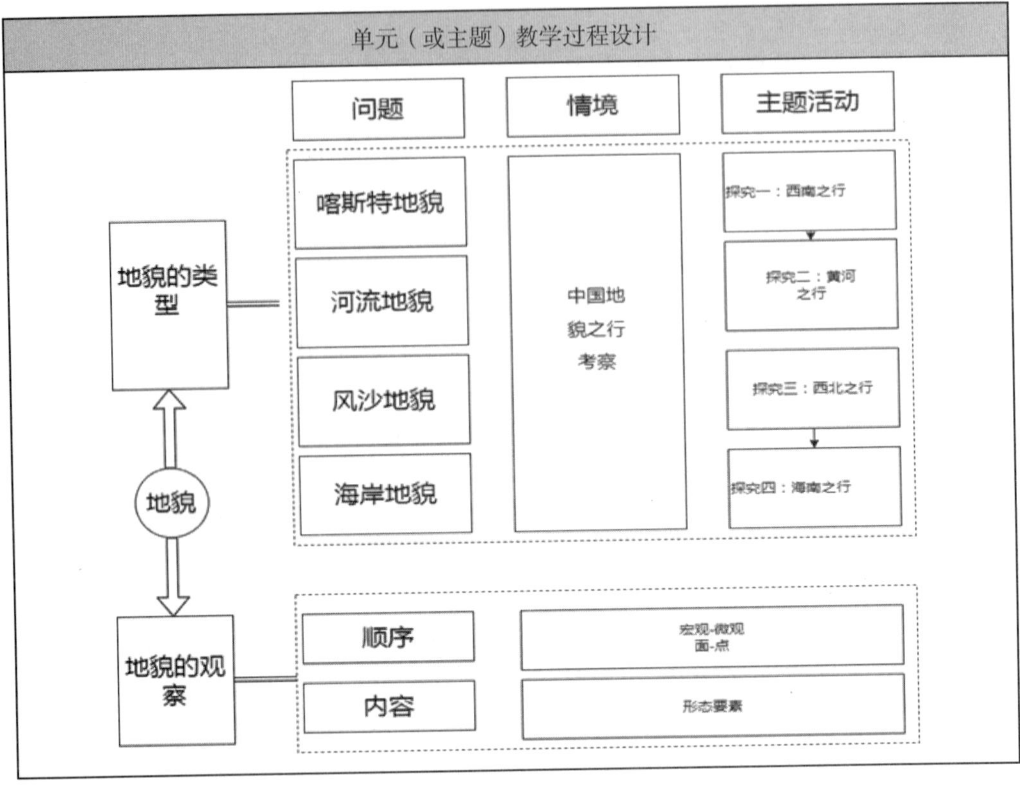

"Unit 4 Humour Lesson 3（1）"教学设计

佐安

融合课堂展示课教学设计

课程基本信息	
课题	选择性必修二 Unit 4 Humour Lesson 3（1）
教科书	书名：普通高中教科书 英语选择性必修第二册 出版社：北京师范大学出版社　　出版日期：2020 年 8 月

单元整体分析
一、单元总体分析 本单元的话题是幽默，主题语境涉及三个方面，首先是"人与自我"下的积极的生活态度子主题，其二是"人与社会"下的跨文化沟通，以及"人与社会"下艺术之喜剧领域下的代表作品和人物。在主题意义的引领下，指导学生发现文字、听力、视频语篇中的幽默，从而善于发现生活中的幽默，全面认识英式幽默的常见形式和特点，了解幽默对身体、精神和人际关系的诸多裨益，熟悉幽默的角色和英国著名喜剧演员的演艺生涯和艺术追求，理解喜剧的文化内涵。从而，学生可以在学习完本单元后对已学内容梳理回顾，形成语言知识与主题网络，将之应用于实践，让学生通过完整真实的项目认识、学习幽默，利用幽默的内核，实现交流交际的目的。 Topic Talk 本课是本单元的起始课，包含两段听力语篇。第一篇：文本中 Ma Hua 向 Christina 回答了平日里，能为自己带来欢声笑语的方方面面，谈到了自己最喜欢的一面，并且还说出了"笑"能为自己（人们）带来的健康好处。第二篇：文本中讲的是 David 向 Jia Juan 述说最近遇到的一件趣事。提到了时间的起因、经过以及最终的充满趣味性的结果。（有记叙文的行文风格）学生能够聚焦于自己点滴的生活，明白幽默 / 趣味的作用，并下意识地发掘日常生活的趣味性，意识到充满幽默感的话术的力量。 Lesson 1 向学生展现三个轻松幽默的故事，三个文章均为记叙文，故事发展脉络清晰。故事包含大量的直接引语，表明人物的目的，推动故事走向。旨在引导学生读懂文章中人物的真实意图，从而领悟到故事的"笑点"，使学生意识到"笑点"的出现往往是因为人物不能互相领悟对方的意图。 Lesson 2 为两篇听力材料，材料一演讲主题是"我们为什么需要幽默？"旨在使学生了解幽默的益处，从而全方位的认识幽默。同时让学生学习演讲的典型结构。材料二以对话的形式讲述 Mike 在聚会上用幽默化解自己总是搞错客人名字的尴尬情形，旨在带学生了解幽默可以化解尴尬，利于维护良好的人际关系，为学生提供社交与沟通的新思路。此外，希望能借助此材料学习如何举例子。 Lesson 3 本文包括两篇文章，文章一介绍著名的喜剧角色 — 憨豆先生，并复述了作者最爱的一集内容。文章二介绍憨豆先生的扮演者 —Rowan Atkinson 的生平、教育背景、外界评价以及克服自身口吃缺点，成功成为一名喜剧演员，并找到自己的励志故事。本课文旨在向学生呈现喜剧领域著名的艺术作品和演员。带领学生认知典型的英式幽默形式。让学生意识到喜剧演员优秀的教育背景、励志的成长故事以及选择职业生涯的勇气。 Writing Workshop 本文是一篇记叙文，记叙了在希斯罗机场一位工作人员用幽默化解乘客无理要求的故事。学生通过阅读体裁为记叙文的幽默故事，提取故事的必含要素，包括背景、人物、情节和点睛之笔。随后学生能够模仿范文，写出自己的有趣故事。 Viewing Workshop 是视听说课，本视频旨在通过一个真实的情境，为学生呈现真实的英式幽默。旨在为学生呈现英国人语言、肢体上的幽默，使学生身临其境地感受英式幽默。并希望学生能够用自己的语言和肢体表演出幽默故事。 Reading club 中包含两篇说明文。文章一介绍著名的喜剧大师卓别林，包含他的成就、生平、艺术生涯对于喜剧的坚持与磨练以及后人的评价。文章一旨在从卓别林的角度带学生深入理解喜剧内核。使学生认识到，喜剧并不是粗浅的艺术，需要喜剧演员不断地打磨，希望学生能以严肃的态度对待喜剧。文章二较为系统地介绍了英国人对于幽默的态度，英式幽默的几种常见形式，包括笑话、文字游戏、禁忌话题、自嘲等。文章二旨在使学生更加全面地认识英式幽默的主要形式，

为学生日后的跨文化交际打下知识基础。
教学背景分析
一、主题意义 本单元的话题是幽默，主题语境涉及三个方面，首先是“人与自我”下的积极的生活态度子主题，其二是“人与社会”下的跨文化沟通，以及“人与社会”下艺术之喜剧领域下的代表作品和人物。本节课为本单元整体输出活动课。本节课通过引导学生结合本单元所学内容与语言，向学生提出核心问题：How Can We Make Use of Humor to Make Our Life More Fruitful？学生将通过回顾单元学习活动总结以下方面的问题：1. 幽默的概念与类型；2. 幽默文化的代表人物；3. 幽默的益处；4. 幽默如何让生活更多彩？学生在本节课整理思路，并以小组形式汇报 Project 研究成果，解答核心问题：幽默如何成就多彩人生？由此，学生可以更加全面的认识幽默文化，增强沟通交际能力，提供跨文化意识，能够学会用幽默应对、处理生活中的社交困境。 二、学情分析 本节课的授课对象是北京市普通高中的高二学生，学生的词汇量、语言理解能力及语言运用能力等方面基础较好；大多数学生能够理解单元主题内容和提取相应细节信息；绝大多数学生有关注幽默话题的兴趣。 主题认知：幽默是备受高中学生喜欢的话题，学生虽然在学习生活中有对幽默文化这一话题的了解和经历，但并不一定有全面系统地用英语探究幽默文化的经历，且对于学生来说，话题须与其实际生活相关，这样学生才能在内容方面做到有效输入及输出。 语言能力：学生虽有用英文叙事的语言能力，但还不能够具备准确、丰富、具有逻辑地用英语解读 Project 核心问题的能力，尤其是不具备用设置故事情境及使用大量描述性语言将笑点隐藏在故事中的能力。 文化意识：学生对于英式幽默的了解和认识有待加强，虽具备一定跨文化沟通能力，但仍需通过学习增加自信自强良好品格，比较文化异同，传播中华文化。 思维品质：学生具备一定概括整合文本信息、逻辑关系的能力，但仍需通过项目学习提高辨析语言和文化中的具体现象的能力，通过阅读活动正确评判幽默文化代表人物特点及其贡献，创造性地表达自己的观点。 学习能力：学生有一定的英语学习兴趣，具有明确的学习目标，但大多数学生拘泥于教材与个人经历体验，通过探究活动，学生可以通过多渠道获取英语学习资源，有效规划学习，实现自我监控、评价、反思和调整。 在本项目学习开展过程中，学生已通过教师设计的听、说、读、写等活动，进行了本单元语言知识与主题意义的铺垫，在教学活动中，教师有意识地给学生铺设足够的台阶，提升学生的信心，使学生能够内化语言，根据自己的理解表达观点态度，丰富表达，实现对文本主题意义的探究。
学习目标
教学目标： 在本课结束时，学生能够： 1. 获取有关喜剧角色憨豆先生的基本信息和表演特点，口头介绍憨豆先生； 2. 阅读并提取关键动词和动词短语，描述并表演憨豆先生餐厅用餐片段； 3. 根据文本内容推断文本隐含信息（如憨豆先生的具体行为动机和作者对憨豆先生的态度），推断总结人物特点并说明理由。

教学过程
Step 1 Ask Ss to look at the photo on P14 and write down what you know about him by answering the questions. Who is he? What is his nationality? What’s he famous for? What TV series and films has he acted in? What do you think of his performance? Step 2 Ss read paragraph 1 of Text 1 and summarize who Mr. Bean is and what is so special about him. Step3 Ss read the rest of Text 1 and underline the verbs or verb phrases that are used to describe Mr. Bean’s actions at the fancy restaurant. Take notes using the diagrams below. 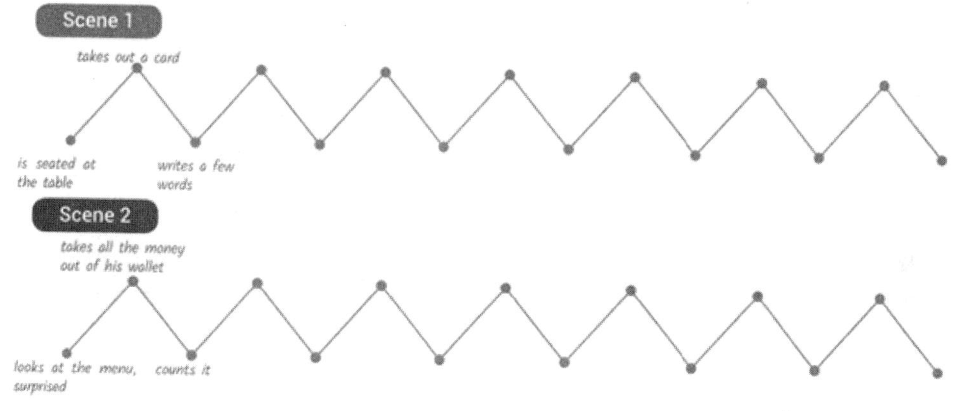 Step 4 Ss describe orally what Mr. Bean does at the fancy restaurant based on your notes. Step 5 Ss act out the two scenes of Mr. Bean at the fancy restaurant. Step 6 As Ss to read Text 1 again and make inferences about Mr. Bean and the author. 1. Why does Mr. Bean go to a fancy restaurant on this particular day? 2. Does Mr. Bean have many friends? How do you know? 3. Why does Mr. Bean choose the “steak tartare”? 4. Why does Mr. Bean pretend to like the food when the waiters ask him? 5. Why does the author say that he wouldn’t want to meet someone like Mr. Bean in real life?

Step 7

Ss discuss the following questions.

(1) From the scenes in the restaurant, what can you infer about Mr. Bean? Find evidence from the text to support your opinion.

(2) Do you like making friends with him in real life? Why or why not?

Step 8

Ss look at the two pictures of the actor and the character, and answer questions:

(1) What is the difference?

(2) Do you think there is any similarity between the actor and the character he created?

Step 9

(1) Read paragraph 1 of Text 2 and check your predictions about Rowan Atkinson.

(2) Finish reading Text 2, and summarize the main idea of each paragraph.

(3) Exercise 7 on P16: Complete the table about Rowan Atkinson.

Step 10

Ask Ss to introduce Rowan Atkinson to your partner orally.

Step 11

Ask Ss to summarize the story of Rowan Atkinson and the character he created.

“原子结构与元素性质”教学设计

宋文静

教学基本信息					
单元（或主题）名称	元素周期律的应用				
学科	化学	学段	中学	年级	高一
相关领域	化学				
主要教材	书名：化学 必修二 出版社：山东科学技术出版社 出版日期：　年　月				

教学设计参与人员			
	姓名	单位	联系方式
设计者	宋文静	北京市第十八中学	
实施者	宋文静	北京市第十八中学	
指导者	王爽 赵吉星	北京市第十八中学	
课件制作者	宋文静	北京市第十八中学	
其他参与者			

单元（或主题）指导思想与理论依据

【指导思想】

《普通高中化学课程标准(2017 年版)》指出：“高中化学课程应倡导真实问题情境的创设，开展以化学实验为主的多种探究活动，重视教学内容的结构化设计，激发学生学习化学的兴趣，促进学习方式的转变，培养他们的创新精神和实践能力；积极倡导‘教、学、评’一体化，使每个学生化学核心素养得到不同程度的发展。”

《科学构建学科核心素养的发展进阶》指出：

学科核心知识是学科素养的必要经验基础；

学科核心素养的心理实质是以认识角度为核心的学科认识方式；

学科核心知识通过学习理解、实践应用以及迁移创新等学科能力活动转化为自觉主动的学科认识方式，从而表现为面对各种问题情境及研究对象时能够完成各种能力活动的胜任力。从而推动学生化学核心素养的发展进阶：知识进阶、方法进阶、问题情境及能力活动进阶。

【理论依据】

建构主义认为：学习不是由教师把知识简单地传递给学生，而是由学生在一定的情境即社会文化背景下借助他人（包括教师和学习伙伴）的帮助，利用必要的学习资源，通过意义建构的方式而获得的。教学不能无视学习者的已有知识经验，应引导学习者从原有的知识经验中，生长出新的知识经验。

发现学习理论认为：学习是一个积极主动的认识过程。学习者不是被动地接受知识，而是主动地获取知识，并通过把新获得的知识和已有的认知结构联系起来，积极地建构其知识体系。学习知识的最佳方式是发现学习，发现学习即学生利用教材或教师提供的条件自己独立思考，自行发现知识，最终掌握原理和规律的学习。

单元（或主题）教学背景分析

一、教学内容分析及课时分配

本单元内容直接对应《课程标准》“课程内容”中“必修课程”部分的“主题 3：物质结构基础与化学反应规律”，并与“主题 2：常见的无机物及其应用”“主题 5：化学与社会发展”相关联。主要促进学生“宏观辨识与微观探析”“证据推理与模型认知”“科学探究与创新意识”化学学科核心素养的发展。

本单元包括《第 3 节 元素周期表的应用》（4 课时）和《微项目．海带提碘与海水提溴—体验元素性质递变规律的实际应用》（2 课时）。从课程角度分析，元素周期表（律）是中学化学的核心概念之一，对学生认知元素性质、物质性 质及其变化规律、化学基本原理均有重要的指导作用。初中阶段，学生主要基于元素视角认识典型代表 物的性质；高中必修阶段，学生先从物质类别和元素价态的角度认识物质间的转化，然后基于元素周期表（律）探寻物质转化背后的实质规律，最终建构“构—位—性”模型。从最新鲁科版高中化学教材的编排顺序看，“元素周期表的应用”编排在必修第二册第一章的章末。之前，学生已经完成了大量元素化合物知识的学习（宏观视角）。通过本章的学习，学生研究物质性质的视角由宏观转向微观：探究影响元素性质的内在因素，认识“元素性质递变规律”，借助元素周期律（表）这一工具对元素化合物知识进行概括、整合，并能够预测分析陌生元素、物质的性质。“微项目”则通过海带提碘与海水提溴流程的设计与分析，引导学生应用元素性质递变规律解决实际问题，进一步体会元素性质递变规律的应用价值。

二、学生情况分析

学生已有认知：

在初中化学课程的学习中已经知道原子是由原子核和核外电子构成的；能够认识元素周期表的前 20 号元素；已经学习了氯、硫、氮、钠等元素的单质及其化合物的性质，对于许多元素及其化合物已有感性认知的基础；在此之前已经学习了元素周期表和元素周期律；初步掌握一定的设计实验、分析解释的能力；知道过滤、蒸馏、升华等是常见的分离提纯方法；熟悉实验室常见的仪器（烧杯、漏斗、试管等）；具备一定的基本实验操作技能。

学生待发展的认知：

能够利用元素周期律以及对已知元素化合物性质的研究思路和方法研究陌生元素及其化合物的性质；构建认识元素和物质性质的新视角，“位—构—性”模型；能够应用“位—构—性”模型预测陌生元素的性质，解决实际问题。

单元（或主题）教学目标	
单元教学目标	具体教学目标
建立原子结构与元素性质的关系，使“原子结构”知识在学生认知中发挥应有的功能重点确立“位—构—性”认知模型中的“构—性”要素。	● 通过对 IA、VIIA 族和第二、三周期部分元素的性质研究，认识元素的金属性和非金属性的递变规律，能够建立元素位置、原子结构和元素性质之间的关联，初步建构以元素为核心的“位—构—性”模型 ● 通过设计实验论证元素性质递变性和相似性的过程，建立元素性质与物质性质的联系，形成相应“位—构—性” 模型

完善"位—构—性"模型的认知功能，使学生能基于模型进行推理论证。	● 以陌生元素（Si\Al）为载体，应用模型预测元素及其化合物的性质，并完善认识模型。
厘清元素性质的内涵，区分元素性质与物质性质，构建从元素性质过渡到物质性质的推理路径。	● 依据探究目标，设计合理的实验探究方案， ● 依据实验现象进行分析、归纳、总结，并根据规律合理推论和预测物质性质。 ● 通过小组合作、自主学习等方式，积极检查和反思科学探究过程，进而再次开展实验验证，将探究所得上升发展成为理论。
能够应用"位—构—性"模型解决实际问题。	● 通过海带提碘活动和海水提溴工艺流程的设计，建立真实复杂系统中物质富集、分离、提取的基本思路。 ● 通过海带提碘活动和海水提溴工艺流程的设计，熟练应用"位—构—性"模型实现物质的转化，从而获取目标产物，体会元素周期律、元素周期表在分析解决实际问题中的价值。

单元（或主题）教学过程设计

本单元教学通过对元素性质递变性、相似性规律的探究，培养学生证据推理的能力，引导学生逐步建立科学认识模型，并应用认识模型预测陌生元素及其物质的性质，促进学生基于元素周期律（表）对物质的性质、应用、转化的再认识。

教学板块	学习过程	核心素养
板块 1 元素性质与原子结构的关系（构建认识路径） 课时 1	任务一：分析周期表中元素的内在实质联系 学习情境 1：门捷列夫探索的周期律是元素间的实质联系 学习活动 1.1：讨论元素周期律的实质内涵 学习活动 1.2：讨论元素性质和原子结构的关系	科学态度与社会责任感 证据推理与模型认知

板块	任务	素养
板块 2 探究同周期元素的性质与原子结构的关系（构建认识模型） 课时 2	任务二：同周期元素性质的递变规律探究 学习情境 2：探究第 3 周期元素原子得失电子能力的比较 学习活动 2.1：实验探究 Na、Mg、Al 原子结构与失电子能力的关系。 学习活动 2.2：阅读探究 Si、P、S、Cl 原子结构与得电子能力的关系。	证据推理与模型认知 科学探究与创新意识
板块 3 探究同主族元素的性质与原子结构的关系（发展认识路径） 课时 3	任务三：同主族元素性质递变规律探究 学习情境 3：探究 IA、VIIA 族元素性质的递变规律 学习活动 3.1：寻找 IA、VIIA 族元素原子结构的异同 学习活动 3.2：探索 IA 族元素化学性质的相似性和递变性 学习活动 3.3：实验探究 VIIA 族元素化学性质的相似性和递变性 学习活动 4：元素的原子结构与元素性质的关系	证据推理与模型认知 科学探究与创新意识
板块 4 预测元素及其化合物的性质（完善表征模型） 课时 4	任务四：分析、预测、比较元素及其化合物的性质 学习情境 4：预测 Si 元素及其化合物的性质 学习活动 4.1：比较 C、Si、P 元素的性质 学习活动 4.2：预测 Si 及其化合物的化学式的性质 学习情境 5：预测 Li、Be、B 元素及其化合物的性质 学习活动 5.1：比较 Li、Be、B 与 Na、Mg、Al 元素性质 学习活动 5.2：完善并关联“构—位—性”认识模型	证据推理与模型认知 科学探究与创新意识
板块 5 海带提碘与海水提溴（应用模型） 课时 5、6	任务五：海带提碘与海水提溴 学习情境 6：以海带灰为原料，提取碘单质 学习活动 6.1：从海带中获得含碘单质的溶液 学习活动 6.2：从含碘单质的溶液当中提取碘单质 学习情境 7：设计从苦卤当中提取溴单质 学习活动 7.1：你选择何种试剂使 Br^- 转化为 Br_2？为什么？ 学习活动 7.2：该实验方案能否将碘单质提取出来？为什么？ 学习活动 7.3：工业流程中哪几步操作与富集溴元素有关？每一步操作的目的是什么？	证据推理与模型认知 科学探究与创新意识 科学态度与社会责任感

单元（或主题）学习效果评价及作业设计

1. 学习效果评价

学习效果评价量表

评价目标	评分标准和表现描述	得分
能够说出"位—构—性"模型内容。	2 分 能够熟练地说出"位—构—性"模型内容。	
	1 分 在提醒下能说出"位—构—性"模型内容。	
	0 分 在提醒下也不能说出"位—构—性"模型内容。	
能够运用"位—构—性"模型去推测未知元素的性质。	2 分 能够熟练地运用"位—构—性"模型预测陌生元素性质。	
	1 分 能够对照笔记运用"位—构—性"模型预测陌生元素性质。	
	0 分 对照笔记仍然不能能够运用"位—构—性"模型预测陌生元素性质。	

2. 作业设计：

1. 对应的章节练习题检测。

2. 绘制思维导图。

本单元（或主题）教学特色分析 (300-500 字数)

● 优化教学策略，强化知识，认识功能。

本单元教学设计按照学生的认知发展线索组织，对核心内容的呈现顺序、方式及深广度进行调整。学生在掌握了一些原子结构、元素性质和元素周期表的基础上，以熟悉的元素为代表，寻找原子结构与元素性质的关系，初步认识"构—位—性"三者之间的联系。学生分析第三周期代表元素原子结构的相似性与递交性，结合它们与相关物质反应的条件及实验现象，建立元素性质和物质性质的联系，在此基础上分析原子结构，对性质进行预测并实验验证、总结规律，遵循"归纳—演绎"的科学思维过程这样的设计既能丰富学生对化学元素认识，又能帮助学生厘清元素性质与物质性质的区别，发展学生宏微结合的化学学科核心素养。

● 更新认识角度，建构推理路径模型。

构建认识模型是"元素周期律"的一种核心教学策略，通过此"位—构—性"模型的构建，让学生能够基于模型建立性质分析和预测的推理路径。以往的"元素周期律"教学暴露出不少问题:学生忽视结构对性质的决定性作用，而仅仅从位置角度直接推测性质；学生在问题解决过程中不清楚结构的具体内容，难以建立结构与性质的联系等。而"位—构—性"模型可以更好地帮助学生明确原子结构与元素性质的推理关系。

<table>
<tr><th colspan="4">某一课时的教学目标、教学重点和难点</th></tr>
<tr><td colspan="4">教学目标：
1. 通过体验灼烧、溶解、过滤、萃取等物质分离提纯基本实验操作，掌握化学仪器进行物质检验及分离提纯的方法。
2. 在设计流程、仪器的活动中，通过驱动性问题提升科学探究和创新意识的学科核心素养。通过构建从自然资源中提取化学物质的一般流程，运用“位—构—性（元素性质和物质性质）”关系模型解决实际问题，培养证据推理与模型认知核心素养。
3. 通过了解化学在自然资源开发、利用中的作用，梳理可持续发展思想，培养科学精神与社会责任的核心素养。
教学重点：
1. 设计海带提碘的流程。
2. 逐步构建分液漏斗模型，掌握萃取、分液的概念和操作。
教学难点：
通过“创新设计”的交流研讨，逐步构建萃取、分液的仪器模型。</td></tr>
<tr><th colspan="4">某一课时的教学过程</th></tr>
<tr><th>教学阶段</th><th>教师活动</th><th>学生活动</th><th>设计意图</th></tr>
<tr><td>环节一：
创设情境
引入新课</td><td>【问题】请你谈谈对碘元素的认识？

【视频】碘对于生命体的作用、以及在人类的日常生产和生活中的广泛应用。

【介绍】海产品中碘的含量
<table><tr><td>海产品</td><td>紫菜（干）</td><td>带鱼</td><td>鱿鱼</td><td>海带（干）</td></tr><tr><td>碘含量</td><td>18.2 mg/kg</td><td>1.84 mg/kg</td><td>0.56 mg/kg</td><td>816 mg/kg</td></tr></table></td><td>【回答】
1. 碘是人体的微量元素，缺碘会造成大脖子病。
2. 元素周期变中的卤族元素。
3. 做碘伏。

【观看视频】

海带的含碘量高，可以从海带当中提取碘。</td><td>学生自己谈谈对碘元素的认识，体会碘与我们的生活息息相关。

从学生的生活出发，激发学生对本节课的学习兴趣，创设真实的情境，认识元素化合物知识在现实生活中的意义。发展学生的科学态度与社会责任感的核心素养。

找到提碘的原料。</td></tr>
</table>

环节二：从海带中获得含碘单质的溶液	【资料】 海带、紫菜等藻类植物中含有丰富的碘元素。其中，海带产量高、价格低，常用作提取碘单质的原料。碘元素在海带中以碘化物的形式存在。灼烧干海带可以分解除去其中的有机化合物。灼烧后得到的海带灰中，除了存在可溶性碘化物外，还存在多种可溶性无机盐。 【绘制海报】 绘制从海带中获得含 I_2 溶液的流程图。 【氧化剂的选择】 $I^- \xrightarrow{氧化剂} I_2$ 氧化反应 常见氧化剂：Cl_2、Br_2、HNO_3、$KMnO_4$、H_2O_2 • 书写离子反应方程式： $Cl_2 + I^- =$ $H_2O_2 + I^- + H^+ =$ 【学生实验】 1、用量筒取12mL滤液于烧杯中 2、加入2滴管氯水(过量) 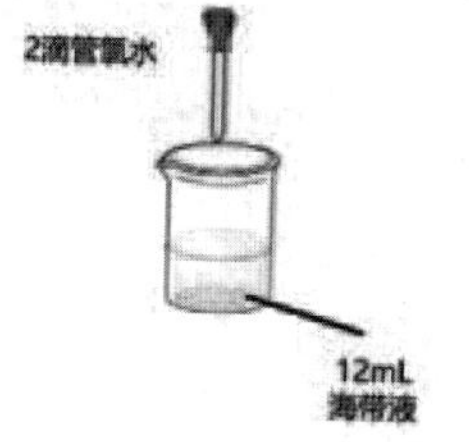 【思考】如何检验 I_2 的存在？ 【思考】如何提高溶液中 I_2 的浓度和除去溶液中可溶性的杂质呢？	【交流研讨】 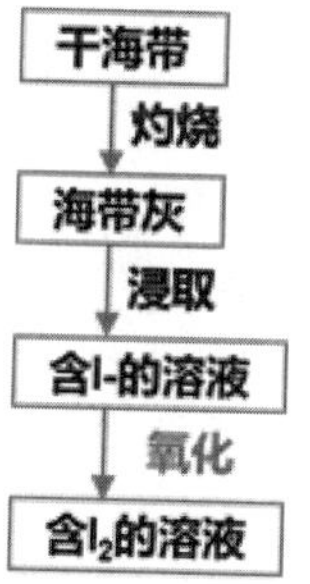 【确定氧化剂】 根据同主族元素的相似性和递变性规律可知，卤族元素非金属性逐渐减弱，可以用氯、溴来氧化碘离子获得碘单质。 【书写方程式】 $Cl_2 + 2I^- = I_2 + 2Cl^-$ $H_2O_2 + 2I^- + 2H^+ = I_2 + 2H_2O$ 【小组实验】 淀粉遇碘单质变蓝 操作：取、加、若、则 ↓ 现象：变蓝 ↓ 结论：溶液中有碘单质，从而证明海带中确实含有碘且设计的流程合理可以提取碘。 除杂：将可溶性的无机盐沉淀后再过滤 富集：蒸发	锻炼学生的阅读、捕捉关键信息能力、小组合作等能力，帮助学生初步构建海带提碘的流程模型，发展学生的认知，同时诊断学生对于流程图的认知。 该活动设置意图是：通过氧化剂的选择，诊断学生对于氧化还原、卤族元素的知识的掌握情况，构建陌生方程式的书写模型；确定反应物和生成物；确定反应类型；书写离子方程式，锻炼学生陌生氧化的书写能力；发展学生变换观念与平衡思想、证据推理与模型认知的核心素养。 学生动手实验，增加课堂乐趣，同时锻炼学生的动手操作、小组合作等能力，由实验现象获得证据，培养学生证据推理与模型认知的核心素养。诊断学生的实验操作能力。 激发学生思考，引出下一个环节。

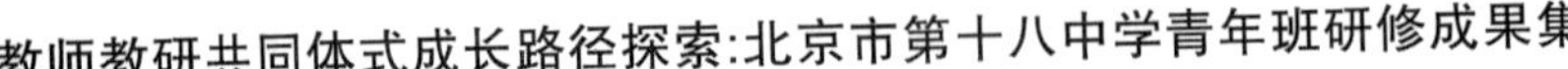

<table>
<tr>
<td>环节三：从含碘单质的溶液当中提取碘单质</td>
<td>【资料】
① I_2 能溶于水，易溶于 CCl_4，溶于 CCl_4 呈现紫色。
② CCl_4 密度大于水，与水不互溶，有毒且易挥发。
【创新设计】绘制装置图（仪器），预测实验现象，得出结论。
【实验操作】
1.验漏：关闭下口活塞，向其中加入10mL的水，倒置，观察是否漏水，将活塞旋转180°，再倒置观察。
2.将烧杯中的溶液倒入到分液漏斗，再用量筒量取[illegible]加入到烧杯中，盖好玻璃塞。
3.倒转分液漏斗[illegible]，使两种液体充分接触；振荡后[illegible]，使漏斗内[illegible]。
4.将分液漏斗放在铁架台上，[illegible]。
5.待液体分层后，先将分液漏斗的[illegible]，打开下面的活塞，使下层液体慢慢流出。
完成实验，记录实验现象，验证结论。
【形成概念】
萃取：利用某种溶质在两种互不相溶的溶剂里溶解能力的不同，用一种溶剂（我们称之为萃取剂）将其从原溶剂中提取出来的方法叫萃取。
分液：萃取后，将上述两种液体分开，从而达到提取物质的目的。
【思考】为什么用CCl4作为萃取剂，说说你的想法。
【思考】如何分离碘单质与四氯化碳呢?
【反萃取法】

分析反萃取过程，书写过程①②的离子方程式。</td>
<td>【创新设计】
1. 烧杯
2. 加盖的烧杯
3. 漏斗
4. 漏斗与加盖烧杯结合
现象：溶液分层，上层颜色变浅，下层为紫色。
结论：实现了除杂和富集。
【小组实验】
现象：溶液分为两层，上层颜色变浅，下层为紫色。
通过碘溶液的颜色变深（棕黄色到紫红色），判断出碘的浓度提高了。（富集）
通过四氯化碳层颜色的变化，推出单质碘进入到了四氯化碳层，出去了可溶性无机盐。（除杂）
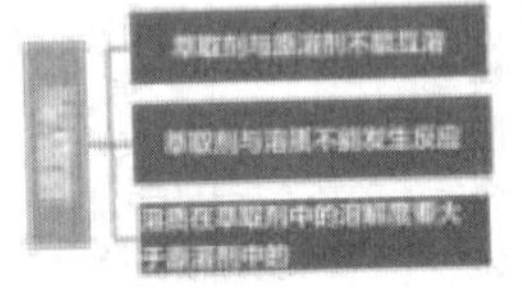
蒸馏
①确定反应物、生成物
②确定反应类型
③书写离子方程式
双线桥
三守恒
$I_2 + 6OH^- = 5I^- + IO_3^- + 3H_2O$
$5I^- + IO_3^- + 6H^+ = I_2 + 3H_2O$</td>
<td>基于已有认知却又高于已有认知，学生通过创新设计，发现问题，引起认知冲突，通过小组交流，教师引导突破固有认知，设计出新的仪器。在这个过程中学生的思维、交流、表达等能力得到了锻炼，也培养了学生科学探究与创新意识的学科核心素养。让学生站在仪器设计者的角度，体会仪器的产生，发展学生的科学态度与社会责任感的核心素养。

通过小组合作完成海带提碘实验，巩固常见实验操作，由实验现象推出结论，培养学生的证据推理与模型认知核心素养。诊断并发展学生实验探究的水平和实验操作能力。

形成概念，获取新的知识。引出从碘的四氯化碳溶液分离出固态碘的方法。

激发学生思考

通过分析反萃取的过程，了解分离碘单质与四氯化碳的方法，从而诊断学生对于离子反应方程式模型的掌握情况。</td>
</tr>
</table>

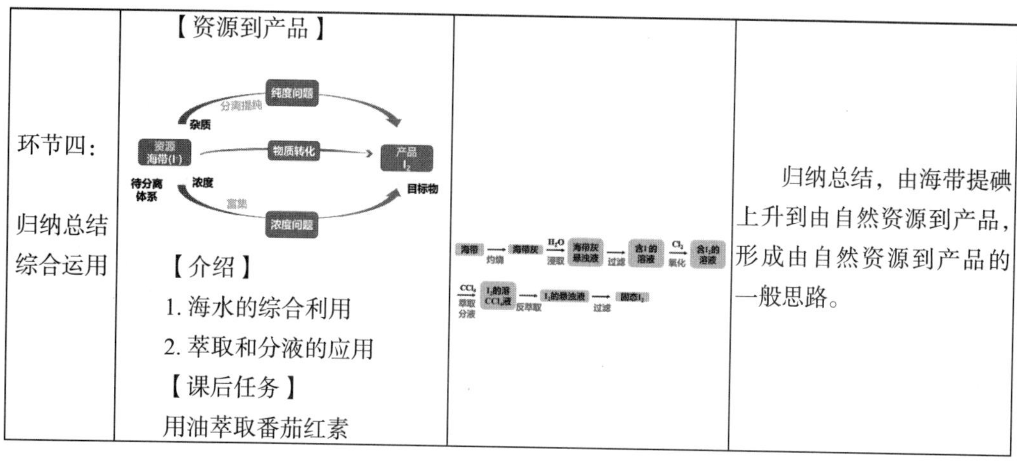

环节四： 归纳总结综合运用	【资源到产品】 【介绍】 1. 海水的综合利用 2. 萃取和分液的应用 【课后任务】 用油萃取番茄红素		归纳总结，由海带提碘上升到由自然资源到产品，形成由自然资源到产品的一般思路。

“了解生物圈”教学设计

黄赛

年 级：初一学 科：生物备课组长：刘恋					
主备人：刘恋黄赛参与人：刘恋黄赛日期：9 月 30 日					
单元（/ 专题 / 项目）名称：了解生物圈　　细分为 2 课时					
教学基本信息					
单元（或主题）名称	了解生物圈				
学科	生物	学段	初中	年级	七年级
相关领域	生态等				
主要教材	书名：《生物学》 出版社：人民教育出版社 出版日期：2013 年 10 月				

<table>
<tr><th>单元（或主题）指导思想与理论依据</th></tr>
<tr><td>初中生物新课标“核心素养内涵”包括了生命观念、科学思维、探究实践和态度责任四部分。
1．生命观念：从生物学视角，对生物与环境关系总体认识，理解或解释生物学相关现象、分析和解决生物学实际问题的意识和思想方法。本节课主要体现在生态观。
2．科学思维：科学思维是指在认识事物、解决实际问题的过程中，尊重事实证据，崇尚严谨求实，基于证据和逻辑，运用比较、分类、归纳、演绎、分析、综合、建模等方法，进行独立思考和判断，多角度、辩证地分析问题，对既有观点和结论进行批判审视、质疑包容，乃至提出创造性见解的能力与品格。
3．探究实践：探究实践是源于对自然界的好奇心、求知欲和现实需求，解决真实情境中的问题或完成实践项目的能力与品格。
4．态度责任：态度责任是指在科学态度、健康意识和社会责任等方面的自我要求和责任担当。社会责任是指基于对生物学的认识及对科学、技术、社会、环境相互关系的理解，参与个人和社会事务的讨论，作出理性解释和判断，解决生产生活问题的责任担当和能力。态度责任关系到知识和能力的正确运用，是生物学课程育人价值的重要体现。
本单元充分调动学生的学习兴趣与激情，通过教师主导下的学生自主学习、合作学习、探究性学习，使学生在知识、能力、情感态度与价值观三方面得到全面的发展，为学生的终身发展打下良好基础。通过本单元的教学活动，应使学生认识到生物与环境之间是相互影响、相互依存的，了解生态系统的组成及其类型；通过观察、资料分析、讨论、分享等方法，初步养成探究的思维习惯；初步形成爱护生物的情感、保护生态环境的意识和追求人与自然和谐发展的观念。</td></tr>
<tr><th>单元（或主题）教学背景分析</th></tr>
<tr><td>一、教学内容分析及课时分配
本单元内容通过结合鳄雀鳝时事，来让学生在实际情境中系统应用“第一单元生物与生物圈”的相关知识，并通过阅读学案、归纳总结提炼信息、小组合作等形式，全方位培养学生的能力。共分为两课时。
第一课时通过对“鳄雀鳝事件”以及学案的阅读和分析，让学生了解鳄雀鳝的特征、生活环境，总结出影响鳄雀鳝生活的生态因素，以及鳄雀鳝为了适应环境进化成的特征，完成食物网的绘制。再将鳄雀鳝在原产地的生活状况与在中国时进行对比，对时事问题进行讨论探究，呼吁学生爱护生物，从多角度看待问题。
第二课时期望学生可以以 3~4 人的小组为单位完成关于“鳄雀鳝”的海报的制作。以不同类型不同主题的海报先引发学生思考，再引入本节课海报的主角“鳄雀鳝”，介绍、回忆学案关于鳄雀鳝的特征、生活环境等（同第一课时，简要介绍）。引出选择鳄雀鳝作为主角的原因——中国鳄雀鳝事件，与原产地对比引发思考。让学生自选角度，自拟标题，以小组为单位，讨论并进行海报的绘制。绘制结束后向大家展示，并在同学间进行评分点评，提升学生的小组合作能力、动手能力、表达能力。
二、学生情况分析
学生已经学习过生物的特征、生物与环境的关系、生态系统、食物链食物网、生物圈等知识内容，但需要进一步将这些知识点进行整体的认识，并做到在实际情境中进行应用。
学习活动
1. 完成学案
2. 绘制宣传海报</td></tr>
</table>

<table>
<tr><th colspan="4">单元（或主题）教学目标、教学重点和难点</th></tr>
<tr><td colspan="4">一、教学目标：
1. 生物的生存依赖一定的环境，环境中的生态因素。
非生物因素对生物的影响：例：说出水、温度、空气、光等是生物生存的环境条件。
举例说明生物因素对生物的适应和影响。
2. 生物与环境组成生态系统
说出生态系统的组成。
描述生态系统中的食物链和食物网。
阐明生态系统的自我调节能力是有限的。
3. 通过小组合作完成实验，提升团队协作能力；通过对观察结果的描述等，提升科学语言的表达能力。
二、教学重点
1. 通过阅读学案，归纳总结提炼关键信息。
2. 将生态系统相关知识应用到实际案例中。
三、教学难点
设计产品、科学探究的能力</td></tr>
<tr><th colspan="4">单元（或主题）学习效果评价及结果分析</th></tr>
<tr><td colspan="4">1. 对学习过程的评价：
（1）在教学过程中，通过学生对创设问题的讨论、回答、学案的完成及时反馈学生的学习情况，对学生进行直观性评价。
（2）在自主设计完成的探究实验过程中，对学生探究目的和设计的完整性、可行性进行有针对性的评价；对学生参与度以及小组合作情况进行及时反馈和评价。
（3）以小组形式完成课后实践活动，并通过多平台分享小组研究成果，对各小组完成情况进行打分，实现生生评价，对表现优秀的个体进行加分表扬。
2. 对学习效果的评价：检测学生对本主题的学习效果，反馈学生的问题，帮助学生解决问题。</td></tr>
<tr><th colspan="4">单元（或主题）教学过程设计</th></tr>
<tr><th colspan="4">第一课时的教学过程</th></tr>
<tr><th>教学阶段</th><th>教师活动</th><th>学生活动</th><th>设计意图</th></tr>
<tr><td>课堂导入</td><td>介绍“水怪”鳄雀鳝事件背景（河南抽水事件），引出问题“这是一种什么样的鱼？”。</td><td>观察图片，阅读学案，找出鳄雀鳝的外表特征。</td><td>与时事结合，创设情境，引发学习意图。培养学生观察、总结、提炼信息的能力。</td></tr>
</table>

鳄雀鳝生存分布的影响	“如此大动干戈是否有必要？这种鱼真有那么可怕？”深入了解鳄雀鳝的生活环境。 提问：”鳄雀鳝的生活和分布受到哪些因素的影响” 并根据学生回答填写问题答案。	学生阅读、填写学案，回答问题。 非生物因素：淡水、水温等 种内关系：鳄雀鳝喜欢单独生活 种间关系：捕食：鱼类、甲壳类、两栖类、爬行类、鸟类、中小型哺乳类、昆虫 被捕食：美洲鳄、大型猛禽和水獭等天敌 竞争：其他大鱼 等等	回忆影响生物生活的因素(生态因素)，生态因素分为非生物因素和生物因素，生物因素包括种间关系和种内关系。归纳总结提炼材料关键信息，将知识点和真实情境结合。
鳄雀鳝适应环境的特征	生物受到环境的影响，又能适应环境，“鳄雀鳝进化出了哪些适应环境的特征？”	学生阅读、填写学案，回答问题。 上下颚密布着两排匕首般锋利的牙齿；超硬珐琅质鱼鳞；鳄雀鳝还进化出了厚实、海绵状和高血管化的鱼鳔，能够像肺一样辅助呼吸空气；寿命很长；繁殖特点：鱼卵中含有“鱼鳞毒素”，具有剧毒。	根据材料提炼信息。
鳄雀鳝在原环境的生存状况	鳄雀鳝的鱼鳞坚硬，牙齿锋利，卵还有毒，它这么厉害，在中国这么可怕，为什么在原环境没有泛滥成灾，甚至还一度种群衰退？	阅读总结材料，小组讨论回答问题。 “大鱼吃小鱼”“天敌”“美洲原住民捕食”“无差别捕杀”	通过与现在的鳄雀鳝处境进行对比，理解生物在不同环境的生存状况差异。
原始丛林河流食物网	在原始丛林中，有很多不同的生物，有被鳄雀鳝捕食的，也有鳄雀鳝的天敌，围绕鳄雀鳝来画出原始丛林河流食物网（连线）。	根据所学食物链食物网的知识和材料内容，自己、小组讨论完成食物网。（无固定答案，但需要把鳄雀鳝连进去，从生产者水生植物开始，箭头单向指向捕食者）	复习、应用食物链食物网的知识。
讨论与思考	在北美洲的鳄雀鳝是如何进入我国的呢？ 为什么鳄雀鳝在中国水域没有天敌？ 对我国淡水生态系统的影响。 如何解决外来物种的入侵？ 如何评价河南这次抽水抓捕行动? 这次事件给我们的启示。	讨论、回答问题	发散学生思维，从小事件看到大问题，把生态观和现实生活联系在一起，从多角度看待问题，让学生形成保护环境、保护生态的意识。

第二课时的教学过程			
教学阶段	教师活动	学生活动	设计意图
课堂导入	展示不同风格、不同主题的海报，向学生介绍海报的作用（教育意义等），并引出这节课要以“鳄雀鳝”为主角画一个海报。	根据海报的例子，思考自己小组海报的类型和主题。	为学生提供多种类型的海报，了解海报的设计思路，引发学生对自己海报的思考，设计时思维可以更加发散。
了解鳄雀鳝	要以“鳄雀鳝”为主角，就要先了解一下这个主角，引出问题“这是一种什么样的鱼？”	观察图片，回忆学案内容，找出鳄雀鳝的外表特征。（上一节课已完成学案阅读和填写）	培养学生观察、总结、提炼信息的能力。
鳄雀鳝生存分布的影响	深入了解鳄雀鳝的生活环境。（回忆学案内容） 问题”鳄雀鳝的生活和分布受到哪些因素的影响”。	学生根据学案，回答问题。 非生物因素：淡水、水温等 种内关系：鳄雀鳝喜欢单独生活。 种间关系：捕食：鱼类、甲壳类、两栖类、爬行类、鸟类、中小型哺乳类、昆虫。 被捕食：美洲鳄、大型猛禽和水獭等天敌。 竞争：其他大鱼 等等	回忆影响生物生活的因素（生态因素），生态因素分为非生物因素和生物因素，生物因素包括种间关系和种内关系。归纳总结提炼材料关键信息，将知识点和真实情境结合。
鳄雀鳝适应环境的特征	生物受到环境的影响，又能适应环境，“鳄雀鳝进化出了哪些适应环境的特征？”（回忆学案内容）	学生根据学案，回答问题。 上下颚密布着两排匕首般锋利的牙齿；超硬珐琅质鱼鳞；鳄雀鳝还进化出了厚实、海绵状和高血管化的鱼鳔，能够像肺一样辅助呼吸空气；寿命很长；繁殖特点：鱼卵中含有“鱼鳞毒素”，具有剧毒。	根据材料提炼信息。
鳄雀鳝中国事件	介绍在中国出现了“水怪”鳄雀鳝事件背景（河南抽水事件），因此它走进了我们的视野，但是大家对它的了解很少，对这个事件的认知都是鳄雀鳝不好的方面，它真的不好吗?	了解鳄雀鳝事件	结合时事，了解绘制海报的目的，多方面思考问题。

鳄雀鳝在原环境的生存状况	鳄雀鳝的鱼鳞坚硬，牙齿锋利，卵还有毒，它这么厉害，在中国这么可怕，为什么在原环境没有泛滥成灾，甚至还一度种群衰退？	阅读总结材料，回答问题。 “大鱼吃小鱼”“天敌”“美洲原住民捕食”“无差别捕杀”	通过与现在的鳄雀鳝处境进行对比，理解生物在不同环境的生存状况差异。
讨论与思考，并进行海报绘制	鳄雀鳝是不是真的不好？是不是需要捕杀？ 在北美洲的鳄雀鳝是如何进入我国的呢？为什么鳄雀鳝在中国水域没有天敌？对我国淡水生态系统的影响如何解决外来物种的入侵？如何评价河南这次抽水抓捕行动？ 这次事件给我们的启示。 小组分工，自选角度，自拟标题，以“鳄雀鳝”为主角画一幅宣传海报，角度不局限与介绍鳄雀鳝和这个事件，可以是生物入侵、生态保护等等多方面的。标题不局限于“鳄雀鳝”三个字，可以是一句呼吁的口号等等。	小组讨论，分享收集的资料，共同完成海报的制作。	发散学生思维，从小事件看到大问题，把生态观和现实生活联系在一起，从多角度看待问题，让学生形成保护环境、保护生态的意识。培养小组合作概念和动手能力，完成科普类宣传海报的制作。
小组海报展示、评分	请每个小组(或完成的小组)上台展示分享自己组的海报。并请其他小组评分。	小组展示、评分	通过同伴互评的方式，来让自己更好的完成作品。培养学生的表达能力。

"水资源"教学设计

杨钰璇

《水资源》教学设计

【新课标要求】

课标要求：通过对义务教育《地理课程标准》课程内容的解读，水资源的概况可以承载以下两条课标：

1．知识与技能：通过阅读课本和读图，了解水资源的有限性及我国水资源分布特征、原因及影响。

2.使学生进一步树立正确的资源观，培养学生资源保护意识。教学目标是教学的起点也是归宿，清晰的教学目标将对学生起着导向和激励作用。

【设计理念】

本课时的内容是中国自然资源中的重要内容，有利于学生对水资源有一个更深的认识，树立保护水资源的观念，因此具有重要地位。

在教学过程中，通过创设情境，让学生带着兴趣来学习本节课的知识，并结合图片，引导学生学会如何从图片中获取必要的信息。通过设问，层层深入，做到师生互动，使学生积极主动地参与到教学中来。

【教学内容分析】

《水资源》是第四章《中国的自然资源》的重要组成部分。本节课由第一节《自然资源概述》做铺垫，同时又为下一节《土地资源》提供了学习方法。这一节在知识体系上 起到了重要的作用。

核心知识与知识结构

1.通过阅读课本和读图，了解水资源的有限性及我国水资源分布特征、原因及影响；能够依据所学知识提出解决水资源问题的对策。

2.能够通过联系我国气候、河流等自然环境特征读图和分析地图，在授课过程中，注意锻炼学生的观察能力和表达能力，分析问题、解决问题的能力，引导学生树立正确的资源观，培养学生资源保护意识。

【教法与学法】

教法

作为新授课，本节内容可通过层层深入的方法，深刻挖掘教材、揭示知识的内在联系，使学生对知识的理解达到一个新的高度，贯彻精讲多练，因材施教的原则。为此必须采用讲授法、启发式教学、讨论式教学多种教学方法。

学法

学法是学生理解知识、掌握技能的关键所在，学生的学法是否恰当和有效，直接影响到学生的发展。所以，在课堂教学中，教师应注意对学生的学法进行指导，让学生能够有效地甚至高效地学习。本节课可引导学生采用观察法、讨论法、合作学习法等进行学习。

【教学过程设计】

教学环节	教学活动		设计意图
	教师活动	学生活动	
导入新课	学生对新闻报道的兴趣往往高于课本知识，我决定采用摘录的报道笔记来导入新课，笔记有三句话，分别是关系到新课的三个主要内容，学生带着三个问题学习新课，并且问题将会在课堂一一解决，有利于学生对新知识点的理解。	观察图片、紧跟老师思路、思考。	激发学生的学习兴趣。
讲授新课一、宝贵的水资源	让学生带着两个问题阅读课本的图4-2，让学生对地球上的水资源概况有一个基本了解，并从中发现水资源的珍贵 。	观察、查找信息、思考。	化文字为图，培养学生的读图能力；设置悬念，激发学生的求知欲望。
二、水资源的时空分布	读“中国水资源丰缺地带分布图”，同时解决两个问题（提出疑问，启发学生总结出我国水资源的地区分布规律。再引导学生合作讨论水资源地区分布不均匀应采取什么措施？怎么给“干渴的都市”解渴？得出结论主要是跨流域调水，主要讲解南水北调工程的东、中、西三线。接着让学生回忆我国气候类型，引导学生联系新旧知识解决问题。	查阅课本，找出答案。 对比前面知识，温故知新。	培养学生从课本中提取有效信息的能力；图文结合，便于学生记忆。
三、人为因素	阅读课本的“读一读”和“做一做”，为学生提供课外资料说明我国缺水问题有部分原因是人为造成的。	学生观察、思考、归纳记好笔记。	了解课外知识，有利于学生更好理解水资源匮乏的现状和原因。

四、节约用水	展示我国用水相关图片，突出我国浪费水的现象，接着分小组讨论日常生活中如何节约用水。	学生进行分组讨论。	通过合作学习，让学生能够有时间思考问题，表达观点、交流意见，培养学生保护水资源的意识 。
总结新课	首先是我设下能够概括这节课主要内容的两个问题，然后把全班同学分成男生和女生两个组进行竞赛。	思考、归纳、总结。	通过提问思考回忆的方式让学生记得牢固，记得准确。
巩固练习	通过课本的巩固练习题让学生回忆本节所学知识。	思考、回答。	检测教学效果，可以获取即时反馈，查漏补缺，并给予及时矫正，使所学原理得到真正理解，并巩固深化。
作业布置	通过完成作业，使学生扩展课外知识的同时复习新课。	预习、思考。	有利于扩展学生知识面。

“生活在新型民主国家”教学设计

周昱含

<table>
<tr><td colspan="4">基本信息</td></tr>
<tr><td>姓名</td><td>周昱含</td><td>学校</td><td>北京市第十八中学</td></tr>
<tr><td>学段</td><td>初中</td><td>联系电话及邮箱</td><td></td></tr>
<tr><td>年级</td><td>九年级</td><td>教科书版本及章节</td><td>九年级上册第二单元第三课《生活在新型民主国家》</td></tr>
<tr><td>学习领域 / 模块</td><td colspan="3">社会主义核心价值观</td></tr>
<tr><td colspan="4">大中小学思政课一体化教学设计</td></tr>
<tr><td>一体化学习专题</td><td colspan="3">协商民主专题</td></tr>
<tr><td colspan="4">1. 一体化教学设计说明
本专题按照小学段“身边的协商民主”——启蒙民主意识，初中段“协商民主是什么”——感悟协商民主，理解我国协商民主的制度保障，高中段“协商民主好在哪里？”——增强制度认同、大学段“中国特色社会主义政治发展道路”——坚定制度自信的逻辑思路进行整体教学设计，通过一系列符合各学段学生认知心理发展特点的教学活动，让学生对协商民主有正确的认识、真切体会到协商民主的优势，深入理协商民主的理论逻辑和实践逻辑，坚定中国特色社会主义制度自信。进行该主题纵向一体化贯通的尝试与探索，切实践行习近平总书记所提出的“循序渐进、螺旋上升地开设思政课”的要求，真正将思政课打造成落实立德树人根本任务的关键课程。</td></tr>
</table>

2. 一体化学习目标与重点难点

对于协商民主的感悟程度，初中阶段要求学生初步树立民主观念，初步具备参与社会生活的能力；而高中阶段需要识别不同领域、不同层面的公共事务，运用实例说明通过民主协商解决问题的好处。

在协商过程中，初中阶段的学生能够与他人进行有效沟通，树立正确的合作观念，而高中阶段的学生针对公共利益与私人利益发生的矛盾，阐述协商民主的意义和价值。

在参与过程中，初中学生需要做到关心公共事务，有社会责任感，有序参与校园生活的民主实践；而高中阶段的学生还需要回应不同群体之间的利益冲突，并提出解决矛盾的方案。

通过这三个学习目标的对比，既体现了本项目遵循学生认知规律的特点，从具象到表象，从认同到作为，同时也在知情意信行逐步上升的过程中完成思政课立德树人的根本任务。

3. 一体化整体教学思路（教学结构图）

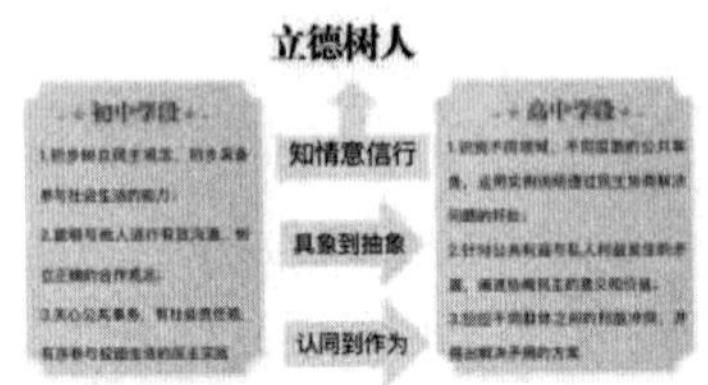

所在学段课时教学设计

课题	有事好商量——依托北京市第十八中学模拟政协提案探协商民主
课型	新授课　章 / 单元复习课　专题复习课 习题 / 试卷讲评课　学科实践活动课　其他

1. 教学内容分析

本课所依据的义务教育道德与法治课程标准（2022 版）的相应内容是“法治教育”，具体对应的内容要求是：“认识国家基本制度和国家机构，了解中国共产党领导的多党合作和政治协商制度，以“中国式协商民主”为议题，查阅资料，了解协商民主的内涵，增进对全过程人民民主的理解。《生活在新型民主国家》是部编版《道德与法治》九年级上册第二单元第三课第一框。本节课的内容是协商民主，在此之前学生已经学习了我国基本政治制度等相关知识点，这为过渡到本节课的学习起着铺垫作用。这节课，在社会主义核心价值观主题教育中，指明了人民民主是社会主义的生命，有事好商量，众人的事情由众人商量是人民民主的真谛，社会主义民主政治是全体中国人民的共同价值追求。

2. 学习者分析

该内容属于法治教育，内容理论性较强，九年级学生受知识、阅历、经验的限制，对民主政治生活了解较少，如何从社会主义核心价值观的层面理解协商民主，还需要通过不断学习来建立认同。本课以模拟政协提案的活动，介绍人民民主的真谛，协商民主的优势，引领学生理解协商民主、参与公共生活，帮助学生认同民主的价值，引导学生做负责任的公民。

3. 学习目标确定

政治认同：能够通过撰写"提案"并设计实施方案，了解我国社会、基层社区、学校的热点问题，思考解决方式，认同民主是具体的，知道协商民主是我国人民民主的重要形式。

道德修养：能够通过"模拟提案"调研、撰写、提交的过程，确认平等参与、尊重多元、学会协商、守法负责是民主意识的表现。

法治观念：能够通过查阅宪法和法律，知道政协提案通过和实施流程，明确国家权力机关和组织应在宪法和相关法律范围内行使权力。

健全人格：能够在"模拟提案"实践调研的过程中，分发问卷，分析数据，查阅资料，有助于积极主动参与民主生活，培育民主意识。

责任意识：通过"模拟协商议事会"，能够尝试用协商民主的方式解决一些实际问题，提高参与民主生活的能力。

4. 学习重点难点

学习重点：有事好商量，众人的事情由众人商量，是人民民主的真谛。协商民主是我国社会主义民主政治的特有形式和独特优势。

学习难点：协商民主是我国社会主义民主政治的特有形式和独特优势。

5. 学习评价设计

项目活动	评价维度	评价细则	自我评价 30%	同学互评 30%	教师评价 40%	平均分
导引课	前期准备表现 10 分	团队创建				
		资料收集				
		提出问题				
探究课	探究过程能力 50 分	团队协作力				
		实践参与力				
		数据分析力				
		分析讨论力				
		信息技术力				
	情感态度 10 分	集体荣誉观念				
		项目学习纪律态度				
		沟通交流表达				
	项目成果 30 分	完成模拟提案撰写				
		调研数据呈现全面				
		视频、PPT 制作质量				
总分	100 分	---				

6. 学习活动设计

<table>
<tr><th>教师活动</th><th>学生活动</th></tr>
<tr><td colspan="2">环节一：调研成果汇报展示</td></tr>
<tr><td>教师活动 1
围绕《关于丰富课后延时服务形式的模拟提案》这一主题，将学生分为国家政策组、学生组、家长组和学校组展开调研，多角度去呈现课后延时服务的现状，辅导学生 PPT 的制作和数据分析。</td><td>学生活动 1
分小组汇报展示《关于丰富课后延时服务形式的提案》调研成果，以 PPT 的形式进行汇报。</td></tr>
<tr><td colspan="2">活动意图说明：通过该环节，厘清实践调研的目的，是为了在提出问题和解决问题之间，搭建一座桥梁，只有实践调研之后，才能使我们提出的问题建立在政策依据的基础上，且言之有据，持之有理。</td></tr>
<tr><td colspan="2">环节二：体验协商过程</td></tr>
<tr><td>教师活动 2
素材呈现：总结学生经过实地调研后，关于课后延时服务形式的现状，各群体需求不同，产生分歧。
课堂活动：模拟协商议事会，介绍议事规则，小组讨论时给予必要指导。</td><td>学生活动 2
各方代表进行模拟议事会，代表本群体的利益展开观点交锋，充分表达之后，小组在建议部分尽可能形成一致共识，提出改善课后延时服务现状的建议。</td></tr>
<tr><td colspan="2">活动意图说明
教师在学生讨论、思考、分享的基础上，引导学生认识到人民民主的真谛和协商民主的含义、优势。</td></tr>
<tr><td colspan="2">环节三：感悟协商民主</td></tr>
<tr><td>教师活动 3
出示材料：全国政协委员在全国政协会议上关于双减政策的发言，二十大报告中的原文材料，从课后延时服务扩展到国家政策的落地都需要发扬协商民主，我国协商民主有一系列民主制度保障。</td><td>学生活动 3
学生思考并感悟协商民主不仅在我们身边，国家大政方针也离不开协商民主的发扬。</td></tr>
<tr><td colspan="2">活动意图说明
通过播放视频，由具体到抽象，从课后延时服务扩展到双减政策，再到国家社会的发展图景都需要发扬协商民主，引起学生对协商民主更深层的思考和把握。</td></tr>
<tr><td colspan="2">7. 板书设计
（1）有事好商量，众人的事众人商量，是人民民主的真谛。
（2）协商民主是我国社会主义民主政治的特有形式和独特优势。</td></tr>
<tr><td colspan="2">8. 作业与拓展学习设计
作业主题：《关于丰富课后延时服务形式的提案》
作业完成方式：
（1）本作以小组为单位完成，提交一份文字版的模拟政协提案，按照模版要求撰写。
（2）下节课根据评价量表对各小组的模拟政协提案进行打分，优秀模拟政协提案提交到北京市第十八中学模拟政协社团，并报名参与全国青少年模拟政协提案征集活动。</td></tr>
</table>

9. 特色学习资源分析、技术手段应用说明 与项目式教学相结合，本节课通过实地调研和模拟协商议事会，为学生建立一个简单的问题情境，运用所学知识来说明新现象、解决新问题，达到学以致用的目的，并利用掌握的知识进行分析综合，得出看法，创造性地解决问题。
10. 教学反思与改进 教学时间的分配上不够合理，在总结学生发言时，由于担心时间不够，过于仓促，没有达到预期效果；语言表达方面有待进一步的规范，教师基本功还略微欠缺。

后记：教研共同体式专业发展是青年教师成长的科学高效路径

北京市第十八中学青年班班主任　赵长河

教师的发展高度决定了学校的发展高度，青年教师的发展决定了学校未来的发展。青年教师的发展，核心是专业发展。总结北京十八中青年班专业发展课程建设的过程和成果，我们深感有一些课程的穿越和经历需要提炼固化。

首先，中共中央国务院《关于全面深化新时代教师队伍建设改革的意见》，《中小学教师培训课程指导标准》（师德修养）（专业发展），《丰台区十四五教师继续教育培训要求》《学校十四五校本研修方案》等系列文件为我校青年班专业发展指明了方向。

其次，我校办学实践中日益丰富的聚宽文化促进的教师“教研共同体式专业发展”，是我校青年班专业发展的路径。

再则，我们发挥“教研组共同体”“青年班教研共同体”“课例研究共同体”等多个教研共同体，共同促进青年班建设的作用，使青年班在“教学、教考、教育和教研”的“四教”和谐发展、“四教”可测量的发展方面，取得明显成效。

最后，我校信息技术、人工智能促进教育教学，形成了全国品牌效应。我们多方吸纳教改课改智慧，促进“学习共同体+单元教学+信息技术”融合课堂的品质提升，促进青年教师的专业成长；以教师的专业发展，促进“健康的体、温暖的心、智慧的脑、勇敢的行”的学生培养目标的达成。

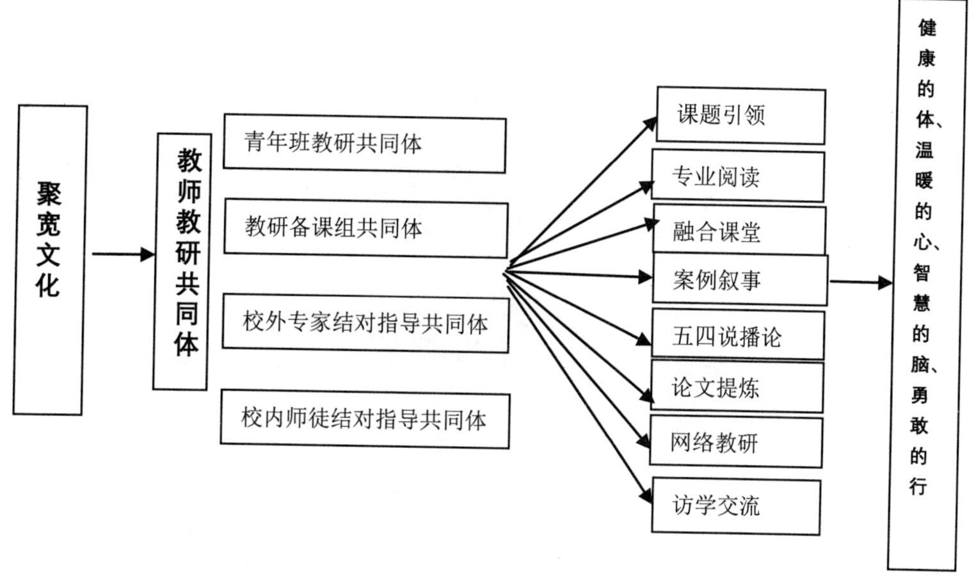

我们的课程内容主要有：

1、国家宏观形势培训。这是落实国家教育方针和“立德树人”根本任务的要求。

2、教育政策解读、教育法规培训。这是依法执教的根本保证。

3、新课程新教材培训。这是教师科学开展教学的根本保证，是“四教”中的“教学”“教考”“教育”的培训。

4、教育哲学、课程理论和学科教学理论的阅读。这是优秀教师成长的根底培训。

5、教研写作、课题研究等教育科学研究能力的培训。这是优秀教师提炼思考和实践的培训。

6、信息技术培训。这是信息时代教师基本能力的培训。

7、融合课堂培训。这是北京十八中课改重点的培训。

8、项目化学习培训。这是北京十八中2023-2024年度教研主题培训。

我们的课程实施方式主要有：

1、规定动作和自选动作的结合；

2、线上+线下的结合；

3、理论阅读和教育实践的结合；

4、走出去与请进来的结合。

主要有如下九点：

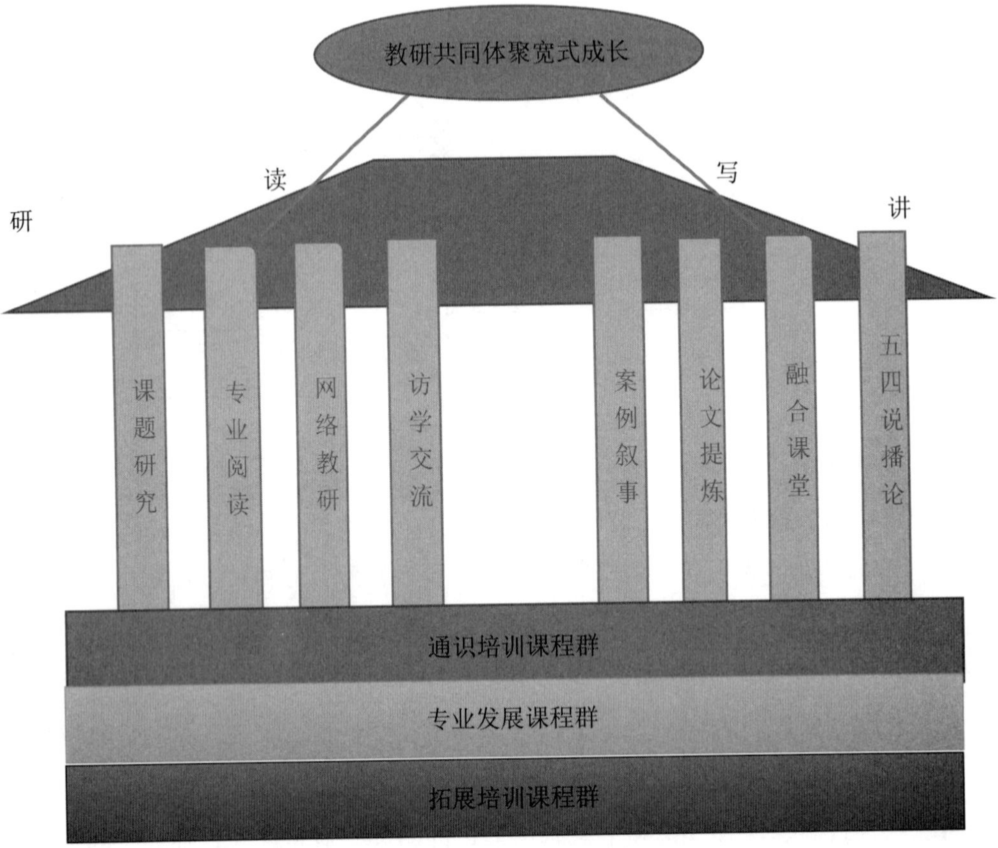

教研共同体聚宽式成长

研　读　写　讲

课题研究　专业阅读　网络教研　访学交流　案例叙事　论文提炼　融合课堂　五四说播论

通识培训课程群

专业发展课程群

拓展培训课程群

（1）前置任务学习，进行线上学习。为参训学员建立网络平台“学习专区”，提供线上课程学习包括定制化录播课或直播课，邀请相关领域学者、名师等专家进行专题讲座与案例交流；精品课程学习，结合青年教师的学段和职业发展需求，依托线上知识店铺的精品课程，组织参训对象进行观看与学习。

（2）需求式问题聚焦，走出去、请进来结合。北京市教研员等专家走进学校，深度诊断参训学员个性化的培训需求，研修前期了解参训学员的研修需求和专业发展现状，聚焦目前教育领域中的热点、难点和疑点问题，邀请专家就参训学员集中提出的问题做相应的专题讲座与解答。针对青年班学员不同需求，针对性诊断，针对性建议。

（3）教育教学理论学习，以专业读写落实。专业读写，每学期一本教育经典,一份专业期刊的阅读，要求有10份千字读书笔记的撰写，有1篇期刊论文的仿写，有不规定篇数、长短的教育叙事写作。

（4）以课堂“六件套”的要求，落实融合课堂教学研讨。研课“六件套”制度：即“教学案”“课堂实录”“案例反思”“论文总结”“同行点评”“课堂录像”。“教学案”是预设，是“想教什么”；“课堂实录”是生成，是“实际教了什么”。预设与生成的落差，正是“案例反思”的切入点。这是提高教学能力绕不过去的环节。在前面这三个环节基础上，如果还能准确对接相关理论，写成“论文总结”那就又上了一个台阶。“案例反思”“论文总结”写成了，还要回头看看“同行点评”“课堂录像”，这些有助于进行修改完善。

（5）分层分类培训，师德师能同进。在教育教学理念、育人及管理经验，诊断、讨论并且得出结论；全面提升自身综合能力，促进教师们的专业成长。以双导师制（专业发展导师、事业生涯导师），推进青年班教师的师德师能同步成长。

（6）继续搭建好各类赛课平台，促进教师教学、教育能力双发展。主要是搭建好区市级、校本化说课赛课平台：校级的，五四说播论教学大赛、聚宽杯班主任大赛；区级的，师慧杯、创新杯；市级的，启航杯、京教杯，为青年教师教学教育成长提供了平台。

（7）社区式思辨研讨。研修结束后利用网络平台、微信、小致教育或QQ群建立“主题社区”，在专家团队指导下进行问题研讨、辩论、反思，内化研修成果，指导日后的教育教学、教育管理实践。

（8）首都师大“靠谱(COP)项目”即基于大数据的课堂诊断与改进服务项目。

（9）总结提升，提炼各层级教师成长案例。学员培训结束后就培训内容提交培训总结，学校总结提炼各层级教师发展典型案例，以便进一步推广。

我们的课程成效主要有：

1、教师层面，实现了个体发展

青年教师教学教育及竞赛层级显著提升，课题研究能够入门，科研论文写作能够基本过关，课堂教学效果显著提高，教学质量显著提升，培养出北京十八中赖以持续发展的优秀青年教师群体。

2、学校层面，实现组织发展

青年教师团队教学教育行为持续优化；团队解决教育教学问题能力提升，为团队绩效提升贡献了青年班智慧。

3、管理层面，实现四个转变

实现行政推进转向课程吸引；实现统一培训转向私人定制；实现短平快研修转向跟进研修；实现单一模式研修转向混合式研修转变。

作为全国基础教育集群发展典型的“方庄模式”的领头校，北京市第十八中学各层级教师的专业化校本培训，以及由此促进的教师尤其青年教师的专业化发展，也堪为区域乃至全国典范。此中有诸多值得教育工作者汲取的具有实操性的成果。本书是北京市第十八中学青年班，从2021年8月到2023年8月的研修成果集。全书的板块，从专业阅读到教学设计，从班会设计到案例叙事，从课堂管理到作业设计，从上课说课到听课评课，全方位展示了一个青年教师成长的必需的节点与环节，体现了较强的专业性与实操性。

附录：

<table>
<tr><td>学校</td><td>北京十八中</td><td>教师人数</td><td>19（方庄左安门西马等校区）</td></tr>
<tr><td>总课时数</td><td>36</td><td>申请学分</td><td>2</td></tr>
<tr><td colspan="4">一、研修背景
以国家深化教育领域综合改革战略和先进的教师发展理念为指导，以聚宽文化为教师发展理念，以建设“学习共同体＋单元教学＋信息技术”三融合课堂为追求；以教师的专业发展，促进“健康的体、温暖的心、智慧的脑、勇敢的行”的学生培养目标的达成。贯彻落实《丰台区十四五教师继续教育培训要求》《学校十四五校本研修方案》的总体目标与要求，以双减背景下的三融合课堂建设和创新作业设计为抓手，落实市区校“教学评一致性”学期教研目标，为我校“教研共同体”的建设提供样本和案例。</td></tr>
<tr><td colspan="4">二、研修目标
（一）掌握单元设计要领，并能与学习共同体、信息技术融合，渗透项目化学习的要素，促进单元教学设计高水平落实，并至少能提供 1 份达到或准达到发表水平的单元教学案例。（二）对上学期教育教学实践中形成的校本化微型课题，能在本学期教育教学实践和探究中，完成 1 项微型课题的研究，形成科学的结论，从而提升自己的教育教学水平。（三）探究实践“教学评一致性”教学设计，并能至少提炼成 1 个教学设计。（四）落实寒假规定的《学习、教学和评估的分类学》或《追求理解的教学设计》等自选的专业书籍的阅读，并形成 1 份能面向全校展示汇报的读书心得。（五）参与学校各层级课题研究，至少提供 1 份课题研究相应的案例。（六）顺应教学评一体化的课改大势，进行指向减负提质的校本化作业设计，至少能提供 2 个单元的校本化作业设计。
总起而言，本学期要能落实“111112”的专业发展基本目标。
（二）是问题驱动，（一）（三）（六）是手段方法，（四）（五）是理论支持。</td></tr>
</table>

三、研修内容

1. 以5月"五四说播论"竞赛为契机，落实三融合课堂教学实践。协同教学处、年级组、教研组、备课组、师徒结拜等共同体力量，为青年教师五四杯说课竞赛，提供集体智慧，促进教学共同体机制下的专业成长；上报学校，为青年教师外请学科教学专家作为校外业务导师。五四前以"青年班教研共同体"为单位完成试说课，试说课课题与五四比赛的课题，可以相同。

2. 借力学校市区级课题研究资源，完成学共体微型课题研究。对上学期教育教学实践中形成的旨在解决教育教学疑难困惑的校本化微型课题，能在本学期教育教学实践和探究中，充分借鉴利用学校市区级课题研究的经验、资源，学共体集体完成并形成科学的结论，从而提升自己的教育教学水平。本学期陆续要有课题研究的汇报。

3. 继续阅读《追求理解的教学设计》《项目化学习的实施：学习素养视角下的中国建构》《项目化学习设计：学习素养视角下的国际与本土实践》等，并能熟练运用到教学中。以学习共同体为单位，对上述书籍，整体阅读与重点阅读相结合，探究实践逆向教学设计，形成系列化教学案例，并形成能面向全校展示汇报的读书心得、教学设计等。完成的时间可以横跨整个学期。

4. 顺应教学评一体化的课改大势，尝试进行校本化作业设计。进行指向减负提质的校本化作业设计，学期结束前，至少能提供2个单元的校本化作业设计，并提炼成至少一篇文章。学校择优推荐给《教学考试》（分学科的系列专业期刊）杂志发表。

5. 参与学校各层级课题研究，为自己的微型课题研究寻找样例。积极参与到我校多个市区级课题研究，并能至少提供1份课题研究相应的案例，从而为学共体的微型课题研究提供校本化借鉴。

四、青年班教研共同体：

1、周昱含【初三】黄赛【初一】邴尧硕【初一】

2、董晓云【左安门】李冬旭【方庄】朱佳伟【高一】

3、安静【高二】徐国庆【高二】宋文静【高一】

4、李丹阳【高二】杨郑【高二】佐安【高二】

5、胡天林【初二】陈瑞【初三】郭俊雅【初三】姜雅乔【初三】

6、齐智霞【西马】杨钰璇【西马】瞿振颖【高一】

五、具体安排

周次	日期	课程培训内容和承担人
2	周二下午2月21	董晓云、李冬旭、朱佳伟《学习、教学和评估的分类学》读书汇报；
3	周天全天2月26	卡内基"课程到校"项目青年教师《卓越沟通与影响力，构建学习共同体》培训（一）；
4	周天全天3月5	卡内基"课程到校"项目青年教师《卓越沟通与影响力，构建学习共同体》培训（二）；
5	周二下午3月14	周昱含、黄赛、邴尧硕《学习、教学和评估的分类学》读书汇报暨"五四杯"比赛试说课；

6	周二下午 3 月 21	安静、徐国庆、宋文静、瞿振颖《学习、教学和评估的分类学》读书汇报暨“五四杯”比赛试说课；
7	周二下午 3 月 28	胡天林、陈瑞、郭俊雅、姜雅乔《学习、教学和评估的分类学》读书汇报暨“五四杯”比赛试说课；
8	周二下午 4 月 4	齐智霞 、杨钰璇 、瞿振颖《学习、教学和评估的分类学》读书汇报暨“五四杯”比赛试说课；
9	周二下午 4 月 11	李丹阳、杨郑、佐安《学习、教学和评估的分类学》读书汇报暨“五四杯”比赛试说课；
10	周四、五 4 月 20、21	天津实验中学访学交流之校本课程建设；
14	周二下午 5 月 16	专家讲座之论文写作；
15	周二下午 5 月 23	李丹阳组“目标导向下的高中政史地项目式学习课程设计”微课题汇报；
18	周二下午 6 月 13	齐智霞组“以教学目标为导向的小组活动设计”微课题汇报；
19	周二下午 6 月 20	胡天林、姜雅乔、郭俊雅、陈瑞“如何提高学生课堂参与度”微课题汇报；
20	周二下午 6 月 27	徐国庆组“正面管教指导下的班会设计”微课题汇报；

六、评价方式

1、反思自评、互评交流、学校评价。

七、预计成果

1、汇编本期青年班系列微型课题研究结题报告、专业阅读心得集、三融合课堂教学案例集、单元教学或项目化设计案例集。

2、青年教师的教学、教考、教育、教研水平，有显著的提升。

八、今后设想

（一）、【关于专业阅读】1、下一阶段，阅读的书目契合校本化教研，专题阅读佐藤学系列；2、学员自荐个性化阅读书籍或文章，文章突出最近热点重点。

（二）、【评价方式创新】评价标准，尝试融入学员自我商定的标准，突出“研修目标”与“研修标准”的一体化。

说明：填表人：赵长河